KB160733

한일합방조약의
부존재에 관한
연구

한일합방조약의
부존재에 관한
연구

김명기 지음

머리말

1948년 8월 15일 서울에서 대한민국 정부의 수립이 있었고 이는 세계만방에 선포되어 이 1948년 정부의 수립은 "국가의 수립"이냐 "정부의 수립"이냐에 관해 약간의 논의가 있으나 그것은 말할 것도 없이 "정부의 수립"인 것이다. 국가의 수립으로 보면 1910년 한일합방조약에 의거 대한제국은 국가로서 소멸하고 존속하지 아니한 것을 전제로 1948년 신생국가의 성립이 있었다는 것이므로 "국가의 수립"으로 보는 것은 한국의 역사를 1910년 한일합방조약으로 단절된 것으로 되는 결과를 가져온다. 그러므로 한국의 역사를 단절하는 "국가의 수립"은 성립의 여지가 없다 할 것이다. 그것은 또한 1910년 한일합방조약의 성립·유효를 전제로 한 것이다. 그러나 "정부의 수립"으로 보는 것은 대한제국이 국가로서 존속한 것을 전제로 한 결과이며, 이는 필히 1910년 한일합방조약의 불성립을 대전제로 한 것이다. 1948년 정부의 수립을 "정부의 수립"으로 보는 것은 검토의 여지가 없다. 그것은 1910년 한일합방조약의 불성립을 대전제로 한 것이다. 그러므로 1910년 한일합방조약의 불성립은 새로운 개념이 아니다.

다만 이는 학문적으로 특히 국제법적으로 심도 있게 연구한 것이 이 연구가 최초인 것일 뿐이다. 물론 역사적으로 한일합방조약의 불성립이나 논의가 없었던 것은 아니나 일반인이 알고 있는 한일합방조약의 불성립은 상식적 수준의 것이라면 이 연구는 국제법이라는 학문적 수준의 것일 뿐이다. 국제법 수준의 한일합방조약 부존재의 체계적 범위의 수립은 그러나 난제 중의 난제에 속한다. 저자의 이 연구에는 많은 노력과 시간이 투입되었다. 그러나 한일 간의 어두운 과거사를 정리하기 위해서도 한일합방조약 부존재가 전제되어야 하므로 내 연구는 어두운 과거사 정리의 민족적 소명을 다하는 의미를 갖는다.

1965년 국교 정상화 과정에서 한일 간에 체결된 한일기본관계에 관한 조약 제2조는 1910년 8월 22일 체결된 한일합방조약은 "이미 무효"라고 규정되어 있으나 여기 "이미 무효"에 관해 한국 정부는 원천적으로 무효라고 해석하는 데 반해 일본 정부는 1948년부터 무효라고 해석한다. 그러므로 한일기본관계조약은 일본 측 해석에 의하면 일본의 과거사의 과오를 문책하는 것이 아니라 면책하는 것으로 되고 만다. 여기서 우리는 어두운 과거사에 대한 진정한 반성을 일본 측이 결코 한 적 없다는 사실을 읽을 수 있다.

　　한일 간의 어두운 과거사 정리는 한일기본관계조약의 폐기를 대전제로만 가능할 수 있다. 어두운 과거사를 정리하지 않고 반성이 전혀 없는 일본 측이 동 조약의 폐기에 관해 동의하지 않을 것임은 명약관화한 일이다. 이 연구는 한일합방조약을 한국 측이 일방적 선언을 할 수 있는 근거를 제시하는 실질적·실리적 의미를 갖는다. 이 연구가 대일관계에서 국익 보호에 미력의 도움이 되었으면 하는 과욕을 가져보며 이 연구에 뒤이어 심도 있고 폭넓은 한일합방조약 부존재 연구가 이어지기를 기대해 본다.

　　저자의 이 연구를 격려해 준 대한국제법학회·세계국제법협회 한국본부·독도조사연구학회·동북아역사재단·영남대학교 독도연구소 선후배 동료에게 감사드리고 그리고 이 연구의 마지막 정리를 담당하여 헌신적인 노력을 다해 준 동북아역사재단 연구위원 유하영 박사에게 충심으로 감사의 뜻을 표하며, 또한 거동이 불편한 저자의 연구 활동을 도와준 아내 고정식의 정성을 잊을 수 없다고 표시해 본다.

2020년 8월

저자 씀

목차

제 1 장

서론

111년이 지나간 오늘 1910년에 체결된 "한일합방조약"의 불성립, 무효를 논하는 것은 적어도 한일 간의 역사를 정리하는 의미를 가지나 국제법상으로는 별 의미가 없다고 본다. 왜냐하면 1965년 한일국교정상화 시 국교정상화 기본조약으로 체결된 "한일기본관계에 관한 조약"(이하 "한일기본관계조약"이라 한다) 제2조는 "1910년 8월 22일 및 그 이전에 대한제국과 대일본제국 간에 체결된 조약 및 협정은 이미 무효임을 확인한다"라고 규정하여 "한일합방조약"이 이미 무효임을 양국이 조약으로 합의하였기 때문이다.

　다만, 동 조의 "이미 무효"를 일본 정부는 "당초부터 무효"가 아니라 대한민국의 정부가 수립된 "1948년부터 무효"라고 주장하므로 이 일본 정부의 해석을 반박하기 위한 근거 제시의 한도에서 "한일합방조약"의 무효론이 법적 의미를 가질 수 있을 뿐이다. 이 "한일합방조약"의 무효이론에 의해 자동적으로 동 조약은 "1948년부터 무효"라는, 즉 일본 정부의 공식적 주장을 "당초부터 무효"라는 주장으로 변경시키는 법적 효과가 발생하는 것이 아니므로 "한일합방조약"의 무효론은 법적으로 별 의미를 가지지 못하고 "한일기본관계조약" 제2조의 "이미 무효"를 "당초부터 무효"로 해석하는 근거로서 법적으로 의미를 갖는 것이다.

　그리고 지금까지의 "한일합방조약"의 주된 무효론은 동 조약의 성립을 전제로 한 것이다. 왜냐하면 '조약의 무효'는 "조약의 성립"을 전제로 효력이 없음을 의미하기 때문이다. 이 연구는 동 조약이 "성립요건을 결하여" 조약의 불성립으로 법적 효력이 없다는 법리를 정립하려 시도된 것이다. 조약의 무효의 시점에 관해서는 조약의 체약당사자 간에 이론이 있을 수 있으나, 조약의 불성립의 시점은 역사적·객관적으로 명백하므로 조약의 체약당사자 간에 이론이 있을 수 없기 때문이다. 부연하면 1910년 8월 22일 한일합방의 무효의 시점에 관해서는 이론이 있을 수 있으나, 동 조약의 불성립 시점이 1910년 8월 22일이라는 점에 관해서 한일 간에 이론이 있을 수 없기 때문이다.

이를 위해 전권위임장(full powers)의 불성립과 비준(ratification)의 불성립을 중심으로 논하기로 한다. 그러나 이 연구는 종래의 무효론을 배척하거나 부정하려는 것이 아니라 이를 보완하려 기도된 것이다.

이 연구는 "한일합방조약"의 부존재에 관해서는 *lege lata*의 해석론적 접근이고, "한일기본조약"의 개정에 관해서는 *lege ferenda*의 입법론적 접근이다. 한일합방조약 체결 당시 양국 정부는 조약의 공식 명칭에 아무런 합의도 언급도 없었다. 이 조약은 공식적인 명칭 없이 체결되어 명칭이 없는 조약으로 되어 논자에 따라 이 명칭은 제각각 불리고 우리 정부 당국은 '한일병합조약'으로 명명하고 있으나, 이 연구에서는 일반적으로 가장 많이 사용되고 있는 '한일합방조약'이라고 표시하기로 한다.

저자가 한일합방조약에 관해 연구 발표한 것은 지금으로부터 10년 전인 2011년이다.("한일합방조약의 부존재에 관한 연구", 『법조』, 제60권 제4호, 통권 655호, 2011) 당시 이에 관해 관심을 가진 학자는 거의 없었다. 일부 사학자에 의해 한일합방조약의 불성립에 관해 연구는 있었으나 본 연구와는 상당히 거리가 있는 것이다. 저자는 이 연구를 증보하려는 당시 의도를 갖게 되었다. 그러나 독도문제 연구에 심취되어 한일합방조약 연구를 진행할 여력이 없었다. 우연히 독도와 정부수립론에 관한 연구를 하게 되어 이 연구를 재개할 수 있었다.

이하 제1장 서론에 이어 제2장 선결적·예비적 과제, 제3장 한일합방조약의 부존재의 검토, 제4장 국제법상 한일합방조약 부존재의 승인, 제5장 한일합방조약과 타 조약의 관계, 제6장 유사 한일합방조약의 불성립, 제7장 한일합방조약 부존재의 효과, 제8장 한일합방조약의 부존재와 위안부 그리고 제9장 결론에서 정부 당국에 대한 몇 가지 정책 대안을 제안하기로 한다.

한일합방조약의 부존재를 주장하는 일부 이론이 부존재의 근거로 제시하는 사안이 부존재의 근거가 아니라 무효의 근거에 불과한 것임을 지적하기로 한다.

이 연구의 중점은 한일합방조약의 부존재의 근거를 제시하는 것이며, 연구의 실제적 목표는 한일기본조약 무효선언의 법적 근거의 제시에 둔다.

제2장

선결적·예비적 과제

제1절 국제법의 연원

한일합방조약은 국제법 연원의 하나인 국제조약이므로, 한일합방을 이해하기 위해서는 '국제법의 연원'과 '국제조약'의 개념을 이해하는 것이 요구된다. 이 절은 국제법 비전공자인 독자를 위한 단순한 안내에 불과하다.

Ⅰ. 국제법의 연원의 개념

1. 국제법 연원의 다의성

법의 연원(source of law)이란 Rome법의 법의 연원(*fons juris*)에서 유래하는 용어로 국내법에서와 마찬가지로 국제법에서도 다음과 같이 극히 다의적으로 사용되고 있다.[1]

가. 법의 효력의 타당근거

법의 효력의 타당근거란 법이 효력을 가졌다고 하기 위하여서는 타당성과 실효성을 가져야 하는바 법의 타당성의 궁극적인 이유, 즉 법은 어떠한 기초 위에 성립되는가를 의미한다. 신념, 이성, 민족정신, 근본규범, 법적 확신 등은 이런 의미의 법원이다.

---

[1] P. E. Corbett, "The Consent of States and the Source of the Law of Nations." *BYIL.*, Vol.6, 1925, pp.21-25; GJH. van Hoof, *Rethinking the Source of International Law,* (Deventer: Kluwer Law and Taxation, 1983), pp.7-9; Robert Jennings and Arthur Watts(eds.), *Oppenhein's International Law*, 9th eds., Vol.1, (London: Longman, 1992), p.23; Hans Kelsen, *Principles of International Law*, Robert W. Tucker(eds.), 2nd ed., (New York: Holt, 1967), p.347.

나. 법의 인식자료

법의 인식자료란 법의 존재의 인식을 가능케 하는 유형물, 즉 법의 존재를 확증하는 자료를 의미한다. 외교문서, 조약집, 학회의 결의서, 학자의 논문과 저서 등은 이런 의미의 법원이다.

다. 법의 존재형식

법의 존재형식이란 법의 정립·변경·폐기의 양식, 즉 법의 발현형식을 의미한다. '성문법·불문법'은 이런 의미의 법원이다.

2. 일반적 의미의 국제법 연원과 국제사법재판소의 준칙

가. 일반적 의미의 국제법 연원

일반적으로 국제법의 연원이란 법의 존재형식(existence in certain forms)의 의미로,[2] 즉 국제법 규칙의 창설방법(methods of creation of international legal rules)의 의미로 사용되며[3] 이를 '전통적 국제법의 법원(traditional source of international law)'이라 한다. 그런 의미의 법원에는 성문법인 국제조약과 불문법인 국제관습법이 있다.[4]

나. 국제사법재판소의 준칙

국제사법재판소규정 제38조 제1항에 의하면 재판의 준칙으로 (i) 국제조약, (ii) 국제 관습법, (iii) 법의 일반원칙, (iv) 판례와 학설, (v) 형평과 선 등을 들고 있다. 이것은 곧 국제사법재판소의 규정이라는 조약의 당사자가 국제사법재판소에서 재판을 받을 경우에 국제법의 법원을 표시한 것이다.

따라서 국제사법재판과정의 당사자 아닌 국제법의 주체에 대해서는 법의 일반원칙, 판례 등은 국제법의 법원이 될 수 없다고 보아야 할 것이다.

---

2) Alf Ross, *A Textbook of International Law,* (London: Longmans, 1947), p.79.

3) Michael Vially, "The Sources of International Law", in Max Sørensen(ed.), *Manual of Public International Law,* (New York: Macmillan, 1968), p.120.

4) Mark W. Janis, *An Introduction of International Law,* (Boston: Little Brown, 1988), p.4; Ross, *supra* n.2, p.79; Jennings and Watts, *supra* n.1, p.23.

II. 국제법의 연원

1. 국제조약

가. 의의

조약이란 문서에 의한 국제법 주체 간 합의를 내용으로 하는 성문국제법이다.[5]

(i) 조약은 명시적인 합의로서 문서(written form)에 의한 합의이며 구두에 의한 합의(oral agreement)는 그 자체로는 조약과 같이 법적 구속력이 있으나 그것을 조약으로 보지 않음이 일반적이다.[6] 그리고 문서는 하나의 문서에 서명하는 것이 일반적이나 교환공문, 교환각서처럼 별개의 문서에 서명하는 경우도 있다. 이와 같이 문서에 의한 합의의 형식은 제한이 없으며 그 형식은 조약당사자가 정한다.[7]

(ii) 조약은 국제법 주체 간의 합의이나, 수동적 주체에 불과한 개인은 조약을 체결할 당사자능력이 없으며 능동적 주체인 국가 국제기구 교전단체 반도단체 등은 조약당사자능력이 있다.[8]

(iii) 국제연합 총회의 결의는 국가의 합의나 조약은 아니다.[9] 이는 가끔 관습국제법의 근거가 되며[10] 또는 국제법 발전에 영향을 준다.[11] 이와 같이 법적 구속력은 없으나 형성과정에 있는 법을 '연성법(soft law)'이라 한다.[12]

나. 명칭

조약의 명칭은 여러 가지가 있으며 어느 것이나 국제법상 조약이며 체약당사자

---

5) T. O. Elias, *The Modern Law of Treaties,* (Leyden: Sijthoff, 1974), pp.13-14; George Schwarzenberger and E. D. Brown, *A Manual of International Law*, 6th ed., (Milton: Professional Books, 1976), pp.121-22; Lord McNair, *The Law of Treaties,* (Oxford: Clarendon, 1961), pp.3-4.

6) Jennings and Watts, *supra* n.1, p.1201; Gerhard von Glahn, *Law Among Nations*, 4th ed., (New York: Macmillan, 1981), p.503; McNair, *supra* n.5, pp.7-8; Vienna Convention, Art, 2,1(a); ICJ., *Reports,* 1952, p.220; ICJ., *Reports,* 1962, pp.474-79.

7) Jennings and Watts, *supra* n.1, p.1208; ICJ., *Reports,* 1961, p.31.

8) Schwarzenberger and Brown, *supra* n.5, p.122.

9) Janis, *supra* n.4, p.43.

10) *Ibid.*; ICJ., *Reports,* 1975, pp.12, 31-37.

11) Janis, *supra* n.4, p.44; United Nations, General Assembly Resolution 3232(xxix), November 12, 1974, Preamble.

12) Mark E. Villiger, *Customary International Law and Treaties,* (Dordrecht: Martinus, 1985), p.xxix.

를 구속하는 효력에는 차이가 없다. 조약·협약·협정·약정·결정서·의정서·선언·규정·규약·합의서·각서·교환공문·잠정협약·헌장 등의 명칭을 사용하는데 관한 국제법상 규정은 전혀 없다.[13]

2. 국제관습법

가. 의의와 본질

국제관습법은 국제법으로서 수락된 일반적 관행을 말한다.[14] 그 본질에 관하여는 학설이 나누어져 있다.

(1) 묵시적 합의설

이 설에 의하면 국제관습법은 국제관행에 대한 국제법 주체 간의 묵시적인 합의에 의한 국제불문법이라고 한다.[15]

(2) 법적 확신설

이 설에 의하면 국제관습법은 국제관행에 의하여 국제사회가 그것을 준수하는 것이 법적 의무라는 확신에 도달한 국제불문법이라고 한다.[16]

전설에 의하면 국제관습법은 묵시적인 합의에 의한 것이라고 하나, 그것은 의제에 불과하며 묵시적 합의가 있었다는 것을 증명할 수 없으며, 국제관습의 형성에 참여하지 않았던 국가, 예컨대 신생국가에도 국제관습법은 적용되며, 또 '국제사법재판소규정'은 조약에 관하여는 '분쟁당사국이 명시적으로 일정한 규제를 정립하는 일반 또는 특수조약'이라고 표시하여 조약은 명시적 합의로 이루어진다는 것을 명백히 하고 있으나 국제관습법에 관하여는 '법으로서 수락된 일반적 관행의 증거로서의 국제관습'이라고 표현하여 분쟁당사국에 의하여 승인됨을 필요치 않은 것

---

13) Jennings and Watts, *supra* n.1, p.1208; McNair, *supra* n.5, pp.30-31; Schwarzenberger and Brown, *supra* n.5, p.121; J. G. Starke, *Introduction to International Law*, 9th ed., (London: Butterworth, 1984), p.417; Glahn, *supra* n.6, p.481; Richard N. Swift, *International Law*, (New York: John Wiley & Sons, 1969), pp.442-43; Kelsen, *supra* n.1, p.455; Gerard J. Mangone, *The Elements of International Law: Casebook*, (Homewood: Dorsey, 1963), p.71.

14) Schwarzenberger and Brown n.5, p.22.

15) *Ibid.*

16) *Ibid.*

으로 되어 있으므로 전설은 부당하다.[17] 전설은 일반적으로 국제법의 기초에 관한 자기제한설의 입장에 입각한 것이며, 후설은 법적 확신설의 입장에 입각한 것이다.

나. 성립요건

(1) 관행의 존재

국제법 주체 간에 일정한 관행이 있어야 한다. 즉 일정한 사항에 대하여 동일한 내용의 행위가 반복·계속되고 있다는 사실이 존재해야 한다.[18] 이러한 관행은 일정기간 계속되어 형성된다. 그러나 최근에 단시일 안에 여러 국가의 관행이 광범하고 균일적으로 행하여지면 족하고 시간적 요인은 고려하지 아니하는 경향이 있다. 예컨대, 1963년의 '우주공간을 규율하는 법원칙선언', 1970년의 '심해저를 규율하는 원칙선언'과 같은 국제연합의 결의는 국제관습법의 선언이라는 것이다. 이렇게 성립된 관습법을 '즉석관습법 또는 속성관습법(instant customary laws, hat cooked law)' 이라 한다.[19]

(2) 법적 확인의 존재

국제관행이 국제사회에 의하여 법으로 준수되는 법적 확신이 있어야 한다.[20] 1950년의 *Columbian-Peruvian Asylum* Case에 관한 국제사법재판소의 판결은 이 점을 명백히 하였으며, 국제사법재판소 규정도 '관습법은 법으로서 수락될 것' 을 요건으로 하고 있다. 그러나 법적 확신의 존재를 확인하는 일은 용이하지 않다.

다. 분류

조약의 경우와 달리 국제관습법에 있어서는 (i) 체약당사자가 없으므로 이를 표준으로 한 2 당사자 간 국제관습법, 다수당사자 간 국제관습법이라는 분류는 있

---

17) *Ibid.*; p.122: Arnold D. McNair, "The Functions and Differing Legal Character of Treaties", *BYIL*, Vol.11, 1930, p.105.

18) *Ibid.*; p.47, 56.

19) Jennings and Watts, *supra* n.1, p.30; Hoof, *supra* n.1, p.86; Villiger, *supra* n.12, p.27.

20) *Ibid.*; pp.25-72; Hoof, *supra* n.1, p.85, 91.

을 수 있으며, (ⅱ) 국제관습법에 가입이란 생각할 수 없으므로 개방국제관습법과 폐쇄국제관습법의 구분도 있을 수 없다. (ⅲ) 국제관습법에 의해 일회적 지급이나 사건의 처리를 목적으로 하는 국제관습법은 성질상 성립될 수 없으므로 국제관습법은 모두 입법적 성질을 가진 것이다. 따라서 국제관습법은 적용범위를 표준으로 한 다음의 구별만이 가능하다.

(1) 보편국제관습법

보편국제관습법(universal international customary law)은 국제사회의 모든 국가를 규율 대상으로 하는 국제관습법이다. 즉, 보편적 국제관습에 의한 국제관습법이다. 보편국제법은 관습법의 형태로만 존재하며 사실상 조약의 형태로는 존재하기 어렵다.

(2) 일반국제관습법

일반국제관습법(general international customary law)은 국제사회의 대부분의 국가를 규율대상으로 하는 국제관습법이다. 즉, 일반적 국제관행에 의해 성립되는 국제관습법이다.

(3) 특수국제관습법

특수국제관습법(partial international customary law)은 국제사회의 몇몇 국가만을 규율대상으로 하는 국제관습법이다. 즉, 특수적 국제관행에 의하여 성립되는 국제관습법이다.[21]

라. 국제관습법의 법원성

(1) 특수적 국제관습법의 법원성

보편국제관습법이든, 일반국제관습법이든, 특수국제관습법이든 모두 구별 없이 국제법의 법원이 된다.[22]

---

21) Villiger, *supra* n.12, pp.33-34.
22) *Supra* n.47.

(2) 국제법의 연원으로서의 지위

(가) 역할: 현 단계의 국제사회에서는 조약보다 국제관습법이 국제법의 연원으로서 더 중요적 역할을 담당하고 있음은 전술한 바다.[23]

(나) 적용순위: 조약과 국제관습법 간에 적용의 순위에 있어서 전혀 우열의 차이가 없다.[24]

3. 법의 일반원칙

가. 의의

'법의 일반원칙(general principles of law)'이란 '문명국에 의하여 인정된 법의 일반수칙(general principles of law recognized civilized nations)'을 말한다. 이는 자연법상의 원칙이라는 견해, 국내법상의 원칙이라는 견해, 국제법과 국내법상의 원칙이라는 견해의 대립이 있다.

'법의 일반원칙'의 예로 '신의성실의 원칙', '금반언의 원칙', '기판력의 원칙' 등을 들 수 있다.

'국제사법재판소 규정' 제38조 제1항 제C호는 '문명국에 의하여 인정된 법의 일반원칙'을 재판의 준칙으로 규정하고 있다.

나. 법원칙

'법의 일반원칙'이 국제사법재판의 경우 재판의 준칙, 즉 법원이 됨은 '국제사법재판소규정' 제38조 제1항 제C호에 의해 명백하나, '국제사법재판소규정'을 떠나 일반국제법상 법원이 되느냐에 관해서는 긍정설과 부정설의 대립이 있으나 부정설이 타당하다고 본다.

다. 효력순위

'국제사법재판소규정'상 '법의 일반원칙'은 국제조약, 국제관습법 다음의 순위의

---

23) *Supra* n.36-39.

24) Michel Akehurst, "The Hierarchy of the Sources of International Law", *BYIL*, Vol.47, 1974-75, pp.274-75; Villiger, *Supra* n.12, pp.35-36.

효력을 갖는 데 불과하다. 일반국제법상 '법의 일반원칙'의 법원성을 긍정해도 그 효력순위는 국제조약, 국제관습법에 우선할 수 없다.

4. 재판상의 판결과 학설

가. 의의

(1) 재판상의 판결

'재판상의 판결(judicial decisions)'은 국제재판과 국내재판을 포함하며,[25] 국제재판은 국제법원사법재판과 국제중재재판을 구분하지 아니한다.[26] 국제사법재판은 분쟁사건에 대한 재판뿐만 아니라 권고적 의견을 포함한다.[27]

(2) 학설

'학설(teachings)', 즉 '국의 가장 우수한 국제법학자의 학설(the teaching of the most highly qualified publicists of the various nations)'이란 국제법의 여러 문제에 관한 학자·전문가·법관의 견해를 말한다. 우수한 국제법학자의 학설, 국제재판에서 재판관의 반대의견(dissenting opinion)과 별도의견(separate opinion),[28] 국제법위원회에서 공식소견과 다른 개별소견,[29] 국제법관계학회의 결의,[30] 국제사무국의 의견[31] 등이 포함된다.

'국제사법재판소규정' 제38조 제1항 제d호는 재판상의 판결과 학설을 보조적 법원으로 규정하고 있다.

---

25) Jennings and Watts, *supra* n.1, pp.41-42; Schwarzenberger and Brown, *supra* n.5, pp.29-30; Isagani A. Cruz, *International Law*, (Quezon: Central Lawbook, 1985), p.24.

26) Ian Brawnlie, *Principles of Public International Law*, 3rd ed., (Oxford: Clarendon, 1979), p.20.

27) *Ibid.*, pp.22-23.

28) *Ibid.*, p.26; PCIJ., *Series A/B*, No.70, 1937, pp.76-77; ICJ., *Reports*, 1950, p.146; ICJ., *Reports*, 1962, p.39; ICJ., *Reports*, 1959, p.174.

29) Brownlie, *supra* n.26, p.26.

30) *Ibid.*

31) *Ibid.*

나. 법원성

(1) 국제사법재판소규정

'국제사법재판소규정'상 국제사법재판의 경우 재판상의 판결과 학설은 '국제사법재판소규정'에 따라 보조적 법원으로 인정된다. 판결과 학설이 법원으로 인정되기 위해서는 다음의 요건을 구비하여야 한다.

첫째, '국제사법재판소규정' 제59조의 규정을 따를 것을 조건으로 법원성이 인정된다. 제59조는 "재판소의 판결은 당사국 간 및 그 특정사건에 관하여서만 구속력이 있다"고 규정하여 '선례 구속의 원칙(doctrine of stare decisis)'을 부인하고 있다. 따라서 판결은 '선 약속의 원칙'을 따르지 않을 조건으로 법원성이 인정된다.[32]

둘째, 법칙결정의 보조적 수단(subsidiary means)으로서 법원성이 인정된다. 보조적 수단은 '법규칙의 결정(determination of rules of law)', 즉 무엇이 법인가를 결정하는 수단을 뜻한다.[33] 환언하면 존재가 확실하지 아니한 국제법의 규칙을 찾기 위하여 판결과 학설을 수용할 수 있을 뿐이다. 판결과 학설은 성문조약법의 규칙보다 불문관습법의 규칙의 존재 결정에 보조적 수단이 된다.

(2) 일반국제법

'국제사법재판소규정'을 떠나 일반국제법상 판결과 학설이 국제법의 법원이 되느냐에 관해 긍정설과 부정설의 대립이 있으나 부정설이 다수설로 타당하다.[34]

다. 효력순위

판결과 학설은 국제법의 규칙의 존재를 결정하는 수단으로써 법원이 되는 것이므로 그것이 국제법 자체인 조약이나 국제관습법과의 효력순위는 문제 되지 아니한다. 즉, 조약과 판결, 학설 또는 국제관습법과 판결, 학설 중 어느 것이 우선하느냐는 문제 되지 아니한다.

---

32) *Ibid.* p.22.

33) Hoof, *supra* n.1, p.170; George Grafton Wilson, *International Law*, Vol.1, 3rd ed., (London: Stevens, 1957), pp.26-28; C. Parry, *The Sources and Evidences of International Law* (Manchester: Manchester University Press), p.15; Jennings and Watts, *supra* n.6, p.41.

34) Hoof, *supra* n.1, p.167, 178; George Grafton Wilson, *International Law*, 9th ed., (New York: Silver Burdett, 1935), pp.42-43.

5. 형평과 선

가. 의의

'형평과 선(ex aequo et bono)'이란 공평성(fairness), 합리성(reasonableness)을 뜻한다.[35] 또는 공평(fairness), 정의(justice), 신의성실(good faith)을 의미한다고 할 수 있다.[36] 이를 법원의 하나로 긍정하는 입장에서는 이를 자연법이라고 설명한다. 따라서 '형평과 선'은 정의 또는 '자연법'을 뜻하는 것이라 할 수 있다.

'국제사법재판소규정' 제38조 제2항은 "당사자의 합의가 있는 경우에는 재판소가 형평과 선에 의하여 재판을 행할 권한을 해하지 아니한다"라고 규정하여 형평과 선이 재판 준칙이 될 수 있음을 인정하고 있다.

나. 법원성

(1) 국제사법재판소규정

'형평과 선'은 '국제사법재판소규정'상 국제사법재판의 준칙으로 되어 법원이 될 수 있다. '형평과 선'이 법원으로 되기 위해서는 다음의 요건을 구비해야 한다.

첫째, 당사자의 합의가 있어야 한다. 이 합의는 분쟁발생 전의 조약으로 할 수도 있으며, 분쟁발생 후의 개별적 합의로 할 수도 있다. 이러한 합의를 규정한 조항을 '형평재판조항'이라 한다. 당사자의 합의가 없는 경우 법원은 '형평과 선' 그 자체를 준칙으로 재판할 수 없으나 '법의 일반원칙'을 당사자의 동의 없이 준칙으로 하여 재판할 수 있다.[37]

둘째, 재판소가 법원성을 인정해야 한다. 당사자의 합의가 있으면 '형평과 선'은 당연히 법원으로 되는 것이 아니라 재판소가 이에 의하여 재판을 행할 권한(the power of the court to decide)을 가질 뿐이다. 따라서 재판소는 당사자가 합의한 경우에도 '형평과 선'에 의해 재판하지 아니할 수도 있는 것이다.[38]

---

35) Brownlie, *supra* n.26, p.27.

36) Werner Levi, *Contemporary International Law,* (Boulder: Westview, 1979), p.42.

37) M. W. Janis, "Equity in International Law", in Rudolf Bernhardt(ed.), *EPIL*, Vol.7, 1984, p.75; PCIJ, *Series A/B*, 1937, No.70, p.73.

38) Brownlie, *supra* n.26, p.28.

(2) 일반국제법

'국제사법재판소규정'을 떠나 일반국제법상 '형평과 선'은 국제법의 법원이 되느냐에 관해 긍정설과 부정설이 대립되어 있으나 후자가 통설이다.[39]

다. 효력순위

'형평과 선'은 당사자가 이에 의해 재판을 받을 것을 합의하고, 재판소가 이에 의해 재판하는 경우에도 '형평과 선'은 조약이나 국제관습법에 우선하는 법원이 될 수 없음은 물론이다.

6. 국제조직의 결의

가. 의의

국제조직의 결의(resolution of international organizations)는 국제조직의 성립기초에 의해 부여된 권한의 범위 내에서 만들어지는 국제조직에 의한 결정(decision made by an international organization)을 말한다.[40] 그것은 국제조직을 구성하는 국가의 정부의 행위가 아니라 국제조직 자체의 행위(acts of organizations themselves)인 것이다.[41] 국제조직의 결의는 그 국제조직을 구성하는 국가 간 합의의 형식(form of inter-state agreement)은 아닌 것이다.[42]

'국제사법재판소규정'은 국제조직의 결의를 국제법의 준칙의 하나로 규정하지 않고 있다.

나. 법원성

(1) 국제사법재판소규정

'국제사법재판소규정'은 국제조직의 결의를 조약, 국제관습법과 같은 직접적인 재판준칙으로는 물론이고, 판결, 학설과 같은 법칙결정의 보조적 수단으로써 간접

---

39) *Ibid.*, p.27.

40) Henry G. Schermers, "International Organizations, Resolutions", *EPIL*, Vol.5, 1983, p.160.

41) *Ibid.*

42) *Ibid.*

적 재판준칙으로도 규정하고 있지 않다. 따라서 '국제사법재판소규정'상 국제조직의 결의는 그 자체로서 재판의 준칙, 즉 법원이 되지 못한다.[43]

(2) 일반국제법

일반국제법상 국제조직의 결의가 그 자체로 국제조약, 국제관습법과 독립된 국제법의 법원이 아님은 물론이다.

국제연합의 결의는 다음과 같이 여러 가지 내용을 표현하게 된다. 따라서 결의의 법원성은 다음과 같이 구분하여 보아야 한다.[44]

(i) 내부규칙(internal rules): 결의의 내용이 내부규칙인 경우 그것은 국제연합헌장에 의거하여 체결된 것일 경우, 예컨대 제21조에 의거 체결된 '총회의 절차규칙', 제30조에 의거 체결된 '안전보장이사회의 절차규칙' 등은 구속력을 가진 법규칙이다.[45] 이 경우 결의의 법원성은 인정된다.

(ii) 권고(recommendations): 결의의 내용이 권고인 경우 권고는 법적 구속력을 가지지 아니한 행위를 단순히 권하는 것을 의미한다.[46] 따라서 이에 따르느냐 아니 하느냐는 전적으로 국제연합의 기관이나 가맹국의 자유이다.[47] 그러나 가맹국이 이를 공식적으로 수락한 경우는 수락(acceptance)으로서 법적 구속력을 갖는다.[48] 이 경우도 권고는 그 자체로서 법원이 되는 것이 아니다.

(iii) 선언(declaration): 결의의 내용이 선언인 경우가 있다. 선언은 여러 가지 의미로 사용되며 정책의 예비적 성명(preliminary statements of policy)의 의미로 사용된다.[49] 국제연합기관 특히 총회의 선언은 특정 결정의 법적 중요성(legal importance of a particular decision)을 강조하기 위해 행하여진다.[50]

국제연합은 선언과 권고를 임의로 선택할 수 있으며, 선언 그 자체로서는 권고보다 강한 법적 구속력을 가진 것은 아니다.[51] 선언은 때로는 현재 관습국제법이

---

43) *Ibid.*

44) *Ibid.*, Hoof, *supra* n.1, pp.180-81.

45) Henry G. Schermers, "International Organizations, Resolutions", *EPIL*, Vol.5, 1983, p.160.

46) *Ibid.*

47) Hans Kelsen, *The Law of the United Nations,* (New York: Praeger, 1951), p.61.

48) Schermers, *supra* n.45, p.160.

49) *Ibid.*

50) D. P. O'Connell, *International Law*, Vol.1, 2nd ed., (London: Stevens, 1970), p.198.

나 현존 법의 일반원칙의 존재를 확인하는 경우도 있다. 이 경우도 선언 그 자체로서 법원이 되는 것이 아니다.[52]

(iv) 협약(conventions): 결의의 내용이 협약인 경우가 있다. 즉 국제연합 총회의 결의를 조약문의 형식으로 표현하는 경우가 있다. 이 경우 국가가 이에 비준함으로써 그 결의는 조약으로서 당사국에 대해 법적 구속력을 갖게 된다.[53] 따라서 조약문을 채택하는 결의 그 자체는 법원이 되지 못한다. 다만 국제연합의 주요기관이 조약문을 결의로 채택한 경우 보조기관과 사무직원은 이에 반하는 행위를 할 수 없다는 효과가 인정된다.[54]

(v) 구속력 있는 결정(binding decisions): 결의의 내용이 법적 구속력 있는 결정인 경우가 있다. 예컨대, 평화에 대한 위협, 평화의 파괴, 침략행위의 경우 안전보장이사회는 국제평화의 유지와 회복을 위해 필요한 조치를 결정할 수 있고(국제연합헌장 제41조, 제42조) 이는 국제연합 가맹국에 대해 법적 구속력을 갖는다.[55] 따라서 이 결의는 법원성을 갖는다 할 수 있다.

다. 효력순위

국제조직의 결의가 법적 구속력을 갖게 되어 그의 법원성이 인정되는 경우도 이는 그 국제조직 내부에서의 법원성이 인정되며,[56] 이는 국제조직의 기본법인 조약에 의거한 것이므로, 그보다 하위의 효력을 가질 뿐이다. 즉 결의의 법원성이 인정되는 경우도 그 효력은 조약보다 하위의 것에 불과한 것이다.

재론하거니와 이 절 '국제법의 연원'을 읽게 될 국제법 비전공자의 편의를 제공하기 위한 것일 뿐이다.

---

51) Schermers, *supra* n.45, p.160.

52) *Ibid.*

53) *Ibid.*

54) *Ibid.*

55) *Ibid.*: Leland M. Goodrich, Edrard Hambro and Anne Patricia Simons, *Charter of the United Nations*, 3rd ed., (New York: Columbia University Press, 1969), pp.300-302.

56) G. I. Tunkin, *International Law*, (Moscow: Progress, 1986), p.69.

제2절 조약의 무효와 조약의 불성립

Ⅰ. 조약의 무효와 조약의 불성립의 구별

국제법상 조약은 '다변적 법률행위(plurilateral transaction)'로[1] 이는 조약의 '성립요건(condition for establishment of treaties)'과 '효력요건(condition for validity of treaties)'으로 구분하여 논급되어야 할 것이다. 따라서 '성립요건'을 결한 '조약의 부존재(non-existence of treaties)' 또는 '조약의 불성립(non-establishment of treaties)'과 '효력요건'을 결한 '조약의 무효(invalidity of treaties)'는 구별되어야 할 것이다.[2] 그러나 조약의 '성립요건'과 '효력요건'을 구별하지 아니하고 '성립요건'에 해당되는 것과 '효력요건'에 해당되는 것을 모두 포괄하여 '성립요건' 또는 '효력요건'으로 설명하는 것이 일반적인 견해이다.[3]

---

1) Robert Jennings and Arthur Watts(eds.), *Oppenheim's International Law*, Vol.1, 9th ed., (London: Longman, 1992), p.1181.

2) '성립요건'은 조약의 체결(conclusion)로 구성되어 조약은 존재(existence)하게 되며(Paul Reuter, *Introduction to the Law of Treaties*, (London: Pinter, 1989), p.43), '효력요건'은 무효의 원인(grounds of invalidity)의 부존재로 구비되어 조약은 적용(application)되게 된다(*ibid.*, pp.127-28, 134).

3) G. G. Wilson은 조약의 효력요건(conditions essential to validity)으로 (ⅰ) 당사자의 체결능력, (ⅱ) 전권대표의 권한 내의 행위, (ⅲ) 동의의 자유, (ⅳ) 법의 일치를 열거하고 있다(G. G. Wilson, *International Law*, 9th ed., (New York: Silver, 1935), p.219). (ⅰ)과 (ⅱ)는 '성립요건'이고, (ⅲ)과 (ⅳ)는 '효력요건'이라 할 수 있다.
J. G. Starke는 조약의 유효(validity of treaties) 요건으로 (ⅰ) 조약체결능력, (ⅱ) 착오, (ⅲ) 기망, (ⅳ) 부패, (ⅴ) 강제, (ⅵ) 강행규범 위반을 열거하고 있다(J. G. Starke, *Introduction to International Law*, 9th ed., (London: Butterworth, 1984) p.448). (ⅰ)은 '성립요건'이고, (ⅱ)-(ⅳ)는 '효력요건'이라 할 수 있다.
Meinhard Schroder는 조약의 유효요건(conditions to produce legal effect)으로 (ⅰ) 조약체결능력, (ⅱ) 당사자의 동의, (ⅲ) 조약의 합법성, (ⅳ) 조약의 등록을 열거하고 있다(Meinhard Schroder, "Treaty, Validity", *EPIL*, Vol.7, 1984, p.511). (ⅰ)은 '성립요건', (ⅱ)와 (ⅲ)은 '효력요건', (ⅳ)는 대항요건이라 할 수 있다.

따라서 일반적인 견해에 의하면 '성립요건'을 결한 조약의 효력은 '조약의 불성립'의 효과를 가져오는 경우도 있고 '조약의 무효'의 효과를 가져오는 경우도 있게 된다. 조약이 법적 효력(legal effect)이 없다는 점에서 '조약의 불성립'과 '조약의 무효'는 동일하다.

'조약법에 관한 비엔나 협약'(이하 '조약법 협약'이라 한다)은 제2부 제1절에 '조약의 체결(conclusion of treaties)'에 관해 규정을 두고, 제5부 제2절에 '조약의 무효(invalidity of treaties)'에 관해 규정을 두고 있다.

전자는 조약의 '성립요건'에 관한 규정이고, 후자는 조약의 '효력요건'에 관한 규정이다. 그러므로 동 협약은 조약의 '성립요건'과 '효력요건'을 구분하여 규정하고 있다. 그러나 전자의 요건을 결한 경우의 효과에 관해 '조약의 불성립' 또는 '조약의 부존재'라는 표현을 사용하지 아니하고, '기속적 동의(consent to be bound)'가 발생하지 아니하는 것으로 규정하거나(제11조-제15조), '발효(enter into force)'하지 아니한다고 규정하고(제24조) 있다. 그리고 후자의 요건을 결한 경우의 효과에 관해 '무효(void)'라고만 규정하지 아니하고 '무효(void)'라고 규정하기도 하고(제52조, 제53조), '효력을 가지지 아니한다(without legal effect)'라고 규정하기도 하고(제51조), 그 원인을 '원용할 수 있다(may invoke)'라고 규정하고 있기도 하다(제48조, 제49조, 제50조). 이와 같이 동 협약은 '효력요건'을 명확히 규정하고 있지 못하다.[4] 다수 학자들도[5] 그러하다.

Isagani A. Cruz도 위와 유사한 입장을 표시하고 있으며(Isagani A. Cruz, *International Law,* (Quezon: Central Lawbook, 1985) p.170), Gerhard von Glahn도 위와 같다(Gerhard von Glahn, *Law Among Nations,* 4th ed., (New York: Macmillan, 1984), pp.498-505).

4) Schroder, *supra* n.5, p.512.

5) Ian Sinclair도 그 외 저서에서 동의(consent)에 의해 조약은 성립(establish)된다고 표시하고 있으나 '성립요건'과 '효력요건'에 관한 논리를 정립하고 있지 아니하고 있으며(Ian Sinclair, *The Vienna Convention on the Law of Treaties,* 2nd ed., (Manchester: Manchester University Press, 1984), pp.29-44, 159), T. O. Elias도 위와 같다(T. O. Elias, *The Modern Law of Treaties,* (Leiden: Sijthoff, 1974), pp.27-36, 135). H. W. A. Thirlway도 위와 같다(H. W. A. Thirlway, *International Customary Law and Codification,* (Leiden: Sijthoff, 1972), pp.129-30, 133). Shabtai Rosenne도 위와 같다 (Shabtai Rosenne, "Treaties, Conclusion and Entry into Force", *EPIL,* Vol.7, 1984, pp.464-67).
Clive Parry는 조약의 '효력요건(validity)'으로 (ⅰ) 당사자의 능력(capacity of parties), (ⅱ) 목적의 합법성(legality of object), (ⅲ) 동의의 진실성(reality of consent)을 열거하고 있다(Clive Parry, "The Law of Treaties", in Max Sorensen (ed.), *Manual of Public International Law,* (London: Macmillan, 1968), p.212). '성립요건'으로 당사자, 목적, 동의를 열거하고, 그것들의 각기 '효력요건'으로 능력, 합법성, 현실성을 열거한 것이다.
Jennings와 Watts 또는 동의(consent)가 없으면 조약은 성립(constitute)되지 아니한다고 하여(Jennings and Watts, *supra* n.1, p.1224) 동의를 '효력요건'이 아니라 '성립요건'으로 보고 있다.

II. 조약의 무효화와 불성립의 효력의 차이

이 연구에서는 조약법 협약 제2부 제1절의 조약의 체결요건을 결한 경우를 조약의 '성립요건'을 결한 경우로 보고 이 요건을 결한 효과를 '조약의 불성립' 또는 '조약의 부존재'로 표기하기로 하고, 동 협약 제5부 제2절의 '조약의 무효'의 원인이 되는 경우를 조약의 '효력요건'을 결한 경우로 보고 이 요건을 결한 경우의 효과를 '조약의 무효'로 표기하기로 한다. 후자를 '협의의 무효', 전자와 후자를 합쳐 '광의의 무효'라 할 수 있다.

요컨대 '조약의 무효'는 성립된 조약이 하자로 인해 효력이 발생하지 아니하는 것을 의미하고, '조약의 불성립'은 조약 자체가 성립되지 않아서 아무런 법적 효과도 발생하지 아니하는 것이다. 이 연구에서는 한일합방이 조약으로 성립되고, 조약의 성립상 하자로 인해 효력이 발생하지 아니하는 것이 아니라 한일합방 자체가 성립되지 아니해서 법적 효력이 없는 것을 의미한다.

제3절 조약의 성립

Ⅰ. 조약의 '성립요건'의 의의

조약은 국제법상 쌍방적인 법률행위이므로 대체로 '성립요건'과 '효력요건'으로 구분하여 설명되어야 할 것이며, 따라서 '성립요건'을 결한 '조약의 부존재'와 '효력요건'을 결한 '조약의 무효'는 구별되어야 할 것이다.[1] 그러나 조약의 '성립요건'과 '효력요건'을 구별하지 않고 일반사법이론상 '성립요건'에 해당되는 것과 '효력요건'에 해당되는 것을 포괄하여 '성립요건'으로 또는 '효력요건'으로 설명하는 것이 일반적인 견해이다.[2]

따라서 일반적인 견해에 의하면 '성립요건'을 결한 조약의 효력은 '조약의 불성립'의 효력을 가져오는 경우도 있다. 조약이 효력이 없다는 점에서 '조약의 불성립'과 '조약의 무효'는 동일하다.

상술한 의미의 조약의 '성립요건'은 (ⅰ) 조약당사자가 조약을 체결할 능력을 가질 것, (ⅱ) 조약을 체결하는 대표자가 조약체결의 정당한 권한을 가질 것, (ⅲ) 대표자 간 하자 없는 의사의 합치가 있을 것, (ⅳ) 조약의 내용이 가능하고 적법할 것, (ⅴ) 조약이 국내법에 위반하지 아니하는 절차에 따라 체결될 것을 내용으로 한다.[3]

---

1) '성립요건'은 체결(conclusion)로 구비되어 조약은 존재(existence)하게 되며(Paul Reuter, *Introduction to the Law of Treaties,* (London: Pinter, 1989), p.43), '효력요건'은 무효의 원인(grounds of invalidity)의 부존재로 구비되어 조약은 적용(application)되게 된다(*ibid.,* pp.127-28, 134).

2) George Wilson, *International Law,* 9th ed., (New York: Sliver, 1935), p.219: Isagani A. Cruz, *International Law,* (Quezon: Central Lawbook, 1985), p.170; H. B. Jacobini, *International Law,* (Homewood: Dorsey, 1962), p.126; Gerhard von Glahn, *Law among Nations,* 4th ed., (New york: Macmillan, 1984), pp.498-505.

3) Wilson, *supra* n.2, p.170; Glahn, *supra* n.2, pp.498-505.

II. 조약의 성립요건의 내용

1. 당사자의 조약체결능력

가. 조약체결능력의 의의

조약체결능력(treaty-making capacity, capacity to make treaties)이란 국제법상 조약을 체결할 수 있는 능력, 즉 조약의 당사자가 될 수 있는 국제법상 능력을 말한다.[4] 여기서 능력이란, 권리능력을 의미하는 것으로 이해할 수도 있고 행위능력을 의미하는 것으로 이해할 수도 있다.

조약체결능력이 행위능력을 의미한다는 견해는 주권이 제한된 국가는 체결능력은 있으나 행위능력이 없으므로 조약을 체결할 능력이 없다는 점을 합리적으로 설명할 수 있으나, 개인이 조약체결능력이 없다는 점을 설명할 수 없다. 개인은 조약을 체결할 권리능력을 의미한다는 견해는 개인이 조약체결능력이 없다는 점을 합리적으로 설명할 수 있으나, 주권이 제한된 국가의 조약체결능력을 합리적으로 설명할 수 없다는 단점이 있다. 따라서 조약체결능력은 경우에 따라 권리능력을 의미하기도 하고 행위능력을 의미하기도 한다고 이해함이 타당하다고 본다.

나. 조약체결능력자

(1) 국가

(가) 독립국가

국가라 할지라도 국제법상 주권을 가지는 독립국가만이 완전한 조약체결능력을 가진다.[5]

(나) 반주권국가

이른바 반주권국가의 조약체결능력은 제한되거나 불완전하며 그 제한·불완전의 정도는 경우에 따라 다르다.[6] 피보호국 또는 종속국인 경우에는 보호국 또는

---

4) Oscar Svarlien, *An Introduction to the Law of Nations,* (New York: McGraw-Hill, 1955), p.263.

5) Jennings Robert and Arthur Watts(eds.), *Oppernheim's International Law*, 9th ed., Vol.1, London: Longman, 1992. p.1217.

6) *Ibid.*

종주국과의 보호조약 또는 헌법상의 규정의 내용에 따라 피보호국 또는 종속국의 조약체결능력은 제한·부인된다.[7]

(다) 연방구성국

연방구성국의 경우는 통상 연방 자체가 조약체결능력을 가지며 지방, 즉 연방구성국은 조약체결능력을 갖지 못한다. 그러나 지방도 극히 제한된 범위 내에서 조약체결능력을 갖는 경우가 있다. 미국은 연방의회의 동의가 있는 경우에 주도 경미한 조약을 체결할 수 있다.[8]

(라) 영세중립국

영세중립국은 일반적으로 완전한 독립국가로 이해되지만, 동맹조약·집단방위조약 등을 체결할 수 없다.[9]

(마) Vatican 시국

Vatican 시국도 영세중립국에 속하는 국가이므로 동맹조약을 체결할 수 없으나 그 이외의 조약은 체결할 수 있으며 이 국가가 체결하는 종교상의 조약을 Concordat 라 한다.[10]

(2) 국제조직

국제조직은 그 국제조직이 성립되게 된 기본조약에 의하여 인정되는 범위 내에서 조약체결능력자이며 국가와 같이 일반적·포괄적 조약체결능력자인 것은 아니다.[11]

(가) 국제연합

국제연합은 헌장 제104조의 규정에 의하여 조약체결의 일반적 능력을 갖고 있다. 국제연합이 체결하는 조약의 예는 다음과 같다.[12] (ⅰ) 회원국과 군사적 강제

---

7) *Ibid.*; Lord McNair, *The Law of Treaties,* (Oxford: Clarendon, 1961), pp.42-43.

8) *Ibid.,* p.37.

9) *Ibid.,* p.46.

10) *Ibid.,* p.37.

11) *Ibid.,* p.50; C. W. Jenks, *The Legal Personality of International Law,* 9th ed., (London: Butterwoth, 1984), p.598.

조치를 위한 '특별협정'(제43조), (ⅱ) 전문기관과 각 분야의 국제적 협력을 달성하기 위한 협정(제3항), (ⅲ) 신탁통치기관의 신탁통치를 위한 신탁통치협정(제79조).

(나) 전문기관

각 전문기관도 그 기본조약에 의하여 국제연합과 조약을 체결하는 것 이외에 그 임무에 관계되는 다른 전문기관 또는 기타 국제조직과의 조약체결능력이 원칙적으로 인정된다.[13]

(다) 기타 지역적 국제조직

지역적 국제조직도 그 기본조약이 인정하는 범위 내에서 조약체결능력이 있다.[14]

(3) 교전단체

교전단체는 국제법의 주체이지만 전쟁의 능력이 인정된 일시적 · 제한적인 국제법의 주체이므로 국가와 같은 조약체결능력자는 아니나, 본국 정부와 휴전협정 · 포로교환협정 등 교전에 관한 협정과 기타 협정을 체결할 능력을 가지며 제3국과도 일정한 조약을 체결할 능력을 갖는다.[15]

(4) 개인

개인은 일정한 경우 국제법의 주체가 되나 이는 국가 · 국제조직과 같이 국제법을 창설할 수 있는 능동적 주체가 아니라 수동적 주체에 불과하므로 국제법상 조약체결권자는 되지 못한다.

---

12) *Ibid.*; Clive Parry, "The Treaty-Making Power of the United Nations", *BYIL.*, Vol.26, 1949, pp.111-18; Jennings and Watts, *supra* n.5, pp.1219-20; J. G. Starke, *Introduction to International Law*, 9th ed., (London: Butterworth, 1984), p.598.

13) McNair, *supra* n.7, p.52; Svarlien, *supra* n.4, p.217; Clive, *supra* n.12, pp.132-42.

14) Jennings and Watts, *supra* n.5, p.1319; Ian Brownlie, *Principles of Public International Law*, 3rd ed., (Oxford: Clarendon, 1979), p.700.

15) *Ibid.*, p.66; Ti-Chang Chen, *The International Law of Recognition,* (London: Stevens, 1951), p.303.

2. 조약체결권자

가. 조약체결권자의 의의

조약체결권자라 함은 조약당사자, 즉 조약체결능력자인 국가·국제조직·교전단체를 대표하여 현실적으로 조약체결의 권한을 가진 기관을 말한다.[16]

누가 조약체결권자인가는 각각의 기본조직법에 의하여 결정된다. 국가와 교전단체의 조약체결권자는 국내법 특히 헌법에 의하여 규정되며, 국제법은 이에 대하여 직접 관여하지 않는다. 국제조직의 조약체결권자는 그 국제조직의 기본조약에 의하여 규정된다.[17]

나. 조약체결권자

(1) 국가·교전단체의 조약체결권자

(가) 국가기관

국가에 있어서 조약체결권자는 원칙적으로 국가원수이나 예외적으로 입법기관이 조약체결권자가 되는 경우도 있다.

예컨대, 스위스의 조약체결권은 연방의회에 있으며 그 권능은 연방평의원회 및 그 의장인 대통령이 행사한다(헌법 제102조 제8항). 터키의 조약체결권도 국민의 회에 있다(헌법 제26조).[18]

(나) 국가기관 등의 수임자

국가원수 등의 조약체결권자는 일정한 범위 또는 특정의 권한을 다른 기관에 위임할 수가 있다. 경미한 기술적·전문적 행정 사항에 관한 조약체결권을 위임하는 경우가 그것이다.[19]

---

16) Jacobini, *supra* n.2, p.127; Hans Kelsen, *Principles of International Law*, 2nd ed., (New York: Holt, 1967), p.460.

17) *Ibid.*

18) *Ibid.*

19) Hesch Larterpacht(ed.), *Oppenheim's International Law*, 8th ed., (London: Longmans, 1955), p.885.

(다) 군지휘관

전술한 바와 같이 국가의 조약체결권자는 국내법에 의하여 규정되나 군지휘관의 전시조약체결권은 국제법에 의해 직접 규정된다. 따라서 군지휘관이 전지에서 체결하는 휴전조약·항복조약·포로교환조약 등은 정치적 성질을 갖지 않는 한 그 국가가 그에게 조약체결권을 주지 않았다 해도 국제법상 구속력을 갖는다.[20]

(2) 국제조직의 조약체결권자

(가) 국제조직의 최고기관

국제조직의 조약체결권자는 국제조직의 기본조약으로 정하여지며,[21] 기본조약에 그것이 명시되지 않았을 경우에는 조약의 성질을 고려하여 개별적으로 결정해야 할 것이다.[22] 일반적으로 그 국제조직의 최고기관이 조약체결권자가 된다. 국제연합의 경우 최고기관은 총회이며, 전문기관의 경우도 최고기관은 총회이다.[23]

(나) 국제조직 기타 기관

국제조직의 기본조약이 특별히 최고기관이 아닌 다른 기관에 조약체결권을 부여하는 특별규정을 둘 경우에 그 기관이 조약체결권자가 된다. 국제연합의 경우 안전보장이사회가 군사적 강제조치를 위한 특별협정의 조약체결권자이며(헌장 제43조 제3항), 전문기관과의 협정은 경제사회이사회가 조약체결권자이나 총회의 동의를 요건으로 한다(동 제63조 제1항). 기타 전문기관 또는 지역적 국제조직의 최고기관이 아닌 조약체결권자는 각각 그의 기본조약에 의해 규정된다.[24]

---

20) Morris Greenspan, *The Modern Law of Land Warfare*(Berkeley: California University Press, 1959), p.387; John Westlake, *International Law*, Part 2(Cambridge: Cambridge University Press, 1913), p.92.

21) Clive Parry, *"The Law of Treaties"*, in Max Sorensen(ed.), *Manual of Public International Law*, (New York: Macmilan, 1968), p.189; Hans Kelsen, *The Law of the United Nations*, (New York: Praeger, 1950), p.329.

22) *Ibid.*; Rosalyn Higgins, *The Development of International Law through the Political Organs of the United Nations*, (London: Oxford University Press, 1963), p.250.

23) *Ibid.*, pp.250-52, 264-67.

24) *Ibid.*, pp.250-53.

3. 하자 없는 합의

가. 하자 없는 합의의 의미

조약이 유효하게 성립하려면 조약체결권자의 의사표시에 하자가 없어야 한다.

여기서 하자 없는 의사표시란 (i) '조약체결권자'의 의사에 하자가 없는 것을 의미하며 '조약체결당사자' 자신에게 사기·강박을 가한 경우를 의미하지 않는다는 견해가 정통적인 이론이나, 무력행사가 원칙적으로 금지된 오늘에 와서는 특히 강박의 경우 양자가 다 포함되어야 한다는 견해가 일반적이다. (ii) 그리고 여기의 하자는 강박·착오·기망에 의한 '원에 의하지 않은 하자'를 뜻하며 심리유보 등 '원에 의한 하자'는 제외된다.

나. 하자 있는 의사표시

'조약법에 관한 협약'은 하자 있는 의사표시로 다음과 같은 것을 규정하고 있다.

(1) 착오

국가는 조약에 있어서의 착오가 동 조약이 체결된 당시에 존재한 것으로 동 조약의 구속을 받게 하는 자국의 동의의 본질적인 기초된 것에 관련되는 것일 경우에 동 동의를 무효화시키기 위하여 동 착오를 원용할 수 있다(제48조 제1항).

당해 국가가 자신의 행위로 인하여 착오를 유발한 경우 또는 동 국가가 착오의 발생 가능성을 사전에 알 수 있는 사정하에 있었을 경우에는 제1항을 적용하지 아니한다(동 제2항).[25]

(2) 기만

국가가 기타 교섭국의 기만행위에 의하여 조약을 체결하도록 유도된 경우에는 조약의 구속을 받게 하는 자국의 동의를 무효화시키기 위하여 동 기만을 원용할 수 있다(제49조).[26]

---

25) Jennings and Watts, *supra* n.5, pp.1288-89.

26) *Ibid.*, p.1289.

(3) 국가대표의 부패

직접 또는 간접으로 대표를 매수하여 조약에 대한 동의를 받아낸 경우에는 그 대표의 본국은 그 동의의 무효를 주장할 수 있다(제50조 참조). 실제로 자국대표의 부패를 조약의 무효사유로 원용한 실례는 아직 없다.[27]

(4) 국가대표에 대한 강박

국가대표에게 강박을 가하여 체결한 조약은 아무런 법적 효력도 가지지 아니한다(제51조). 대표에 대한 강박은 이 점에서 관계당사국이 동의의 무효를 주장할 수 있을 뿐이지 위에 열거한 조약의 무효사유들과는 다르다.[28]

(5) 국가에 대한 강박

강박이 대표자 개인에 대한 것이 아니라 국가 자체에 대해서 행해진 경우에는 조약은 일반적으로 유효라는 것이 제1차 세계대전 이전의 정통적 이론이었다. 예컨대, 강대국이 약소국에 대해서 정치·경제·군사상의 강박을 가하여 체결한 다수의 불평등조약 또는 전승국이 패전국에 대하여 불리한 강화조약의 체결을 강요하는 경우라도 그 조약은 유효한 것으로 취급되었다. 그러나 '조약법에 관한 협약'은 "국제연합헌장의 모든 원칙에 위반된 힘의 위협 또는 사용에 의하여 조약이 체결된 경우에는 동 조약은 무효이다"라고 규정하였다(제52조).[29]

4. 이행 가능성과 적법성

가. 이행 가능성

조약은 그 내용이 이행 가능하고 적법하여야만 유효하게 성립될 수 있다. 불능을 목적으로 하는 조약, 예컨대 현존하지 아니한 영역의 양도를 목적으로 하는 할양조약, 사망한 자의 인도를 목적으로 하는 범죄인인도조약은 무효이다.[30]

---

27) *Ibid.*, pp.1289-90.

28) *Ibid.*, p.1290.

29) *Ibid.*, pp.1290-92.

30) Lauterpacht, *supra* n.19, p.945.

나. 적법성

강행규범에 반하는 것을 목적으로 하는 조약, 예컨대 침략전쟁을 목적으로 하는 조약, 노예의 매매를 목적으로 하는 조약 등은 무효이다(제53조). 이는 일반 국제법인 강행규범의 존재를 인정하는 이론을 전제로 한 것이다.[31]

5. 국내법절차 적법성

가. 국내법절차 적법성의 의미

국내법절차 적법성이란 조약체결절차가 국내법상 절차에 위반하지 아니함을 말한다.

조약체결권자가 국내법상 특히 헌법상의 제한을 무시하고 체결한 조약은 유효한 것인가에 관해 논의가 있다. 물론 국제법에 의해 직접 조약체결권이 부여된 것으로 보는 군지휘관이 국내법상 절차를 위반하여 전시규약을 체결하는 경우에도 당연히 그 조약을 유효한 것으로 인정함은 전술한 바이다.

나. 학설

(1) 유효설

유효설에 의하면 조약체결권자의 권한에 대한 국내법상의 제한은 국제법상 효력이 없다고 주장한다.[32] 그 논거를 다음과 같이 제시한다.

(i) 국가원수는 대외관계에 있어서 완전한 대표권한을 갖는다.

(ii) 국제관행은 체결당사자인 원수의 권한을 심사한 예가 없다.

(iii) 체결당사자의 체결권자의 헌법상 권한을 조사하는 것은 그 국가의 국내문제에 대한 부당한 간섭이 된다.

(iv) 국가가 그의 대표기관의 헌법상 무권한을 이유로 조약의 무효를 주장할 수 있다면 국제법의 안정성이 저해된다.

---

31) Jennings and Watts, *supra* n.5, p.1292-93.

32) Brownlie, *supra* n.14, p.610; Michael Akehurst, *A Modern Introduction to International Law*, 5th ed., (London: George Allen, 1984), pp.130-31.

(2) 무효설

무효설에 의하면 조약체결권자의 권한에 대한 국내법상의 제한은 국제법상 효력이 있다고 주장한다.[33] 그 논거를 다음과 같이 제시한다.

(i) 국제법이 직접 조약체결권자를 정하지 아니하고 국내법에 일임하고 있다.

(ii) 국가기관이 그의 권한 외에서 한 행위는 국가를 구속할 수 없다.

(iii) 조약체결의 합헌성의 심사를 금한 국제법규는 없으며, 그것이 국내문제에 대한 간섭이 되지 않는다.

(iv) 조약체결권자의 권한에 대한 헌법적 제한을 각국의 헌법이 두는 것은 국가원수에 무제한의 조약체결권이 있다는 국제관습을 부인하는 것이다.

(v) 조약체결에 관한 헌법상의 절차는 간접적으로 국제법이 요구하는 조약체결의 절차 자체로 보는 것이 국제관행에 일치한다.

(3) 절충설

절충설에 의하면 조약체결권자의 권한에 대한 국내법상의 제한은 원칙적으로 국제법상 효력이 없으나 예외적으로 이를 고려해야 한다는 주장이다.[34] 그 논거를 다음과 같이 제시한다.

(i) 위헌절차에 의해 체결된 조약은 절차상의 하자를 상대방이 알았거나 또는 상당한 주의를 하였다면 알 수 있었던 경우는 상대방을 보호할 필요가 없으므로 무효로 해야 한다.

(ii) 위헌절차에 의해 체결된 조약은 그것이 중대한 헌법규정을 위반한 경우는 그러한 위반을 한 체약국을 보호할 필요가 있으므로 무효로 해야 한다.

(4) 결언

헌법상 절차에 위반한 것을 이유로 사후의 주장으로 조약을 무효화하는 것은 상대방의 신뢰를 해하며 또 국제법 질서의 안정성을 침해한다는 점을 고려할 때, 민주주의적 원리와 법적 안정성을 조화하는 절충설이 타당하다고 본다.

---

33) *Ibid.*; Brownlie, *supra* n.14, p.610.
34) *Ibid.*, pp.610-11.

다. 관행

실제의 관행은 조약에 비준조항을 삽입하여 체결당사자가 각기 그들의 헌법절차에 따라 비준하도록 하여 절차상의 위헌조약을 방지하고 또한 이를 무효로 하는 경향이 있다. 그러나 구체적으로 조약을 체결함에 있어서 적법절차에 의한 것인지 그 여부에 관한 판단은 곤란한 경우가 적지 않다.

라. 조약법에 관한 협약

(i) '조약법에 관한 협약'은 원칙적으로 국가는 조약에 대한 국가의 동의가 조약체결권에 관한 국내법의 규정에 위반하였다는 사실로서 합의의 무효화를 주장할 수 없으나, 그 위반이 객관적으로 명백하고 또한 근본적으로 중요한 국내법에 관련되는 경우에는 통상의 관행과 신의성실의 원칙에 따른다고 규정하고 있다(제46조).

이 규정은 절충설을 명문화한 것이지만, 통상의 관행과 신의성실의 원칙에 따른다는 제한을 가하여 결국 제한적 절충설을 채택한 것이라 할 수 있다.

(ii) 그리고 동 협약은 대표의 동의표시권한에 일정한 제한이 가하여져 있는 경우에 그 제한을 준수하지 않았더라도 동의를 표시하기 전에 이 제한을 여타의 교섭국들에 통고하지 않는 한, 그 조약의 무효를 주장할 수 없다(제47조). 비준·수락 또는 승인을 요하는 조약에 있어서는 이 규정은 적용되지 아니한다.[35]

III. 기타 관련사항

1. 조약의 성립과 국가의 승인

국가의 승인방법은 명시적 방법과 묵시적 방법이 있다. 기존 국가가 미승인국과 조약을 체결하는 것이 묵시적인 국가 승인방법으로 되는가는 일률적으로 논할 수 없다. (i) 일반적으로 양국 간의 포괄적·이변적 조약의 체결은 묵시적인 국가의 승인으로 인정되나, (ii) 개별적·다변적 조약의 체결은 묵시적인 승인으로 인정되지 않는다.

---

35) Jennings and Watts, *supra* n.5, pp.1285-88.

2. 조약의 성립과 조약의 개정

국제법상 조약의 개정은 신조약의 성립, 즉 체결과 같이 인정된다. 본래 조약의 개정이란 그의 동일성을 상실치 않는 한계 내에서 가능한 것인데 그의 개정조약은 신조약의 체결과 동일한 국제법상 '성립요건'을 요한다.

3. 조약의 성립과 국제연합헌장

'국제연합헌장' 제103조는 '국제연합헌장 의무우선의 원칙'을 규정하고 있으며, 이에 의하여 가맹국이 헌장의 의무에 배치되는 내용의 조약을 성립시킬 수는 있으나 국제연합에 대해서는 무효인 것으로 인정되는 경우가 있게 된다.

제4절 조약의 체결절차

Ⅰ. 개념

1. 의의

조약의 체결절차란 조약이 성립하기 위한 절차를 말한다. 조약이 성립해야 조약은 그 내용에 따라 구속력을 발생하게 된다.

2. 내용

조약의 체결절차에 관하여 국제법상 획일적인 방식이 있는 것은 아니나, 가장 일반적인 방식은 전권대표의 선임, 교섭, 서명, 조약체결권자에 의한 비준, 비준서의 교환 또는 기탁 등의 과정을 거쳐 체결된다.[1] 그러나 간이조약과 다수당사자간의 개방조약은 특수한 방식을 따르는 경우가 있다.[2]

Ⅱ. 일반적 체결절차

1. 조약의 교섭

가. 전권대표의 임명

국가가 조약을 체결하려고 할 경우 먼저 자국의 국내법상 절차에 따라 정식의

---

1) George Schwarzenberger and E. D. Brown, *A Manual of International Law,* 6th ed., (Milton: Professional Books, 1976), p.257; William W. Bishop, *International Law, Cases and Materials,* 3rd ed., (Boston: Little Brown, 1962), p.118.

2) Paul Reuter, *Introduction to Law of Treaties,* (London: Pinter, 1989), p.47; G. I. Tunkin, *International Law,* (Moscow: Moscow Press, 1986), pp.153-54.

자격자, 즉 전권대표(plenipotentiary representative)를 임명한다. 전권대표는 그의 자격을 증명하는 전권위임장(full power)을 발급받는다.[3] 그러나 다음의 자가 조약을 체결할 경우에는 전권위임장을 요치 않는다. (i) 국가의 원수, 정부의 수석, 외무부 장관, (ii) 외교사절의 파견국과 접수국 간에 조약의 정문을 채택할 경우 접수국에 파 견된 외교사절, (iii) 국제회의 또는 국제조직에 파견된 국가대표가 동 회의나 국제조 직에서 조약의 정문이 채택될 때에 그가 전권대표로 된 경우(제7조 제2항).[4]

나. 전권위임장의 확인

두 국가 간 조약을 체결할 경우에는 교섭 전에 전권대표는 상호 간에 전권위임 장을 교환함으로써 권한의 정당성을 확인한다. 다수국 간 조약의 경우에는 심사위 원회를 설치하여 일괄적으로 심사·확인하는 것이 보통이다.

다. 조약안의 교섭

두 국가 간 조약인 경우 전권대표 간에 담판(pourparler)이 행해지며, 다수 국가 간 조약인 경우 외교협의에서 담판이 행해진다. 이 교섭과정을 거쳐 조약의 기본 방침이 결정되고 조약안을 작성하게 된다.[5] 최근에는 통신기술이 발달하였기 때문 에 세목에 이르기까지 본국 정부가 전권대표에게 지령을 하고 교섭의 내용을 직접 지휘할 수 있다.

라. 조약정문의 작성

조약정문을 확정한 후 정식서명 시까지 시간을 요할 경우에 가서명(가조인)을 한다. 이에 전권대표는 그의 성명을 두문자만을 쓰는 것이 관례이다. 이를 '이니셜

---

3) Bishop, *supra* n.1, p.118; Lord McNair, *The Law of Treaties,* (Oxford: Clarendon, 1961), p.120; J. Mervyn Jones, *Full Powers and Ratification: A Study in the Development of Treaty-Making Procedure*(Cambridge: Cambridge University Press, 1946), p.43.

4) T. O. Elias, *The Modern Law of Treaties,* (Leyden: Sijthoff, 1974), p.20; Gerhard von Glahn, *Law Among Nations*, 4th ed., (New York: Mcmillan, 1981), p.485; Tunkin, *supra* n.2, p.154; Werner Levi, *Contemporary International Law: A Concise Introduction,* (Boulder: Westview, 1979), p.219.

5) Robert Jennings and Arthur Watts(eds.), *Oppenheim's International Law*, 9th ed., Vol.1, (London: Longman, 1992), p.1223; Gerhard von Glahn, *Law among Nations*, 4th ed., (New york: Macmillan, 1984), p.485; Shabtai Rosenne, "Treaties, Conclusion Entry into Force", *EPIL*, Vol.7, 1984, p.465.

(initial)'이라 부른다.6) 가서명은 서명과 구별되나 교섭국이 가서명을 서명을 구성하는 것으로 합의한 경우에는 서명을 구성한다(제12조 제2항 a).

마. 서명본서의 준비

서명본서는 서명국의 수만큼 작성된다. 다수국이 참가하는 경우에는 정문은 1통만 작성하고 나머지는 인증등본을 작성하는 것이 보통이다.

2. 서명

전권대표가 조약내용에 대하여 이를 명시적으로 승인하는 행위이다.7) 서명에 의하여 조약의 내용은 확정되나(제12조), 원칙적으로 조약이 성립하는 것도 아니고 효력이 발생하는 것도 아니다.8) 서명 후의 조약의 내용은 일방적으로 수정하지 못한다.9) 국제회의에서 다수 국가 간의 조약을 채택할 경우 본국 정부의 사후승인을 요건으로 하여 전권대표가 잠정 서명하는 경우가 있다. 이를 '아드 레프렌덤(*ad referendum*)'의 서명이라 한다.10) 잠정 서명은 그의 본국에 의하여 확인될 경우에 조약의 완전한 서명을 구성한다(제12조 제2항 b).

3. 비준

비준이라 함은 전권대표가 서명한 조약내용에 대하여 조약체결권자가 최종적으로 이를 확인하는 행위이다.

전권대표가 서명한 후 다시 비준을 하는 것은 (i) 전권대표의 훈령에 대한 오해 유무의 확인, (ii) 서명 후 사정의 변화, (iii) 의회의 동의를 얻을 기회의 부여, (iv) 조약내용의 전면적 재검토를 위한 것이다.

모든 조약이 다 비준을 필요로 하는 것은 아니다. 비준을 요하는 조약은 그 내용에 비준조항을 규정하는 것이 보통이다.

---

6) Jennings and Watts, *supra* n.5, p.1225, n.2.

7) Elias, *supra* n.4, p.22; Schwarzenberger and Brown, *supra* n.1, p.125; Jennings and Watts, *supra* n.5, p.1225.

8) *Ibid.*; McNair, *supra* n.3, pp.203-204.

9) *Ibid.*, p.204.

10) Jennings and Watts, *supra* n.5, p.1224, 1225, n.2.

4. 비준서의 교환·기탁

가. 의의

조약에 비준한 경우 이를 증명하기 위하여 작성되는 일정한 형식의 서면을 비준서(instruments of ratification)라 하며, 원칙적으로 두 국가 간의 조약에 있어서는 비준서를 상호 교환하고, 다수 국가 간의 조약에서는 일정한 장소에 기탁한다. 이를 비준서의 교환·기탁이라 한다.[11]

나. 방법

(1) 교환·기탁장소

비준서교환은 비준서를 상호 교환하는 것이며, 비준서기탁은 비준서를 일정장소에 기탁한다. 기탁장소는 조약이 체결된 국가의 외무 당국이 된다. 최근에 국제연합이 중심이 되어 작성된 조약의 비준서는 국제연합 사무총장에게 기탁하는 경우가 많다.[12]

(2) 교환·기탁조서의 작성

비준서를 교환 또는 기탁할 때 유보 등의 확인을 위하여 비준서교환조서 또는 비준서기탁조서를 작성하는 경우도 있다.

(3) 기탁의 통지

비준서를 기탁받은 당국에서 비준서의 기탁일, 비준에 부여하여진 유보 및 효력 발생일 등을 모든 서명국에 통지한다.

다. 효력

(1) 조약의 확정적 성립

비준서의 교환·기탁에 의하여 조약은 확정적으로 성립한다. 그러나 이는 사실

---

11) *Ibid.*, p.1234.

12) *Ibid.*; J. G. Starke, *Introduction to International Law*, 9th ed., (London: Butterworth, 1984), pp.434-35.

상 절차에 불과하다고 하여 조약은 비준에 의해 성립한다는 견해가 있다.

(2) 조약의 효력발생

조약은 특별한 규정이 없는 한 비준서의 교환·기탁에 의해 효력이 발생한다(제16조). 비준서의 기탁에 있어서 전 당사국의 기탁이 있을 때에 그 효력이 발생하는 것이 원칙이나, 조약에 따라서는 일정한 수의 당사자가 기탁하면 효력이 발생한다고 규정하는 경우도 있다. 예컨대, 국제연합헌장은 미국·영국·프랑스·중국·소련의 5개국과 다른 서명국의 과반수가 비준서를 기탁하면 헌장의 효력이 발생한다고 규정하였다.[13]

III. 특수적 체결절차

1. 간이조약의 체결절차

전술한 일반적 체결절차는 조약당사국의 합의에 의하여 또는 특별한 합의 없이 그중의 일부가 생략되는 경우가 있다. 일반적 체결절차에 의한 조약을 '정식조약'이라 하고, 일반적 체결절차의 일부가 생략된 절차에 의해 체결되는 조약을 '간이조약'이라 한다. 간이조약은 비준을 요하지 않는다는 점에서는 공통이나 조약마다 생략되는 부분이 다르므로 일률적으로 체결절차를 논할 수 없다.

가. 국가의 원수가 체결하는 조약

국가의 원수가 직접 체결하는 조약은 비준을 요하지 않으며 서명만으로 조약은 성립되고 효력을 발생하게 된다.

나. 정부 간의 협정

정부 간의 협정·정부부처 간의 협정은 국가원수의 서명은 물론 비준도 요하지 않으며, 일정한 조약체결권을 위임받은 기관의 대표자의 서명만으로 조약은 성립

---

13) *Ibid.*

하고 효력을 발생한다.

다. 교환공문

교환공문 또는 교환각서는 일반적으로 일방당사국의 정부의 수반 또는 외무부 장관과 타방당사국의 외교사절 간에 공한의 교환에 의하여 협약은 성립하고 효력을 발생한다.

라. 전시규약

전시에 교전당사자의 군사령관 간에 체결하는 전시규약은 일반적으로 군사령관 간의 서명으로 성립하고 효력을 발생하게 되며, 비준을 요치 않는다.

2. 다수당사자 간의 조약의 체결절차

다수당사자 간의 조약은 당사자의 수가 많으면 많을수록 상술한 일반적인 절차가 복잡하기 때문에 다음과 같은 특수한 절차를 밟게 된다.

가. 조약의 채택절차

(1) 일반국제회의를 통한 체결절차

(가) 회의모집 및 조약 초안 작성

조약의 채택을 위한 회의는 특정국 또는 주도국이 소집한다. 회의의 소집국은 그의 재량으로 회의참가국을 선정하고 참가국은 전권대표를 파견한다. 참가국의 수가 많은 경우에는 분과위원회를 구성하여 조약안을 준비한 후 이를 구성된 초안 작성위원회에 회부하여 동 위원회가 각국의 의견을 조정하여 조약 초안을 작성하는 것이 일반적이다. 완성된 조약 초안은 전체회의에 상정된다.[14]

(나) 조약 본문의 채택방법

1) 다수결제도

다수결제도(majority rule)에는 단순다수결방식과 특별다수결방식이 있는데, 조

---

14) Reuter, *supra* n.2, p.49; Starke, *supra* n.12, pp.426-27.

약법 협약은 3분의 2의 다수결방식을 도입하고 있다(제9조 제2항). 종래에는 조약 본문을 만장일치로 채택하는 것이 관례였으나, 오늘날에는 참가국의 수가 증대함에 따라 만장일치방식에 의한 채택은 거의 불가능하게 되어 새로 등장한 것이 다수결제도이다.[15]

2) 총의제도

총의제도(consensus rule)는 만장일치제도이다. 이는 1960년대에 등장한 새로운 의결방법으로 참가국 간에 견해차가 심해 다수결방식으로도 결정하기 어렵거나 소수자의 협력이 필요한 경우에, 의장단이 비공식적 교섭을 통해 이해그룹 간의 견해차를 조정하여 타협안을 작성한 다음 의장이 이 안을 상정하여 참가국대표 간에 이의가 없으면 표결에 부치지 않고 그대로 채택하는 방식이다.[16]

3) 최종의정서의 채택

국제회의는 보통 최종의정서의 채택으로 종료한다. 각국의 전권대표가 조약 본문을 부속서로 포함한 최종의정서에 서명하면 조약본을 인정하는 것이 된다(제10조 b).[17]

(2) 국제조직을 통한 체결절차

(가) 조약체결의 정의

국제조직 자체가 또는 그 국제조직의 회원국이 단독 또는 공동으로 조약체결을 제의하면 당해 조약의 체결 필요성·성공 가능성 및 최선체결방법 등에 관해 사전조사를 행한다. 사전조사 결과가 긍정적이면 체결절차의 개시를 결정한다.[18]

(나) 조약 초안의 작성

조약체결 절차가 개시되면 교섭의 기초가 될 조약 시안(initial draft)을 작성한다. 국제연합의 경우 국제법위원회에서 시안을 준비하는 경우에는 위원 1인을 특별보

---

15) Ian Sinclair, *The Vienna Convention on the Law of Treaties*, 2nd ed., (Manchester: Manchester University Press, 1984), pp.33-34.

16) *Ibid.*

17) *Ibid.*, p.39.

18) Starke, *supra* n.12, pp.426-27.

고자(special rapporteur)로 임명하여 이를 작성하도록 한다. 이 시안을 기초로 교섭을 통해 조약 초안을 작성해 나가며, 이 목적을 위해 초안작성위원회를 구성하는 것이 일반적 관례이다.[19]

(다) 조약 본문의 채택
1) 채택기관

조약 본문은 조약당사자 자격이 있는 국가의 대표자로 구성된 회의 또는 국제회의에서 채택된다. 국제연합이 주관하는 조약체결의 경우에는 비회원국을 포함한 모든 국가가 참가하도록 개방되는 것이 일반적이다. 즉 다자조약의 조약 본문을 채택하는 회의는 관계국이 모두 참가하는 당해 국제조직의 전체회의이거나 또는 전권대표회의이다.

2) 채택방법

국제조직이 소집한 국제회의에서 조약 본문을 채택하는 의결방식에는 총의제도와 다수결제도가 있으나 다수결제도가 가장 자주 사용된다. 다수결제도에는 단순다수결방식과 특별다수결방식이 있는데, 3분의 2의 다수결방식이 일반적으로 사용된다. '조약법 협약'도 제10조에서 3분의 2의 다수결방식을 채택하고 있다.[20]

나. 당사자의 확대절차

(1) 개방조약제도

원래의 조약당사자 이외의 다른 국제법주체가 조약 성립 후 일방적 행위에 의해 당해 조약에 가입할 수 있는 조약제도를 말한다. 여기에는 지정서명과 가입이 있다.

(가) 지정서명
1) 지정서명의 의의

지정서명(deferred signature)이란 협의로는 원래 조약체결교섭에는 참가하였으나

---

19) *Ibid.*
20) Reuter, *supra* n.2, p.51.

서명하지 않은 국제법 주체에 대해 조약 본문이 확정된 후 일정기간 내에 서명할 수 있는 기회를 부여하는 제도이다. 광의로는 당초 조약체결교섭에 참가하지 않았던 제3자에게도 서명할 수 있는 기회를 부여하는 제도를 뜻한다.[21]

2) 지정서명의 절차

지정서명의 절차는 당해 조약에 규정된 바에 따른다. 당해 조약에 지정서명에 관한 규정이 없으면 지정서명은 허용되지 아니한다.

3) 지정서명의 조건

지정서명은 서명과 같이 조약 전체에 대하여 무조건으로 해야 한다. 그러나 조약에 특별한 규정이 있거나 당사자의 동의가 있는 경우는 예외이다.

4) 지정서명의 기간

지정서명을 허용하는 기간은 보통 조약 본문 확정 후 6개월 내지 1년이지만 발효 전까지 연장하는 경우도 있다. 오늘날 많은 다자조약이 그 조약 본문을 채택한 후에도 추가서명을 위해 개방된다.

5) 지정서명의 효력

조약에 특별한 규정이 없으면 서명의 효력과 같다. 따라서 서명당사자의 지위와 지정서명당사자의 지위는 특별한 규정이 없는 한 동일하다.

(나) 가입
1) 가입의 의의

가입은 조약의 체결에 참여하지 않은 당사자가 조약에 참가하여 조약의 당사자가 되는 행위를 말한다. 서명당사자가 제3의 가입을 원하는 경우에는 '가입조항'을 두는 것이 보통이며, 이런 조약을 '개방조약(open treaty)'이라 한다.[22]

---

21) Starke, *supra* n.12, p.428.

22) *Ibid.*, p.435; Jennings and Watts, *supra* n.5, pp.1236-37.

2) 가입의 절차

개방조약에 있어서는 가입에 대한 당사자의 동의가 미리 있었으므로 제3당사자로부터 일방적 의사표시만으로 가입이 가능하다. 최근에는 사후 비준을 조건으로 가입선언 또는 비준을 하는 경우가 있다. 제3당사자의 가입을 인정하면서 일정한 조건의 만족을 요구하는 반개방조약에 있어서는 그 조건을 만족시킴으로써 가입이 성립된다. '국제연합헌장'에의 가입을 그 예로 들 수 있다. 제3자의 가입을 예정하지 않은 폐쇄조약에의 가입은 전 당사자의 동의가 있는 경우에 인정된다.

3) 가입의 조건

가입은 원칙적으로 조약의 전체에 대해서 무조건적임을 요한다. 그러나 조약상에 특별한 규정이 있거나 당사자의 동의가 있는 경우에는 조건부가입 또는 일부가입이 인정되는 경우가 있다.

4) 가입의 효력

원당사자와 가입에 의한 당사자의 조약상 지위는 원칙적으로 동일하며 차별적취급을 받지 않는다. 조건부가입 또는 가입당사자도 그 범위 내에서 다른 당사자와 동일한 지위에 있다.

(다) 기타의 특수절차

1) 아드 레프렌덤의 서명

다수당사자 간의 조약은 국제회의에서 교섭하는 경우 조약안의 결정을 급히 서둘러서 서명을 하는 경우에 전권대표가 본국 정부의 사후승인을 조건으로 서명하는 경우가 있다. 이를 '아드 레프렌덤(*ad referendum*)의 서명'이라 한다. 이 경우 정부의 사후승인이 없으면 조약은 그 당사자에 대해서 효력을 발생하지 않지만, 사후승인이 있는 경우에는 조약은 그 당사자에게 효력을 발생하나 그 효력을 서명시까지 소급시킬 것인가의 여부는 당사자 간의 합의로 정한다.23)

2) 비정부대표의 참가

국가가 당사자로 되는 조약은 국가기관인 전권대표가 국가의 이름으로 조약을

---

23) *Ibid.*, p.1225.

체결하는 것이 원칙이지만 때로는 다수당사자 간의 조약을 체결할 경우 국가기관이 아닌 비정부대표가 이를 수락하는 형식으로 조약을 체결하는 경우가 있다. 예컨대, 국제노동조약도 국제노동총회가 작성한 것으로서 그 총회에는 정부대표라고 하는 비정부대표가 참가하고 있다. 이 국제노동총회가 작성한 조약안에 후일에 정부가 가입하며 이를 수락하는 형식으로 국제노동조약은 체결된다.

3) 비준서의 기탁과 통지

다수당사자 간의 조약은 비준서를 상호 교환하는 것이 아니라 특정국에 기탁하며 기탁을 받은 당국은 비준서의 기탁일, 비준에 부여하여진 유보 및 효력발생일 등을 서명국에 통지한다(제76조-제78조).

4) 인증등본의 보관

두 당사자 간의 조약은 정본 2통을 작성하여 이에 양 당사자의 전권대표가 서명한 후 1통씩 당사자가 보관하지만, 다수당사자 간의 조약은 정본 1통을 작성하고 각 당사자는 인증등본을 보관하는 것이 보통이다.

Ⅳ. 조약의 성립절차와 국내법

1. 의회의 동의

조약안에 대한 국내법상 의회의 동의는 국제법상 요구되는 절차는 아니다. 그러나 의회의 동의가 헌법상 요구될 경우(헌법 제60조 참조), 이를 얻지 못하면 사실상 조약은 성립될 수 없으므로 실질적으로 국제법상 조약성립의 한 절차로 볼 수 있다. 위헌절차에 의한 조약이 무효라는 입장에 의할 때 더욱 그러하다.

2. 정부의 공포

조약의 국내법 시행을 위해 국내법상 공포를 요하는 경우가 있다. 그러나 이는 순수한 국내법상 절차이며 국제법상 조약의 성립절차와는 무관하다. 우리 헌법상 체결·공포된 조약은 국내법과 동일한 효력이 있으며(제6조 제1항) 조약의 공포는 대통령이 행한다(법령 등 공포에 관한 법률 제6조).

제5절 전권위임장

Ⅰ. 전권위임장의 의의

국가가 조약을 체결하려 함에는 먼저 자국의 국내법상 절차에 따른 전권대표(plenipotentiary representative)를 임명하고, 전권대표에게 전권위임장(full powers)을 부여한다. '조약법 협약'의 전권위임장은 "조약문을 교섭·채택 또는 정본인증을 위한 목적으로 또는 조약에 대한 국가의 기속적 동의를 표시하기 위한 목적으로 또는 조약에 관한 기타의 목적을 달성하기 위한(for negotiating, adopting or authenticating the text of a treaty for expressing the consent of the state to be bound by a treaty or for accomplishing any other act with respect to a treaty) 국가를 대표하기 위하여 국가의 권한 있는 당국이(the competent state authority) 1명 또는 수명을 지명하는 문서이다"라고 규정하고 있다(제1조 제1항 c).

'전(full)'은 조약에 관한 특정 또는 모든 행위(certain or all acts with respect to a treaty)를 의미한다.[1]

Ⅱ. 전권위임장의 관행

교통·통신이 발달하지 아니한 19세기 이전의 전제군주국가에서 군주의 전권위임장은 오늘보다 중요한 것이었다.[2] 국제법상 협정은 '국가 간 협정(inter-state

---

[1] Robert Jennings and Arthur Watts(eds.), *Oppenheim's International Law,* Vol.1, 9th ed., (London: Longman, 1992), p.1221.

[2] Ian Sinclair, *The Vienna Convention on the Law of Treaties,* 2nd ed., (Manchester: Manchester

agreements)', '정부 간 협정(inter-governmental agreements)' 그리고 '정부부처 간 협정(inter-departmental agreements)'으로 구분된다.[3] '국가 간 협정'의 체결은 국가원수(Head of State)가 직접 체결하는 경우에는 전권위임장을 요하지 아니하며 전권대표를 임명하여 체결하는 경우에는 그 전권대표는 국가원수의 전권위임장을 요한다.[4] 이것이 종래에 전통적인 조약체결의 방식이다.[5] 1844-1860년 이후[6] 관행으로 들어 온 '정부 간 협정'의 체결은 국가원수의 전권위임장을 요하지 아니하며 해당 정부의 장관 또는 외무부 장관의 전권위임장을 요한다.[7] 다만, 정부수석이 직접 체결하는 경우는 1938년 이래 전권위임장을 요하지 아니한다.[8] '정부부처 간 협정'의 체결은 일정한 바 없으나 장관이 직접 체결하는 경우에는 전권위임장을 요하지 아니하나 전권대표를 임명하여 체결하는 경우에는 해당 장관 또는 외무부 장관의 전권위임장이 수여되는 경우도 있다.[9]

어떤 협정이 '국가 간 협정'으로 체결되고 또 어떤 협정이 '정부 간 협정'으로 체결되느냐의 일반적 기준을 제시하기 어려우나 일반적으로 '국가 간 협정'은 '보다 중요한 종류의 조약(more solemn kind of treaties)'을 체결하는 형식이고, '정부 간 협정'은 기술적 또는 비정치적 협정(technical or non-political agreement)을 체결하는 형식이라 할 수 있다.[10] 잠정협정(modus vivendi)과 미국의 행정협정(executive agreements)은 '정부 간 협정'으로 체결된다.[11]

University Press, 1984), p.30; Nascimeto E. Silva, "Full Powers" *EPIL*, Vol.9, 1986, p.140.

3) Mervyn Jones, "International Agreement", *BYIL*, Vol.27, 1944, pp.111-12; J. G. Starke, *Introduction to International Law*, 9th ed., (London: Butterworth, 1984), p.416; Clive Parry, "The Law of Treaties", in Max Sorensen (ed.), *Manual of Public International Law*, (Condon: Macmillan, 1968), pp.186-87.

4) Mervyn Jones, "International Agreement", *BYIL*, Vol.27, 1944, pp.111-12.

5) *Ibid.*

6) 1944년에 80년에서 100년 기간(a period of some eighty to hundred years)(*Ibid.*, p.111).

7) *Ibid.*, pp.112-13.

8) *Infra.* nn.15-18.

9) Jones, *supra* n.4, p.114-15.

10) J. G. Starke, *Introduction to International Law*, 9th ed., (London: Butterworth, 1984), p.416.

11) Jones, *supra* n.4, p.113.

III. 전권위임장 없이 국가를 대표하는 자

조약을 체결하기 위해 국가를 대표하는 자는 전권위임장을 제시함을 요하나, '조약법 협약'은 다음의 자는 전권위임장 없이 국가를 대표하는 것으로 간주된다고 규정하고 있다.

(ⅰ) 국가원수(Heads of State), 정부수석(Heads of Government) 및 외무부 장관(Ministers for Foreign Affairs)

(ⅱ) 외교사절의 파견국과 접수국 간에 조약의 정문을 채택(adopting the text of treaty)할 경우 접수국에 파견된 외교사절의 장(heads of diplomatic missions)(제7조 제2항)

동 협약은 국제관습법을 성문화한 것이고,[12] 특히 제7조 제2항의 규정은 대부분의 다수 국가의 관행과 일치되는 것이었음을 다음의 기록에서 확인할 수 있다.

1968년 UN 조약법에 관한 비엔나 회의(UN Vienna Conference on the Law of Treaties) 제2차 회의에서 스위스 수석대표는 전권위임장에 관한 제7조의 규정에 관해 이는 대다수 국가의 관행에 일치하는 것이라고 다음과 같이 주장한 바 있다.

> 이는 대다수 국가의 관행에 일치하며 정확히 국제관습법을 반영한 것이다. 조약체결 권한의 문제에 관해 학술모임에서 상당한 토의가 있어 왔다. 그러나 동 회의가 이러한 이론적 토의를 고려할 필요는 없다(text was in conformity with the practice of the vast majority of states and accurately reflected customary international law. There had been considerable discussion in academic circles on the question of the authority to conclude treaties, but there was no need for the conference to take those theoretical discussion into account).[13]

그리고 전술한 바와 같이 전권위임장은 군주국가 시대에 오늘보다 더 중요한 의미를 가진 것이었으므로,[14] 동 제7조 제2항의 규정 내용은 19세기 국제관습법을 형성하고 있었다.

---

12) Shabtai Rosenne, "Vienna Convention on the Law of Treaties", *EPIL,* Vol.7, 1984, p.528; Sinclair, *supra* n.2, p.258; Jennings and Watts, *supra* n.1, p.197; Peter Malanczuk(ed.), *Akehurst's Modern Introduction to International Law,* 7th ed., (London: Routledge, 1987), p.40.

13) T. O. Elias, *The Modern Law of Treaties,* (Leiden: Sijthoff, 1974), p.20.

14) Sinclair, *Supra* n.2, p.30; Nascimeto E. Silva, "Full Powers" *EPIL,* Vol.9, 1986, p.140.

그러나 정부수석(Head of Government)이 전권위임장 없이 조약을 체결할 수 있는 관행이 성립한 것은 1934년 이후의 일이다. 그 근거는 다음과 같다.

첫째로, 1934년에 개정된 "국제연맹총회 절차규칙(the League of Nations Rules of Procedure for the Assembly)" 제5조는 "대표의 전권위임장은 가능하면 회기 개회일로 정해진 날짜 1주 전에 사무총장에게 제출하여야 한다. 국가원수(Head of State) 또는 외무부 장관(Minister for Foreign Affairs)에 의해 발부된 것이어야 한다"라고 규정하여[15] 동 규정에 정부수석(Head of Government)은 열거되어 있지 않다. 이로 미루어 보아도 "정부수석"은 1934년까지도 전권위임장을 발부할 권한자로 인정되어 있지 아니했음을 알 수 있다.

둘째로, 정부수석이 전권위임장 없이 조약을 체결한 실례는 다음과 같이 1938년 이후에 발견된다.

(i) 1938년 9월 9일의 "뮤니히 합의서(Munich Agreement)"는 독일·영국·프랑스·이탈리아의 정부수석이 서명했다.[16]

(ii) 1941년 8월 14일의 "대서양헌장(Atlantic Charter)"은 영국 수상과 미국 대통령이 서명했다.[17]

(iii) 1941년 3월 27일의 "해군과 공군의 기지의 사용과 작전에 관한 영미합의서(Agreement for the Use and Operation of Naval and Air Bases)"는 양국 정부수석이 서명했다.[18]

이로 미루어 보아 "정부수석"이 전권위임장 없이 조약을 체결하는 관행은 1938년 이후 성립된 것이다.

IV. 전권위임장의 형식과 제시

1. 전권위임장의 형식

전권위임장은 공식적 문서(formal instrument)이나,[19] 국제법 규칙상 조약체결에

---

15) League of Nations, Official Journal, Supp. No.126, pp.49-55; Majorie M. Whiteman, *Digest of International Law,* Vol.14, (Washington, D.C.: USPO, 1970), p.38.

16) Jones, *supra* n.4, p.121.

17) *Ibid.*

18) *Ibid.*

일정한 형식을 요하는 것이 아니므로 전권위임장에 일정한 형식을 요하는 것이 아니다.[20] 그러나 전권위임장에는 교섭(negotiation)과 서명(signature)의 권한 부여, 전권대표의 성명과 임명권자의 서명이 포함된다.[21]

2. 전권위임장의 제시

전권위임장은 교섭자에 의해 상호 검토된다.[22] 그 검토(심사) 방법은 2변적 조약의 경우 상호 교환하거나 또는 상대방에게 제시한다.[23] "조약법협약회의"에서 전권위임장을 요구할 권리(right to require full powers)가 있다는 규정이 삭제되었다.[24]

V. 전권위임장 없이 체결한 조약의 효력

전권위임장 없는 자, 즉 국가로부터 정당한 권한의 부여를 받지 아니한 자가 체결한 조약의 효력에 관해 국제협약, 학설, 선례에 의하면 그 국가의 사후적 추인이 없는 한 법적 효력이 없는 것이다.

1. 국제협약

'조약법 협약'은 정당한 권한의 부여를 받지 아니한 자의 행위는 그 국가의 사후적 추인이 없는 한 법적 효력이 없다고 다음과 같이 규정하고 있다.

---

19) Jennings and Watts, *supra* n.12, p.1221.

20) G. Schwarzenherger and E. D. Brown, *A Manual of International Law* 6th ed., (Milton: Protecsonal Books, 1976), p.124; U. S. Department of the Army, *International Law*, Vol.1, (Washington, D.C.: USGPO, 1964), p.51.

21) U. S. Department of State, *Foreign Attairs Manual* Vol.1, (Washington, D.C.: USGPO, 1964) para. 73.1; Whitman, *supra* n.20, p.40.

22) Ian Brownlie, *Principles of Public International Law*, 5th ed., (Oxford: Oxford University Press, 1998), p.610.

23) Starke, *supra* n.3, p.425; Schwarzenherger and Brown, *supra* n.20, p.124; U. S. Department of State, *Foreign Affairs Manual* Vol.1, (Washington, D.C.: USGPO, 1964), para. 73. 1; Rosenne, *supra* n.12, p.464; G. G. Wilson, *International Law*, 9th ed., (New York: Silver, 1935), p.40.

24) U. N. Conference on the Law of Treaties, Doc. *ALCONF* 39/27, May 23, 1969; Majorie M. Whiteman, *Digest of International Law*, Vol.14, (Washington, D.C.: USPO, 1970), p.37.

제7조에 따라 조약의 체결 목적으로 국가를 대표하기 위하여 권한을 부여받은 것으로 인정받을 수 없는 자가 수행한 조약의 체결에 관련된 행위는 그 국가에 의하여 사후적으로 추인되지 아니하는 한(unless afterwards confirmation) 법적 효력을 가지지 아니한다(without legal effect)(제8조).

"법적 효력을 가지지 아니한다"는 의미는 '조약의 무효'를 뜻하는 것이 아니라 '조약의 불성립'을 뜻하는 것이다.[25]

"사후적 추인"은 그 국가의 의무가 아니며,[26] 그 국가는 사후적 추인을 거부하는 권리(right to disavow)가 있다.[27] 그리고 추인의 방법은 명시적 추인에 한한다는 견해,[28] 묵시적 추인을 포함한다는 견해,[29] 그리고 문제는 해결된 것이 아니라는 견해[30]의 대립이 있다.

2. 학설

오늘의 학설은 19세기의 학설은 아니지만 국제관습법을 성문화한[31] '조약법 협약' 제8조를 인용하여 정당한 권한이 부여되지 아니한 자의 조약 체결에 관한 행위는 그 국가의 사후적 추인이 없는 한 법적 효력이 없다는 것이 일반적인 통설이다.[32] 다만, "사후적 추인"에 관해 추인은 명시적 추인에 한한다는 견해와, 명시적 추인과 묵시적 추인을 포함한다는 견해, 그리고 문제가 해결된 것이 아니라는 견해로 나누어져 있다는 점은 전술한 바와 같다.[33]

---

25) *Supra* 제2절 조약의 무효와 조약의 불성립 참조.

26) Rosenne, *supra* n.12, p.466.

27) Sinclair, *supra* n.2, p.33.

28) UN 조약법 협약 제1차 회기에서 베네수엘라 대표의 주장(Silva, *supra* n.14, p.142).

29) Sinclair, *supra* n.2, p.33.

30) Silva, *supra* n.14, p.142.

31) *Supra* n.14.

32) Peter Malanczuk(ed.), *Akehurst's Modern Introduction to International Law,* 7th ed., (London: Routledge, 1987), p.139; Werner Levi, *Contemporary International Law,* (Boulder: Westview, 1979), p.219; Jennings and Watts, *supra* n.12, p.1222; Starke, *supra* n.3, p.426; Malcolm N. Shaw, *International Law,* 4th ed., (Cambridge: Cambridge University Press, 1997), p.637; Elias, *supra* n.13, p.20; Sinclair, *supra* n.2, p.33; David H. Otto, *Public International Law in the Modern World,* (London: Pitman, 1987), p.191; Silva, *supra* n.14, p.142.

33) *Supra* nn.28-30.

3. 선례

국가로부터 정당한 권한을 부여받지 아니한 자의 조약체결에 관한 행위에 관해 그 국가의 사후적 추인이 있는 선례는 극히 희소하나[34] 다음의 선례가 있다.

1908년 루마니아 주재 미국 공사는 협약에 서명할 아무런 권한 없이 두 개의 협약에 서명했다. 그중 하나에 대해서는 본국 정부로부터 아무런 권한을 받은 바 없고 다른 하나에 대해서는 그와 완전히 다른 협약의 전권위임장을 부여받았었다. 이들 협약은 비준의 대상이었고 실제로 비준이 행하여졌다. 이 비준은 사후적 추인의 의미를 갖는다.[35]

이상에서 고찰해 본 바와 같이 국가로부터 조약체결의 전권위임장을 부여받지 아니한 자의 조약체결에 관한 행위는 그 국가에 의한 사후적 추인이 없는 한 법적 효력이 없다는 것이 적어도 1908년 이전에 성립된 국제관습법이라 할 수 있다.

VI. 전권위임장 없는 조약체결은 조약의 부존재라는 견해

위임장이 없는 조약체결은 조약의 부존재라는 견해를 보면 다음과 같다.

1. John O'Brien

O'Brien은 조약의 형성기준(Criteria Formation of Treaties)으로 다음과 같이 제시하고 있는바, 이는 조약의 '성립요건'이다.

> 상술한 바와 같이 당사자는 조약의 체결을 위한 폭넓은 다양한 방법과 최종 결과를 규정하기 위한 상이한 언어를 사용할 수 있다. 그러나 고려해야 할 수 개의 공통적 기준은 통상적으로 다음과 같이 주장된다. (i) 성문하의 합의, (ii) 당사자의 국제법수준의 법인격 소유, (iii) 국제법에 의해 지배되는 문서, (iv) 법적 의무를 창설하기 위한 필수적인 의도.
>
> As indicated above, parties may use a wide variety of methods to conclude a treaty and different language may be employed to describe the final outcome. However it is normally claimed that a number of common criteria can be discerned: (i) the agreement must be in writing; (ii) the parties must possess legal personality on the international plane; (iii) the document must be governed by international law; and (iv)

---

34) Elias, *supra* n.13, p.20-34.

35) *Ibid.*

it must be intended to create a legal obligation.[36)]

O'Brien이 제시한 조약형성(formation of treaties)의 공통의 기준은 조약의 '성립요건'인 것이다. 즉, 제시된 공통적 기준은 조약의 '성립요건'이므로 동 요건을 구비하지 아니하면 조약은 성립되지 아니한다는 것이다. 위의 (iv)의 요건은 이른바 기속적 동의(consent to be bound)를 의미하는 것으로 O'Brien은 이에 관해 다음과 같이 기술하고 있다.

> 상술한 바와 같이 법적 관계를 창설하기 위한 의도가 있어야 한다는 것은 중요하다. ⋯ 조약법의 기초는 개별국가의 동의이다. ⋯ 동의는 서명, 조약을 구성하는 문서의 교환, 비준 수락에 의해 표시된다.
> As stated above, it is important that there should be an intention to create legal relations⋯the basis of the Law of Treaties is the consent of the individual state consent may be expressed by constituting a treaty, ratification, acceptance, signature, exchange of instruments.[37)]

O'Brien의 기술을 요약하면, 전권위임장 없는 조약의 체결은 이른바 기속적 동의를 결여하여 조약 자체가 성립되지 아니한다는 것이다.

2. Gillian D. Triggs

Triggs는 조약의 형성과 적용(Formation and Application of Treaties)이라는 표제 하의 조약 제정의 형태와 절차(form and procedure for treaty-making)라는 기술에서 모든 국가는 조약을 체결할 능력을 갖는다고 기술하면서[38)] 국가의 대표자는 조약을 체결하기 위해 전권위임장을 가져야 한다고 다음과 같이 기술하고 있다.

> 국제법상 국가는 조약을 체결할 능력을 가져야 하고, 국가의 대표자는 국가의 이름으로 그 조약을 체결할 전권위임장을 가져야 하고, 또는 그들의 대표자에 의해 전권위임장을 가진 것으로 고려되어야 한다. 국제법 위원회(ILC)가 지적하듯이 허락없이 조약이 체결되는 경우는 드물며 조약의 부재보다는 권한의 초과가 반영될 가능성이 높다. ⋯.
> ⋯ states have the capacity to make treaties at international law, representatives of

---

36) John O'Brien, *International Law*, (London, Cavendish, 2001), p.332.

37) *Ibid.*, p.333.

38) Gillian D. Triggs, *International Law: Contemporary Principles and Practices*, (LexisNexis: Butterworths, 2006), p.501.

a state must have 'full powers' to conclude a treaty on its behalf or must be considered as having such powers by virtue of their representation. As the ILC points out, instances in which a treaty is concluded without authorization are rare and are more likely to reflect an excess of authority than absence of it ⋯.39)

위의 기술은 전권위임장이 조약체결에 필수조건으로 보고 있으며 전권위임장을 조약의 '성립요건'으로 보고 있는 것이다. 그러므로 "법적 효력이 없다(without legal effect)"는 의미는 조약이 성립하지 아니하였다는 의미, 즉 조약의 부존재를 뜻한다.

3. Ian Sinclair

Sinclair는 조약체결의 과정 중(treaty-making process) 첫 번째 단계는 교섭국가의 대표의 권한수립이고 이는 전권위임장에 표시된다고 다음과 같이 기술하고 있다.

> 조약 제정 과정에서 첫째의 단계는 협정문 작성이나 조약 체결에 관여하는 필요한 공식적인 행위를 수행할 수 있는 협상국가 또는 해당국가의 대표자의 권한을 수립하는 것이다. 이 권한은 원칙적으로 조약의 협상과 체결을 목적으로 국가를 대표할 지명된 개인이나 개인을 지정할 전권위임장으로 부여된 공식문서의 발행에 의해 결정된다.
>
> The first stage in the treaty-making process is to establish the authority of the representatives of the negotiating State or States concerned to perform the necessary formal acts involved in the drawing up of the text of a treat or in the conclusion of a treaty. This authority is in principle determined by the issuance of a formal document entitled a 'full power' which designates a named individual or individuals to represent the State for the purpose of negotiating and concluding a treaty.

위와 같이 Sinclair는 조약체결 과정(treaty-making process)40) 중 제1단계에서 전권 대표의 권한을 결정하는 것이(established as to the authority of diplomatic) 전권위임장으로 보고 있다. 따라서 전권위임장 없는 개인의 조약체결은 성립되지 아니한다는 것이다. 따라서 전권위임장 없는 개인의 조약체결 행위는 조약체결 행위로 인정되지 아니하여 조약불성립, 즉 조약의 부존재로 되는 것이다. 전권위임장 없는 자의 행위는 법적 효과가 없다는 것이다(is not with legal effect).41)

---

39) *Ibid.*

40) Sinclair, *supra* n.2, p.29.

41) *Ibid.*, p.30.

4. T. O. Elias

Elias는 조약의 체결(conclusion of treaty)이라는 장에서 첫째로, 당사자의 조약 체결 능력, 둘째로, 국가대표에의 전권위임장의 발부의 요건이 필요하다고 기술하고[42] 전권위임장 없는 자의 조약체결 행위는 법적 효력이 없다고 다음과 같이 논하고 있다.

> 조약의 체결에 관한 행위를 수행하기 위해 제7조상 국가를 대표하는 권한이 부여된 것으로 생각되지 아니한 사람의 행위를 그 국가에 의한 사후적 추인이 없는 한 그 국가에 대해 어떠한 법적 효과도 가지지 아니한다.
>
> If a person who can not be considered under Article 7 as authorized to present a state for the purpose of performing an act relating to the conclusion of a treaty has not will be without any legal effects upon that state unless there is a subsequent conformation by that states.[43]

위의 기술 중 "어떠한 법적 효과도 가지지 아니한다"는 뜻은 조약을 성립시키는 효과가 없다는 뜻, 즉 전권위임장이 없는 자의 행위는 조약의 불성립, 즉 조약의 부존재라는 의미이다.

5. Alina Kaczowska

Kaczowska는 조약의 체결(conclusion of treaties)이라는 표제하에 (i) 교섭(negotiation), (ii) 조약문의 채택(adoption of the text), (iii) 조약의 인준(authentication of text), (iv) 기속적 동의(consent to be bound)를 열거하고 있다.[44] 이는 "조약의 체결절차"로서는 적절하나 조약의 '성립요건'의 설명으로는 부적절하다. 그러나 (iv)의 기속적 동의는 본국법에 의하나 기속적 동의를 조약의 '성립요건'으로 보는 것 같다.

6. Hans Kelsen

Kelsen은 법창설 절차로서의 조약(The treaty, as a Law-Creating Procedure)이라는 표제하에 체약당사자(the contracting parties), 조약의 형성(constitutionality), 조

---

42) T. O. Elias, *supra* n.3, p.19.

43) *Ibid.*, p.20.

44) Alina Kaczowska, *Public International Law* 4th ed., (London: Routledge, 2010), pp.94-95.

약에 대한 무력화의 위협의 무력행사(threat or use of force on treaties)는 조약체결의 성립 및 효력을 기술하고, 사실상 많은 조약이 두 개의 단계에 의해 특정되는 절차에 의해 체결된다. 그 첫째는 교섭의 결과 조약문의 서명(signing)이고, 둘째는 비준(ratification)이라고 하여 조약 체결은 이른바 기속적 동의에 의해 체결된다고 기술하고 있으나, 이는 조약체결의 '성립요건'일 뿐 아니라 "효력요건(effect of the condition)" 2가지를 조약체결로 보고 있다.[45]

조약은 비준에 의해 체결되는 것으로 보고 있다. 그러므로 전권위임장 없는 조약의 체결 또는 비준을 요하는 조약에 비준이 없는 조약은 체결되지 아니하는 것으로 보고 있다.

7. Shabtai Rosenne

Rosenne은 조약의 체결(conclusion of treaties)과정을 (i) 교섭(negotiation), (ii) 조약문의 채택(adoption of text of a treaty), (iii) 조약문의 인증(authentification of the text), (iv) 기속적 동의의 표시(express of consent to be bound)로 기술하고, 이에는 조약의 효력에 관한 사항이 포함되어 있지 아니하다. 위 (i) 내지 (iv) 이외의 조약의 효력에 관한 사항은 포함되어 있지 아니하다. 즉, 조약체결의 요건, 조약성립의 요건만이 포함되어 있고, 조약효력의 요건은 포함되어 있지 아니하다.[46]

요컨대, 조약의 기속적 동의의 표시를 조약체결의 과정으로 보고 있으므로, 전권위임장이 없는 조약의 체결을 기속적 동의가 없는 조약으로 체결되지 아니한 것으로 보고 있다.

8. Vaughan Lowe

Lowe는 조약의 제정(making treaties)의 표제에서 비준의 절차(procedure of ratification)를 상론하고 있으므로, 즉 기속적 동의(consent to be bound of treaties)를 조약의 제정에서 논급하고 있는 것은 조약의 제정을 조약의 "효력요건"으로 보는 것이 아니라 "성립요건"으로 보고 있는 것이다. 역시 조약의 무효(invalid treaties)를 조약의 제정으로 보고 있지 아니하므로[47] "조약의 제정"은 조약의 "성립요건"이고 "효

---

45) Hans Kelsen, *Principles of International Law*, 2nd ed., (New York: Holt, 1967), pp.463-69.
46) Shabtai Rosenne, "Treaties, Conclusion and Entry into Force", *EPIL*, Vol.7, 1984, pp.464-67.
47) Vaughan Lowe, *International Law*, (Oxford: Oxford University Press, 2007), p.65, 74.

력요건"이 아님이 명백하다.

9. Rebecca M. M. Wallace

Wallace는 조약의 체결을 조약의 제정(treating-making)으로 규정하고 조약의 제정절차를 조약문의 채택과 확인(adoption ad confirmation of the text of a treaty) 그리고 동의의 표시(expression of consent)를 열거하고 있다. 조약의 제정은 조약의 체결을 의미하는 것, 즉 동의의 표시, 즉 기속적 동의(consent to be bound)를 의미한다. 그러므로 기속적 동의가 없는 경우 조약의 제정은 되지 아니하는 것이며 조약은 체결되지 아니하는 것으로 보고 있다. 그러므로 조약의 제정은 조약의 '성립요건'인 것으로 보고 있는 것이며, 조약의 '효력요건'으로 보고 있는 것이 아니다. 또한 조약의 유효(validity of treaties)를 조약의 제정절차에 포함시키지 아니하고 별도의 항으로 기술하고 있으므로 조약의 제정을 조약의 '성립요건'으로 보고 조약의 '효력요건'으로 보고 있는 것이 아니다. 그러므로 기속적 동의가 없는 조약은 제정되지 아니한 것으로 보고 있다. 즉, 조약의 부존재로 보고 있는 것이다.[48]

10. William W. Bishop

Bishop은 국제적 합의(International Agreements)라는 표제하에 (i) 합의를 제정할 수 있는 권한(power to make Agreements), (ii) 조약체결의 절차(Process of Treaty making)로 1. 체결과 비준(conclusion and ratification), 2. 강박과 유효(duress and validity), 3. 유보(reservations)를 열거하고 있다. 여기에는 '성립요건'과 '효력요건'을 무분별하게 혼합하고 있다. 기속적 동의(consent to be bound)만을 '성립요건'으로 보는지 '효력요건'으로 보는지 명확하지 아니하나, '성립요건'으로 보는 것 같다.

> 조약에 서명하기 이전에 해당 정부는 자신을 대신하여 서명할 권한이 있는 사람에게 전권위임장을 발부한다. 따라서 전권위임장을 교환, 조사 또는 기탁하여 각 전권위임자의 권한을 확립한다.
> Prior to the signing of a treaty, each government issues a Full powers to the person or persons who are authorized to sign on its behalf, hence Full Powers may be exchanged or inspected or deposited, so that the authority of each plenipotentiary may be established.[49]

---

48) Rebecca M. M. Wallace, *International Law,* (London: Sweet, 2005), pp.92, 256-257, 266.

49) William W. Bishop, *International Law: Cases and Materials,* (New York: Prentice-Hall, 1954),

11. Malcolm N. Shaw

Shaw는 전권위임장을 소지하지 아니한 자의 조약체결 행위는 법적 효력이 없다고 다음과 같이 기술하고 있다.

> 요구되는 권한이 부여되지 아니한 사람에 의한 조약의 체결에 관련된 모든 행위 국가에 의해 장래에 효력이 있는 것으로 확인되지 않는 한 어떠한 것도 법적 효력을 가지지 아니한다.
>
> Any act relating to the making of a treaty by a person not authorized as required will be without any legal effect, unless the State involved afterwards confirms the Act.[50]

위에서 법적 효력을 가지지 아니한다(will be without legal effect)는 의미는 그 조약이 조약으로 성립되지 아니한다는 의미이다. 조약이 성립되지 아니한다는 의미는 조약이 존재하지 아니한다는 의미이다.

12. Martin Dixon

Dixon은 조약과 협약은 존재하는 국제관습의 성문화(codified existing customary law)[51]라고 기술하면서 전권위임장은 국가에 의해 주어진 권한의 문서라고 다음과 같이 논하고 있다.

> 전권위임장은 국가의 이름으로 조약을 체결할 대표자에게 국가에 의해 주어진 권한을 포함하는 단순한 문서이다. 권한이 부여되지 아니한 자에 의한 조약체결은 추후 그 국가에 의해 추인되지 아니하는 법적 효력이 없다.
>
> A full power is simply a formal document containing the authority given by a State to its representatives to conclude treaties on its behalf. A treaty is without legal effect if made by a person not authorized unless afterward confirmed by the State.[52]

---

pp.78-97.

50) Malcolm N. Shaw, *International law,* 3rd ed., (Cambridge: Cambridge University Press, 1994), p.565.

51) Martin Dixon, *Textbook on International Law,* 6th ed., (Oxford: Oxford University Press, 2007), p.61.

52) *Ibid.,* p.63.

위에서 "법적 효력이 없다"는 의미는 조약의 체결 행위가 "법적 효력이 없다"는 의미이므로 그것은 "그 조약이 체결되지 아니했다"는 의미이고 또, 조약이 체결되지 아니했다는 의미는 조약이 존재하지 아니했다는 의미이다.

13. I. A. Shearer

Shearer는 전권위임장을 상호 제시하거나 교환된다고 기술하고 전권위임장이 없는 자의 조약 체결에 관한 행위는 법적 효력이 없다고 다음과 같이 기술하고 있다.

> 이변적 조약이 체결될 경우 대표자들은 전권위임장을 제시한다. 경우에 따라 문서의 실질적인 조항이 유효하다. 또 다른 경우 인증 사본을 교환한다. 제7조가 요구되는 전권위임장을 가지지 아니한 자에 의해 이행된 어떠한 행위도 그 국가에 의하여 확인되지 아니하는 한 법적 효력이 없다.
>
> When bilateral treaties are concluded, the representatives exhibit their Full Powers. Sometimes an actual exchange of these documents is effected, in other case only an exchange of certified copies takes place. Any act performed by a person not possessing Full Powers as required under Article 7 shall be of no legal effect unless confirmed by the State.[53]

위에서 "법적 효력이 없다(without legal effect)"는 의미는 그가 체결한 조약은 성립되지 아니했다는 의미이다. 조약이 성립되지 아니했다는 의미는 조약이 존재하지 않는다는 의미이다.

---

53) I. A. Shearer, *Starke's International Law*, 11th ed., (London: Butterworths, 1994), pp.408-9.

제6절 비준

I. 비준의 의의

　'조약법 협약'은 "비준(ratification)이란 국가가 국제적 측면에서 조약에 대한 국가의 기속적 동의를 확정하는 국제적 행위(international act … a state establishes on the international plane its consent to be bound by a treaty)를 의미한다"라고 규정하고 있다(제2조 제1항 b). 비준은 "정식으로 임명된 전권대표에 의한 조약에 부과된 서명에 대한 국가원수 또는 그 정부에 의한 승인이다(the approval by the head of state or the government of the signature appended to the treaty by the duly appointed plenipotentiaries)"라고[1] 할 수 있다. 또는 "비준은 정식으로 임명된 전권대표가 서명한 조약의 내용을 조약체결권자가 최종적으로 확인·수락하는(final acceptance) 국제적 행위"라고[2] 할 수도 있다.

　비준은 서명의 확인이 아니라 성문조약문의 확인이며,[3] 조약의 전체적 이익의 확인으로,[4] 조약체결의 하나의 절차이다.[5]

---

1) J. G. Starke, *Introduction to International Law,* 9th ed., (London: Butterworth, 1984), p.431.

2) Gerald Fitzmaurice, "Do Treaties Need Ratification?", *BYIL,* Vol.15, 1934, p.114.

3) Starke, *supra* n.1, p.431.

4) G. Schwarzenberger and E. D. Brown, *A Manual of International Law* 6th ed., (Milton: Professional Books, 1976), p.124; U. S. Department of the Army, *International Law,* Vol.1, (Washington, D.C.: USGPO, 1964), pp.51-52; C. C. Hyde, *International Law,* Vol.2, 2nd ed., (Boston: Little Brown, 1947), p.125.

5) Robert Jennings and Arthur Watts(eds.), *Oppenhein's International Law,* 9th ed., Vol.1, (London: Longman, 1992), pp.112-27.

Ⅱ. 비준의 구분

비준은 "국제적 의미(international sense)의 비준"과 "국내적 의미(national sense)의 비준", 즉 "헌법적 의미(constitutional sense)의 비준"으로 구분된다.[6] 전자는 조약체결권자가 비준서에 서명하며 조약문을 최종적으로 확인하는 국제법상 법률행위이며, 후자는 순수하게 국내적·헌법적(purely domestic constitutional) 행위로 이는 국제법상 조약의 효력발생과 무관하므로 엄격한 의미의 비준이 아니다.[7]

비준서의 교환·기탁도 비준이 아니다.[8]

Ⅲ. 비준의 절차

1. 비준권자

비준권자는 서명국의 헌법으로 규정하며, 그것은 조약체결권을 행사하는 국가의 기관으로 국가원수인 것이 보통이며 의회는 이에 대한 동의를 주는 것이 일반적이다.[9] 조약체결권자(organ of treaty making power)가 누구냐는 각각의 기본조직법(국가의 경우 헌법)에 의해 결정되도록 일반 국제법은 일임하고 있다.[10]

2. 비준방법

가. 명시적 비준

비준의 형식에 관한 국제법상 규칙이 없다. 따라서 비준은 명시적으로 할 수도 있고 묵시적으로 할 수도 있다.[11] 명시적 비준은 조약체결권자가 조약을 확인한다는 의사를 문서에 표시하고 서명하는 것이 일반적이며, 이 문서를 비준서(instrument of ratification)라 하며 비준서의 형식은 일정한 바 없다.[12] 묵시적 비준은 비준서

---

6) Fitzmaurice, *supra* n.2, p.114; G. G. Fitzmaurice, "The Law and Procedure of the International Court of Justice", *BYIL,* Vol.33, 1957, p.267.

7) *Ibid.*

8) Jennings and Watts, *supra* n.5, pp.126-27.

9) Starke, *supra* n.1, p.433.

10) *Ibid.,* pp.432-33.

11) Jennings and Watts, *supra* n.5, p.1231.

에 서명함이 없이 조약을 시행하는 방법으로 행하여진다.13)

나. 무조건 비준

조약의 내용은 조약문의 서명에 의해 확정되므로 비준 시 그 내용을 변경할 수 없다. 그러므로 조건부 비준이나 부분 비준에 대해 타방당사자는 이를 수락하거나 수락하지 아니할 자유가 있다.14) 따라서 조건부 비준 또는 부분 비준에 대해 상대방이 이를 수락하면 새로운 조약이 체결될 수 있으며 본래의 조약은 무효로 되게 된다.

다. 비준기간

조약문에 일정한 비준기간이 정하여져 있는 경우에는 그 기간 내에 비준하지 아니하면 비준의 거절로 되며, 조약문에 비준기간이 정하여져 있지 아니한 경우는 상당 기간 내에 비준하지 아니하면 비준의 거절로 추정된다.15)

라. 비준서의 교환·기탁

두 당사자 간의 조약은 비준서를 상호 교환하고 다수당사자 간의 조약은 비준서를 일정한 장소에 기탁한다. 기탁의 장소는 조약이 체결된 장소의 외무부 당국인 것이 일반적이다.16)

---

12) Starke, *supra* n.1, p.433; Jennings and Watts, *supra* n.5, p.1231. 비준서에는 조약의 명칭, 서명일자, 서명장소, 서명된 조약문을 최종적으로 승인한다는 뜻을 표시하고 서명하는 것이 일반적이다 (*ibid.*).

13) Sinclair, *The Vienna Convention on the Law of Treaties,* 2nd ed., (Manchester: Manchester University Press, 1984), p.41.

14) *Ibid.*; Jennings and Watts, *supra* n.5, pp.1232-34.

15) *Ibid.*, p.1230; Hans Kelsen, *Principles of International Law,* 2nd ed., (New York: Holt, 1967), p.468.

16) Fitzmaurice, *supra* n.2, p.115; Jennings and Watts, *supra* n.5, p.1230; Shabtai Rosenne, "Treaties, contusion and Entry into Force", *EPIL,* Vol.7, 1984, p.466.

Ⅳ. 비준의 효력

1. 비준서의 교환·기탁에 의한 효력 발생

비준서의 작성에 의해 조약의 구속력이 발생하는 것이 아니라 비준서의 교환·기탁에 의해 조약은 효력을 발생하게 된다.[17]

2. 비소급적 효력

비준은 비준서의 교환·기탁에 의해 효력을 발생한다. 그 효력 발생 시기는 그 조약의 서명 시로 소급된다는 주장이 있으나,[18] 서명 시로 소급되지 아니하고 비준서의 교환·기탁 시라는 주장이 통설[19]이고 판례[20]이다. 그리고 '조약법협약'은 비준의 소급효에 관해서는 아무런 규정을 두고 있지 아니하다.

Ⅴ. 비준을 요하는 조약

모든 조약이 다 비준을 요하는 것은 아니다. (i) 비준을 요한다고 조약문 또는 전권위임장에 명시적 규정이 있는 경우 비준을 요함은 물론이다. (ii) 비준을 요하지 아니한다고 조약문 또는 전권위임장에 명시적 규정이 있는 경우 비준을 요하지 아니함은 물론이다. (iii) 문제는 조약문 또는 전권위임장에 비준을 요한다는 규정도 비준을 요하지 아니한다는 규정도 없는 경우 비준을 요하느냐이다.

오늘의 학설과 관행은 일치되어 있지 아니하며 '조약법협약'도 위 (iii)의 경우 비준을 요하느냐에 관해 중립적 입장에서 어떠한 규정도 두고 있지 아니하다.[21]

---

17) U. S. Department of the Army, *supra* n.4, p.52; Shabtai Rosenne, "Vienna Convention on the Law of Treaties", *EPIL*, Vol.7, 1984, p.466.

18) H. Lauterpacht(ed.), *Oppenheim's International Law,* Vol.1, 8th ed., (London: Longmans, 1955), p.917.

19) Jennings and Watts, *supra* n.5, pp.1234-35; Starke, *supra* n.1, p.431; Lord McNair, *The Law of Treaties,* (Oxford: Clarendon, 1961), pp.193-98; Mervyn Jones, "The Retroactive Effect of the Ratification of Treaties", *AJIL*, Vol.29, 1935, p.65.

20) *Iloilo* Case(1925): *RLAA,* Vol.6, p.158; *Certain German Interests in Polish Upper Silesia* Case(1926): PCIJ, *Series A,* No.7, 1926, p.39; *Arbitral Awards made by the King of Spain*(1960): ICJ, *Reports,* 1960, pp.207-209; *Crime of Genocide*(Advisory Opinion)(1951): ICJ, *Reports,* 1951, p.28.

21) Jennings and Watts, *supra* n.5, pp.1230-31.

이 연구에서 검토를 요하는 것은 시제법의 원칙상 오늘의 국제관습의 규칙이 아니라 "한일합방조약"이 체결된 1910년 당시의 그것이다. 이하 1910년 이전에 위 (iii)의 경우에 관한 학설과 판결에 표시된 규칙을 고찰하기로 한다.

1. 학설

가. H. W. Halleck

Halleck는 조약 자체에 명시적으로 유보되어 있지 아니해도 비준이 요구되는 것이 관행이라고 다음과 같이 기술하고 있다.

> 조약 자체의 명시적 구절에 의해 이 선제조건이 유보되어 있지 아니하다 할지라도 그러한 비준이 요구되는 것이 이제 정착된 관행이다.
> it is now the settled usage to require such ratification, even where this pre-requisite is not reserved by the express terms of the treaty itself.[22]

나. S. B. Crandal

Crandal은 조약이나 전권위임장에 명시적으로 유보되어 있지 아니한 경우라도 비준권은 일반적으로 수락되어 있다고 다음과 같이 기술하고 있다.

> 조약이나 전권위임장 내에 명시적인 유보가 되어 있지 아니하다 할지라도 신뢰의 중요성은 최근의 학자들이 비준의 권리를 완전히 일반적으로 수락하도록 유도했다.
> this importance of the trust, have led recent writers quit generally to admit the right of ratification, even if no express reservation be made in the treaty or full powers.[23]

다. W. E. Hall

Hall은 반대의 특별합의가 없는 경우 비준은 관행에 의해 필수요건이 되었다고 다음과 같이 기술하고 있다.

---

22) H. W. Halleck, *Elements of International Law*, 4th ed., (G. Sh Baker)(London: Paul Trench, 1908), Ⅱ, ch. vm, § 12; Fitzmaurice, *supra* n.2 48, p.122.

23) S. B. Crandal, *Treaties, Their Making and Enforcement* 2nd ed., (1916), § 3; Fitzmaurice, *supra* n.2, p.123.

반대의 특별한 합의가 없는 경우 비준은 관행에 의해 필수요건으로 되어 왔다. … 비준의 필요성은 실정 국제법에 의해 승인되었다.

ratification, in the absence of special agreement to the contrary, has become requisite by usage … the necessity of ratification is recognized by the positive law of nations.[24)]

라. L. Oppenheim

Oppenheim은 비준이 명시적으로 규정되어 있지 아니한 경우에도 요구되는 것이 보편적으로 승인된 국제법의 관습규칙으로 승인되어 있다고 다음과 같이 기술하고 있다.

비록 비준이 명시적으로 규정되어 있지 아니한다 할지라도 조약은 정상적으로 비준을 요한다는 것이 오늘 국제법의 관습규칙으로 보편적으로 승인되어 있다.

it is now a universally recognized customary rule of international law that treaties regularly ratification, even it this is not expressly stipulated.[25)]

2. 판결

Eliza Ann Case(1813)

Eliza Ann Case(1813)에서 재판관 Stowell은 후속적인 비준은 필수적으로 요구된다고 다음과 같이 판시한 바 있다.

지금 지배적인 관행에 따르면 추후의 비준은 필수적으로 요구된다. 그리고 이 입장의 실제의 확고한 확인은 그와 같은 명시적 규정을 하지 아니하는 현재 조약이 거의 없다는 것이다. 따라서 전권대표의 권한이 추후의 비준의 조건에 의해 제한된다고 추정된다.

according to the practice now prevailing, a subsequent ratification is essentially necessary, and a strong conformation of the truth of this position is that there is hardly a modern treaty in which it is not expressly so stipulated; and therefore it is now to be presumed that the powers of plenipotentiaries are limited by the condition of a subsequent ratification.[26)]

---

24) W. E. Hall, *International Law*, 8th ed., (Higgins)(Oxford: Clarendon, 1890), § 110; Fitzmaurice, *supra* n.2, p.123.

25) L. Oppenheim, *International Law*, 4th ed., (London: Longmans, 1905), I, §§ 511-12, Fitzmaurice, *supra* n.2, p.123.

26) *Dodson's Admiralty Reports*, Vol.1, 1813, p.248; Fitzmaurice, *supra* n.2, p.125.

이 판결은 H. Blix는 "소위 비준의 필요의 증거(evidence of the so-called necessity of ratification)"라고,[27] Hans Kelsen은 "조약이 반대의 규정을 포함하지 아니하는 경우 비준은 필요하다(if a treaty does not contain a provision of law)"라고,[28] J. G. Starke는 "비준은 필요한 것으로 간주되었기 때문에 비준 없는 조약은 무효력으로 인정되었다(ratification was regarded as so necessary that without it a treaty should be deemed ineffective)"라고,[29] Robert Jennings와 Arthur Watts는 "비준 전까지 국가는 그 조약에 의해 구속되는 동의를 했다고 말할 수 없다(until ratification, a state cannot be said to have consented to be bound by a treaty)"라고[30] 하여 각각 인용하고 있다.

요컨대, 동 판결은 Kelsen이 기술한 바와 같이 조약은 반대의 규정이 없는 한 비준을 요한다는 판결인 것이다.

이상에서 고찰한 바와 같이 1910년 그 이전 당시에 다수 학설과 판결은 반대의 규정이 없는 한 비준을 요한다는 것이 국제관습의 규칙이었다.

VI. 비준을 요하는 조약의 예외

여기서 또 하나 검토를 요하는 것은 조약문이나 전권위임장에 조약은 비준을 요한다는 명시적 규정도 비준을 요하지 아니한다는 명시적 규정도 없는 경우 조약은 비준을 요한다는 1910년 이전 당시의 국제관행의 규칙에 대해 두 개의 예외가 인정된다는 점이다. 이 예외는 일반국제관습법의 규칙(rule of general customary international law)에 의해 인정된 것이다.[31]

이는 Case relating to the Territorial Jurisdiction of the International Commission of the River Oder(1929)에서 상설중재재판소의 판결에 의해 확인되었다.[32] 그 예

---

27) H. Blix, "The Requirement of Ratification", *BYIL*, Vol.30, 1953, p.360.

28) Kelsen, *supra* n.15, p.469.

29) Starke, *supra* n.1, p.431.

30) Jennings and Watts, *supra* n.5, p.1234, n.2.

31) Kelsen, *supra* n.15, p.470.

32) PCIJ, *Series A,* No.23, 1929, p.20.

외는 다음과 같다.

1. 국가원수가 직접 체결하는 조약

조약의 체결권자인 국가원수가 직접 체결하는 조약은 비준을 요하지 아니한다.[33] 예컨대, (i) 1812년의 영국과 스웨덴 평화조약(Treaty of Peace between Great Britain and Sweden)은 영국과 스웨덴의 국왕이 직접 서명하고 비준서의 교환이 없었다.[34] (ii) 1815년 9월 26일에 서명된 신성동맹 조약(Holly alliance Final Act of the Congress of Vienna)은 오스트리아 황제, 러시아 황제, 페르시아 왕이 직접 서명했고 비준서의 교환이 없었다.[35]

2. 의정서, 교환공문 등 중요하지 아니한 조약

의정서, 교환공문 등 정치적 성격보다 기술적·경제적 문제를 규정한 조약은 비준을 요하지 아니한다.[36]

예컨대,

(i) 1931년 11월 20일의 전쟁배상에 관한 벨기에와 프랑스 간의 합의서(Agreement between Belgium and France regarding the Reparation for War Damage)[37]

(ii) 1935년 1월 28일의 학생고용자의 입학허가에 관한 덴마크와 프랑스 간의 합의서(Agreement between Denmark and France for Facilitating the Admission of Student Employees)[38]

(iii) 1934년 4월 24일의 1923년 9월 8일의 협약에 의해 수립된 일반청구위원회에 관한 미국과 멕시코 간의 의정서(Protocol between the United States of America and Mexico Relative to the General Claims Commission Established by the Convention of September 1923)[39]

---

33) Jennings and Watts, *supra* n.5, p.1229; Fitzmaurice, *supra* n.2, p.127.

34) Clive Parry, "The Law of Treaties", in Max Sørensen(ed.), *Manual of Public International Law*, (London: Macmillian, 1968), p.191.

35) Stephan Verosta, "Holly Alliance", *EPIL*, Vol.7, 1984, p.273.

36) Fitzmaurice, *supra* n.2, p.127; Jennings and Watts, *supra* n.5, p.1229, n.5, Blix, *supra* n.27, pp.366-67.

37) *Ibid.*, p.367; Blix, *supra* n.27, p.367.

38) *Ibid.*

39) *Ibid.*

VII. 비준이 없는 조약의 불성립

비준을 요하는 조약에서 비준이 없으면 이른바 조약에 의한 기속적 동의가 성립되지 아니하며 그 조약은 체결요건을 결하여 성립되지 아니하는 것으로 되고 따라서 그 조약은 '성립요건'을 결하여 성립되지 아니한 것으로 되어 결국 그 조약은 존재하지 아니한 것으로, 즉 조약의 부존재로 된다.

조약의 기속적 동의가 성립되지 아니하여 조약은 체결되지 아니하고 따라서 조약은 '성립요건'을 결하여 조약은 성립되지 아니하는 것으로 된다는 조약의 부존재로 된다는 취지의 견해이다.

1. Malcom N. Shaw

문제의 조약에 대한 당사국의 동의는 명백한 편파적인 요소이다. 이 때문에 국가는 그의 동의에 의해서만 구속된다. 여러 국가의 동의를 받지 아니하면 조약의 제 규정은 그들에 대해 구속력을 가지지 아니한다.

> 조약에 대한 당사자국가의 동의는 명백히 결정적인 요소이다(국제관습법의 규칙이 부존재이므로 당사자국가의 동의는 그들의 동의에 의하게 된다).
>
> 그러나 그것은 제11조에 의한 서명, 조약을 이루는 문서의 교환, 비준, 수락, 승인, 가입 등에 의해 표시될 수 있다. 국제적 합의에 대한 국가의 동의 방법은 서명, 조약을 구성하는 문서의 교환, 비준, 수락 등의 여러 가지 방법이 있다.
>
> The consent of the states parties to the treaty in question is obviously a vital factor, since state may(in the absence of a rule being also one of customary law) be bound only by their consent.
>
> Treaties are in this sense contracts between states and if they do not receive the consent of the various states, their provisions will not be binding upon them.[40]
>
> There are, however, a number of ways in which a state may express its consent to an international agreement. It may be signalled, according to article 11, by signature, exchange of instruments constituting a treaty, ratification, acceptance, approval or accession.[41]

위의 기술 중 '동의'는 이른바 '기속적 동의'를 의미하며 "구속력을 가지지 아니

---

40) Malcom N. Shaw, *International Law* 3rd ed., (Cambridge: Cambridge University Press, 1994), p.566.

41) *Ibid.*

한다"는 "조약이 체결되지 아니한다"는 의미이고 "조약이 체결되지 아니한다"는 의미는 "조약이 성립되지 아니한다"는 의미이고 "조약이 성립되지 아니한다"는 의미는 조약이 무효라는 의미가 아니라 "조약이 부존재한다"는 의미이다. 이는 국가는 국제적 합의에 서명, 문서의 교환, 비준, 수락 등으로 표시된다고 기술하고 있기 때문이다.

요컨대, 기속적 동의에 의해 조약이 성립되고 비준은 기속적 동의의 표시방법이므로 결국 비준이 없으면 조약은 성립되지 아니한다고 보고 있다. 조약이 성립되지 아니한다는 것은 조약의 부존재라는 의미이다.

2. Ian Brownlie

Brownlie는 조약의 체결(conclusion of treaties)이라는 표제하에 비준을 기속적 동의의 표시(expression of consent to be bound)로 열거하고 있는 것은[42] 기속적 동의가 없으면 조약은 체결되지 아니하는 것으로 본 것이다. 그리고 기속적 동의의 표시 방법으로 비준을 열거하고 있는 것은 기속적 동의가 없으면 조약은 체결되지 아니하는 것으로 보고 있는 것이며, 기속적 동의의 표시 방법으로 비준을 열거하고 있는 것은[43] 비준이 없으면 기속적 동의가 성립하지 아니하며 조약이 체결되지 아니하는 것으로 보고 있다.

Brownlie는 비준은 비준서의 교환 또는 기탁에 의해 조약의 효력이 발생하며, 비준은 기속적 동의의 표시라고 다음과 같이 기술하고 있다.

> 두 번째는 국제적 절차이자, 의무의 비준은 기속적 동의를 포함하는 중요한 행위의 하나이다. 비준의 문서를 교환하거나 기탁에 의해 조약의 효력이 발생하는 국제적 절차이다.
>
> the second is the international procedure which brings a treaty into force by a formal exchanger or deposit of the instruments of ratification.[44] Ratification in the latter sense is an important act involving consent to be bound.[45]

---

42) Ian Brownlie, *Principles of Public International Law* 7th ed., (Oxford: Oxford University Press, 2008), p.611.

43) *Ibid.*

44) *Ibid.*

45) *Ibid.*, pp.610-611.

3. Martin Dixon

Dixon은 조약이 존재하기 위해서는 당사자가 권리·의무를 창설할 의사가 있어야 한다고 다음과 같이 기술하고 있다.

> 조약이 존재하기로 되기 위해서는 당사자가 국제법상 구속력이 있는 권리·의무를 창설할 의도가 있어야 한다는 것은 명백하다.
>
> 이는 조약의 형성을 위한 결정적인 전제 요건이다….
>
> 조약법 협약 제11조는 국가에 의한 기속적 동의는 서명 조약을 구성하는 문서의 교환, 비준, 수락, 인가, 가입 또는 그렇게 동의한 다른 수단에 의해 표시될 수 있다.
>
> For a treaty to come into existence, it is clear that the parties must have intended to create rights or duties binding under international law, judged objectively. this is a vital precondition to the formation of treaties.[46]
>
> Article 11 of the Convention stipulates that the consent of a state to be bound by a treaty may be expressed 'by signature, exchange of instruments constituting a treaty, ratification, acceptance, approval or accession or by any other means if so agreed.'[47]

위의 "권리·의무를 창설할 의도"는 기속적 동의를 의미하는 것으로 이것이 없으면 "조약은 존재하기 위해서"는 "조약이 성립하기 위해"를 의미하므로 기속적 동의가 없으면 "조약은 성립하지 아니한다"는 의미이다.

비준은 기속적 동의의 표시방법이므로 결국 비준이 없으면 "조약은 성립하지 아니한다"는 의미, 즉 조약은 존재하지 아니한다는 의미이다.

4. Paul Reuter

Reuter는 기속적 의사의 특정적 표현에 의해 조약이 체결되고 조약이 존재하게 된다고 다음과 같이 기술하고 있다.

> 체결이라는 용어는 좁은 의미로 국가가 그들의 동의를 특정적으로 표시했을 때 조약은 체결되었다는 의미이다. … 체결이라는 용어는 가장 엄격한 의미로 이해되며 이는 명시적 동의를 표할 때 조약의 체결을 의미한다.
>
> The narrowest of which should be considered first: a treaty is 'concluded' once the states have expressed their definitive intention to be bound … the term 'conclusion'

---

46) Martin Dixon, *International Law*, 7th, ed., (Oxford: Oxford University Press, 2013), p.57.

47) *Ibid.*, p.66.

is understood in its strictest meaning implying that a treaty is concluded once the stated have definitively expressed their consent.[48]

그리고 Reuter는 기속적 동의의 표현(expression of the consent to be bound)으로 비준을 열거하고[49] 조약의 체결에 의해 국제조약은 존재하게 된다(international treaties come into existence)[50]라고 기술하고 있다.

따라서 Reuter에 의하면 비준을 요하는 조약에서 비준이 없으면 기속적 동의가 성립하지 아니하여 조약은 체결되지 아니하고 따라서 조약은 부존재로 되게 된다.

5. Ian Sinclair

Sinclair는 조약의 체결(conclusion of treaties)이라는 표제하에 세 번째 단계로 조약에 의한 국가의 기속적 동의의 표시를 제시하고[51] 비준은 기속적 동의의 표시로 인정하고 조약의 성립에 의한 기속적 동의가 있기 때문에 조약은 효력을 발생한다고 다음과 같이 기술하고 있다.

> 조약에 의한 기속적 동의가 모든 교섭 국가를 위해 성립하자마자 조약은 효력을 발생한다.
>
> Failing any such provision or agreement, a treaty enter into force as soon as consent to be bound by the treaty has been established for the all negotiating states.[52]

위에서 기속적 동의를 조약의 체결과정으로 보고 있는 것은 기속적 동의가 조약은 성립하지 아니한다고 보는 것이며 기속적 동의의 표시방법으로 비준을 제시하고 있으므로 비준이 없는 조약은 체결되지 아니하고 성립되지 아니한다는 의미이고, 기속적 동의가 성립하자마자 조약은 효력을 발생한다는 것은 기속적 동의를 조약의 '성립요건'으로 본 것이다.

요컨대 조약에 의한 기속적 동의를 조약의 '성립요건'으로 보고 있는 것은 기속적 동의의 표시방법의 하나인 비준이 없으면 조약은 성립하지 아니하는 것으로 보

---

48) Paul Reuter, *Introduction to the Law of Treaties*, (London: Printer, 1989), p.43.
49) *Ibid.*, p.51.
50) *Ibid.*, p.43.
51) Sinclair, *supra* 13, p.29.
52) *Ibid.*, p.44.

고 있다.

6. Lord McNair

McNair는 비준 없이는 법적 효과는 불완전한 것이라고 다음과 같이 기술하고 있다.

> 비준은 하나의 형식일 수는 있으나 그것은 필수적인 현실이다. 법적 효과의 점에서 비준 없이는 불완전한 것이다.
>
> The ratification may be a form but it is and essential form; for the instrument, in point of legal efficacy, is imperfect without it. I need not add, that a ratification by one power alone is insufficient; that, if necessary at all, it must be mutual; and that the treaty is incomplete till it has been reciprocally ratified.[53]

그리고 다음과 같이 *Ambatielos* Case(1953)의 판결을 인용하면

> 1926년 조약과 마찬가지로 비준을 규정하는 조약은 조약의 시행을 가져오기 위해 불가양의 요건이다. 그러므로 비준은 단순한 형식적 행위가 아니고 결정적인 중요한 행위이다. 비준을 규정한 조약의 비준은 조약의 시행을 가져오기 위한 결정적인 중요 행위이다.
>
> The ratification of a treaty which provides for ratification, as does the Treaty of 1926, is an indispensable condition for bringing it into operation. It is not, therefore, a mere formal act, but an act of vital importance.[54]

위의 "비준이 없으면 법적 효과의 점에서 완전한 것이 아니다", "조약의 시행을 위해 불가양의 요건이다"는 "비준이 없으면 조약이 완전하게 체결되는 것이 아니다"는 의미이고 요컨대, 비준을 요하는 조약에서 비준이 없으면 조약은 성립되지 아니하고 따라서 조약은 존재하지 않는 것이다.

7. Robert Jennings and Auther Watts

Jennings and watts는 기속적 동의가 없으면 조약은 성립하지 아니하고, 비준에 의해 기속적 동의는 표시된다고 하므로 비준이 없으면 조약은 성립하지 아니한다고 다음과 같이 기술하고 있다.

---

53) Lord Mcnair, *The Law of Treaties,* (Oxford: Oxford University Press, 1961), p.131.
54) *Ibid.,* p.130.

당사자의 상호 동의가 필요하므로 일방당사자의 제의에 의해 타방당사자의 수락이 없으면 조약은 구성하지 아니한다.

조약에 의한 한 국가의 기속적 동의는 비준에 의해 표시되고 비준을 요구하는 조약은 관련 국가에 구속되지 않는다.

mutual consent of the parties is necessary thus proposal are party not accepted by the other, do not constitute already.[55]

consent of a state to be bounded by a treaty is expressed by ratification[56] until it has been ratificated, a treaty requiring ratification is not binding upon the state concern.[57]

조약을 구성하지 아니한다는 의미는 조약이 성립되지 아니한다는 뜻이다. 비준이 없으면 관계국은 구속하지 아니한다.

조약에 의한 기속적 동의는 비준에 의해 표시된다는 뜻이다.

비준이 없으면 기속적 동의는 성립하지 아니하고 기속적 동의가 없으면 조약은 성립하지 아니한다. 결국 비준이 없으면 조약은 성립하지 아니한다는 뜻이다.

8. T. O. Elias

Elias는 모두 교섭국을 위해 조약의 기속적 동의가 성립되는 동안에 조약은 효력을 발생한다고 조약의 체결(conclusion of treaty)이라는 장에서 조약에 의한 기속적 동의의 수립(establish its consent to be bound by the treaty)에 관해 기술하고 있다.

조약은 기속적 동의표시에 의해 대표자의 행위가 효력을 갖게 된다. 그리고 비준에 의해 조약의 기속적 동의가 성립한다고 논하고 조약은 조약에 의한 기속적 동의가 성립하자마자 효력을 발생한다고 다음과 같이 기술하고 있다.

모든 교섭 국가를 위한 기속적 동의의 수립이 되자마자 조약은 효력을 발생한다.

as soon as consent to be bound by it has been established for all the negotiation.[58]

Elias는 기속적 동의가 조약의 체결요건이라 명시하지는 아니했으며 조약의 체결이라는 점에서 논하고 있으므로 기속적 동의가 조약의 체결요건, 즉 '성립요건'

---

55) Robert Jennings and Arthur Watts(eds.), *supra* 5, p.1224.

56) *Ibid.*, p.1228.

57) *Ibid.*, p.1227.

58) Alina Kaczowska, *Public International Law*, 4th ed., (London: Routledge, 2010), p.36.

으로 봄에는 논의의 여지가 없다.

비준은 기속적 동의의 표시방법으로 논하고 있으므로 비준을 요하나 조약에서 비준이 없으면 기속적 동의가 없어 조약은 체결되지 아니한 것으로 보고 있다.

그가 "기속적 동의가 성립하지 아니함에 조약은 효력을 발생하지 아니한다"는 것은 조약은 체결되지 아니하면 성립되지 아니한다. 따라서 효력을 발생하지 아니한다는 의미로 새겨진다.

9. George Schwarzenberger

Schwarzenberger는 조약의 체결(conclusion of treaties)이라는 표제하에 비준은 조약이 실시되기 위한 불가피한 요건이라고 다음과 같이 기술하고 있다.

> 비준의 목적은 조약의 구속력을 준 목적으로 서명에 의한 당사자의 공동의사의 표현을 확인하는 것이다. 어떤 조약이 비준을 요한다면 이는 조약에 적용을 부여하기 위한 필수 불가피한 결의요건이다.
> 비준행위의 주 기능은 조약의 구속력을 수립하는 것이다.[59]
> The purpose of ratification is to confirm the expression of the common will of the parties as signified by their signatures for the purpose of "giving it binding force" If a treaty requires ratification, this act is an "indispensable condition" for bringing the treaty into operation.[60]

위의 "조약에 구속력을 부여"하기 위한 그리고 "조약의 시행을 부여하기 위한"이란 비준을 요하는 경우 비준이 없으면 조약이 구속력이 없고, 조약은 시행할 수 없다는 의미는 조약이 체결되지 아니하고 시행력이 없다는 의미이므로 비준이 없으면 조약은 체결되지 아니한다는 의미이므로 비준은 조약의 '성립요건'으로 본 것이다.

요컨대 비준을 요하는 경우 비준이 없으면 조약은 기속적 동의가 없으므로 성립하지 아니한다는 의미, 조약은 존재하지 아니한다는 의미이다.

10. Gillian Triggs

Triggs는 조약에 의한 국가의 기속적 동의는 의무의 창조에 있어서 결정적 요건

---

59) George Schwarzenberger, *International Law*, Vol.1, (London: Stevens, 1957), p.28.
60) *Ibid.*, p.28.

이라고 논하면서 비준에 의한 조약의 기속적 동의에 관하여 "조약법 협약" 제14조의 규정을 인용하여 다음과 같이 논하고 있다.

> 조약에 의한 기속적 동의는 의무의 창설의 결정적 요건이다. 그리고 이는 서명, 문서의 교환, 비준, 수락, 승인 또는 가입에 의하여 명백화될 수 있다.
>
> The consent of a state to be bound by a treaty is a critical requirement in the creation of an obligation, and can be evidenced by signature, exchange of instruments, ratification, acceptance or approval and accession.[61]

위에서 기속적 동의는 의무의 창설에 결정적 요건이라고 표현하고 있다. 의무의 창설이란 조약이 성립해야 발생하는 것이므로 결국 조약의 성립을 의미한다.

결국 기속적 동의는 조약의 '성립요건'이고, 비준에 의해 조약의 기속적 동의가 성립한다고 보는 것은[62] 비준에 의해 조약이 성립한다는 의미이므로 비준이 없으면 조약은 성립하지 아니한다는 의미이다.

11. Alina Kaczorowska

Kaczorowska는 조약의 체결(conclusion of treaties)이라는 소제목하에 조약체결의 과정을 교섭(negotiation), 조약문의 채택(adoption of a treaty), 조약의 인가 (authentication of treaty) 그리고 기속적 동의(consent to be bound)를 열거하여 기속적 동의 없이는 조약이 체결되지 아니함을 기술하고[63] 비준은 특정 조약에 의한 결정적인 기속적 동의를 수립(establishing its definitive consent to be bound by the particular treaty)한다고 논하며,[64] 비준을 요하는 조약에 있어서 비준이 없이는 기속적 동의가 없어 조약은 체결되지 아니하고 따라서 효력을 발생하지 아니하게 된다고 기술한다.

요컨대 비준을 요하는 조약에서 비준이 없이는 기속적 동의가 없어서 조약은 성립되지 아니하는 것으로 보고 있다.

---

61) Gillian D. Triggs, *International Law,* (Melbourne: Melbourne University Press, 2006), p.502.

62) *Ibid.,* p.503.

63) Kaczowska *supra* n.58, p.95.

64) *Ibid.,* p.97.

12. I. A. Shearer

Shearer는 비준은 국가에 의한 조약의 기속적 동의의 선언이고 비준이 없으면 조약은 효력이 없는 것이라고 다음과 같이 기술하고 있다.

> 조약에 의한 국가의 기속적 동의를 성립시키는 공식적 선언이고 비준은 필요하기 때문에 비준이 없으면 조약은 효력이 없는 것으로 추정되어야 한다.
> ···formal declaration by a sate of its consent to be bound by a treaty···[65]
> ratification was regarded as so accessary that without it a treaty should be deemed ineffective.[66]

위의 견해는 비준을 기속적 동의의 선언으로 보고, 비준이 없으면 조약은 효력이 없는 것이라는 것이다. 비준을 국가의 기속적 동의의 공식적 선언으로 보고 있다. 기속적 동의가 없으면 조약은 체결되지 아니한 것으로 보고 있으므로 기속적 동의가 없으면 조약은 체결되지 아니하는 것으로 보고 있고 비준이 없으면 조약은 체결되지 아니한 것으로 보고 있으며, 조약이 체결되지 아니했다는 의미는 '조약은 성립되지 아니하였다'고 보고 있다.

또한 비준이 없으면 조약의 효력이 없는 것으로 간주되어서는 아니 된다는 의미는 '조약은 성립되지 아니하였다'고 보고 있다.

또한 비준이 없으면 조약의 효력이 없는 것으로 간주되어야 한다는 의미는 조약의 효력이 없는 것이라는 의미는 조약이 체결되지 아니하였다는 의미이고 조약이 성립되지 아니하였다는 의미이므로, 결국 비준이 없으면 조약이 성립되지 아니한다는 의미이다.

13. Barry E. Carter, Phillip R. Trim and Allen S. Weiner

Carter, Trim and Weiner는 조약의 형성(formation of treaties)이라는 표제하에 (ⅰ) 조약이 무엇인가(What is treaties), (ⅱ) 정치적 공약으로부터 조약의 구별(distinguish treaties from political commitment), (ⅲ) 목적과 목표를 해치지 아니할 의무(obligation no to defeat the object and purpose)를 열거하고 있다.

---

65) I. A. Shearer (ed.), *Starkes's International Law*, 11th (ed.)(London: butterworths, 1994), p.413.
66) *Ibid.*, p.413.

이 역시 조약의 '성립요건'과 '효력요건'을 구분하지 아니한다. 그러므로 기속적 동의(consent to be bound)를 조약의 "'성립요건'으로 보는지 불명확하다.[67]

14. H. Lauterpacht(ed.)

조약의 당사자(Parties to treaties)라는 표제하에

(i) 조약체결권(the Treaty making power)

(ii) 헌법적 제한(Constitutional restrictions)

(iii) 체약당사자의 상호 동의(Mutual consent of the contracting parties)

(iv) 강박의 효과(Effect of compulsion)

(v) 체약당사자의 과오와 착오(Mistake and Error of contracting parties)

위 (i)-(iii)은 조약의 '성립요건'이며, (iv), (v)는 '효력요건'으로 볼 수 있다. 따라서 조약의 '성립요건'과 '효력요건'을 구별함이 없이 모두 연결하고 있다.

(iii) 체약당사자의 상호 동의를 조약의 '성립요건'으로 보고 있으므로 체약당사자의 상호 동의가 없으면 조약은 성립되지 아니하는 것으로 보고 있다.[68]

15. Robecca M. M. Wallace

Wallace는 국가의 대표는 그가 전권위임장을 소지했을 경우 그 국가의 이름으로 조약을 체결할 수 있다고 다음과 같이 기술하고 있다.

> 국가의 대표자는 전권위임장을 소지했을 경우 국가의 이름으로 조약을 체결할 수 있다.[69]
> a state representation may conclude a treaty on behalf of a state of he possessful powers.

---

67) Barry E. Carter, Phillip R. Trim and Allen S. Weiner, *International Law*, 4th ed., (New York: Walters Kluwer, 2007), pp.93-101.

68) H. Lauterpacht ed., *Oppenheim's International Law*, 8th ed., Vol.1, (London: Longmans, 1954), pp.882-92.

69) Robecca M. M. Wallace, *International Law*, 5th ed., (London: Tomson, 2005), p.253.

제7절 조약의 효력

Ⅰ. 의의

조약의 효력이란 다음과 같이 다의적으로 사용되고 있다.

1. 실질적 효력과 형식적 효력

가. 실질적 효력

조약의 실질적 효력이란 조약의 실현력을 말한다. 조약이 실질적 효력을 갖기 위해서는 '타당성'과 '실효성'을 가져야 한다.

(ⅰ) 조약의 '타당성'이란 조약의 행위규범으로서의 실현력을 말하며, 그 근거에 관하여는 법적 확신설·자연법설·자기제한설·공동의사설·근본규범설 등이 있다.

(ⅱ) 조약의 '실효성'이란 조약의 강제규범으로서의 실현력을 말하며, 국제조약은 국내법과 달리 원칙적으로 자력구제의 모습으로 실효성을 보장하고 있다.[1]

나. 형식적 효력

형식적 효력이란 조약 효력의 한계를 말하는바, 이에는 (ⅰ) 당사자에 대한 효력, (ⅱ) 시간적 효력, (ⅲ) 내용적 효력 등이 있다.

2. 구속력과 실시력

가. 구속력

조약의 구속력이란 조약이 성립되어 그 내용에 따라 당사자를 구속하는 힘, 즉

---

1) 자력구제의 방법은 자위권의 행사와 복구권의 행사가 있다.

당사자가 조약상 의무로부터 일방적으로 자유로울 수 없는 효력을 말한다.2)

조약의 실시력이란 조약의 '효력의 발생(entry into force)'에 관한 것으로,3) 조약 성립 시에 발생한다.4)

나. 실시력

조약의 실시력이란 조약의 내용인 권리·의무를 구체적으로 시행하는 법적인 힘을 말한다. 실시력은 성립되어 구속력이 있는 조약을 적용(application)하는 힘을 뜻하며,5) 그것이 조약의 '효력의 발생(entry into force)'에 관한 것,6) 즉 '조약의 이행(performance)'에 관한 것이다.7) 원칙적으로 조약의 실시력은 구속력과 같이 조약의 성립 시기에 발생하나, 그 조약상의 실시를 조건부 또는 기한부로 규정한 경우에는 실시력은 조건의 성취 시, 기한의 도래 시에 발생하게 된다.8)

II. 실질적 효력

국제법의 타당 근거를 일반적으로 국제법의 기초라고 한다. 국제법의 기초에 관해서는 다음과 같이 학설이 나누어져 있다.

1. 학설의 내용

가. 법적 확신설

법적 확신설(Rechtsüberzeugungstheorie)은 국제법이 법으로서 구속력을 가지는 것은 인간의 법의 존재에 대한 확신 속에 있다고 한다. 이는 Friedrich Karl von Savigny(1779-1861), Georg Friedrich Puchta(1789-1846) 등의 독일 역사학 사상에

---

2) Hans Kelsen, *Principles of International Law*, 2nd ed., (New York: Holt, 1967), p.493.

3) T. O. Elias, *The Modern, Law of Treaties,* (Leyden: Sijthoff, 1974), p.38.

4) Paul Reuter, *Introduction to the Law of Treaties,* (London: Printer, 1989), p.52.

5) Ian Sinclair, *The Vienna Convention on the Law of Treaties*, 2nd ed., (Manchester: Manchester University Press, 1984), p.891.

6) Elias, *supra* n.3, pp.38-39.

7) Kelsen, *supra* n.2, p.493.

8) *Ibid.*

유래하며, Léon Duguit(1859-1928)와 Hugo Krabbe(1857-?)에 의해 국제법 분야에 도입되었다. Duguit는 법이 인간을 구속하는 이유는 규범에 대한 인간의 법적 확신에 있다고 하며,[9] Krabbe는 법의 권위의 기초가 주권설이 주장하는 것과 같은 외부적인 힘에 의하는 것이 아니라 인간의 내부적인 '법적 감정(Rechtsgefühl)' 내지는 '법적 의식(Rechtsbewuβ tsein)'에 있다고 한다.[10]

나. 자연법설

자연법설(natural law theory)에 의하면 국제법이 법적 구속력을 가지는 것은 자연법의 요청에 유래하는 것이라 한다. Hugo Grotius(1583-1645)는 자연법은 정당한 '이성의 명령'이라고 주장하며,[11] Dionisio Anzilotti(1869-1950)는 자연법은 '절대적·영구적·보편적 효력'을 가지는 것이기 때문에 인정법의 정당한 근거가 된다고 한다.[12]

다. 자기제한설

자기제한설(Selbstbindungstheorie)에 의하면 국제법이 법적 구속력을 가지는 것은 국가가 국제법의 구속에 동의한 것에 유래한다고 한다. Georg Jellinek(1851-1911)에 의하면 국가는 최고 독립의 의사력, 즉 주권을 갖고 있으므로 외부로부터의 제한에 복종하는 것은 아닌 까닭에 만일 외부로부터의 제한에 복종하게 되는 경우가 있다면 그것은 국가 자신의 의사에 유래하는 것이 아니면 안 될 것이므로 국가가 국제법에 구속되는 것은 그에 대한 국가의 동의에 있다고 한다.[13]

---

9) Leon Duguit, "Objective Law", trans. Margaret Grandgent and Ralph W. Gifford, *Columbia Law Review*, Vol.20, 1920, pp.817-31; Vol.21, 1921, pp.17-34, 126-43, 242-56.

10) Hugo Krabbe, *The Modern Idea of State*(New York: Appleton, 1922), pp.83-90, 236.

11) Hugo Grotius, *De Jure Belli ac Pacis*, Prolegmena, Vol.11, (J. G. Starke, *Introduction to International Law*, 9th ed., (London: Butterworth, 1984), p.21).

12) Dionisio Anzilotti, *Corso di Diritto Internationale*, 3rd ed., Vol.1, 1928, p.43(Starke, *supra* n.11, pp.23-24).

13) Georg Jellinek, *Die rechtlich Natur der Staatenverträge Vienna, 1880*(Wesley L. Gould, *An Introduction to International Law*, (New York: Harper, 1957), p.71); (Starke, *supra* n.11, p.23).

라. 공동의사설

공동의사설(Gemeinwillenstheorie)에 의하면 국제법이 법적 구속력을 가지는 것은 국제법은 국가의 단독의사에 우월한 다수 국가의 공동의사이기 때문이라고 한다. Henrich Triepel(1868-1946)에 의하면 법은 그 법의 규율을 받는 주체보다 항상 상위에 있어야 하며 그러한 상위의 법이 다수 국가의 공동의사에 의해 형성된 국제법이라고 한다.[14]

마. 근본규범설

근본규범설(Grundnormentheorie)에 의하면 국제법이 법적 구속력을 가지는 것은 그것이 근본규범에 근거한 것이기 때문이라고 한다.

모든 실정법에 기초를 부여하기 위해서는 실정법의 전부가 유출되는 최고 기본적인 규범이 존재하지 않으면 안 되며 이 상정된 규범을 근본규범이라고 부른다. 국제법은 이 근본규범에 의하여 그 타당성을 갖는다고 하는 것이 근본규범설이다. 근본규범의 성격에 관하여 Hans Kelsen(1881-1973)은 그것이 실증적인 것이 아니라 가설적인 규범에 불과하다고 하고,[15] Adolf Verdross(1890-1980)는 실증적인 것이라고 한다.[16]

상기 제 학술에 대한 비판은 김명기, 『국제법원론』, (서울: 박영사, 1995), 36쪽 이하 참조.

III. 형식적 효력

1. 의의

조약의 형식적 효력이란 조약의 효력 범위, 즉 조약의 효력이 미치는 당사자·시간·사항의 한계를 말한다.

---

14) Henrich Triepel, *Völkerrecht und Landesrecht*, Leipzig, 1897(Gould, *supra* n.13, p.71).

15) Hans Kelsen, *supra* n.2, pp.446, 556-65.

16) Adolf Verdross, *Einheit des rechtlichen Weltbildes auf Grundlage der Völkerrecht Verfassung*, (Tübingen, J. C. B. Mohr, 1923), pp.33-35.

2. 내용

가. 당사자에 대한 효력

(1) 원칙

조약의 효력이 미치는 범위는 조약당사자에 한하며 제3자에게는 조약의 효력이 미치지 않는 것이 원칙이다.[17]

(가) 근거

조약은 국제사회에 있어서 하나의 입법행위이지만 그 성질은 국내 사회에 있어서 계약행위와 같으므로 "계약은 제3자를 해롭게도 하지 않고 이롭게도 하지 않는다"는 원칙이 타당하게 된다. 이러한 원칙은 국제사회에 있어서 (i) 다수자의 의사가 소수자의 반대 의사를 배제하고 법을 제정할 수 있는 입법기관이 아직 실재하지 않는다는 사실과 (ii) 국가 주권은 절대적이라는 국가의 주권 사상에 근거를 둔 것이다.[18]

(나) 고찰을 요하는 경우

조약은 당사국 이외에 제3국에 효력이 미치지 않는 것이 원칙이지만 제3국의 이해관계 사항을 규정하는 경우가 있으므로 이런 경우 특별한 고찰을 요한다.

1) 제3국에 대하여 부담을 지우는 조약

가) 제3국이 조약을 승인하는 경우

이것은 조약당사자가 제3국에 통고함으로써 제3국이 승인의 의사를 표시한 경우로서, 이러한 경우에는 제3국이 그 조약상의 의무를 부담한다. 그러나 이 의무는 제3국의 승인에 의하여 발생하는 것이며 조약 자체로부터 발생하는 것은 아니다. 이러한 의무에 위반하여 제3국이 당해 조약의 일방당사자와 체결한 조약은 무효이며, 제3국 및 상대방 당사자의 부당행위책임이 발생한다.[19]

---

17) Sinclair, *supra* n.5, pp.98-99.

18) Hans Ballreich, "Trearies Effect on Third States", *EPIL* Vol.7, 1984, pp.476-77.

19) *Ibid.*, p.477.

나) 제3국이 조약을 승인하지 않는 경우

이 경우 당해 조약은 제3국에 대항할 수 없으며, 당사자의 일방이 당해 조약에 위반하여 제3국과 체결한 조약은 유효하며 다만 상대방 당사자의 불법행위책임이 발생할 뿐이다.[20]

2) 제3국에 이익을 주는 조약

이것은 당사자 간은 물론 제3국에 대해서도 유효하다. 그러나 제3국에 특정의 이익을 줄 것을 규정한 경우라도 그것이 언제나 제3국에 권리를 부여하는 것이 아니라 오히려 반사적 이익을 부여한 데 불과한 경우가 많다. 대체로 제3국의 동의 없이 이익조항을 변경하지 못한다는 규정을 두거나 또는 제3국에 출소권을 인정한 경우 이외에는 반사적 이익만을 부여한 것으로 해석된다.[21]

(2) 예외

(가) 예외의 경우

조약의 효력은 조약당사자에게만 미치는 것이 원칙이지만 다음의 경우는 제3자 에게도 조약의 효력이 미친다.

1) 이전된 영역에 관한 지방적 조약

일반적으로 국가 영역의 변경이 있을 경우 영역의 전 주권자가 소멸하거나 소멸 하지 않거나 그가 체결한 조약은 신주권자에게 구속력을 갖지 못하는 것이 원칙이 나, 이전된 영역 자체에 관한 조약, 예컨대 국경·교통·하천 등에 관한 조약은 그 조약의 당사자가 아닌 영역의 신주권자에게 구속력을 가진다.[22]

2) 국가군에 관한 집단적 조약

어떤 국가군에 관한 일정한 질서를 확립하는 규칙이 집단적 조약에 의하여 정하 여지는 경우에 이러한 규칙은 그 국가군 간에서의 영역 이전의 경우에 그 조약의

---

20) *Ibid.*

21) *Ibid.*

22) Eckart Klein, "Treaties Effect of Territorial Changes", EPIL, Vol.7, 1984, pp.473-76; Robert Jennings and Arthur Watts(eds.), *Oppenheim's International Law*, 9th ed., Vol.1, 1992, p.213.

당사자 아닌 영역의 신주권자에 대하여 구속력을 가진다.[23]

(나) 예외의 경우 같으나 예외가 아닌 경우

조약의 효력이 당사자 아닌 제3국에 미치는 예외의 경우인 것같이 보이나 그 실은 예외가 아닌 경우를 보면 다음과 같다.

1) 최혜국대우조항

최혜국대우조항이 있는 통상조약이 허혜국(A)과 수익국(B) 간에 체결되어 있는 경우에 허혜국(A)과 최혜국(C) 간의 조약에서 인정되는 이익을 수익국(B)은 향유할 수 있으나 이는 허혜국(A)과 최혜국(C) 간의 조약의 효과가 그 조약의 당사자 아닌 수익국(B)에 미치는 것이 아니라 허혜국(A)과 수익국(B) 간의 최혜국대우조항의 효과인 것이다.[24]

2) 관습법화된 조약

조약의 내용이 조약체결 후에 국제관습법화된 경우 또는 기존의 국제관습법을 성문화한 경우에 그 조약은 제3국에도 효력이 미친다. 그러나 이는 조약 그 자체의 효력이 당사자의 범위를 넘어 제3자에 미치는 것이 아니고 제3자는 국제관습법의 구속력을 받는 데 불과한 것이다.[25]

3) 국제연합헌장

'국제연합헌장' 제2조 제6항에 규정한바 "국제연합은 가맹국이 아닌 국가들이 국제평화와 안전의 유지에 필요한 한, 국제연합의 원칙에 따라서 행동하여야 할 것을 확보하여야 한다"는 것은 비가맹국에 대해서도 헌장의 원칙에 따라 행동할 의무를 과한 것이라고 보는 견해가 있으나,[26] 이 조항은 국제연합 또는 그 가맹국이 비가맹국에 대하여도 헌장의 원칙에 따라 행동하도록 노력할 것을 규정한 것이

---

23) *Ibid.*

24) Clive Parry, "The Law of Treaties", in Max Sørensen(ed.), *Manual of Public International Law,* (London: Macmillian, 1968), p.218; Ballreich, *supra* n.18, p.477.

25) Elias, *supra* n.3, p.69: R. Baxter, "Treaties and Custom", *Recueil des Cours,* Vol.29, 1970, p.69.

26) Leland M. Goodrich, Edvard Hambo and Anne P. Simmons, *Charter of the United Nations,* 3rd ed., (New York: Columbia University Press, 1969), pp.58-60; Hans Kelsen, *The Law of the United Nations,* (New York: Praeger, 1959), pp.106-10.

며 '국제연합헌장'이 당사자 아닌 제3자에게 미치는 것은 아니다.[27]

4) 콘스탄티노플 조약과 헤이-폰스포트 조약

수에즈운하에 관한 '콘스탄티노플 조약(Constantinople Treaty)'과 Panama운하에 관한 '헤이-폰스포트 조약(Hay-Pauncefote Treaty)'은 조약의 당사자가 아닌 국가의 선박에 대해서도 운하의 자유통행을 인정하고 있으나 이는 반사적 이익에 불과하며 제3국의 조약상 권리는 아니다. 왜냐하면 조약당사국이 제3국에 대하여 그 선박의 자유통행을 금지한 경우 제3국은 조약 위반을 주장할 수 없기 때문이다.[28]

나. 시에 대한 효력

(1) 효력의 발생시기

(가) 구속력의 발생시기

조약의 구속력의 발생시기는 조약의 성립 시이다.[29] 조약의 성립 시는 서명만으로 성립되는 조약은 서명 시이며, 비준을 요하는 조약은 비준서의 교환 또는 기탁 시이다.[30] 그러나 강화조약은 비준을 요하나 특별한 규정이 없는 한 서명 시에 성립·발효한다.[31]

(나) 실시력의 발생시기

조약의 실시력은 조약의 구속력을 기초로 하는 것이므로 구속력 없이 실시력만 발생할 수는 없다. 그러나 그것은 구속력의 발생시기와 실시력의 발생시기가 반드시 일치한다는 의미는 아니다. 원칙적으로 실시력의 발생시기는 구속력의 발생시기와 일치한다. 즉 당사자가 조약상에 실시일을 정하지 않았을 경우에는 구속력의 발

---

27) Lord McNair, *The Law of Treaties,* (Oxford: Clarendon, 1961), p.218; Joseph Kunz, "Revolutionary Creation of Norms of International Law", *AJIL*, Vol.41, 1947, p.119.

28) D. P. O'Connell, *International Law*, Vol.1, 2ed., (London: Steves, 1970), pp.247-48.

29) Jennings and Watts, *supra* n.22. p.1238.

30) *Ibid.*; Michael Akehurst, *A Modern Introduction to International Law*, 5th ed., (London: George Allen, 1984), pp.126-27.

31) Coleman Phillipson, *Termination of War and Treaties of Peace,* (London: T. Fisher Unwin, 1916), pp.189-90.

생 시에 실시력도 발생하며, 당사자가 조약상에 실시일을 정한 때에는 그 시기에 실시력은 발생한다(제28조).[32] 그러나 당사자는 실시일을 소급적으로 정할 수 있음은 물론이다.[33] 시행시기에 관한 조항을 '시행조항(operative clause)'이라고 한다.[34]

'조약법에 관한 비엔나 협약' 자체도 소급하지 않고 협약발효 후에만 효력이 발생한다. 그러나 협약에 규정된 법규라도 그것이 이미 국제법상 확립되어 있는 법규인 경우에는 협약 발효일에 관계없이 그 이전이라도 당해 법규의 확립일로부터 적용된다(제4조).

(2) 효력의 소멸시기

(가) 구속력의 소멸시기

조약의 구속력의 소멸시기는 조약의 소멸 시이다. 조약의 소멸 시는 조약의 소멸원인의 발생 시이다. 예컨대, 조약이 기한부인 경우 종기의 도래 시, 해제조건부인 경우 해제조건의 성취 시이며, 신구조약의 내용이 저촉되는 경우 신조약의 실시력이 발생한 시이다.[35]

조약이 구속력을 상실하기 이전에 조약 자체의 규정이나 또는 전 당사자에 의한 별도의 합의로 조약의 구속력을 연장시킬 수 있다. 이를 조약의 연장(prolongation)이라 한다.[36]

(나) 실시력의 소멸시기

조약의 실시력의 소멸시기는 조약의 구속력의 소멸시기와 동일하다. 신구조약의 내용이 저촉되는 경우 신조약의 구속력의 발생 시와 실시력의 발생 시가 상이한 경우에 신조약의 실시력의 발생 시에 구조약의 구속력이 소멸한다.[37]

---

32) Reuter, *supra* n.4, pp.51-52; Kelsen, *supra* n.2, p.493; Sinclair, *supra* n.5, p.44; Gerhard von Glahn, *Law Among Nations*, 4th ed., (New York: Macmillan, 1981), pp.493-94.

33) Sinclar, *supra* n.5, p.85; G. I. Tunkin, *International Law*, (Moscow: Progress, 1986), p.163.

34) Reuter, *supra* n.4, p.52.

35) Kelsen, *supra* n.2, p.493.

36) Tunkin, *supra* n.33, p.164.

37) Kelsen, *supra* n.2, p.494.

다. 내용에 대한 효력

(1) 내재적 효력

조약은 그 자체에 대한 효력으로서 조약이 유효하게 성립되면 조약의 내용 및 성립을 확정하는 구속력이 발생하며, 유효하게 실시되면 조약상의 권리·의무를 현실화하는 실시력이 발생한다. 이 구속력과 실시력은 모두 조약당사자가 합의한 내용에 따라 발생하며 조약당사자가 합의하지 않은 내용에 관해 발생하지 않는다.

(2) 외재적 효력

(가) 국내법에 대한 효력

1) 국내법으로 수용·변형

조약의 국내적 효력의 시행에 관하여는 두 방식이 있다. (i) 헌법(미국 제6조 제1항) 또는 헌법관행(일본, 스위스)에 의하여 조약을 그대로 국내적으로 실시하는 '수용의 방식'과 (ii) 헌법(벨기에 제8조 제2항) 또는 헌법관행(영국)에 의하여 조약의 실시 전에 개개의 조약을 국내법화하는 '변형의 방식'의 양자가 있다.

2) 국내법과 저촉

조약과 국내법의 내용이 충돌하는 경우 변형의 방식을 취하는 국가에서는 조약의 국내적 실시를 위해 구체적 조치를 취하는 것이므로 그 효력의 우열은 그 국가의 국내법에 의하여 결정된다. 즉 법률로 변형되면 법률과 동일한 효력을, 헌법으로 변형되면 헌법과 동일한 효력을 갖는다. 그러나 수용의 방식을 취하는 국가에서는 그 국가의 헌법 또는 헌법관행에 따라 일반적으로 결정된다. 즉, 법률과 동일한 효력으로 수용되는 경우(미국)는 법률과 동일한 효력을, 헌법과 동일한 효력으로 수용하는 경우(프랑스)는 헌법과 동일한 효력을 갖는다. 이와 같이 조약이 변형이론 또는 수용이론에 의하여 헌법 또는 법률과 동일한 효력이 있게 될 때 조약과 헌법 또는 법률과의 효력의 우열은 '후법우선의 원칙'에 의해 결정된다. 그러나 후법우선의 원칙의 적용은 국내적 효력에 관한 것이며 국제적 효력에 있어서는 조약에 우선한다. 따라서 국가는 조약상의 의무를 회피하기 위하여 타국에 대하여 자국의 헌법·법률을 원용할 수 없고 동시에 국제의무의 범위를 제한하기 위하여 국

내 입법에 의존할 수 없으며 이런 경우 국가 책임을 면할 수 없다.[38]

(나) 국제법에 대한 효력

1) 국제법으로 당연발효

조약의 국내적 효력의 시행을 위해서는 국내법으로 수용 또는 변형의 절차를 밟아야 하나 국제적 효력은 당연히 발생하며 특별한 시행조치를 요치 않는다.[39] 조약의 국제연합에의 등록은 국제연합기관에 대한 대항요건에 불과하며(헌장 제102조) 시행절차가 아니다.[40]

2) 국제법과 저촉

조약의 내용이 국제관습법 또는 다른 조약과 저촉할 때 모든 국제관습법과 조약은 일체 경중의 차이가 없고 또 일체 강행법규는 존재하지 않으므로 후법우선의 원칙과 특별법우선의 원칙에 의하여 그 효력이 결정된다. 조약이 소위 입법적 조약이라 할지라도 위의 원칙은 그대로 적용된다.[41] 조약의 내용이 '국제연합헌장'과 저촉할 경우도 후법우선의 원칙과 특별법우선의 원칙은 그대로 적용된다. 헌장 제103조는 "가맹국의 이 헌장에 의거한 의무와 타 국제협정에 의거한 의무와 저촉할 경우 이 헌장에 의거한 의무가 우선한다"고 규정하고 있으나 헌장도 특별조약을 무효화할 수 있는 상위법(higher law)으로서의 강행법규의 지위에 있는 것이 아니므로[42] 헌장과 저촉되는 조약도 당사국 간에서 유효하게 성립할 수 있으며, 다만 헌장에 대항할 수 없을 뿐이다.

라. 공간에 대한 효력

(1) 원칙

국가를 당사자로 하는 조약의 효력은 원칙적으로 그 조약의 당사국의 영역에만

---

38) B. H. Jacobini, *International Law*, (Homewood: Dosey, 1962), p.35.

39) Glahn, *supra* n.32, p.492.

40) *Ibid.*

41) Wolfram Karl, "Treaties, Conlifct between", *EPIL*, Vol.7, 1984, pp.470-73.

42) Georg Schwarzenberger and E. D. Brown, *A Manual of International Law*, 6th ed., (Milton: Professional Books, 1976), p.133.

미친다.[43] 조약의 효력은 원칙적으로 당사국의 영역 전부에 미치며(제29조), 조약 성립 후 새로이 편입된 영역에도 조약은 적용되는데, 만일 일부 지역에만 한정하려면 특별한 합의를 필요로 한다. 또 당사국의 영역 변경은 조약효력의 지역적 범위에 변경을 가한다. 이런 변경이 조약 내용에 중대한 영향을 미치는 경우 조약의 효력문제는 당사국 간에 합의에 의해 해결해야 한다.

(2) 예외

조약의 성질상 조약의 당사국의 영역 외에 미치는 해양·우주·남극 등에 관한 조약은 당사국의 영역 외에 적용된다.[44] 또한 통신활동에 관한 조약도 당사국의 영역을 넘어 그 활동이 행하여지는 공간에 미치게 된다.[45]

IV. 효력제한

1. 미등록에 의한 제한

제1차 세계대전 후 국가 간의 공개외교의 확립, 비밀조약의 배제를 목적으로 국제연맹에서는 부등록조약은 효력이 발생하지 않는다고 규정하였으며(규약 제18조), 국제연합에서는 사무국에 대한 부등록조약의 효력은 국제연합의 어떤 기관에 대해서도 원용할 수 없다고 규정하였다(헌장 제102조). 물론 이는 효력은 있으나 원용할 수 없다는 제한이다.

2. 부관내용에 따른 제한

조약의 부관은 조약의 주된 내용을 제한하기 위한 의사표시로서 기한·조건·유보 등이 있으며, 부관의 내용에 따라 조약의 효력이 제한된다.

---

43) Tunkin, *supra* n.33, p.164.

44) *Ibid.*

45) *Ibid.*

V. 기타 관련사항

1. 정부의 변경과 조약의 효력

조약은 체결 당사자 간에 효력을 발생하는 것이므로 체약국에 정부의 변경이 발생하여도 국가의 동일성은 유지되므로 그 조약이 당사자인 국가를 구속함에는 변동이 없다. 국체의 변경의 경우도 같다.

2. 국가 영역의 변경과 조약의 효력

국가 영역의 변경이 있는 경우 새로 취득하는 영역에 관한 지방적・재정적 조약은 취득국에 승계된다.

3. 조약의 부관과 조약의 효력

조약의 부관은 조약의 주된 내용을 제한하기 위한 부대적 의사표시이다. 부관에는 기한, 조건, 유보 등이 있으며 부관의 내용에 따라 조약의 효력은 제한된다.

4. 조약의 경신・재확인・부활

경신은 조약의 유효기간이 만료할 때 이에 대체하는 신조약을 체결하는 것이며, 재확인은 조약의 실시 후에 있어서 사정의 변경 또는 시일의 경과 등으로 인하여 그 효력의 존속에 관하여 의문이 발생하였을 때 신조약에서 그 효력을 보유할 것을 명시하는 것이며, 부활은 일단 효력을 상실한 조약의 효력을 다시 회복시키는 것이다. 조약의 경신・재확인・부활로 조약의 효력은 지속된다.

5. 강화조약의 효력발생시기

강화조약은 비준을 요하지만 반대의 의사표시가 없는 한 서명 시에 평화는 회복된다.[46] 비준되지 않은 강화조약은 비준되지 않기로 확정된 때부터 휴전조약의 효력을 갖는다.[47]

---

46) Phillipson, *supra* n.31, pp.188-89.
47) *Ibid.*, p.190.

제8절 조약의 무효

Ⅰ. 개념

1. 의의

조약의 무효(invalidity)란 조약이 '성립요건'을 구비하여 성립되었으나, 효력발생 요건을 결하여 효력을 발생하지 아니하는 것을 말한다.[1]

2. 개념의 불명확성

가. '성립요건'과 '효력요건'의 불명확성

국제법상 조약의 '성립요건'과 '효력요건'의 구별이 명확히 확립되어 있지 않으 며, 또 학자에 따라 '성립요건'과 '효력요건'의 의미를 달리 사용하고 있으므로 조 약의 무효란 조약의 '성립요건'을 결한 경우인지 유효요건을 결한 경우인지 불분명 하다.[2] 엄격하게는 '성립요건'을 결하는 경우는 '불성립(inexistent)'이고, '효력요건' 을 결하는 경우는 '무효(invalidity)'이다.[3]

나. 무효와 취소의 불명확성

국제법상 조약의 무효와 조약의 취소의 구별이 불분명하다.[4] '조약법에 관한 비

---

1) Christos L. Rozakis, *The Concept of Jus Cogens in the Law of Treaties*, (Amsterdam: North-Holland, 1976), p.511; Paul Reuter, *Introduction to the Law of Treaties,* (London: Printer, 1989), pp.134-35.

2) *Ibid.,* p.135.

3) *Ibid.*, p.159; Ian Sinclair, *The Vienna Convention on the Law of Treaties*, 2nd ed., (Manchester: Manchester University Press, 1984), pp.159-60.

엔나 협약은 '무효'(제51조-제53조)와 '무효의 원용'(제46조, 제50조)을 구별하고 있는바 전자는 무효이고, 후자는 취소에 가까운 개념이다.

II. 유형

1. 무효의 주장 표준

무효는 무효의 주장을 표준으로 '절대적 무효(absolute invalid, absolute nullity)'와 '상대적 무효(relative invalid, relative nullity)'로 분류된다.

가. 절대적 무효

절대적 무효는 조약이 성립 당시부터 당연히 효력이 없는 무효를 말한다. 이는 조약의 일방당사자의 무효 주장이나 타방당사자의 추인을 요하지 않고 당연히 효력을 발생하지 않는 경우이다.[5]

'조약법에 관한 비엔나 협약'은 국가대표에 대해 강박을 가한 경우(제51조), 국가에 대해 강박을 가한 경우(제52조), 강행법규를 위반한 경우(제53조)를 절대적 무효로, 즉 '무효(void)'로 규정하고 있다.[6]

나. 상대적 무효

상대적 무효는 조약이 성립 당시부터 당연히 효력이 없는 것이 아니라 조약의 일방당사자의 무효 주장에 의하여 비로소 효력이 없게 되는 무효를 말한다.[7]

'조약법에 관한 비엔나 협약'은 기본적이고 명백한 국내법 위반의 경우(제46조), 표시권한의 제한을 위반한 경우(제47조), 착오의 경우(제48조), 사기의 경우(제49조), 매수의 경우(제50조)를 상대적 무효로, 즉 무효가능(voidable)으로 규정하고 있다.[8]

---

4) *Ibid.*, p.161; Reuter, *supra* n.1, p.135; S. E. Nahlik, "The Grounds of Invalidity and Termination of Treaties", *AJIL.*, Vol.65, 1971, pp.737-40.

5) G. I. Tunkin, *International Law,* (Moscow: Progress, 1986), p.169; Sinclair, *supra* n.3, 618-19.

6) Ian Brownlie, *Principles of Public International Law,* 3ed., (Oxford: Clarendon, 1979), pp.618-19.

7) Tunkin, *supra* n.5, p.169; Sinclair, *supra* n.3, p.162.

8) Brownlie, *supra* n.6, p.618.

2. 무효의 원인 표준

무효는 무효의 원인을 표준으로 '의사표시의 무효'와 '내용의 무효'로 분류된다.

가. 의사표시강요의 무효

의사표시의 무효는 조약 당사자 간의 진정합의의 결여를 원인으로 하는 무효를 말한다. 예컨대, 착오(제48조), 사기(제49조), 매수(제50조), 강박(제51조, 제52조)을 원인으로 한 무효를 말한다.

나. 내용의 무효

내용의 무효는 조약의 내용이 적법성이나 이행 가능성의 결여를 원인으로 한 무효를 말한다. 예컨대, 기본적이고 명백한 국내법 위반(제46조), 표시권한의 제한 위반(제47조), 강행법규 위반(제52조), 원시적 불능 등의 원인에 의한 무효를 말한다.

III. 원인

1. 절대적 무효원인

가. 국가대표에 대한 강박

국가대표에게 직접 강박을 가한 행위 또는 위협에 의해 체결된 조약은 무효이나(제51조), 이는 국제관습법상 인정되어 온 것을 '조약법에 관한 비엔나 협약'이 성문화한 것이다.[9]

나. 국가에 대한 강박

전쟁 기타 무력의 행위가 허용되어 있던 종래의 통설과 관행에 의하여 국가 자체에 가해진 강박에 의한 조약은 유효로 보고, 국가대표기관에 강박을 가해 체결된 조약은 무효로 보았다. 그러나 국제연맹규약·부전조약·국제연합헌장 등에 의해 무력행사가 원칙적으로 금지되게 되어 국가 자체에 대한 강박에 의해 체결된

---

9) T. O. Elias, *The Modern Law of Treaties*, (Leyden: Sijthoff, 1974), pp.167-69.

조약도 무효로 되게 되었다. '조약법에 관한 비엔나 협약'은 이를 명문으로 규정하였다(제52조).[10]

다. 강행규범의 위반

조약의 내용이 일반국제법상 강행규범(*jus cogens*)에 반할 경우 그 조약은 무효이다. '조약법에 관한 비엔나 협약'은 이를 명문으로 규정하고 있다(제53조).[11]

2. 상대적 무효원인

가. 체결권한에 대한 국내법 위반

조약의 당사자는 조약체결권에 관한 국내법 위반을 이유로 무효를 주장할 수 없다. 그러나 그것이 명백하고 중요한 국내법 위반의 경우는 무효의 주장이 인정된다(제46조).[12]

나. 표시권한에 대한 제한 위반

전권대표의 권한에 일정한 제한이 가하여졌음에도 불구하고 대표가 그러한 제한을 넘어 동의한 경우, 그 동의 전에 그 제한이 타방교섭국에 통고된 경우 이 조약의 무효를 주장할 수 있다(제47조).[13]

다. 착오

착오가 조약이 체결될 당시에 존재한 것으로 조약의 동의의 본질적인 기초가 될 경우 당사국은 조약을 무효로 하기 위하여 착오를 원용할 수 있다(제48조).[14]

---

10) *Ibid.*, pp.170-76.

11) *Ibid.*, pp.177-78; Rozakis,, *supra* n.1, p.97.

12) Robert Jennings and Arthur Watts(eds.), *Oppenheim's International Law*, 9th ed., (London: Longman, 1992), p.1285.

13) *Ibid.*, p.1288.

14) *Ibid.*, pp.1288-89.

라. 사기

일방당사국의 사기로 인하여 체결된 조약을 타방당사국이 그의 무효로 사기를 원용할 수 있다(제48조).[15]

마. 매수

조약의 체결이 일방당사국의 매수로 인하여 자국대표의 부패로 이루어진 경우 대표자의 본국은 조약의 무효로 부패를 원용할 수 있다(제50조).[16]

Ⅳ. 효과

1. 무효 자체의 효과

가. 절대적 무효

절대적 무효의 원인이 있는 경우 조약은 처음부터 당연히 효력이 없다. 즉, 조약의 일방당사자의 무효 주장을 기다릴 필요 없이 당연히 효력이 없다. '조약법에 관한 비엔나 협약'은 '법적 효력을 가지지 아니한다(shall be without any legal effect)' (제51조), '무효이다(is void)'(제52조, 제53조)라고 규정하고 있다.[17] 이들 표현은 동일한 효력이 있는 것이다.[18]

나. 상대적 무효

상대적 무효의 원인이 있는 경우는 조약은 처음부터 당연히 효력이 없는 것이 아니라 조약의 일방당사자의 주장에 의해 비로소 효력이 없는 것으로 본다. '조약법에 관한 비엔나 협약'은 "동의를 무효화하기 위하여 … 원용할 수 있다(may invoke … validating its consent)"(제48조-제50조)고 규정하고 있다.[19]

---

15) *Ibid.*, p.1289.

16) *Ibid.*, pp.1289-90; Nahalik, *supra* n.4, p.743.

17) Brownlie, *supra* n.6, p.618.

18) Michael Akehurst, *A Modern Introduction to International Law*, 4th ed., (London: George Allen, 1984), p.133.

19) *Ibid.*; Brownlie, *supra* n.6, pp.618-19.

2. 이행된 결과에 대한 효과

가. 원상회복

(1) 원인

무효인 조약을 신뢰하여 행하여진 행위에 대해 각 당사자는 그러한 행위가 행하여지지 않았더라면 존재하였을 상태를 그들의 상호 관계에 있어서 타방당사자에게 요청할 수 있다(제69조 제2항 (a)). 즉, 원상회복을 요청할 수 있다.[20]

(2) 예외

원칙적으로 각 당사자는 원상회복을 요청할 수 있다. 그러나 사기, 매수, 대표자에 대한 강박, 국가에 대한 강박의 경우는 그것이 귀책 되는 당사자에 관하여는 적용되지 않는다(제69조 제3항). 즉, 사기·매수·강박 등을 행한 당사자는 원상회복을 요청할 수 없다.[21]

나. 비위법화

(1) 원인

무효가 원용되기 이전에 성실히 행하여진 행위는 동 조약의 무효만을 이유로 위법한 것으로 되지는 않는다(제69조 제3항). 즉, 무효인 조약의 원용 이전에 성실히 행한 행위는 위법한 행위로 되는 것이 아니다.[22]

(2) 예외

무효인 조약의 이행으로 그 조약의 원용 이전에 행하여진 행위는 위법한 것은 아니나 그것이 사기, 매수, 대표자에 대한 강박, 국가에 대한 강박에 의한 경우는 그것이 귀책 되는 당사자에게는 적용되지 않는다(제69조 제3항). 즉, 사기·매수·강박 등을 행한 행위는 위법성을 면치 못한다.[23]

---

20) D. P. O'Connell, *International Law*, 2nd ed., Vol.1, (London: Stevens, 1970), p.241; Richard D. Kearney and Robert E. Dalton, "The Treaty on Treaties", *A.J.I.L*, Vol.64, 1970, p.556.

21) Jennings and Watts, *supra* n.12, p.1295.

22) *Ibid.*; Sinclair, *supra* n.3, p.174, 176.

23) *Ibid.*; Jennings and Watts, *supra* n.12, p.1295; Elias, *supra* n.9, p.135.

3. 다수당사자조약에 대한 효과

가. 동의가 무효인 당사자와 유효인 당사자에 대한 효과

다수당사자조약의 경우 특정당사자의 동의가 무효인 경우에 다른 동 조약의 당사자 간에 상기 무효의 효과는 미친다(제69조 제4항).[24]

나. 동의가 유효인 당사자와 유효인 당사자에 대한 효과

동의가 무효로 되지 않는 당사자 상호 간에 있어서는 상기 무효의 효과는 미치지 않는다(제69조 제4항 반대 해석). 예컨대, A국의 동의는 무효, B국·C국·D국의 동의는 무효가 아닐 경우 B국·C국·D국 상호 간에 무효의 효과는 미치지 않는다.[25]

V. 무효선언과 분쟁해결

1. 무효선언

가. 무효선언의 필요

조약의 무효원인이 절대적 무효원인인 경우는 당연히, 상대적 무효원인인 경우는 일방당사자의 무효주장(원용)에 의해 조약은 무효로 되므로 무효화 절차는 절대적 무효의 경우는 필요치 않고 상대적 무효의 경우만 필요할 것이다.

그러나 절대적 무효원인이 있는 경우도 조약의 일방당사자는 무효라고 하고 타방당사자는 무효가 아니라고 주장할 경우가 있을 수 있으므로 '조약법에 관한 비엔나 협약'은 이런 경우를 명백히 하기 위하여 절대적 무효의 경우도 무효화 절차로 무효선언을 하도록 규정하고 있다.[26]

나. 무효선언의 절차

조약의 무효를 주장하는 조약당사자는 먼저 타방당사자에 대하여 조약에 관하

---

24) *Ibid.*
25) *Ibid.*
26) *Ibid.*, pp.179-80.

여 취한 조치와 그 이유를 통고하여야 한다(제65조 제1항).

긴급한 경우를 제외하고는 통고수리 후 3개월 이상의 기간만료 후 아무런 이의가 없는 경우에 통고당사자는 취할 조치를 피통고당사자에게 정식문서를 전달함으로써 그 조치를 취할 수 있다(동 제2항).[27]

타방당사자가 만일 이의를 제기할 경우는 '국제연합헌장' 제33조에 규정된 수단에 의하여 해결을 모색해야 한다(동 제3항).[28]

2. 분쟁해결

가. 분쟁해결의 필요

일방당사자가 무효선언을 했으나 타방당사자가 이에 대해 이의를 제기하면 조약의 무효는 확정되지 못하고 결국 당사자 간에 분쟁이 발생하게 된다. 그러므로 조약의 무효를 확정하기 위해 조약의 무효를 둘러싼 조약당사자 간의 분쟁을 해결할 필요가 있다.[29]

나. 분쟁해결의 절차

일방당사자가 조약의 무효를 주장하나 타방당사자의 의견이 이와 불일치할 경우 당사자는 '국제연합헌장' 제33조 제1항의 규정을 적용해야 한다. 상대방의 이의가 제기된 지 12개월이 되도록 아무런 해결을 찾지 못하면 다음과 같은 절차를 밟아야 한다(제66조).[30]

(1) 강행규범 위반을 원인으로 한 무효의 경우

분쟁당사국이 분쟁을 중재재판에 부기하기로 합의하지 않을 경우 일방당사국은 서면으로 국제사법재판소에 제소할 수 있다(제66조 (a)). 따라서 국제사법재판소에서 강제적 관할권이 부여되었다. 이는 국제법의 획기적인 발전을 가져온 것이다.[31]

---

27) *Ibid.*

28) *Ibid.*, p.193; Razakis, *supra* n.1, pp.155-56.

29) *Ibid.*, pp.155-56, 165-66; Elias, *supra* n.9, p.193.

30) *Ibid.*; Razakis, *supra* n.1, pp.168-69.

31) *Ibid.*, pp.171-78.

(2) 기타를 원인으로 한 무효의 경우

분쟁당사국은 국제연합 사무총장에게 그 조정절차에 따른 분쟁해결을 요구하고, 사무총장은 이를 5명으로 구성된 조정위원회에 제기한다. 이 조정위원회가 구성된 지 12개월 이내에 분쟁이 해결되지 아니하면 조정위원회는 보고서를 작성하여 사무총장과 당사자에게 제출해야 한다(제66조 (b) 부속서).[32]

Ⅵ. 기타 관련사항

1. 1910년 한일합방조약의 무효

1910년의 '한일합방조약'은 무효이다. 그것은 국가기관에 대한 강박에 의한 조약으로 볼 경우 무효이며, 국가 자체에 대한 강박에 의한 조약으로 볼 경우 당시의 국제법에 의하면 무효로 보기 어렵다. 국가대표의 매수에 의한 조약으로 무효로 볼 경우 당시의 국제법에 의하면 무효인지 불확실하다. 매수에 의한 조약의 무효는 '조약법에 관한 비엔나 협약'에 의해서 비로소 성문화된 것이라고 볼 수도 있기 때문이다.

1965년의 '한일기본관계에 관한 조약'은 "1910년 8월 20일 및 그 이전에 대한제국과 대일본제국 간에 체결된 모든 조약 및 협정이 무효임을 확인한다"(제2조)고 규정하고 있다.

2. 절대적 무효의 상대화

'조약법에 관한 비엔나 협약'이 무효를 절대적 무효와 상대적 무효로 구분하여 전자는 당연히 무효인 것으로 규정했으나 무효화 절차에서 일방당사자의 무효선언의 통고와 타방당사자의 3개월 이내의 이의를 제기하지 않을 것을 조건으로 무효가 확정되도록 규정함으로써(제65조) 본래 기도했던 절대적 무효는 상대화되고 말았다.[33]

---

32) *Ibid.*, pp.178-84.

33) Akehurst, *supra* n.18, pp.133-34.

제9절 조약의 해석

Ⅰ. 개념

1. 의의

조약의 해석(interpretation of treaties)이란 조약의 제 조항에 표시된 문언의 의미 내용을 명백히 하는 작용을 말한다.[1] 일반적·추상적으로 규정된 조약을 개별적·구체적인 사실에 적용하기 위해서는 먼저 사실을 인정하고 다음에 조약의 문언을 해석하여 양자를 정합하여야 한다. 그러나 조약의 문언이 충분히 명백한 경우에는 조약의 해석의 원칙에 따라 해석해야 한다는 문제가 제기되지 아니한다.[2]

2. 해석유보와 구별

조약의 해석은 조약의 해석유보와 구별된다. 해석유보는 조약의 일부 조항의 해석을 일정한 의미로 제한하는 유보의 형태이다.[3] 해석유보와 조약의 해석은 다음과 같은 점에서 구별된다.

(i) 해석유보는 조약의 체결단계에서의 문제이나, 해석은 적용단계에서의 문제이다.

(ii) 전자는 주로 다수당사자조약에서 의미를 가지나, 후자는 모든 조약에서 일어난다.

---

1) G. I. Tunkin, *International Law,* (Moscow: Moscow Press, 1986), p.166; Rudolf Bernhardt, "Interpretation in International Law", Vol.7, 1984, p.318.

2) Robert Jennings and Arthur Watts(eds.), *Oppenheim's International Law*, 9th ed., Vol.1, (London: Longman, 1992), p.1267; ICJ., *Reports*, 1950, p.8; PCIJ., *Ser. A*, No.10, 1927, p.16.

3) T. O. Elias, *The Modern Law of Treaties,* (Leyden: Sijthoff, 1974), p.35.

(iii) 전자는 제한적 효과를 갖는 것이나, 후자는 제한적일 수도 있고 확대적일 수도 있다.

(iv) 전자는 유보금지조항이 있는 조약의 경우는 할 수 없는 것이나, 후자는 모든 조약에서 할 수 있다.

II. 유형

1. 주체 표준

가. 당사자에 의한 해석

(1) 각 당사자의 개별적 해석

조약의 각 당사자가 개별적·일반적으로 하는 해석이다. 이 해석은 타방당사자에 대해 대항할 수 있는 것이 아니며, 개별적 해석에 관해 조약의 당사자 간에 분쟁이 일어나면 그 조약에 분쟁해결 절차가 있으면 그에 의하고 없는 경우는 일반 분쟁해결 절차에 의한다.[4]

(2) 모든 당사자의 공동적 해석

조약의 모든 당사자가 공동적으로 하는 해석이다. 이 해석은 이 조약의 모든 당사자에게 대항할 수 있는 것이다.

공동적 해석은 (ⅰ) 조약문을 채택하면서 조약의 해석에 관한 협정문을 채택하는 경우, (ⅱ) 일당사자가 일방적 선언을 하고 다른 당사자가 이를 수락하는 경우, (ⅲ) 해석협정을 나중에 별도로 체결하는 경우 등이 있다.[5]

---

4) Paul Reuter, *Introduction to the Law of Treaties,* (London: Pinter, 1989), pp.73-74; Gerg Schwarzenberger and E. D. Brown, *A Manual of International Law*, 6th ed., (Milton: Professional Books, 1976), p.135.

5) *Ibid.*; Jennings and Watts, *supra* n.2, p.1268.

나. 제3자에 의한 해석

(1) 국제재판소에 의한 해석

조약의 해석권한을 조약의 규정으로 국제재판소에 부여하는 경우는 물론이고 조약상에 그러한 규정이 없는 경우도 당사자의 합의로 조약해석상의 분쟁이 국제재판소에 제소되면 국제재판소는 조약을 해석할 권한을 갖는다. 또한 분쟁과 관계없이 국제조직의 요청에 따라 조약의 해석에 관한 권고적 의견을 국제사법재판소는 표시할 수 있다.[6]

(2) 국제조직에 의한 해석

국제조직의 기본조약에서 그 국제조직의 기본조약 해석권한을 국제조직의 기관에 부여하는 경우가 있다. 예컨대, 국제부흥개발은행(IBRD)은 그 기본조약의 해석권한을 이사회에 부여하고 있다(협정 제9조 제1항). 국제조직의 기본조약에서 그 조직의 기관에 기본조약의 해석권한을 부여하고 있지 않은 경우도 그 조직의 최고기관은 기본조약을 해석할 권한이 있다고 본다.[7]

2. 내용 표준

가. 문리해석

조약상의 문언을 어학적·문법적으로 해석하는 것을 말한다.[8]

나. 논리해석

조약상의 문언을 국제법적·논리적으로 해석하는 것을 말한다. 이에는 확대해석·축소해석·반대해석·물론해석·목적해석·보정해석·유추해석 등이 있다.[9]

---

6) *Ibid.*, pp.1268-69; Bernhardt, *supra* n.1, p.319.

7) *Ibid.*

8) Schwarzenberger and Brown, *supra* n.4, p.134.

9) *Ibid.*

III. 해석원칙

1. 학설

가. 당사자의사주의

(1) 내용

조약문이나 준비문서 등에 표시된 당사자의 조약체결의사를 해석의 기준으로 삼아야 한다는 주의이다. 이 주의는 원칙적 해석(historical interpretation)에 중점을 둔다.[10]

(2) 비판

(i) 조약의 당사자가 해석주체일 경우 당사자의 의사를 기준으로 하는 것은 지나치게 주관적인 것이며, 제3자가 해석주체인 경우는 당사자의 의사를 파악하기 곤란한 것이다.

(ii) 다수당사자조약에서 당사자의 의사를 조사하는 것은 사실상 불가능하며, 그것이 가능한 경우도 다수당사자의 의사가 일치하지 않을 경우 어느 당사자의 의사를 기준으로 해야 할지 불명하게 된다.

나. 문언주의

(1) 내용

조약의 문언의 통상적 의미 그대로 해석해야 한다는 주의이다. 이 주의는 문언적 해석(literal interpretation)에 중점을 둔다.[11]

(2) 비판

(i) 조약의 문언 자체가 애매할 경우 해석이 곤란하게 되며, (ii) 당사자의 의사를 전혀 간과한 것이다.

---

10) Hersch Lauterpacht, "Some Observation on the Preparatory Work in ther Interpretation of Treties", *Harvaed Law Review*, Vol.48, 1935, pp.549-91; Bernhardt, *supra* n.1, pp.322-23.

11) *Ibid.*, p.322.

다. 목적론주의

(1) 내용

조약의 기본적인 목적과 원칙에 따라 조약을 해석해야 한다는 주의이다. 이 주의는 목적론적 해석(teleological interpretation)에 중점을 둔다.[12]

(2) 비판

(i) 조약에 따라서는 조약의 기본적 목적과 원칙이 규정되지 않은 경우가 있으며, (ii) 목적에 의한 해석은 법의 해석이 아니라 법의 정립을 의미하게 된다.

라. 결언

상술한 제 학설이 제시하는 조약의 해석기준은 하나의 기준은 될 수 있으나 모든 경우에 적용될 수 있는 일반원칙은 아니다. 그러므로 조약의 해석은 당사자의 의사·조약의 문언·조약의 목적과 원칙을 모두 고려하여 법적 안정성과 구체적 타당성을 조화할 수 있도록 행하여야 할 것이다.[13]

2. 조약법에 관한 비엔나 협약

가. 당사자의사주의·문언주의·목적론주의의 채택

'조약법에 관한 비엔나 협약'은 "조약은 그 문맥에 따르고 또한 조약의 취지 및 목적에 비춰 용어의 통상적 의미에 따라 성실하게 해석한다"(제31조 제1항). "여기서 문맥이라 함은 조약정문 및 당해 조약의 체결에 관련되는 모든 당사자 간의 합의사항 등을 말한다"(동 제2항)고 규정하여 당사자의사주의(제2항)·문언주의(제1항)·목적론주의(제1항)의 원칙을 채택했다.[14]

---

12) *Ibid.*

13) *Ibid.*, pp.323-24.

14) Jennings and Watts., *supra* n.2, pp.1271-73.

나. 기타 제 주의

(1) 사후의 합의와 관행존중의 원칙

조약의 해석 및 적용에 관한 당사국 간의 사후 합의와 사후 관행 및 국제법의 관련 규칙 등이 있을 경우에는 이를 조약의 문맥과 함께 고려하여 해석해야 한다 (제31조 제3항).[15]

(2) 조약체결 당시의 사정 고려의 원칙

이와 같은 제 원칙에 따랐음에도 불구하고 그 해석이 애매하거나 명백하게 불합리한 경우에는 해석의 보조수단으로 조약의 준비문서 및 조약체결 당시의 제반사정에 의거하여 해석할 수 있다(제32조).[16]

(3) 2개 언어 동일·조화의 원칙

조약정문이 2개국 이상의 언어로 표시된 경우 모두 동일한 권위를 갖는다. 각 언어상의 의미가 다른 경우 모두 조약정문이 최대한으로 조화되도록 해석해야 한다(제33조).[17]

Ⅳ. 해석적 선언

1. 의의

조약의 해석적 선언(interpretative declaration)은 조약당사자의 일방이 특정조항에 관한 당사자의 해석을 선언하는 행위를 말한다.[18]

---

15) Bernhardt, *supra* n.1 p.323.

16) *Ibid.*

17) *Ibid.*, p.324; Peter Germer, "Interpretation of Plurilingual Treaties: A Study of Article 33 of the Vienna Convention of the Law of Treaties", *Harvard International Law Journal*, Vol.11, 1970, pp.400-27.

18) Elias, *supra* n.3, p.35.

2. 효과

조약의 해석적 선언은 타방당사자의 수락 여부와 관계없이 조약의 내용을 변경 시키거나 적용을 배제하지 못한다.

그러나 이는 조약의 해석에 관한 의사표시의 증거로 된다. '조약법에 관한 비엔나 협약'은 수락된 해석적 선언을 조약해석의 고려사항으로 규정하고 있으므로(제31조), 결국 이는 조약해석의 증거능력(probative value)을 인정한 것이다.

1982년의 '해양법 협약'은 해석적 선언에 관한 규정을 두어 해석적 선언의 법적 효력을 인정하는 제도를 도입하고 있다(제310조 참조).

제3장

한일합방조약의
부존재의 검토

제1절 한일합방조약의 내용

Ⅰ. 한일합방조약의 명칭과 성격

1. 한일합방조약의 명칭

가. 조약의 형식과 절차

관습국제조약법은 조약의 형식과 절차에 관해 규정을 두고 있지 아니하므로 이는 당사자의 의도와 합의에 의해 당사자가 원하는 바에 따라 정해지게 된다. 따라서 조약의 부분의 배열도 당사자가 원하는 바에 따라 정해지게 된다.[1] 그러나 통상 조약의 배열은 조약의 명칭, 조약의 전문, 그리고 조약의 본문 순서로 열거하게 된다.[2] 조약의 배열의 첫째 순서인 조약의 명칭이 배열되지 아니해도 이는 관습국제조약법의 규정을 위반하는 것이 아니다.

나. 한일합방조약

속칭 '한일합방조약'의 조약의 명칭이 열거되지 아니해도 이는 관습국제조약법을 위반하는 것이 아니다. 다만 조약의 시행을 위해 조약의 특정이 어려울 뿐이다. 일반적으로 조약의 명칭은 (i) 체약당사자(예컨대, 대한민국과 대일본 간의), (ii) 조약의 규율 대상(예컨대, 어업에 관한) 그리고 조약의 성격(예컨대, 협정)으로 규정

---

1) Ian Brownlie, *Principles of Public International Law*, 3rd ed., (Oxford: Clarendon, 1979), p.610; Robert Jennings and Arthur Watts(eds.), *Oppenheim's International Law*, 9th ed., Vol.1, (London: Longman, 1992), p.1210; Shabtai Rosene, "Condification of International Law", EPIL, Vol.7, 1984, p.36.

2) Jennings and Watts, *supra* n.1, p.1210.

된다. 따라서 1910년의 '한일합방조약'은 대한제국과 대일본제국 간의(체약당사자), 한일합방에 관한(조약의 규율 대상) 그리고 조약(조약의 성격)으로 특정할 수 있다.

다. 조약 부분의 배열

관습국제조약법상 조약의 부분의 배열에 관해 어떠한 규칙도 규정하고 있지 아니하다. 그러나 조약의 일반적인 형식(more formal treaties)은 통상 명칭 다음에 전문이 온다.[3]

조약의 명칭, 형식 요건에 관한 규칙은 없다. 그러므로 당사자 간의 의사의 동의에 의해 명칭이 정해진다.[4] '조약법 협약' 제3절은 성문 형식(Written form)만을 요구하고 있다.[5] 표준 형식(Standard form)은 요구하고 있지 아니하다.[6]

라. 한일합방조약의 명칭

'한일합방조약'의 공식적인 정식 명칭은 없다. 한일합방조약 전문과 제1조에 "한국 황제"와 "일본 황제"라는 규정이 있는 것으로 보아 한국 측 본문의 명칭은 "대한제국과 대일본제국 간의 대한제국의 병합에 관한 조약", 일본 측 명칭은 "대일본제국과 대한제국 간의 대한제국의 병합에 관한 조약"으로 추정해 볼 수 있다. 그러나 그러한 명칭은 물론 "일본과 한국 간의 한국 병합에 관한 조약" 또는 "한국과 일본 간의 한국 병합에 관한 조약"이라는 명칭도 없다.

다만 일본 측에서 1910년 8월 21일 외부대신 고무라 주타로(小村壽太郎)가 기안하여 내각총리대신 가츠라 타로(桂太郎菀)에게 상실한 한국병합조약안의 명칭은 "한국 병합에 관한 조약안"이었다.[7]

1910년 8월 22일 추밀원이 한국 병합에 관한 조약안을 심의 의결하여 천황에게 상주한 보고문에 첨부된 조약문의 문서 번호는 "조약 제4호"이고, 보고서 중 "한국 병합에 관한 조약 자순(諮詢)…"이라는 표현이 있다.[8] 추밀원의 천황에 대한 보고

---

3) Jennings and Watts, *supra* n.1, p.1210.

4) Bwornlie, *supra* n.1, p.610.

5) Bwornlie, *supra* n.1, p.610.

6) Jennings and Watts, *supra* n.1, p.1207.

7) 이태진, 『조약으로 본 한국병합』, (서울: 동북아역사재단, 2010), 260-61쪽.

8) 이태진, 상게서, 263쪽.

가 있은 후 내각은 천황이 추밀원 보고를 재가하는 절차를 "한일 병합에 관한 조약 공표의 건"을 기안하였다(문서번호 外甲2호).[9] 한일합방조약 원본에는 한국어 본에는 물론이고, 일본어 본에도 한일병합조약이라는 명칭이 없다.[10] 표지 다음에 조약의 명칭이 없고 전문이 수록되어 있다.

따라서 한일합방조약의 명칭은 "한일합방조약", "한일병합조약", "한국병합조약", "한일합병조약" 등 여러 가지로 불리고 있다.

"한일합병조약"이 정부의 공식적 명칭으로 본다.[11] "한일합병조약"의 명칭에 관해 한국도 일본도 어떠한 주장을 한 바 없고, 또 이에 관해 한일 간의 다툼이 있었던 것도 아니다.

2. 한일합방조약의 법적 성격

가. 국가 결합의 유형

국가의 결합 형태에는 합병(amalgamation)과 병합(annexation) 두 유형이 있다.

합병은 두 개의 국가가 결합하여 결합 이전의 수 개의 국가가 모두 국가로서 소멸하고 결합 후 새로운 제3의 국가로 성립하는 국가 결합의 형태이다.[12] 예컨대 A국가와 B국가가 결합하여 A국가도 B국가도 모두 국가로서 소멸하고 새로운 C국가로 형성되는 국가 결합의 형태이다. 이는 국가 소멸의 원인이고 또한 신생국의 성립의 원인이다. 따라서 합병의 신생국은 국가 승인의 문제를 제기한다.

이에 대해 병합은 수 개의 국가가 결합하여 기존의 1 국가는 국가로서 그대로 존속하고 병합된 국가는 소멸하는 국가 결합의 형태이다.[13] 즉 1 국가의 타 국가가 흡수되어 1 국가는 국가로서 존속하고 흡수된 국가는 국가로서 소멸하는 국가 결합의 형태이다. 예컨대 A국가와 B국가가 결합하여 A국가는 국가로서 존속하고 B국가는 국가로서 소멸하는 국가 결합의 형태이다. 이는 국가 소멸의 원인이나 국가 성립의 원인은 아닌 국가 결합 형태이다. 신국가의 성립의 원인은 아니므로 국

---

9) 이태진, 상게서, 268쪽.

10) 서울대 규장각 한국학연구소 소장.

11) 대한민국정부, 「한일회담백서」, (광명인쇄공사, 1965), 165-77쪽; 동북아 역사재단 독도연구소, 『근대 한국 조약 자료집』, (서울: 동북아역사재단, 2009), 27쪽.

12) *Oxford english dictionary*, (Oxford, Oxford university press).

13) *Ibid*.

가 승인의 문제는 제기되지 아니한다.

나. 한일합방조약의 유형

'한일합방조약'은 일본이라는 기존 국가에 한국이라는 기존 국가가 결합하여 일본은 국가로서 그대로 존속하고 한국은 국가로서 소멸하는 조약이므로 '한일합방조약'은 병합조약이고 합병조약이 아니다. 한일합방조약에 의해 한국은 국가로서 소멸하고 일본은 국가로서 존속하는 조약이기 때문이다. 이는 국가의 소멸 원인이나 신생국의 성립 원인은 아니다. 한일합방조약에 의해 일본이 신생국으로 성립하는 것이 아니고 따라서 한일합방조약은 국가 소멸의 원인이나 신생국의 성립 원인은 아니다. 그러므로 속칭 한일합방조약의 법적 성격은 병합조약이다. 그 실정법적 근거로 다음과 같은 규정을 들 수 있다.

(i) 한일합방조약 전문에는 "…한일합방조약을 체결하기로 결정했다"라고 규정하고, (ii) 동 조약 제2조에 "병합할 것을 승낙한다"라고 규정하고, (iii) 1910년 8월 29일의 "한국병합에 관한 선언"의 선언 제목에 한국 병합에 관한 선언으로 선언되어 있다. (iv) 동 선언 전문에는 "한국을 일본에 병합하기로 하였다"고 선언하고 (2) 한국에 대한 선언에는 "한국은 일본에 병합되어"라고 선언하고 있다.

위에서 본 바와 같이 모두 병합으로 규정되어 있다. 이는 국제법의 일반 용어에 합치되는 규정이다.

3. 한일합방조약의 구성

가. 한일합방조약 전문

한일합방조약은 전문 8조로 구성되어 있다. 한일합방조약 전문은 다음과 같이 한국 황제가 일본에 대해 병합을 요구하여 일본이 이를 수락한 것과 같이 규정하고 있다.

> 일본국황제폐하 및 한국황제폐하는 양국 간에 특수하고도 친밀한 관계를 고려하여 상호의 행복을 증진하며 동양평화를 영구히 확보하고자 하며 이 목적을 달성하기 위하여 한국을 일본제국에 병합함이 선책이라고 확신하고 이에 양국 간에 병합조약을 체결하기로 결정하고 이를 위하여 일본국황제폐하는 통감 자작 사내정의(寺內正毅)를 한국황제폐하는 내각총리대신 이완용을 각기의 전권위원으로 임명하였다. 그러므로 우전권위원은 합병협의하고 좌의 제조를 협정하였다.

이와 같이 동 조약 전문을 한국과 일본이 동양의 평화를 추구하고 이 목적을 달성하기 위해 한국을 일본에 병합하는 것이 최선책이라고 선언하고 한국을 일본에 병합하는 것으로 선언하고 있다. 이 규정에 의거 한국은 국가로서 소멸하고 일본은 종전의 국가로서 병합 조약을 체결하는 것으로 선언하고 있다.

나. 제1조

제1조는 한국황제폐하는 한국의 통치권을 완전히 일본에 양여한다고 다음과 같이 규정하고 있다.

한국황제폐하는 한국 전부에 관한 일체의 통치권을 완전 그리고 영구히 일본황제폐하에게 양여한다.

위의 규정에 의해 한국은 일본에 병합되어 국가로서 소멸하게 된다.

다. 제2조

제2조는 한국은 일본에 병합한다고 다음과 같이 규정하고 있다.

일본국황제폐하는 전조에 기재한 양여를 수락하고 전열 한국을 일본제국에 병합함을 승낙한다.

위의 규정에 의거 한일합방은 한국의 요구에 의해 일본이 수락하는 것으로 규정되어 있다.

라. 제3조

제3조는 한국 황제에 대한 예우에 관해서 다음과 같이 규정하고 있다.

일본국황제폐하는 한국황제폐하·황태자전하 및 그 후비와 후의로 하여금 각기의 지위에 조응하여 상당한 정치 위용 및 명예를 향유하게 하며 또 이것을 유지함에 충분한 채비를 공급할 것을 약속한다.

위의 규정은 대한제국 황제와 후비 그리고 후의에 대한 예우를 규정함으로써 대한제국 황실의 반발을 무마하려는 일종의 선무책으로 규정하는 것이다.

마. 제4조

제4조는 한국 황족에 대한 예우에 관해서 다음과 같이 규정하고 있다.

일본국황제폐하는 전족 이외의 한국 황족 및 그 후의에 대하여도 각기 상응의 명예 및 대우를 향유하게 하며 또 이것을 유지함에 필요한 자금의 공급을 약속한다.

위의 규정은 황제 이외의 한국 황족에 대한 예우를 규정함으로써 역시 한일합방에 대한 선무책으로 규정하는 것이다.

바. 제5조

제5조는 한국인에게 적절한 표창을 하고 또 적절한 연금을 줄 것을 약속한다고 다음과 같이 규정하고 있다.

일본국황제폐하는 훈공이 있는 한국인으로서 특히 표창에 적당하다고 인정된 자에 대하여 영작을 수여하고 또 은공을 줄 것이다.

제5조의 규정은 제2조 및 제3조 그리고 제4조 이외의 일반인에 대한 표창과 은공을 약속한 것이다. 역시 한일합방에 의한 일반 국민에 대한 반발을 막기 위한 선무책으로 규정한 것이다.

사. 제6조

제6조는 한일합방에 대해 법규를 준수하는 한국인의 신체 및 재산을 보호한다고 다음과 같이 규정하고 있다.

일본 정부는 전기 병합의 결과로 전열 한국의 시정을 담당하고 동지에서 시행하는 법규를 준수하는 한인의 신체 및 재산에 대하여 충분한 보호를 하여 주며 또 그들의 전체의 복리후생을 도모할 것이다.

위의 규정도 일반 한국인의 한일합방 반발에 대한 선무책으로 규정한 것이다.

아. 제7조

제7조는 한국인을 일본의 관리로 등용할 것을 약속한다고 다음과 같이 규정하고 있다.

> 일본 정부는 성의로서 충실하게 신제도를 존중하는 한국인으로서 상당한 자격을 가진 자를 사정이 허하는 한 한국에 있어서의 일본제국 관리로 등용할 것이다.

위의 규정은 한국인을 일본의 관리로 등용할 것을 약속한 규정이다. 역시 일반 한국인에 대한 선무책으로 규정한 것이다.

자. 제8조

제8조는 한일합방조약의 시행에 관해 다음과 같이 규정하고 있다.

> 본 조약은 일본국황제폐하 및 한국황제폐하의 재가를 받은 것으로서 공표일로부터 이를 시행한다. 우증거로서 양국전권위원은 본 조에 기명 조인한다.

위의 규정은 시행일 1910년 8월 29일부터라고, 양국 황제폐하의 재가를 받은 것이라는 규정의 의미는 일본은 양국 황제폐하의 비준을 받은 것이라고 주장하나 비준은 서명 이후에 있는 것이지 서명과 동시 또는 서명 전에 있을 수 없는 것이므로 일본 정부의 이 주장은 수락될 수 없는 것이다. 여하간 일본 정부는 이 조항을 근거로 한국 황제가 비준한 것이므로 조약으로서 완전히 성립하고 효력을 발생한 것이라고 주장한다.

차. 서명

> 내각총리대신 이완용 인
> 통감 자작 사내정의 인

위의 서명에 의해 이완용이 내각총리대신의 자격으로 동 조약에 서명한 것으로 된다. 따라서 이완용의 서명은 동 조약의 기속적 동의로 인정되어 한일합방조약이 정식으로 성립된 것으로 되나, 이완용의 서명이 강박에 의해 또는 부정(부패)에 의해 이루어진 것이므로 이는 국제법상 무효인 것이다. 만일 이완용이 강박에 의해 서명한 것이 아니고 부정(부패)에 의해 서명한 것이라면 당시의 국제법에 의해 부정(부패)은 조약의 무효 원인이 아니므로 이에 관한 검토 여지가 있다.

이는 한편 양국의 전권대표가 각각 모두 전권위임장을 휴행한 것이 아니고 또 양국의 전권대표가 각각 모두 전권위임장을 제시하거나 이를 교환한 바 없으므로 이들 전권대표에 의한 조약의 체결은 전권위임장 없는 조약의 체결로 조약의 불성립, 즉 조약의 부존재인 것이다.

제2절 한일합방과 전권위임장

I. 전권위임장 관련 사실

1. 전권위임장 관련 사실

8월 22일은 일본 정부가 조약 체결일로 잡은 날이었다. 내각총리대신 이완용은 통감 데라우치가 건네준 전권위임장 초안, 즉 한국 황제가 내각총리대신 이완용에 게 병합을 위한 조약에 전권을 가지고 통감 데라우치와 협상하라는 내용의 조칙안을 내각에 회부하고, 이에 대한 통감의 승인 결재를 받는 절차를 끝냈다(규장각도서 17853.2-2,『조칙, 융희 원년 8월-4년 8월, 통별왕복안 一』). 그러나 이 조칙에는 부서자(副署者)가 없는 상태였다. 이날 오전 10시, 통감 데라우치는 민·윤 두 사람을 관저로 불러「전권위임에 관한 조칙안」을 건네주면서 이를 오늘 어전회의에서 황제에게 올리고 차질 없이 성사되도록 처리해 줄 것을 요구하였다.[1]

통감 관저를 다녀온 민병석, 윤덕영 두 사람은 바로 궐내로 들어가 오전 11시 황제를 알현하고 사실 관계를 아뢰었다. 오후 1시에 어전회의가 소집되었다. 내각의 총리대신 이완용, 내부대신 박제순, 탁지부대신 고영희, 농상공부대신 조중응 등 4인, 무관을 대표한 시종무관 이병무, 황실을 대표한 흥왕 이희, 중추원 의장 김윤식 등이 시간에 맞추어 입궐하였다. 황제는 오후 3시가 되어서야 궁내부 대신 민병석과 시종원경 윤덕영 등과 함께 내전에 나와 전권위임장에 서명하고 국새를 찍어 이를 내각총리대신에게 내려 주었다. 민·윤 두 사람이「조칙안」을 올린 지 2시간 이상이 지난 시점이었다. 황제에게는 저항할 아무런 수단이 없었다. 전권 위임의 조칙을 받아 든 이완용은 통감 데라우치로부터 받아 휴대한 조약안을 황제에

---

[1] 이태진,『조약으로 본 한국병합』, (서울: 동북아역사재단, 2010), 224-225쪽.

게 보여주고 내용을 설명하였다. 어전회의가 끝난 뒤, 오후 4시에 내각총리대신 이완용은 농상공부대신 조중응을 대동하고 통감 관저로 가서 그간의 전말을 통감에게 진술하고 「전권 위임의 조칙」을 제시하였다. 일본 측 체결자인 통감 데라우치는 전권 위임에 관한 문건을 제시하지 않았다. 두 사람은 준비된 병합 조약의 한국어, 일본어 두 가지 각 2통에 기명날인 하였다.[2]

이와 같이 "한일합방조약"의 한국 측 전권위임장은 일본에 의해 작성되었고 이에 황제는 서명하고 국새를 찍어 내각총리대신 이완용에게 교부했으며, 총리대신 이완용은 이를 "한일합방조약"의 일본 측 전권대표인 통감 데라우치에게 제시했으나 데라우치는 어떠한 형식의 전권위임장도 제시하지 아니했다.

따라서 한일합방조약은 전권대표들이 전권위임장을 소지하고 상호 제시하거나 교환한 바 없다. 따라서 한일합방조약은 조약으로서 성립하지 아니했고, 따라서 조약으로서 부존재인 것이다.

2. 전권위임장의 부존재

"전권위임의 조칙"은 일본의 강박과 간계에 의해 작성된 것이므로 비록 그것이 어전회의의 심의를 거쳐 순종 황제의 서명과 국새의 낙인이 있다 할지라도 이는 무효이므로 총리대신 이완용이 휴행한 "전권위임의 조칙"은 무효인 전권위임장이므로 총리대신 이완용이 일본의 전권대표인 데라우치에게 제시한 "전권위임의 조칙"은 무효인 것이므로 그것은 전권위임장이 아니다. 그러므로 한국의 전권대표의 전권위임장은 부존재인 것이다. 그러나 "전권위임의 조칙"은 비록 일본의 강박과 간계에 의해 작성된 것이지만 이는 어전회의의 심의를 거쳐 순종 황제의 서명과 국새의 날인이 있는 것이므로 유효한 전권위임장이므로 한국의 전권대표 총리대신 이완용이 일본의 전권대표 데라우치에게 제시한 것은 유효한 전권위임장이라고 볼 수도 있다. 그러나 일본의 전권대표 데라우치는 전권위임장을 휴행하지 아니했다.

3. 전권위임장의 불제시

한국의 전권대표는 전권위임장인 "전권위임의 조칙"을 일본의 전권대표 데라우치에게 제시하여 한국 전권대표의 전권대표권은 확인되었으나 일본의 전권대표는

---

2) 상게서, 222-223쪽.

한국의 전권대표에게 전권위임장을 제시하지 아니했으므로 그의 전권대표권은 확인되지 아니했다. 결국 일본의 전권대표의 전권대표권은 확인되지 아니하여 전권대표권이 없는 일본의 대표가 서명한 "한일합방조약"은 성립의 여지가 없다.

요컨대, (i) 한일 양국의 전권위임장의 존부를 보건대, 한국의 전권대표가 휴행한 "전권대표의 조칙"은 무효·부존재이나 그것을 유효한 전권위임장이라 본다 할지라도, 일본의 전권대표는 전권위임장을 휴행하지 아니했으므로 한국의 전권대표만의 전권위임장이 존재하며 일본의 전권대표의 전권위임장은 부존재인 것이다. (ii) 한일 양국의 전권위임장의 제시를 보건대, 한국의 전권대표 이완용은 일본의 전권대표 데라우치에게 전권위임장인 "전권위임의 조칙"을 제시했으나 일본의 전권대표 데라우치는 한국의 전권대표 이완용에게 전권위임장을 제시하지 아니했다. 결국 일본의 전권대표의 전권위임장의 부존재·불제시로 일본의 전권대표권이 없는 데라우치가 서명한 "한일합방조약"은 불성립·부존재인 것이다. 그리고 한국의 전권대표가 휴행한 "전권위임의 조칙"은 무효인 것이므로 한국의 전권대표권이 없는 이완용이 서명한 "한일합방조약"은 불성립·부존재인 것이다.

II. 전권위임장의 검토

1. 내각총리대신의 조약체결권 유무

전술한 바와 같이 "한일합방조약"의 대한제국 측 서명은 "내각총리대신"으로 현명(顯名)하여 이완용이 서명(날인)했다. 정부수석(Head of Government)이 국가를 대표하여 "정부 간 협정(inter-governmental agreement)"을 체결할 수 있는 관행은 1938년 이후에 성립된 관행이므로[3] "한일합방조약"을 체결할 당시인 1910년에는 "정부수석"이 조약을 체결함에는 국가원수(Head of State)의 전권위임장을 요했다.[4] 따라서 정부수석인 "내각총리대신"이 동 조약을 체결함에는 대한제국의 국가원수인 황제(순종)의 전권위임장을 요하는 것이었다.

---

3) Mervyn Jones, "International Agreement", *BYIL*, Vol.27, 1944, p.121.

4) "한일합방조약의 부존재에 관한 연구", 법조협회, 『법조』 통권 제655호, 2011.4., 15쪽.

2. 조칙의 전권위임장 여부

국제법상 전권위임장은 일정한 형식을 요하는 것이 아니므로[5] 황제(순종)가 동 조약의 체결에 관한 전권을 내각총리대신에게 위임한 "통치권 양여에 관한 조칙(詔勅)"은 전권위임장으로 볼 수 있다. 다만, 양자 조약체결의 경우는 전권위임장을 상호 교환하거나 최소한 상대방 대표에게 제시하는 것이 국제관행이므로,[6] (i) 동 위임장을 일본 측 대표의 전권위임장과 상호 교환하거나 일본 측 대표에게 제시하지 아니했으면 동 위임장은 국제법상 전권위임장으로 볼 수 없고 국내법상 대한제국의 내부문서에 불과한 것이다. 그러나 (ii) 동 위임장을 일본 측 대표의 전권위임장과 상호 교환하거나 제시했다면 이는 국제법상 전권위임장으로 볼 수도 있다.

동 조칙은 일본 전권대표의 전권위임장과 상호 교환한 바 없다. 물론 동 위임장(조칙)은 일본 측의 강박 또는 기망행위에 의해 작성(서명)된 것이므로[7] 동 위임장은 무효인 것이다. 이는 동 위임장의 무효를 뜻하는 것이며 동 조약 자체의 무효를 의미하는 것은 아니다.

3. 전권위임장 없이 내각총리대신이 서명한 한일합방조약의 효력

전술한 바와 같이 전권위임장을 부여받지 아니한 자의 조약체결에 관한 행위는 그 국가의 사후적 추인이 없는 한 법적 효력이 없다.[8]

(i) 내각총리대신에게 수여된 전기 조칙은 국제법상 전권위임장이 아닌 것이나, 이를 전권위임장으로 보아도 그것이 강박 또는 기망행위로 작성되어 무효로 볼 경우 내각총리대신의 동 조약의 체결에 관한 행위, 특히 서명은 그 후 대한제국의 추후의 확인이 없는 한 법적 효력이 없는 것이다. 한국이 이를 추인한 바 없으므로 동 조약은 법적 효력(legal effect)이 없는 것이다. 법적 효력이 없다는 뜻은 동 조약이 '성립요건'을 결하여 성립되지 아니했다는 의미, 즉 동 조약은 "부존재"라는 뜻이며 성립된 조약이 "무효"라는 뜻이 아닌 것이다.

---

5) 위의 논문, 19쪽.

6) 위의 논문, 19쪽.

7) "… 조약이 한쪽 의사로 강제되었다는 명백한 증거이다."(이태진, "근대일본 초수(長州) 번벌의 한국침략", 동북아역사재단, 「일본의 한국병합과정」 한일강제병합 100년 재조명 국제학술회의 2010년 8월 23-24일, 92쪽).

8) 김명기, 앞의 논문, 19쪽.

(ii) 내각총리대신에게 수여된 전기 조칙(위임장)을 국제법상 전권위임장으로 볼 경우, 그리고 동 위임장이 일본 측의 강박 또는 기망행위에 의해 작성된 것이 아닌 것으로 볼 경우 내각총리대신의 동 조약 체결에 관해 행위, 특히 서명은 법적 효력이 있는 것이다. 이 경우 비준의 문제가 문제로 남는다.

요컨대, "통치권 양여에 관한 조칙"을 전권위임장으로 본다 할지라도 이는 일본의 강박에 의해 작성된 것이므로 무효이고, 설사 그것이 일본의 강박에 의해 작성된 것이 아니라 할지라도 이는 일본 대표의 전권위임장과 상호 교환하거나 제시한 바 없으므로 이는 전권위임장이 아니다. 그러므로 "한일합방조약"은 전권위임장에 의해 정당한 권한이 부여된 자에 의해 서명된 것이 아니므로 동 조약은 조약으로 성립되지 못한 것으로 '조약의 불성립', 즉 "조약의 부존재"로 법적 효력이 없는 것이다.

제3절 한일합방과 비준

Ⅰ. 한일합방조약과 비준 관련 사실

1. 비준 관련 사실

1910년 8월 22일 오후 4시에 통감 데라우치는 내각총리대신 이완용과 「한국 병합 조약」에 기명날인 한 다음, 또 다른 '각서'를 내놓았다. 그것은 양국 황제의 '조서'를 동시에 준비해서 공포를 한다는 내용이었다. 이 조약은 공포와 동시에 한 나라가 없어져 비준 절차를 따로 밟을 시간이 없기 때문에 병합을 알리는 양국 황제의 '조서'로 대신한다는 뜻이었다.

병합 조약의 공포는 원래 8월 26일로 예정되었지만, 8월 24일에 29일로 변경하였다. 통감 데라우치는 내각총리대신 이완용에게 '각서'로써 이를 확정하고, 8월 27일, 가츠라 총리와 고무라 외무대신에게 전문으로 이를 알렸다. 전문은 '한국 황제의 조칙문'을 함께 보내면서 "오늘 재가를 거쳐 29일 병합 조약과 함께 발표할 것"이라고 하였다(일본외교문서 43-1, 607. 701-702쪽). 지금까지 '조서'라고 한 것이 '조칙문'으로 바뀌었다. 원래 잠정한 공포일을 하루 넘겨 보내진 전보였다. 이 전보를 받고 외무대신 고무라는 같은 날에 청국 주재 일본 공사(尹集院)에게 병합조약 공포 때 발표할 일본 천황의 '조서'를 보내기로 하였다. 29일은 물러설 수 없는 날짜였다. 그런데 29일에 공포된 한국 황제의 문건은 '칙유'란 제목이 붙고 황제의 이름자 친서도 없었다.[1]

황제의 승인 재가를 어디에도 찾아볼 수 없다는 사실은, 곧 순종 황제가 병합조약을 강요당하는 상황에서 전권 위임 조칙에 불가항력으로 친서를 하였어도 마지

---

1) 이태진 외, 『조약으로 본 한국병합』, (서울: 동북아역사재단, 2010), 266쪽.

막 공포 조칙에는 서명하기를 거부하였다는 것을 의미한다.[2]

'대한국새(大韓國璽)'라고 새긴 국새가 날인되고 그 위에 순종 황제의 이름자가 서명되었다. 순종 황제는 일본 정부의 한국 병합 준비 위원회가 준비한 병합 관련 문서 가운데 첫 번째의 전권위임장에는 이렇게 서명하였지만 최종 순서인 병합 사실을 알리는 황제의 공포 조서에는 서명을 거부하였다.[3]

순종 황제로부터 전권 위임 조칙을 받아 든 총리대신 이완용은 농상공부대신 조중응과 함께 남산 기슭의 통감 관저로 가서 통감 데라우치가 내놓은 8개조로 된 병합 조약문에 직함과 이름을 쓰고 직인을 찍었다.[4]

순종 황제는 1926년 4월 26일 붕어(崩御)하기 직전에 자신의 곁을 지키고 있던 궁내대신 조정구에게 구술로써 병합 조약의 인준 문제에 관한 유조를 남겼다. 그리고 그 유조는 2개월여 뒤 미국 샌프란시스코 한국 교민들이 발행하는 『신한민보』 1926년 7월 8일 자에 보도되었다.

순종 황제는 "지난날의 병합 인준은 강린(일본을 가리킴-필자)이 역신의 무리와 더불어 제멋대로 해서 제멋대로 선포한 것이요, 다 내가 한 바가 아니라"고 밝히고, 일본이 자신을 비원(창덕궁) 깊숙한 곳에 유폐시켜 놓고 외부와 접촉하지 못하게 한 때문에 이 사실을 지금까지 밝힐 수 없었다고 하였다. 황제는 이 유조로써 병합 인준의 사건은 파기로 돌아갈 것이라고 말하였다. 내각총리대신 이완용과 통감 데라우치가 기명날인 한 병합 조약문에 대한 최종 재가 과정에서 황제가 거부하였던 사실을 유언으로 밝힌 것이다.[5]

앞에서 언급하였듯이, 「한국 병합 조약」에 대해 일본 측에서는 사전 재가설로서 비준이 따로 필요하지 않았다는 주장을 폈다(우미노 후쿠주[海野福壽] 등). 이에 대해 한국 측에서는 어떤 조약에서도 '사전 재가'는 찾아볼 수 없으며 그 자체가 논리적으로 성립할 수 없는 것이라고 비판하였다(이태진, 윤대원 등). 이 조약문의 제8조에 "본 조약은 한국 황제 폐하 및 일본 황제 폐하의 재가를 거친[經] 것이니 공포일로부터 이를 시행함"이라는 문구가 들어간 것은 통감 데라우치 마사타케가

---

2) 상게서, 268쪽.
3) 상게서, 242쪽.
4) 상게서, 244쪽.
5) 상게서, 270쪽.

한국 현지의 상황을 파악하여 본 결과로 한국 황제의 동의를 얻기 어려울 것이란 판단 아래 8월 14일에 한국 황제가 실제로 거부할 것에 대비하기 위한 계략이었다. 일본 측은 이에 해당하는 절차를 8월 21일에 밟았지만 한국 측의 경우 '사전 재가'에 해당하는 절차를 입증하는 문건은 확인되지 않는다. 8월 29일 자의 '칙유'가 나온 과정에서도 황제의 결재가 없는 것으로 볼 때 관련 문건이 앞으로 확인될 가능성은 없다. 한국 황제의 사전 재가가 확인되지 않으므로 제8조 자체가 허위이다.

일본 측의 사전 재가설은 8월 29일의 공포 조서 또는 칙유는 단지 양국 황제가 자국 신민들에게 병합의 사실을 알리는 의미밖에 없는 것이라고 하였다. 그런데 일본 측의 경우, 그 공포 '조서'가 발부된 과정, 곧 주무대신(외무대신)이 내각에 회부하여 내각의 결의를 거쳐 천황의 동의 아래 추밀원의 심의를 거친 사안을 다시 천황이 재가하여 공포하기에 이르는 과정은 단순한 사실 전달만을 위한 것으로 돌리기 어려운 결재 과정이다. 8월 29일 자의 천황의 공포 '조서'는 8월 21일 자의 외무대신의 품의에서 8월 22일 병합 조약 '체결'에 대한 추밀원 심의 결과에 대한 천황의 재가를 담은 것이다. 그것은 비중이 큰 조약에 대한 비준의 과정이나 마찬가지이든가 그 이상의 의미를 가지는 것이었다. 한국 병합 조약에 대한 일본 천황의 비준은 곧 추밀원 심의 결과에 대한 천황의 재가 바로 그것이다. 그렇다면 이 재가를 신민들에게 알리는 공포 '조서'는 곧 비준 사실을 알리는 천황의 공식 문건이다. 이 조약에 대한 비준서가 따로 확인되지 않는다면 '조서'가 나온 과정이 곧 비준의 과정을 포함한 것으로 해석해야 마땅하다.[6]

1905년 9월 5일 미국 포츠머스에서 이루어진 「일러 강화 조약」에 대한 일본 천황의 비준과 이를 공포하는 칙령의 발부 과정은 한국 병합 조약에 대한 양국 황제의 조서, 칙유가 가지는 의미에 대한 반증 자료가 된다. 이 조약에 대한 일본 천황의 '무호(無号) 칙명'은 "짐, 메이지 38년 9월 5일 아메리카 합중국 포츠머스(뉴햄프셔주)에서 짐의 전권위원과 러시아국 전권위원이 기명 조인한 강화조약을 비준하여 이에 이를 공포한다"는 문안 아래, '천황어새'를 날인하고 이름자 '무쓰히토[睦仁]'를 친서하였다. 이것은 한국 병합 조약에 대한 일본 천황의 공포 '조서'의 요건과 같은 것이다. 「일러 강화 조약」의 칙령이 비준을 마친 뒤에 그것을 공포한 것인 데 반해, 한국 병합 조약에 대한 공포 '조서'는 '추밀원의 심의를 거친' 것에 대한 재가를 마치고 이를 공포하는 것이란 차이가 있을 뿐이다. 추밀원 심의에 대한

---

6) 상게서, 272쪽.

천황의 재가는 곧 일본 측이 스스로 만든 제8조의 사전 재가의 과정으로서 그 자체는 비준에 해당하는 행위가 틀림없다.[7]

「일러 강화 조약」에 대한 천황의 공포 칙령 문건의 말미에 내각에서 기안한 비준서의 초안이 첨부되어 있다. 외무대신 가츠라 타로가 부서(副署)한 것으로 보면, 이 비준서는 외무성에서 기안하여 내각에 상정되어 내각 회의를 거쳐 천황의 재가를 받는 절차를 밟은 것이다. 내각총리대신인 가츠라 타로가 외무대신으로 부서한 것은 외무대신 고무라는 전권위원이었기 때문에 총리대신이 일시 외무대신을 겸하는 형식으로 처리하였던 것이다. 비준서 발부의 과정은 곧 한국 병합 조약에 대한 8월 21일-22일간 외무대신이 품의하여 일본 내각이 밟은 결재 과정과 같은 것이다.[8]

한편, 한국 주차군은 본국 정부의 방침에 따라 8월의 한국 병합 조약이 소요 없이 진행될 수 있도록 병력 관리에 들어갔다. 일차적으로 한국 주차 헌병대가 전국 경찰권을 장악하게 되면서 한국 정부는 군사력뿐만 아니라 경찰력까지 부재한 상태가 되었다. 한국 주차 헌병대는 경찰 5,200여 명, 헌병 2,300명, 헌병 보조원 4,500명 총 12,000명에 헌병 1,000여 명을 늘렸다. 조약이 강제될 무렵에 경비 태세에 나선 헌병대 병력만 8,000여 명에 달하였다. 당시 한국에 주둔하던 정규 일본군은 한국 주차군(제2사단)과 임시 한국 파견대(보병 2개 연대, 약 4,000명)였다. 전자는 한국 북부, 후자는 남부(사령부는 대구)를 각각 수비관구로 삼았다. 일본 정부는 5월 말경부터 7월 초까지 총 2,600여 명의 병력을 용산으로 이동, 집결시키고 6월 26일부터 주차군 사령관이 용산 위수사령관(衛戍司令官)의 직무를 겸하여 서울 지구의 계엄(戒嚴) 태세를 갖추었다. 계엄 태세 아래 일본군은 '신왕성(新王城)'(현 황제의 거처인 창덕궁), '구왕성(舊王城)'(퇴위당한 고종 황제의 거처인 덕수궁)에 집중적으로 배치되었다.[9]

서울은 위수령이 발동된 가운데 창덕궁과 경운궁(덕수궁)은 일본군으로 포위되어 있었으며 모든 과정이 극비리에 진행되어 일본 신문 기자들도 이튿날 8월 23일에서야 '조약체결'이 진행된 것을 처음 보도하였다.[10] 위의 병력 배치로 보아 그것이 강박에 의한 "한일합방조약"의 체결의 근거로 봄에 의심의 여지가 없다 할 것

---

7) 상게서, 272-274쪽.
8) 상게서, 274쪽.
9) 상게서, 216-218쪽.
10) 상게서, 242쪽.

이다.

2. 비준의 부존재

전술한 바와 같이 "한일합방조약"은 비준이 없었고 따라서 비준서의 교환도 없었다.

"한일합방조약"은 중요한 조약이고, 조약체결권자인 한일 양측의 황제가 직접 체결한 조약이 아니라 한일 양측의 전권대표가 서명한 "한일합방조약"은 조약체결권자의 비준이 요구되는 조약임에도 불구하고 "한일합방조약"은 한일 양측 조약체결권자의 비준이 없었다. 그러나 다음 두 사항을 비준으로 볼 수 없는가를 검토해 보기로 한다.

8월 22일 오후 4시 통감 데라우치와 총리 이완용이 "한국병합조약"에 기명날인한 후 데라우치가 이완용에게 "양국이 조약문과 이를 알리는 황제의 조직을 쌍방이 의논하여 동시에 공포할 것"이라는 내용의 "각서"를 제시하였다. 이에 데라우치(명치 43년 8월 22일)와 이완용이(융희 41년 8월 22일) 서명했다.

8월 22일 "각서"에 따라 일본에서는 "한국 병합에 관한 조약 공포의 건"(문서번호: 外甲五六)으로 "짐, 추밀 고문의 자순을 거쳐 한국 병합에 관한 조약을 재가하여 이에 이를 공포케 한다." 내각이 작성한 이 사유안은 공포일이 메이지 43년 8월 29일로 되어 있고 천황새가 날인되어 있고 메이지 천황 무쓰히라[睦仁]라는 이름자 친서가 가해졌다. 내각총리대신과 외무대신이 부서했다.[11]

8월 29일 한국 내각총리대신 이완용의 "통치권 양여에 관한 칙유안(勅諭案)" 승인 요청에 관한 조회(비 제409호)를 통감 데라우치에게 보낸다. 그 내용은 한국 황제의 이름으로 발표할 칙유를 내각에서 결정하여 별지 문안을 만들었으니 통감이 이를 승인해 달라는 것이었다.

위의 "통치권 양여에 관한 칙유안 승인 요청에 관한 조회에 대해 이를 승인한다"는 8월 29일 처리되었다고 통별원안(統別原案)이 내각총리대신 이완용 앞으로 왔다.[12]

8월 29일 순종 황제의 이름으로 "칙유(勅諭)"가 공포되었다. 8월 22일의 "각서"에는 "조칙"을 준비하여 공포한다고 되어 있으나 일본 천황은 "조서(詔書)"로 한국

---

11) 상게서, 268쪽.
12) 상게서, 278, 280쪽.

황제는 "칙유"로 공포되었다. "칙유"의 내용은 한국의 통치권을 대일본 황제에게 양여한다는 것이었다.

이 칙유에는 칙명어새(勅命御璽)가 낙인 되고 황제의 이름자(坧)가 빠져 있다. 황제가 칙유를 결정한 증거를 찾아볼 수 없다. 황제의 승인 재가를 어디에도 찾아볼 수 없다는 사실은, 곧 순종 황제가 병합 조약을 강요당하는 상황에서 전권 위임 조칙에 불가항력으로 친서를 하였어도 마지막 공포 조칙에는 서명하기를 거부하였다는 것을 의미한다.[13]

II. 비준의 검토

1. 조서와 칙유의 비비준성

다음과 같은 이유에서 조서(詔書)와 칙유(勅諭)는 한일합방조약의 비준이 아니다.

(i) 일본 천황이 발표한 조서(詔書), 한국 황제가 발표한 칙유(勅諭)는 모두 8월 22일의 각서에 표시된 "조칙"에 근거한 것으로 이는 "한일합방조약"의 공포에 관한 양국 황제의 재가인 것이다. (ii) 이들은 일본의 전권대표와 한국의 전권대표가 각기 서명한 한일합방조약에 대한 확인·승인의 재가, 즉 비준이 아니다. (iii) "조칙", "조서", "칙유" 어디에도 "비준"이란 표현은 없다. (iv) 한국 황제의 "칙유"에는 황제의 서명, 이름 그리고 국새의 낙인이 없고 황제의 의사라는 어떠한 증거도 없다.

2. 한일합방조약 제8조의 비비준성

"한일합방조약" 제8조는 "본 조약은 한국황제폐하 및 일본황제폐하의 재가를 거친 것이니 공포일로부터 이를 시행한다"라고 규정하고 있다. 그러나 이 규정이 양국의 황제폐하의 비준이 있었다는 의미로 해석될 수 없다. 그 이유는 다음과 같다.

(i) 비준은 전권대표가 서명한 조약을 조약체결권자가 확인·승인하는 행위인 바, 제8조는 전권대표의 서명 이전에 황제의 재가로 이는 서명과 비준이 전후가 전도된 것으로 비준으로 볼 수 없다.

(ii) 제8조는 조약체결권자인 황제의 재가를 전권대표가 서명으로 확인·승인한

---

13) 상게서, 269쪽.

것으로, 서명이 황제의 재가보다 상위의 조치로, 즉 황제의 재가를 비준으로 본다면 비준보다 서명이 상위의 조치로 돼서 조약법상 그러한 법리는 성립될 수 없다.

(iii) 제8조는 그것은 한국 황제의 재가가 없었으므로 사실과 다른 허위의 사실이 비준으로 인정될 수 없다.

3. 조서와 칙유의 불교환

조약체결권자의 비준서는 그 당사자 조약의 경우 상호 교환하며 이 교환에 의해 조약은 효력을 발생하게 된다.

"조칙", "조서"와 "칙유"는 어디에도 상호 교환한다는 규정이 없으며, 또 부제로 상호 교환한 바 없다. 그러므로 "조서"와 "칙유"는 비준이 아니다, 따라서 "한일합방조약"은 국제법상 비준을 요하는 조약에 비준이 없는 조약, 즉 "한일합방조약"은 국제법상 불성립 · 부존재인 것이다.

4. 대한제국의 황제가 아닌 척(拓), 황태자의 한일합방조약의 체결의 무효

일제에 의한 고종의 황위 찬탈은 위법 · 무효이므로 순종(척, 황자)의 "한일합방조약"의 체결행위는 무효라고 다음과 같이 주장하고 있다.

> 고종의 의도는 처음부터 무시되었으며 7월 20일 아침 고종의 의사와는 관계없이 일제는 경운궁 중화전(中和殿)에서 양위식을 강행했다.
> 이 양위식에는 황위를 물려줄 고종 황제도 황위를 이어받는 황태자(순종)도 참석하지 아니했다. … 일제에 의한 고종의 황위 찬탈행위는 위법이며, 따라서 무효라고 보아야 한다. 그러므로 순종은 대한제국의 황제가 아니라 황태자 척((拓) 순종)에 의해 체결한 한일합방조약 또한 무효인 것이 당연하다.[14]

일제의 고종의 황위 찬탈행위는 위법 · 무효이므로 고종은 대한제국의 황제이며 황태자 척은 대한제국의 황제가 아니다. 따라서 대한제국의 황제가 아닌 순종에 의한 "한일합방조약"은 당연히 무효라는 것이다. 여기서 "무효"도 "한일합방조약"의 불성립 · 부존재라는 뜻으로 본다. 대한제국의 황제 아닌 자가 "한일합방조약"을 체결하는 것은 동 조약이 성립된 후 의사표시의 하자로 무효인 것이 아니라 그 자체 불성립이기 때문이다.

---

14) 김영구, 『잘 몰랐던 한일 과거사 문제』, (부산: 다솜출판사, 2010), 5-6, 11-12쪽.

제4절 한일합방조약 부존재의 근거

Ⅰ. 서론

상기 제1절과 제2절을 한일합방조약의 부존재의 근거를 중심으로 정리해 보면 다음과 같다.

Ⅱ. 한일합방조약의 부존재의 제1근거: 전권위임장 없이 체결

"한일합방조약" 부존재의 첫째 근거는 전권위임장 없는 조약의 체결이다. "한일합방조약"은 한국 측의 내각총리대신 이완용(李完用)과 일본 측의 통감 자작 사내정의(寺內正毅, 데라우치 마사타케) 간에 서명되었다. 한국 측 서명권자 이완용은 "내각총리대신" 이완용으로 현명(顯名)하여 서명했다. 정부수석(Head of Government)인 내각총리대신이 국가원수(Head of State)인 황제의 전권위임장 없이 체결한 동 조약이 국제법상 조약으로 성립된 것인가의 문제가 제기된다.

1. 전권위임장 일반

가. 전권위임장의 의의

국가가 조약을 체결하려 함에는 먼저 자국의 국내법상 절차에 따른 전권대표(plenipotentiary representative)를 임명하고, 전권대표에게 전권위임장(full powers)을 부여한다.

'조약법 협약'은 전권위임장을 다음과 같이 정의하고 있다.

"조약문을 교섭·채택 또는 정본인증을 위한 목적으로 또는 조약에 대한 국가의 기속적 동의를 표시하기 위한 목적으로 또는 조약에 관한 기타의 목적을 달성하기 위한(for negotiating, adopting or authenticating the text of a treaty for expressing the consent of the state to be bound by a treaty or for accomplishing any other act with respect to a treaty) 국가를 대표하기 위하여 국가의 권한 있는 당국이(the competent state authority) 1명 또는 수명을 지명하는 문서이다"(제1조 제1항 c).

"전(full)"은 조약에 관한 특정 또는 모든 행위(certain or all acts with respect to a treaty)를 의미한다.[1]

나. 전권위임장의 관행

교통·통신이 발달되지 아니한 19세기 이전의 전제군주국가에서 군주의 전권위임장은 오늘보다 중요한 것이었다.[2] 국제법상 협정은 "국가 간 협정(inter-state agreements)", "정부 간 협정(inter-governmental agreements)" 그리고 "정부부처 간 협정(inter-departmental agreements)"으로 구분된다.[3] "국가 간 협정"의 체결은 국가원수(Head of State)가 직접 체결하는 경우에는 전권위임장을 요하지 아니하며 전권대표를 임명하여 체결하는 경우에는 그 전권대표는 국가원수의 전권위임장을 요한다.[4] 이것이 종래에 전통적인 조약체결의 방식이다.[5] 1844-1860년 이후[6] 관행으로 들어 온 "정부 간 협정"의 체결은 국가원수의 전권위임장을 요하지 아니하며 해당 정부의 장관 또는 외무부 장관의 전권위임장을 요한다.[7] 다만, 정부수석이 직접 체결하는 경우는 1938년 이래 전권위임장을 요하지 아니한다.[8] "정부부처 간 협정"의 체결은 일정한 바 없으나 장관이 직접 체결하는 경우에는 전권위임장

---

1) Robert Jennings and Arthur Watts(eds.), *Oppenheim's International Law*, 9th ed., Vol.1, (London: Longman, 1992), p.1267; ICJ., *Reports*, 1950, p.8; PCIJ., *Ser. A*, No.10, 1927, p.1221.

2) Ian Sinclair, *The Vienna Convention on the Law of Treaties*, 2nd ed., (Manchester: Manchester University Press, 1984), p.30; Nascimeto E. Silva, "Full Powers" *EPIL*, Vol.9, 1986, p.140.

3) Mervyn Jones, "International Agreement", *BYIL*, Vol.27, 1944, pp.111-12; J. G. Starke, *Introduction to International Law*, 9th ed., (London: Butterworth, 1984), p.416; Clive Parry, "The Law of Treaties", in Max Sørensen(ed.), *Manual of Public International Law*, (London: Macmillian, 1968), pp.186-87.

4) Jones, *supra* n.3, pp.111-12.

5) *Ibid.*

6) 1944년에 80년에서 100년 기간(a period of some eighty to hundred years)(*ibid.*, p.111).

7) *Ibid.*, pp.112-13.

8) *Infra.* nn.20-23.

을 요하지 아니하나 전권대표를 임명하여 체결하는 경우에는 해당 장관 또는 외무부 장관의 전권위임장이 수여되는 경우도 있다.[9]

어떤 협정이 "국가 간 협정"으로 체결되고 또 어떤 협정이 "정부 간 협정"으로 체결되느냐의 일반적 기준을 제시하기 어려우나 일반적으로 "국가 간 협정"은 "보다 중요한 종류의 조약(more solemn kind of treaties)"을 체결하는 형식이고, "정부 간 협정"은 기술적 또는 비정치적 협정(technical or non-political agreement)을 체결하는 형식이라 할 수 있다.[10] 잠정협정(modus vivendi)과 미국의 행정협정(executive agreements)은 "정부 간 협정"으로 체결된다.[11]

다. 전권위임장 없이 국가를 대표하는 자

조약을 체결하기 위해 국가를 대표하는 자는 전권위임장을 제시함을 요하나, '조약법 협약'은 다음의 자는 전권위임장 없이 국가를 대표하는 것으로 간주된다고 규정하고 있다.

(i) 국가원수(Heads of State), 정부수석(Heads of Government) 및 외무부 장관(Ministers for Foreign Affairs)

(ii) 외교사절의 파견국과 접수국 간에 조약의 정문을 채택(adopting the text of treaty)할 경우 접수국에 파견된 외교사절의 장(heads of diplomatic missions)(제7조 제2항)

동 협약은 국제관습법을 성문화한 것이고,[12] 특히 제7조 제2항의 규정은 대부분의 다수 국가의 관행과 일치되는 것이었음을 다음의 기록에서 확인할 수 있다.

1968년 UN 조약법에 관한 비엔나 회의(UN Vienna Conference on the Law of Treaties) 제2차 회의에서 스위스 수석대표는 전권위임장에 관한 제7조의 규정에 관해 이는 대다수 국가의 관행에 일치하는 것이라고 다음과 같이 주장한 바 있다.

---

9) Jones, *supra* n.3, p.114-15.

10) Starke, *supra* n.3, p.416.

11) Jones, *supra* n.3, p.113.

12) Shabtai Rosenne, "Vienna Convention on the Law of Treaties", *EPIL*, Vol.7, 1984, p.528; Sinclair, *supra* n.5, p.258; Jennings and Watts, *supra* n.1, p.197; Peter Malanczuk(ed.), *Akehuvst's Moden Introduction to International Law,* 7th ed., (London: Routledge, 1987), p.40.

이는 대다수 국가의 관행에 일치하며 정확히 국제관습법을 반영한 것이다. 조약체결 권한의 문제에 관해 학술모임에서 상당한 토의가 있어 왔다. 그러나 동 회의가 이러한 이론적 토의를 고려할 필요가 없다.13)14)

그리고 전술한 바와 같이 전권위임장은 군주국가 시대에 오늘보다 더 중요한 의미를 가진 것이었으므로,15) 동 제7조 제2항의 규정 내용은 19세기 국제관습법을 형성하고 있었다.

그러나 정부수석(Head of Government)이 전권위임장 없이 조약을 체결할 수 있는 관행이 성립한 것은 1934년 이후의 일이다. 그 근거는 다음과 같다.

첫째로, 1934년에 개정된 "국제연맹총회 절차규칙(the League of Nations Rules of Procedure for the Assembly)" 제5조는 "대표의 전권위임장은 가능하면 회기 개회일로 정해진 날짜 1주 전에 사무총장에게 제출하여야 한다. 국가원수(Head of State) 또는 외무부 장관(Minister for Foreign Affairs)에 의해 발부된 것이어야 한다"라고 규정하여16) 동 규정에 정부수석은 열거되어 있지 않다. 이로 미루어 보아도 "정부수석"은 1934년까지도 전권위임장을 발부할 권한자로 인정되어 있지 아니했음을 알 수 있다.

둘째로, 정부수석이 전권위임장 없이 조약을 체결한 실례는 다음과 같이 1938년 이후에 발견된다.

(i) 1938년 9월 9일의 "뮌니히 합의서(Munich Agreement)"는 독일 · 영국 · 프랑스 · 이탈리아의 정부수석이 서명했다.17)

(ii) 1941년 8월 14일의 "대서양헌장(Atlantic Charter)"은 영국 수상과 미국 대통령이 서명했다.18)

(iii) 1941년 3월 27일의 "해군과 공군의 기지의 사용과 작전에 관한 영미합의서(Agreement for the Use and Operation of Naval and Air Bases)"는 양국 정부수석

---

13) "text was in conformity with the practice of the vast majority of states and accurately reflected customary international law. There had been considerable discussion in academic circles on the question of the authority to conclude treaties, but there was no need for the conference to take those theoretical discussion into account."

14) T. O. Elias, *The Modern Law of Treaties,* (Leyden: Sijthoff, 1974), p.20.

15) *Ibid.*

16) League of Nations, Official Journal, Supp. No.126, pp.49-55; Majorie M. Whiteman, *Digest of International Law,* Vol.14, (Washington, D.C.: USPO, 1970), p.38.

17) Jones, *supra* n.3, p.121.

18) *Ibid.*

이 서명했다.[19]

이로 미루어 보아 "정부수석"이 전권위임장 없이 조약을 체결하는 관행은 1938
년 이후 성립된 것이다.

라. 전권위임장의 형식과 제시

(1) 전권위임장의 형식

전권위임장은 공식적 문서(formal instrument)이나,[20] 국제법 규칙상 조약체결에
일정한 형식을 요하는 것이 아니므로 전권위임장에 일정한 형식을 요하는 것이 아
니다.[21] 그러나 전권위임장에는 교섭(negotiation)과 서명(signature)의 권한 부여,
전권대표의 성명과 임명권자의 서명이 포함된다.[22]

(2) 전권위임장의 제시

전권위임장은 교섭자에 의해 상호 검토된다.[23] 그 검토(심사) 방법은 2변적 조약
의 경우 상호 교환하거나 또는 상대방에게 제시한다.[24] "조약법협약회의"에서 전권
위임장을 요구할 권리(right to require full powers)가 있다는 규정이 삭제되었다.[25]

(3) 전권위임장 없이 체결한 조약의 효력

전권위임장 없는 자, 즉 국가로부터 정당한 권한의 부여를 받지 아니한 자가 체

---

19) *Ibid.*

20) Jennings and Watts, *supra* n.1, p.1221.

21) G. Schwarzenberger and E. D. Brown, *A Manual of International Law* 6th ed., (Milton: Professional
   Books, 1976), p.124; U. S. Department of the Army, Vol.1, (Washington, D.C.: USGPO, 1964),
   p.51.

22) U. S. Department of State, *Foreign Affairs Manual* Vol.1, (Washington, D.C.: USGPO, 1964) para.
   73.1; Whiteman, *supra* n.16, p.40.

23) Ian Brownlie, *Principles of Public International Law,* 5th ed., (Oxford: Oxford University Pross,
   1998), p.610.

24) Starke, *supra* n.3, p.425; G. Schwarzenberger and E. D. Brown, *A Manual of International Law* 6th
   ed., (Milton: Professional Books, 1976), p.124; U. S. Department of the Army, supra 24. Vol.1,
   (Washington, D.C.: USGPO, 1964), p.124; Rosenne, *supra* n.12, p.464; G. G. Wilson, *International
   Law,* 9th ed., (New York: Silver, 1935), p.40.

25) U. N. Conference on the Law of Treaties, Doc. ALCONF 39/27, May 23, 1969; Whiteman, *supra*
   n.16, p.37.

결한 조약의 효력에 관해 국제협약, 학설, 선례에 의하면 그 국가의 사후적 추인이 없는 한 법적 효력이 없는 것이다.

(4) 국제협약

'조약법 협약'은 정당한 권한의 부여를 받지 아니한 자의 행위는 그 국가의 사후적 추인이 없는 한 법적 효력이 없다고 다음과 같이 규정하고 있다.

제7조에 따라 조약의 체결 목적으로 국가를 대표하기 위하여 권한을 부여받은 것으로 인정받을 수 없는 자가 수행한 조약의 체결에 관련된 행위는 그 국가에 의하여 사후적으로 추인되지 아니하는 한(unless afterwards confirmation) 법적 효력을 가지지 아니한다(without legal effect[26])(제8조).

"법적 효력을 가지지 아니한다"는 의미는 '조약'의 무효를 뜻하는 것이 아니라 '조약의 불성립'을 뜻하는 것이다.

"사후적 추인"은 그 국가의 의무가 아니며,[27] 그 국가는 사후적 추인을 거부하는 권리(right to disavow)가 있다.[28] 그리고 추인의 방법은 명시적 추인에 한한다는 견해,[29] 묵시적 추인을 포함한다는 견해,[30] 그리고 문제는 해결된 것이 아니라는 견해[31]의 대립이 있다.

(5) 학설

오늘의 학설은 19세기의 학설은 아니지만 국제관습법을 성문화한[32] '조약법 협약' 제8조를 인용하여 정당한 권한이 부여되지 아니한 자의 조약체결에 관한 행위는 그 국가의 사후적 추인이 없는 한 법적 효력이 없다는 것이 일반적인 통설이

---

26) Article 8.

27) Rosenne, *supra* n.12, p.466.

28) Sinclair, *supra* n.2, p.33.

29) UN 조약법 협약 제1차 회기에서 베네수엘라 대표의 주장(Silva, *supra* n.2, p.142).

30) Sinclair, *supra* n.2, p.33.

31) Silva, *supra* n.2, p.142.

32) Jones, *supra* n.3.

다.[33] 다만, "사후적 추인"에 관해 추인은 명시적 추인에 한한다는 견해와, 명시적 추인과 묵시적 추인을 포함한다는 견해, 그리고 문제가 해결된 것이 아니라는 견해로 나누어져 있다는 점은 전술한 바와 같다.[34]

(6) 선례

국가로부터 정당한 권한을 부여받지 아니한 자의 조약체결에 관한 행위에 관해 그 국가의 사후적 추인이 있은 선례는 극히 희소하나[35] 다음의 선례가 있다.

1908년 루마니아 주재 미국 공사는 협약에 서명할 아무런 권한 없이 두 개의 협약에 서명했다. 그중 하나에 대해서는 본국 정부로부터 아무런 권한을 받은 바 없고 다른 하나에 대해서는 그와 완전히 다른 협약의 전권위임장을 부여받았었다. 이들 협약은 비준의 대상이었고 실제로 비준이 행하여졌다. 이 비준은 사후적 추인의 의미를 갖는다.[36]

이상에서 고찰해 본 바와 같이 국가로부터 조약체결의 전권위임장을 부여받지 아니한 자의 조약체결에 관한 행위는 그 국가에 의한 사후적 추인이 없는 한 법적 효력이 없다는 것이 적어도 1908년 이전에 성립된 국제관습법이라 할 수 있다.

2. 한일합방조약의 체결과 전권위임장의 검토

가. 내각총리대신의 조약체결권 유무

전술한 바와 같이 "한일합방조약"의 대한제국 측 서명은 "내각총리대신"으로 현명(顯名)하여 이완용이 서명(날인)했다. 정부수석(Head of Government)이 국가를 대표하여 "정부 간 협정(inter-governmental agreement)"을 체결할 수 있는 관행은 1938년 이후에 성립된 관행이므로[37] "한일합방조약"을 체결할 당시인 1910년에는

---

33) Malanczuk, *supra* n.12, p.139; Werner Levi, *Contemporary International Law,* (Boulder: Westriew, 1979), p.219; Jennings and Watts, *supra* n.1, p.1222; Starke, *supra* n.3, p.426; Malcolm N. Shaw, *International Law*, 4th ed., (Cambridge: Cambridge University Press, 1997), p.637; Elias, *supra* n.5, p.20; Sinclair, *supra* n.5, p.33; David H. Ott, *Public International Law in the Modern World,* (London: Pitman, 1987), p.191; Silva, *supra* n.2, p.142.

34) Elias, *supra* n.33. pp.20-34.

35) Elias, *supra* n.14, pp.20-34.

36) *Ibid.*

37) *Supra* n.9.

"정부수석"이 조약을 체결함에는 국가원수(Head of State)의 전권위임장을 요했다.[38] 따라서 정부수석인 "내각총리대신"이 동 조약을 체결함에는 대한제국의 국가원수인 황제(순종)의 전권위임장을 요하는 것이었다.

나. 조칙의 전권위임장 여부

국제법상 전권위임장은 일정한 형식을 요하는 것이 아니므로[39] 황제(순종)가 동 조약의 체결에 관한 전권을 내각총리대신에게 위임한 "통치권 양여에 관한 조칙(詔勅)"은 전권위임장으로 볼 수 있다. 다만, 양자 조약체결의 경우는 전권위임장을 상호 교환하거나 최소한 상대방 대표에게 제시하는 것이 국제관행이므로,[40] (i) 동 위임장을 일본 측 대표의 전권위임장과 상호 교환하거나 일본 측 대표에게 제시하지 아니했으면 동 위임장은 국제법상 전권위임장으로 볼 수 없고 국내법상 대한제국의 내부문서에 불과한 것이다. (ii) 동 위임장을 일본 측 대표의 전권위임장과 상호 교환하거나 제시했다면 이는 국제법상 전권위임장으로 볼 수도 있다. 그러나 동 조칙은 일본 전권대표의 전권위임장과 상호 교환한 바 없다.

물론 동 위임장(조칙)은 일본 측의 강박 또는 기망행위에 의해 작성(서명)된 것이므로[41] 동 위임장은 무효인 것이다.

다. 전권위임장 없이 내각총리대신이 서명한 한일합방조약의 효력

전술한 바와 같이 전권위임장을 부여받지 아니한 자의 조약체결에 관한 행위는 그 국가의 사후적 추인이 없는 한 법적 효력이 없다.[42]

(i) 내각총리대신에게 수여된 전기 조칙은 국제법상 전권위임장이 아닌 것이나, 이를 전권위임장으로 보아도 그것이 강박 또는 기망행위로 작성되어 무효로 볼 경우 내각총리대신의 동 조약의 체결에 관한 행위, 특히 서명은 그 후 대한제국의 추

---

38) *Supra* nn.20, 21, 23.

39) *Supra* n.27.

40) *Supra* nn.27, 28, 29.

41) 이는 일본의 강박에 의해 행하여졌다. 이태진, "근대일본 소수 번벌의 한국침략", 동북아역사재단, 「일본의 한국병합과정」 한일강제병합 100년 재조명 국제학술회의 2010년 8월 23-24일, 911쪽.

42) *Supra* Ⅲ, 1, 라, (3).

후의 확인이 없는 한 법적 효력이 없는 것이다. 한국이 이를 추인한 바 없으므로 동 조약은 법적 효력(legal effect)이 없는 것이다. 법적 효력이 없다는 뜻은 동 조약이 '성립요건'을 결하여 성립되지 아니했다는 의미, 즉 동 조약은 "부존재"라는 뜻이며 성립된 조약이 "무효"라는 뜻이 아닌 것이다.

(ⅱ) 내각총리대신에게 수여된 전기 조칙(위임장)을 국제법상 전권위임장으로 볼 경우, 그리고 동 위임장이 일본 측의 강박 또는 기망행위에 의해 작성된 것이 아닌 것으로 볼 경우 내각총리대신의 동 조약체결에 관해 행위, 특히 서명은 법적 효력이 있는 것이다. 이 경우 비준의 문제가 문제로 남는다.

요컨대, "통치권 양여에 관한 조칙"을 전권위임장으로 본다 할지라도 이는 일본의 강박에 의해 작성된 것이므로 무효이고, 설사 그것이 일본의 강박에 의해 작성된 것이 아니라 할지라도 이는 일본 대표의 전권위임장과 상호 교환하거나 제시한 바 없으므로 이는 전권위임장이 아니다. 그러므로 "한일합방조약"은 전권위임장에 의해 정당한 권한이 부여된 자에 의해 서명된 것이 아니므로 동 조약은 조약으로 성립되지 못한 것으로 '조약의 불성립', 즉 "조약의 부존재"로 법적 효력이 없는 것이다.

Ⅲ. 한일합방조약 부존재의 제2근거: 비준 교환 없이 체결과 비준

1. 비준일반

가. 비준의 의의

'조약법 협약'은 비준을 "비준(ratification)이란 국가가 국제적 측면에서 조약에 대한 국가의 기속적 동의를 확정하는 국제적 행위(international act ⋯ a state establishes on the international plane its consent to be bound by a treaty)를 의미한다"라고 규정하고 있다(제2조 제1항 b). 비준은 "정식으로 임명된 전권대표에 의한 조약에 대해 부과된 서명에 대한 국가원수 또는 그 정부에 의한 승인이다(the approval by the head of state or the government of the signature appended to the treaty by the duly appointed plenipotentiaries)"라고[43] 할 수 있다. 또는 "비준은 정식으로 임명된 전권대표가 서명한 조약의 내용을 조약체결권자가 최종적으로 확

인·수락하는(final acceptance) 국제적 행위"라고[44] 할 수도 있다.

비준은 서명의 확인이 아니라 성문조약문의 확인이며,[45] 조약의 전체적 이익의 확인으로,[46] 조약체결의 한 절차이다.[47]

나. 비준의 구분

비준은 "국제적 의미(international sense)의 비준"과 "국내적 의미(national sense)의 비준", 즉 "헌법적 의미(constitutional sense)의 비준"으로 구분된다.[48] 전자는 조약체결권자가 비준서에 서명하며 조약문을 최종적으로 확인하는 국제법상 법률행위이며, 후자는 순수하게 국내적·헌법적(purely domestic constitutional) 행위로 이는 국제법상 조약의 효력발생과 무관하므로 엄격한 의미의 비준이 아니다.[49]

비준서의 교환·기탁도 비준이 아니다.[50]

다. 비준의 절차

(1) 비준권자

비준권자는 서명국의 헌법으로 규정하며, 그것은 조약체결권을 행사하는 국가의 기관으로 국가원수인 것이 보통이며 의회는 이에 대한 동의를 주는 것이 일반적이다.[51] 조약체결권자(organ of treaty making power)가 누구냐는 각각의 기본조직법 (국가의 경우 헌법)에 의해 결정되도록 일반국제법은 일임하고 있다.[52]

---

43) Starke, *supra* n.3, p.431.

44) Gerald Fitzmaurice, "Do Treaties Need Ratification?", *BYIL*, Vol.15, 1934, p.114.

45) Starke, *supra* n.3, p.431.

46) U. S. Department of the Army, *supra* n.24, p.52; C. C. Hyde, *International Law*, Vol.2, 2nd ed., (Boston: Litlle Brown, 1947), p.125.

47) Jennings and Watts, *supra* n.1, pp.112-27.

48) Fitzmaurice, *supra* n.44, p.114; G. G. Fitzmaurice, "The Law and Procedure of the International Court of Justice", *BYIL*, Vol.33, 1957, p.267.

49) *Ibid.*

50) Jennings and Watts, *supra* n.1, pp.126-27.

51) Starke, *supra* n.3, p.433.

52) *Ibid.*, pp.432-33.

(2) 비준방법

(가) 명시적 비준

비준의 형식에 관한 국제법상 규칙이 없다. 따라서 비준은 명시적으로 할 수도 있고 묵시적으로 할 수도 있다.[53] 명시적 비준은 조약체결권자가 조약을 확인한다는 의사를 문서에 표시하고 서명하는 것이 일반적이며, 이 문서를 비준서(instrument of ratification)라 하며 비준서의 형식은 일정한 바 없다.[54] 묵시적 비준은 비준서에 서명함이 없이 조약을 시행하는 방법으로 행하여진다.[55]

(나) 무조건 비준

조약의 내용은 조약문의 서명에 의해 확정되므로 비준 시 그 내용을 변경할 수 없다. 그러므로 조건부 비준이나 부분 비준에 대해 타방당사자는 이를 수락하거나 아니할 자유가 있다.[56] 따라서 조건부 비준 또는 부분 비준에 대해 상대방이 이를 수락하면 새로운 조약이 체결될 수 있으며 본래의 조약은 무효로 되게 된다.

(다) 비준기간

조약문에 일정한 비준기간이 정하여져 있는 경우에는 그 기간 내에 비준하지 아니하면 비준의 거절로 되며, 조약문에 비준기간이 정하여져 있지 아니한 경우는 상당 기간 내에 비준하지 아니하면 비준의 거절로 추정된다.[57]

(라) 비준서의 교환·기탁

두 당사자 간의 조약은 비준서를 상호 교환하고 다수당사자 간의 조약은 비준서를 일정한 장소에 기탁한다. 기탁의 장소는 조약이 체결된 장소의 외무부 당국인 것이 일반적이다.[58]

---

53) Jennings and Watts, *supra* n.1, p.1231.

54) Starke, *supra* n.3, p.433; Jennings and Watts, *supra* n.1, p.1231. 비준서에는 조약의 명칭, 서명일자, 서명장소, 서명된 조약문을 최종적으로 승인한다는 뜻을 표시하고 서명하는 것이 일반적이다 (*ibid.*).

55) Sinclair, *supra* n.2, p.41.

56) *Ibid.*; Jennings and Watts, *supra* n.1, pp.1232-34.

57) *Ibid.*, p.1230; Hans Kelsen, *Principles of International Law,* 2nd ed., (New York: Holt, 1967), p.468.

58) Fitzmaurice, *supra* n.44, p.115; Jennings and Watts, *supra* n.1, p.1230; Shabta: Rosenne, *supra* n.12, p.466.

(3) 비준의 효력

(가) 비준서의 교환·기탁에 의한 효력 발생

비준서의 작성에 의해 조약의 구속력이 발생하는 것이 아니라 비준서의 교환·기탁에 의해 조약은 효력을 발생하게 된다.[59]

(나) 비소급적 효력

비준은 비준서의 교환·기탁에 의해 효력을 발생한다. 그 효력 발생 시기는 그 조약의 서명 시로 소급된다는 주장이 있으나,[60] 서명 시로 소급되지 아니하고 비준서의 교환·기탁 시라는 주장이 통설[61]이고 판례[62]이다. 그리고 '조약법 협약'은 비준의 소급효에 관해서는 아무런 규정을 두고 있지 아니하다.

(4) 비준을 요하는 조약

모든 조약이 다 비준을 요하는 것은 아니다. (i) 비준을 요한다고 조약문 또는 전권위임장에 명시적 규정이 있는 경우 비준을 요함은 물론이다. (ii) 비준을 요하지 아니한다고 조약문 또는 전권위임장에 명시적 규정이 있는 경우 비준을 요하지 아니함은 물론이다. (iii) 문제는 조약문 또는 전권위임장에 비준을 요한다는 규정도 비준을 요하지 아니한다는 규정도 없는 경우 비준을 요하느냐이다.

오늘의 학설과 관행은 일치되어 있지 아니하며 '조약법 협약'도 위 (iii)의 경우 비준을 요하느냐에 관해 중립적 입장에서 어떠한 규정도 두고 있지 아니하다.[63]

이 연구에서 검토를 요하는 것은 시제법의 원칙상 오늘의 국제관습의 규칙이 아니라 "한일합방조약"이 체결된 1910년 당시의 그것이다. 이하 1910년 이전에 위 (iii)의 경우에 관한 학설과 판결에 표시된 규칙을 고찰하기로 한다.

---

59) U. S. Department of the Army, *supra* n.26, p.52; Rosenne, *supra* n.12, p.466.

60) H. Lauterpacht(ed.), *Oppenheim's International Law,* Vol.1, 8th ed., (London: Longmans, 1955), p.917.

61) Jennings and Watts, *supra* n.1, pp.1234-35; Starke, *supra* n.3, p.431; Lord McNair, *The Law of Theaties,* (Oxford: Clarendon, 1961), pp.193-98; Mervyn Jones, "The Retroactive Effect of the Ratification of Treaties", *AJIL,* Vol.29, 1935, p.65.

62) *Iloilo* Case(1925): *RLAA,* Vol.6, p.158; *Certain German Interests in Polish Upper Silesia* Case(1926): PCIJ, *Series A,* No.7, 1926, p.39; *Arbitral Awards made by the King of Spain*(1960): ICJ, *Reports,* 1960, pp.207-209; *Crime of Genocide*(Advisory Opinion)(1951): ICJ, *Reports,* 1951, p.28.

63) Jennings and Watts, *supra* n.1, pp.1230-31.

(가) 학설

1) H. W. Halleck

Halleck는 조약 자체에 명시적으로 유보되어 있지 아니해도 비준이 요구되는 것이 관행이라고 다음과 같이 기술하고 있다.

> 조약 자체의 명시적 구절에 의해 이 선제조건이 유보되어 있지 아니하다 할지라도 그러한 비준이 요구되는 것이 이제 정착된 관행이다(it is now the settled usage to require such ratification, even where this pre-requisite is not reserved by the express terms of the treaty itself).[64]

2) S. B. Crandal

Crandal은 조약이나 전권위임장에 명시적으로 유보되어 있지 아니한 경우라도 비준권은 일반적으로 수락되어 있다고 다음과 같이 기술하고 있다.

> 조약이나 전권위임장 내에 명시적인 유보가 되어 있지 아니하다 할지라도 신뢰의 중요성은 최근의 학자들이 비준의 권리를 완전히 일반적으로 수락하도록 유도했다(this importance of the trust, have led recent writers quit generally to admit the right of ratification, even if no express reservation be made in the treaty or full powers).[65]

3) W. E. Hall

Hall은 반대의 특별합의가 없는 경우 비준은 관행에 의해 필수요건이 되었다고 다음과 같이 기술하고 있다.

> 반대의 특별한 합의가 없는 경우 비준은 관행에 의해 필수요건으로 되어 왔다. … 비준의 필요성은 실정국제법에 의해 승인되었다(ratification, in the absence of special agreement to the contrary, has become requisite by usage … the necessity of ratification is recognized by the positive law of nations).[66]

---

64) H. W. Halleck, *Elaments of International Law,* 4th ed., (G. Sh Baker)(London: Paul Trench, 1908), Ⅱ, ch. vm, § 12; Fitzmaurice, *supra* n.44, p.122.

65) S. B. Crandal, *Treaties, Their Making and Enforcement* 2nd ed., (Washington, D.C.: John Bryne & Co., 1916), § 3; Fitzmaurice, *supra* n.44, p.123.

66) W. E. Hall, *International Law,* 8th ed., (Higgins)(Oxford: Clarendon, 1890), § 110; Fitzmaurice, *supra* n.44, p.123.

4) L. Oppenheim

Oppenheim은 비준이 명시적으로 규정되어 있지 아니한 경우에도 요구되는 것이 보편적으로 승인된 국제법의 관습규칙으로 승인되어 있다고 다음과 같이 기술하고 있다.

> 비록 비준이 명시적으로 규정되어 있지 아니한다 할지라도 조약은 정상적으로 비준을 요한다는 것이 오늘 국제법의 관습규칙으로 보편적으로 승인되어 있다(it is now a universally recognized customary rule of international law that treaties regularly ratification, even it this is not expressly stipulated).[67]

(나) 판결

Eliza Ann Case(1813)

Eliza Ann Case(1813)에서 재판관 Stowell은 후속적인 비준은 필수적으로 요구된다고 다음과 같이 판시한 바 있다.

> 지금 지배적인 관행에 따르면 추후의 비준은 필수적으로 요구된다. 그리고 이 입장의 실제의 확고한 확인은 그와 같은 명시적 규정을 하지 아니하는 현재 조약이 거의 없다는 것이다. 따라서 전권대표의 권한이 추후의 비준의 조건에 의해 제한된다고 추정된다(according to the practice now prevailing, a subsequent ratification is essentially necessary, and a strong conformation of the truth of this position is that there is hardly a modern treaty in which it is not expressly so stipulated; and therefore it is now to be presumed that the powers of plenipotentiaries are limited by the condition of a subsequent ratification).[68]

이 판결은 H. Blix는 "소위 비준의 필요의 증거(evidence of the so-called necessity of ratification)"라고,[69] Hans Kelsen은 "조약이 반대의 규정을 포함하지 아니하는 경우 비준은 필요하다(if a treaty does not contain a provision of law)"라고,[70] J. G. Starke는 "비준은 필요한 것으로 간주되었기 때문에 비준 없이 체결된 조약은 무효력으로 인정되었다(ratification was reged as so necessary that without it a treaty should be deemed ineffective)"라고,[71] Robert Jennings와 Arthur Watts는 "비

---

67) L. Oppenheim, *International Law,* 4th ed., (London: Longmans, 1905), I, §§ 511-12, Fitzmaurice, *supra* n.44, p.123.

68) *Dodson's Admiralty Reports,* Vol.1, 1813, p.248; Fitzmaurice, *supra* n.44, p.125.

69) H. Blix, "The Requirement of Ratification", *BYIL,* Vol.30, 1953, p.360.

70) Kelsen, *supra* n.57, p.469.

준 전까지 국가는 그 조약에 의해 구속되는 동의를 했다고 말할 수 없다(until ratification, a state cannot be said to have consented to be bound by a treaty)"라 고[72] 하여 각각 인용하고 있다.

요컨대, 동 판결은 Kelsen이 기술한 바와 같이 조약은 반대의 규정이 없는 한 비준을 요한다는 판결인 것이다.

이상에서 고찰한 바와 같이 1910년 그 이전 당시에 다수 학설과 판례는 반대의 규정이 없는 한 비준을 요한다는 것이 국제관습의 규칙이었다.

(5) 비준을 요하는 조약의 예외

여기서 또 하나 검토를 요하는 것은 조약문이나 전권위임장에 조약은 비준을 요한다는 명시적 규정도 비준을 요하지 아니한다는 명시적 규정도 없는 경우 조약은 비준을 요한다는 1910년 이전 당시의 국제관행의 규칙에 대해 두 개의 예외가 인정된다는 점이다. 이 예외는 일반국제관습법의 규칙(rule of general customary international law)에 의해 인정된 것이다.[73]

이는 Case relating to the Territorial Jurisdiction of the International Commission of the River Oder(1929)에서 상설중재재판소의 판결에 의해 확인되었다.[74] 그 예외는 다음과 같다.

(가) 국가원수가 직접 체결하는 조약

조약의 체결권자인 국가원수가 직접 체결하는 조약은 비준을 요하지 아니한다.[75] 예컨대, (ⅰ) 1812년의 영국과 스웨덴 평화조약(Treaty of Peace between Great Britain and Sweden)은 영국과 스웨덴의 국왕이 직접 서명하고 비준서의 교환이 없었다.[76] (ⅱ) 1815년 9월 26일에 서명된 신성동맹 조약(Holly alliance Final Act of the Congress of Vienna)은 오스트리아 황제, 러시아 황제, 페르시아 왕이 직

---

71) Starke *supra* n.3, p.431.

72) Jennings and Watts, *supra* n.1, p.1234, n.2.

73) Kelsen, *supra* n.57, p.470.

74) PCIJ, *Series A*, No.23, 1929, p.20.

75) Jennings and Watts, *supra* n.1, p.1229; Fitzmaurice, *supra* n.44, p.127.

76) Parry, *supra* n.3, p.191.

접 서명했고 비준서의 교환이 없었다.[77]

(나) 의정서, 교환공문 등 중요하지 아니한 조약

의정서, 교환공문 등 정치적 성격보다 기술적·경제적 문제를 규정한 조약은 비준을 요하지 아니한다.[78]

예컨대,

(i) 1931년 11월 20일의 전쟁배상에 관한 벨기에와 프랑스 간의 합의서(Agreement between Belgium and France regarding the Reparation for War Damage)[79]

(ii) 1935년 1월 28일의 학생고용자의 입학허가에 관한 덴마크와 프랑스 간의 합의서(Agreement between Denmark and France for Facilitating the Admission of Student Employees)[80]

(iii) 1934년 4월 24일의 1923년 9월 8일의 협약에 의해 수립된 일반청구위원회에 관한 미국과 멕시코 간의 의정서(Protocol between the United States of America and Mexico Relative to the General Claims Commission Established by the Convention of September 1923)[81]

2. 한일합방조약과 비준

가. 한일합방조약의 비준을 요하는 조약 여부

전술한 바와 같이 19세기에 있어서 조약은 그 조약문 또는 전권위임장에 비준을 요한다는 명시적 규정이 없이도 비준을 요한다는 것이 당시의 국제관습법상 규칙이었다.[82] 따라서 "한일합방조약"의 조약문에 동 조약은 비준을 요한다는 명시적 규정이 없어도 동 조약은 비준을 요하는 조약이다.

또한 전술한 바와 같이 국가원수가 직접 체결한 조약이나 의정서 등 비교적 중요하지 아니한 비정치적·기술적·행정적 조약은 예외적으로 비준을 요하지 아니

---

77) Stephan Verosta, "Holly Alliance", *EPIL*, Vol.7, 1984, p.273.

78) Fitzmaurice, *supra* n.49, p.127; Jennings and Watts, *supra* n.1, p.1229; Blix, *supra* n.69, pp.366-67.

79) *Ibid.*, p.367; Blix, *supra* n.69, p.367.

80) *Ibid.*

81) *Ibid.*

82) *Supra* nn.46-51; Blix, *supra* n.69, p.373.

한다.[83] "한일합방조약"은 내각총리대신 이완용이 서명했고 국가를 병합하는 중요한 조약이므로 동 조약은 예외적으로 비준을 요하지 아니하는 조약이 아니므로 동 조약은 비준을 요하는 조약이다.

나. 재가의 비준 여부

"한일합방조약" 제8조는 동 조약은 황제의 "재가"를 받았다고 규정하고 있는바, 동 "재가"를 비준으로 볼 수 있느냐의 검토가 요구된다. 다음과 같은 이유에서 동 "재가"는 비준으로 볼 수 없다.

(i) 동 조약 제8조의 규정에 의하면 동 "재가"는 동 조약의 서명일(1910년 8월 22일) 이전에 있었으므로 비준은 서명 이후 서명된 조약문을 최종적으로 승인하는 것이므로[84] 서명 전의 재가는 비준의 본질적 성질에 반하므로 이는 비준서로 볼 수 없다.

(ii) 재가서(재가)가 작성되었다 할지라도 비준서는 상호 교환됨을 요하는바,[85] 재가서는 한일 간에 상호 교환된 바 없으므로 이는 비준서로 볼 수 없다.

(iii) "재가"가 있었다는 어떠한 증거도 없다.

다. 칙유의 비준 여부

1910년 8월 29일 서명일에 작성된 "칙유(勅諭)"는 다음과 같은 이유로 비준서로 볼 수 없다.

(i) 비준서는 일정한 형식을 요한다는 국제법상 규칙이 정하여져 있는 것이 아니나, 최소한 조약의 명칭, 서명일시, 서명장소, 그리고 서명된 조약문을 승인한다는 내용이 포함됨을 요하는바,[86] 동 "칙유"에는 이러한 내용이 포함되어 있지 아니하고 대국민 공포의 내용만이 포함되어 있다.

(ii) 비준서는 상호 교환됨을 요하는바,[87] 동 "칙유"는 한일 간에 상호 교환된

---

83) *Supra* nn.55-63.
84) *Supra* nn.28-29.
85) *Supra* n.40.
86) *Supra* n.36.
87) *Supra* n.40.

바 없다.

(iii) 동 칙유에는 황제의 친필 서명이 없고 대한국새(大韓國璽)가 날인되지 아니하고 칙명지보(勅命之宝)라 새겨진 어새(御璽)가 날인되었다.[88] 따라서 이 칙유는 비준서라 할지라도 법적으로 "불성립", 즉 "부존재"인 것이다.

요컨대, "한일합방조약"은 동 조약문에 비준을 요한다는 명시적 규정이 없어도 1910년 당시의 국제관습법의 규칙에 따라 비준을 요하는 조약이다. 그러나 비준서의 작성도 비준서의 상호 교환도 없었으므로 동 조약은 조약체결의 최종 단계인 비준이 없었으므로, 즉 기속적 동의가 없으므로 동 조약은 조약으로 "불성립"이고 따라서 조약으로 "부존재"인 것이므로 동 조약은 유효하게 성립했으나 효력이 없는 무효가 아니라 부존재로 법적 효력이 없는 것이다.

IV. 결언

첫째로, 상술한 바를 다음과 같이 요약하기로 한다.

(i) '조약의 무효'와 '조약의 불성립'은 구별되는 개념이다. 전자는 성립된 조약이 '효력요건'을 구비하지 못해 효력이 없는 것을 의미하고, 후자는 조약 자체가 성립되지 아니한 "조약의 부존재"로 효력이 없는 것을 의미한다. 양자는 법적 효력이 없다는 점에서 동일하다.

(ii) 전권위임장 없이 체결된 조약, 비준되지 아니한 조약은 '조약의 불성립'으로 법적 효력이 없는 것이다.

(iii) 정부수석이 조약체결권자의 전권위임장 없이 조약을 체결할 수 있는 것은 1938년 이후에 성립된 관행이다. 따라서 "한일합방조약"이 체결된 1910년 당시 정부수석이 조약을 체결함에는 전권위임을 요했다.

(iv) 1910년 8월 22일의 "통치권 이양에 관한 조칙"은 일본의 강박에 의해 작성되어 무효이고, 그것이 무효가 아니라 할지라도 이를 일본 측 대표의 전권위임장과 상호 교환한 바 없으므로 이는 전권위임장이 아니다. 그리고 1910년 8월 29일의 "칙유"는 그 내용으로 보아 조약문의 승인이 아니라 대국민 공포문이므로 비준

---

88) 이태진, 전주 41, 91쪽.

서라 할 수 없고, 또 황제의 친필 서명이 없으며 어새의 날인이 있고 국새의 날인이 없어 무효이다.

(ⅴ) 따라서 내각총리대신에 의해 전권위임장 없이 체결되고, 황제의 비준이 없는 "한일합방조약"은 '조약의 불성립'으로 법적 효력이 없는 것이다. 이는 내각총리대신에게 강박을 가하여 서명되어 '효력요건'을 결하여 법적 효력이 없는 무효와 구별된다.[89]

둘째로, 대일정책 당국에 대해 다음과 같은 정책건의를 하기로 한다.

(ⅰ) "한일합방조약"의 '조약의 무효론'을 '조약의 불성립론'으로의 보완을 대일정책에 반영한다.

(ⅱ) "한일기본관계조약" 제2조의 "이미 무효"는 "당초부터 무효"라는 내용의 해석의정서를 일본과 조속히 체결한다.

여기서 필자는 한일합방조약에 강박에 의한 무효론보다 전권위임장과 비준이 없었으므로 한일합방조약의 부존재론을 택하기로 한다.

전자의 경우는 국가에 대한 강박이었나 조약체결 대표자에 의한 강박이었나에 대한 논의가 있고, 또한 대표자에 대해서 강박이 아니라 부정에 의한 부패였나에 대한 논의가 있으며 1969년에 조약법에 관한 비엔나 협약에 의하면 부패는 조약 무효의 원인이지만 1910년 당시의 국제관습법에는 부패가 조약 무효의 원인이 아니었으므로 필자는 조약 부존재론을 주장하기로 한다.

---

89) "한일합방조약"의 무효론과 부존재론의 조화 문제로 연구를 요하는 새로운 과제이다.

제5절 한일합방조약 불성립을 확인하는
국제적 선언

I. 카이로 선언

제2차 세계대전의 발발과 더불어 한국의 지위에 관한 문제가 부활되었다. 1919년 3·1독립운동에 이어 한국임시정부를 유지해 온 망명인들은 한국의 독립과 공식승인을 선전하기 시작했으며, 1943년 11월 27일 미국의 Franklin D. Roosvelt 대통령, 영국의 Winston S. Churchill 수상, 중화민국의 장개석 총통은 카이로에서 회합하여 12월 1일 "카이로 선언(Cairo Declaration)"을 발표했다. 동 선언은 대일전에 있어서 승리의 확신과 전망을 명백히 하고 한국에 대해 다음과 같이 선언했다.

전기 삼대국은 한국국민의 노예 상태에 유의하고 적당한 시기에 한족을 자유 독립시킬 것을 결의한다(The aforesaid three great powers, mindful of the enslavement of the people of Korea, are determined that in due course Korea shall become free and independent).[1]

동 선언은 "한국을 자유독립"으로 한다고 표시하여 당시의 한국은 국제법상 소멸한 것이 아니라고 명백히 확인하고 있다. 한국은 당시에 소멸한 것이 아니라 "자유"와 "독립"을 제한당한 국가로, 즉 "비독립국가"로 본 것으로 비독립국가도 제한된 능력을 가진 국가인 것이다.[2]

물론 비독립국가인 피보호국은 국제법상 법인격을 상실한 경우도 있고, 국제법

---

1) 동 선언 제7단.

2) Georg Schwarzenberger, *Manual of International Law*, 5th ed. (London: Stevens, 1967), Schwarzenberger, p.60; 한형건, "대한민국의 정통성", 율산 한태연 박사 회갑기념 논문집, 1977, p.59; 남기환, "현행 헌법상 평화통일", 『외교·안보논총』, 제1권, 1978, p.235.

상 법인격을 보지한 경우도 있다.[3] 그러나 동 선언이 "한국을 신생국으로 독립할 것"이라고 선언하지 않고, "한국을 자유와 독립으로 할 것(Korea shall become free and independent)"으로 표명한 것은 한국의 존재를 긍정한 것이며, 또 "한국을 분리·독립할 것"이라고 표현하지 않은 것은 한국이 병합에 의해 소멸하지 않았음을 의미한다.

더욱이 "자유"는 법인격의 존재를 전재로만 가능한 것이며, 법인격이 없는 자의 자유는 고려될 수 없는 것이다. 이런 점에서 동 선언은 한국의 국제법상 법인격을 긍정한 것이며, "자유와 독립으로 할 것"이란 제한된 행위능력을 회복한다는 의미인 것이다.[4]

동 선언은 정치적 방침의 선언이며, 조약이 아니므로 일본에 대해서는 물론이고, 미국·영국·중국에 대해서도 국제법상 법적 구속력이 있는 것이 아니다.[5] 그러나 후술하는 바와 같이 일본의 항복문서의 조인에 의하여 동 선언은 일본에 법적 구속력을 갖게 되었다.

II. 포츠담 선언

"카이로 선언"이 발표된 지 1년 8개월 만인 1945년 2월 26일에 역시 영국·미국·중국 등의 강대국에 의하여 "포츠담 선언"(Potsdam Declaration)이 선언되었으며, 소련은 동년 8월 8일 대일선전포고와 함께 동 선언에 가입했다.[6] 동 선언 제8

---

3) Gould는 피보호국의 국제법상 인격은 획일적으로 논할 수 없다고 하며(Wesley L. Gould, *An Introduction to International Law* (London: George Allen, 1970), p.169), Schwarzenberger는 비독립국도 국가이나 완전한 주권을 상실할 경우 국제법상 인격을 상실한다고 하며(Schwarzenberger, *supra* n.2, p.60), Brownlie는 비독립국가가 기관이나 대표기구를 수립하지 못한 경우는 국가가 아니라고 한다(Ian Brownlie, *Public International Law* (Oxford: Clarendon, 1966), p.69).

4) Myung-Ki Kim, *The Korean War and International Law* (Clarement: Paige Press, 1991), p.12; Schwarzenberger, *supra* n.2, p.60; Oscar Svarlien, *An Introduction to the Law of Nations* (New York: Macgraw-Hill, 1955), p.86; John Westlake, *International Law*, 2nd ed. Part I (Cambridge: Cambridge Univ. Press, 1910), p.21; 남기환, *supra* n.2, p.23; 김동희, 『대한민국의 정통성에 관한 법적 근거』 (서울: 국토통일원, 1976), p.20.

5) Shabtai Rosenne, "The Effect of Change of Sovereignty upon Municipal Law", *BYIL*, Vol.27, 1950, p.268, n.3; 선언은 조약이 아니며, (i) 정책의 수립, (ii) 채택된 원칙의 선포, (iii) 주어진 조치에 대한 정당한 이유의 제시의 세 가지 의미로 사용된다(G. G. Wilson, *International Law* 9th ed. (New York: Silver Burdett, 1935), p.209).

6) Gregory Henderson, "Korea", in Gregory Henderson, Richard N. Lebow and John G. Stoessinger,

항은 다음과 같이 규정하고 있다.

> 카이로 선언의 제 조항은 이행될 것이며 … 일본의 주권은 본주·북해도·구주·사국과 우리들이 결정하는 소도에 국한될 것이다.
> the terms of the Cairo Declaration shall be carried out … Japanese sovereignty shall be limited to the islands of Honshu, Hokkaido, Kyushu and such minor islands as we determine.[7]

동 선언은 "카이로 선언의 제 조항은 이행되어야 하며"라 규정하여 전술한 "카이로 선언"을 재확인한 것이고, 따라서 한국의 국제법상 법인격도 동 선언에 의해 재확인된 것이다. 또 "일본국의 주권은 본주·북해도·구주·사국 … 에 국한된다"고 규정하여 일본의 주권이 한국에 미치지 못함을 선언하여 한국의 존재를 긍정한 것이다.

동 선언 역시 "카이로 선언"과 동일한 법적 성격을 가진 것으로 일본에 대해 법적 구속력을 가진 것이 아니다.[8] 그러나 1945년 8월 14일에 연합국 측이 항복조건으로 제시한 동 선언을 일본이 동년 9월 2일 동경만의 Missouri 함상에서 무조건 수락하는 항복문서에 조인함으로써 이는 일본에 대하여 법적 구속력을 갖게 되었다.[9]

(eds.), *Divided Nations in a Divided World* (New York: David Mckay, 1974), p.45; Marjorie M. Whiteman, *Digest of International Law*, Vol. 3 (Washington D.C.: U.S.G.P.O., 1964), pp.592, 601; H. Lauterpacht, *Oppenheim's International Law*, Vol.2 7th ed., (London: Longmans, 1952), p.553, note 3.

7) US, Senate Committee on Foreign Relations, *A Decade of American Policy: Basic Documents, 1941-1949* (Washington, D. C.: USGPO, 1950), p.50.

8) Rosenne, *supra* n.5, p.268 note 3.

9) 박관숙, "독도의 법적 지위에 관한 연구", 학위논문(서울: 연세대학교 대학원, 1968), p.53; 이한기, 『한국의 영토』 (서울: 서울대학교 출판부, 1969), p.265; 高野雄一, "領土" 國際法學會, 『平和條約の綜合硏究』, 上卷 (東京: 有斐閣, 昭和 27), p.69; Rosenne, *supra* n.5., p.268 note 3; D. P. O'Connell, "The Status of Fomosa and the Chinese Recognition Problem", *AJIL*, Vol. 50, 1956, pp.406-407; Kim, *supra* n.4, pp.7-8.

제4장

국제법상 한일합방조약
부존재의 승인

1948년 8월 15일 역사적인 한국 정부의 수립이 있었다. 이 한국 정부의 수립을 국가의 수립으로 볼 것인지 또는 정부의 수립으로 볼 것인가의 문제를 제기한다. 이 문제는 외견상 별 차이가 없는 것으로 볼 수 있으나 양자는 커다란 차이가 실재한다. 국가의 수립으로 보면 1910년 한일합방조약은 유효한 것으로 동 조약에 의해 대한제국은 소멸한 것이므로 1945년 한국 정부의 수립을 신생국의 수립으로 보는 것이며, 정부의 수립으로 보면 1910년 한일합방조약은 부존재 또는 무효이므로 동 조약에 의해 대한제국은 소멸한 것이 아니므로 1948년 정부 수립은 대한제국 정부의 수립으로 보는 것이다. 결국 전자는 한일합방조약이 성립·유효하다는 것이고, 후자는 1910년 한일합방조약이 부존재·무효라고 보는 것이다. 그러므로 이 연구는 1948년 한국 정부의 수립을 정부의 수립으로 보는 기본 입장에 입각한 것이다.

국제연합이 1948년 한국 정부의 수립을 "정부의 수립"으로 선언하고 있다. 이는 1910년 한일합방조약에도 불구하고 대한제국은 국가로서 소멸한 것이 아니라 존속한 것으로 결의한 것이며 이는 결국 한일합방조약 부존재를 확인·선언한 것이다. 국제연합이 한일합방조약의 부존재를 선언한 것은 결국 이는 세계 모든 국가가 한일합방조약 부존재를 선언한 것으로 된다. 이 장에서는 이에 관해 고찰해 보기로 한다.

제1절 영토주권 승인 일반

국제연합이 독도의 영토주권이 한국에 귀속됨을 승인하는 것은 간접적으로 한일합방조약의 부존재를 승인하는 것이므로, 여기서 영토주권의 승인에 관해 고찰하기로 한다.

Ⅰ. 영토주권 승인의 의의

영토주권의 승인(recognition of territorial sovereignty)이란 국제법의 주체가 특정 국가의 특정 영토에 대한 영토주권의 존재를 인정하는 행위로,[1] 국제법상 일반적인 승인과 같이 영토주권의 "승인"도 타 국가와의 관계에서 제기되는 어떤 사실이나 사태의 수락(acceptance of any fact situation),[2] 즉 특별한 사태를 수락하는 적극적인 행위(a positive act acception)를 의미한다.[3] 따라서 승인은 존재하는 사실의 선언(declaratory of an existing fact)을 하는[4] 일방적 법률행위(unilateral transaction)이다.[5] 그러므로 영토주권의 승인은 특정영토에 대해 특정국가에 영유권이 존재한

---

1) Ian Brownlie, *Principle of Public International Law*, 5th ed., (Oxford: Oxford University Press, 1998), pp.156-57.

2) Robert Jennings and Arthur Watts (eds.), *Oppenheim's International Law*, 9th ed., Vol. 1, (London: Longman 1992), p.127.

3) Malcolm N. Shaw, *International Law*, 4th. ed., (Cambridge: Cambridge University Press, 1997), p.50.

4) H. Lauterpact, *Recognition in International Law*, (Cambridge, Cambridge University Press, 1948), p.6.

5) Georg Schwazenberger and E. D. Brown, *A Manual of International Law*, 6th ed., (Milton: Professional Books, 1976), p.140; Werner Levi, *Contemporary International Law* (Boulder: Westview, 1979), p.214; Brownlie, *supra* n.1, p.642; Shaw, *supra* n.3, p.95; Jochen Abr. Frowein, "Recognition", *EPIL*,

다는 사실 또는 사태를 인정하는 적극적·일방적 법률행위라 할 수 있다. 영토주권의 승인은 그 자체 영토취득의 유형(a mode of acquisition)이 아니지만,[6] 영토권원의 타당성을 확립할 목적을 위한 적절한 방법(a suitable means for the purpose of establishing the validity for a new territory title)이다.[7] 영토주권의 승인은 영토주권을 대상으로 한 것이지만 그 실질적 효과 면에서 보면 영토주권의 권원의 승인으로 이는 영토주권의 권원의 근거(root of title)가 된다.[8]

엄격하게는 영토주권(territorial sovereignty)은 영토(teriitory), 영토권원(territorial title), 영토권원의 근거(root of territorial title) 등과 구별된다. 영토는 국가의 성립요소인 육지지역, 영토주권은 영토에 대한 국가의 주권, 영토권원은 영토주권의 타당근거, 영토권원의 근거는 영토권원의 기초인 근거(예: 할량조약, 기타형태의 합의, 포기, 조정, 묵인, 승인 등)를 각각 뜻한다.

"영토주권의 승인은 영토권원의 승인(recognition of title to territory)",[9] "영토 내 권리의 승인(recognition of rights in the territory)",[10] "영토의 승인(recognition of territorial title)",[11] "영토적 권원의 승인(recognition of territorial title)",[12] "영토취득의 승인(recognition of acquisition of territory)"[13]과 구별된다. 그러나 이 연구에서는 이들 모두를 영토주권의 승인(광의)으로 보기로 한다.

영토주권의 승인을 영토 분쟁에서 결정을 도출하는 "원칙(principle)"[14]으로 보기도 하고, 그 "기준(criteria)"[15]으로 보기도 한다. 영토주권의 승인은 영토에 관한

Vol.10, 1987, p.341; Vaughan Lowe, *International Law*(Oxford: Oxford University Press, 2007), p.160; Gerhard von Glahn, *Law Among Nations*, 9th ed., (London: Longman, 2009), p.145; John P. Grant and J. Craig Barker, *Encylopeadic Dictionary of International Law*, 3rd ed., (Oxford: Oxford University Press, 2009), pp.502-03.

6) Peter Malanczuk, *Akehust's Modern Introduction to International Law*, 7th ed., (London: Routledge, 1987), p.154.

7) Schwazenberger and Brown, *supra* n.5, p.97.

8) Brownlie, *supra* n.1, pp.131-32.

9) Schwazenberger and Brown, *supra* n.5, p.603.

10) David H. Ott, *Public International in the Modern World*, (London: Pitman, 1987), p.107.

11) Shaw, *supra* n.3, p.938.

12) Malanczuk, *supra* n.6, p.938.

13) Marijorie M. Whiteman, *Digest of International Law*, Vol.2, (Washington D.C.: USGPO, 1963), p.1.

14) Shaw, *supra* n.3, p.350; Ott, *supra* n.10, p.107.

15) A. L. W. Munkman, "Adjudication and Adjustment- International Judicial Decision and Settlement

분쟁을 전제로 한 것이 아니며 국제연합 총회에 대한 한국의 영토주권의 승인은 한일 간에 독도영유권 문제가 제기되기 전에 있었다.

II. 영토주권 승인의 주체

국제법상 승인의 주체는 국제사회의 기존 구성원(already existing member of the community)으로[16] 국제법 인격자(international legal person)이다.[17] 영토주권을 승인하는 주체는 영토주권의 승인으로 영토주권을 상실하게 되는 국가(losing state)인 것이 일반적이나, 제3국도 영토주권의 승인의 주체가 될 수 있다.[18] 묵인의 주체는 영토주권을 상실하게 되는 국가뿐이라는 점이 영토주권의 승인과 영토주권의 묵인의 차이점의 하나이다.[19] 국제연합이 국제법상 승인의 주체가 될 수 있느냐에 관해서는 논의가 있으나, 전술한 바와 같이 승인의 주체는 국제사회의 기존 구성원이고, 국제법인격자이다.[20] 국제연합은 국제사회의 중요한 구성원의 하나이고 국제법인격자이므로 승인의 주체가 될 수 있다.[21] 이는 "헌장"의 규정에 의한 것이 아니라 일반 국제법에 의한 것이다. 1948년 12월 12일 국제연합 총회의 결의 제195호(III)로 대한민국정부를 승인하고, 1971년 10월 25일 국제연합 총회의 결의 제2758호(XXVI)로 중화인민공화국 정부를 중국의 대표정부로 승인한 것은 국제연합이 승인의 주체가 될 수 있음을 실증한 것이다.[22]

---

of Territorial and Boundary Disputes", *BYIL*, vol.45(1972-1973), p.95, 105.

16) Lauterpact, *supra* n.4, p.7.

17) Shaw, *supra* n.3, p.296.

18) Brownlie, *supra* n.1, p.157; Shaw, *supra* n.3, p.351; Malanczuk, *supra* n.6, p.155.

19) Brownlie, *supra* n.1, p.157.

20) Shaw, *supra* n.3, p.63; Jenning and Watts(eds.), *supra* n.2, p.18; Malanczuk, *supra* n.6, p.92; Ott, *supra* n.10, p.76; Frowein, *supra* n.5, p.276; ICJ, Reports, 1949, p.179.

21) Schwazenberger and Brown, *supra* n.5, p.63; Frowein, *supra* n.5, pp.343-44; Rosalyn Higgins, *The Development of International Law through the Political Organs of the United Nations* (Oxford: Oxford University Press 1963) pp.131-32.

22) Jennings and Watts(eds.), *supra* note 2, pp.181-82; 김명기, 「국제법원론」상, (서울: 박영사, 1996), 125쪽.

III. 영토주권 승인의 방법

1. 명시적 승인과 묵시적 승인

영토주권의 승인은 명시적 성명의 형태(form of an express statement)의 방법에 의할 수도 있고, 묵인으로부터 추론(inferred from acquiescence)되는 방법에 의할 수도 있다.[23] 명시적 성명은 일방적·명시적 선언(unilateral express declaration)의 방법에 의할 수도 있고 조약의 규정(treaty provision)의 방법에 의할 수도 있다.[24] 영국에 의한 Jan Mayen도에 대한 노르웨이의 영토주권의 승인은 전자의 방법의 한 예이며,[25] *Eastern Greenland* Case에서 상설국제사법재판소가 덴마크와 다른 국가들 간의 조약이 Greenland에 대한 덴마크의 영토주권의 승인의 증거가 된다고 판시한 것은 후자의 방법의 한 예이다.[26]

2. 법률상 승인과 사실상 승인

가. 법률상 승인

법률상 승인(*de jure* recognition)이란 영속적 외교관계를 설정하기 위한 정식적·확정적으로 행하여지는 승인으로 철회할 수 없는 승인으로, 승인은 일반적으로 법률상 승인이다.[27]

나. 사실상 승인

사실상 승인(*de facto* recognition)은 비공식적·잠정적으로 행하는 승인으로 승인국이 정치적 이유에 의하여 영속적인 외교관계의 설정을 목적으로 하는 정식 승인을 하지 않을 경우에 일시적인 이해관계의 조정을 위하여 행하여지나, 많은 경우에 법률상의 승인을 전제로 하는 승인이다. 사실상의 승인은 승인 후의 사태 여하에 따라 철회할 수 있는 것이 법률상의 승인과 구별된다.[28]

---

23) Malanczuk, *supra* n.6, p.154.

24) Brownlie, *supra* n.1, p.157.

25) *Ibid.*, p.92.

26) PCIJ, Series A/B No.53, 1933, pp.51-52.

27) Jochen Ahr. Frowein, "Recognition", *EPIL*, Vol.10, 1987, p.342; Ti-Chiang Chen, *The International Law of Recognition*(London: Sterens, 1951, pp.270-90.

28) Brownlie, *Supra* n.1, p.92; John P. Grant and J. Craig Barker, *Encyclopedic Dictionary of International*

1949년 이스라엘이 독립을 선언하자 미국은 이를 사실상 승인을 하고 1949년 1월 법률상 승인을 한 바 있다.[29]

정치적으로(in political sence) 양자 모두 철회 가능하나, 법률적으로(in legal sence) 양자 모두 철회 불가능한 것이며, 승인을 보장하는 사정의 변경이 없는 경우가 아닌 한(unless a change of circumstance warrants it) 철회가 가능하다.[30] 이와 같이 사실상 승인은 정치적 개념이고, 법적 개념이 아니다. 영국과 미국의 최근 관행은 양자의 구별을 포기했다.[31] 즉, 영국과 미국은 사실상 승인을 부정하고 있다. 그러므로 이 연구에서도 사실상 승인의 방법에 관해서는 논외로 하기로 한다.

Ⅳ. 영토주권 승인의 효과

1. 영토주권의 타당성 확립 효과

영토주권의 승인은 국제법상 일방적 법률행위로 법적 구속력(legal binding force)을 갖는다.[32] 그 법적 구속력의 근거는 "약속은 지켜야 한다(*pacta sunt serevanda*)"의 원칙의 적용에서 찾기도 하고 금반언(estoppel)의 원칙과 신의 성실(good faith)의 원칙에서 찾기도 한다.[33] 영토주권의 승인은 금반언의 법적 효과를 창출한다.[34] 영토 주권의 승인은 영토 권원의 취득에 대단히 중요한 증거(prove of great importance in the acquisition of title of territory)가 된다.[35] 따라서 영토취득에 대단히 중요한 역할을 한다.[36] 즉 영토 주권의 승인은 영토 권원의 타당성을 확립한다(establishing validity of territorial title).[37]

Law, 3rd ed., (Oxford: Oxford University Press, 2009), p.509.

29) Frowein, *Supra* n.27, p.342; Chen, *Supra* n.28, pp.270-90.

30) Brownlie, *Supra* n.28, p.92.

31) Gerhard von Glahn and Janes Larry Traulbee, *Law Among Nations* (London: Longman, 2009), p.155.

32) Wilfriend Fiedler, "Unilateral Acts in International Law", *EPIL*, Vol.7, 1984, p.520.

33) *Ibid.*

34) PCIJ, *Series A/B*, No.53, pp.68-69.

35) Shaw, *supra* n.3, p.351.

36) Malanczuk, *supra* n.6, p.154.

37) Georg Schwazenberger, "Title to Territory Response to Challenge", *AJIL*, Vol.51, 1957, p.323.

2. 상대적 권위의 강화 또는 절대적 권원화

영토주권의 승인은 의심스러운 권원을 명백한 권원으로 전환하여(turn a doubtful title into good one)[38] 보다 좋은 상대적 권원(better relative title)을 제공하여[39] 상대적 권원(relative title)이 절대적 타당성(absolute validity)을 갖게 된다.[40]

3. 영토주권의 응고

상대적 권원의 강화 또는 절대적 권원화에 의해 영토권원의 응고(consolidation of title to territory)의 결과를 가져오게 한다.[41]

V. 영토주권 승인을 인정한 학설과 판례

1. 영토주권의 승인을 인정하는 학설

영토주권의 승인은 학설에 의해 일반적으로 승인되어 있다.

Levi는 정부가 더 이상 실효적 지배를 할 수 없게 되었을 때에 사용된다고 하여 다음과 같이 영토주권의 승인을 용인하고 있다.

> 국가와의 관계에서 승인은 사실상 승인으로 될 수 있다. 이는 한 영토가 더 이상 그 영토를 지배하는 전 정부의 더 이상 관할하에 있지 아니하게 될 때에 흔히 이용된다.
>
> in relation to states, recognition can be de facto. This is often used when a territory is no longer under the control of its former government and the recognizing state has to deal with group de facto in control to presrve its interests in the territory such recognition is then limited in the scope for the conduct of such minimally necessary, factual relations.[42]

G. Schwarzenberger와 Brown은 영토주권의 승인은 영토주권의 타당성을 확립할 목적을 위한 적절한 방법이라고 다음과 같이 기술하고 있다.

---

38) J. G. Starke, *Introduction to International Law*, 9th ed., (London: Butterworth, 1984), p.148.

39) Ott, *supra* n.10, p.107.

40) Schwazenberger and Brown, *supra* n.5, p.99.

41) *Ibid.*

42) Werner Levi, *Contemporary International Law*(Boulder: W Press, 1979), p.68.

영토주권은 영토주권의 타당성을 확립할 목적을 위한 적절한 방법이다(recognition of territorial sovereignty is a suitable means for the purpose of establishing the validity for a new territorial title).[43]

David Ott는 영토주권의 승인은 실제적인 공개적 인정이라고 다음과 같이 기술하고 있다.

승인은 일방 당사자에 의한 영토에 있어서 권원의 실질적이고 공개적인 인정이다(recognition would be an actual open acknowledgement by one party other's rights in the territory).[44]

영토주권의 승인은 Malcolm N. Shaw,[45] Peter Malanczuk,[46] A.L.W. Munkman[47] 등에 의해 인정되어 있다.

Abr. Frowein은 영토에 대한 합법적인 사태가 변화될 때 승인은 중요한 역할을 한다고 다음과 같이 기술하고 있다.

승인 또는 불승인은 불법이 변화되는 영토적 사태에 대해 중요한 역할을 한다(Recognition of non-recognition play on important role in regard to territorial situation whose lawfulness is open to charge).[48]

John P. Grant와 Craug Barker는 "영토권원의 승인"이라는 표현은 흔히 사용된다고 다음과 같이 기술하고 있다.

---

43) Georg Schwazenberger and E. D. Brown, *A Manual of International Law*, 6th ed., (Milton: Professional Books, 1976), p.97.

44) David H. Ott, *Public International in the Modern World*, (London: Pitman, 1987), p.107.

45) Malcolm N. Shaw, *International Law*, 4th. ed., (Cambridge: Cambridge University Press, 1997), p.938.

46) Peter Malanczuk(eds.), *Akehust's Modern Introduction to International Law*, 7th ed., (London: Routledge, 1987), p.154.

47) A. L. W. Munkman, "Adjudication and Adjustment- International Judicial Decision and Settlement of Territorial and Boundary Disputes", *BYIL*, vol.45(1972-1973), p.65, 105.

48) Abr. Frowein, "Recognition", *EPIL*, Vol.10, 1987, p.346.

영토주권의 승인이라는 표현은 흔히 사용된다.

the expression "recogniton of territorial title" is commonly used.[49]

John P. Grant와 Craug Barker는 "영토권원의 승인이라는 표현은 흔히 사용된다 (the expression "recogniton of territorial title" is commonly used)"라고 논하고 eastern Greenland의 법적 지위에 관한 상설국제재판소의 영토주권의 승인을 긍정하고 있다.

2. 영토주권의 승인을 인정하는 판례

영토주권의 승인은 국제재판소의 판결에 의해서도 인정되고 있다. 그 판결을 보면 다음과 같다.

Eastern Greenland Case(1993)[50]

Minquier and Ecrehos Case(1953)[51]

Western Sahara Case(1957)[52]

Case Concerning Sovereing over Certain Frontier Land(1959)[53]

Land, island and Maritime Frontier Case(1992)[54]

Libya/Chad Case(1994)[55]

---

49) John P. Grant and Craug Barker, *Encyclopedic Dictionary of International Law*(Oxford: Oxford University Press, 2009), p.509.

50) PCIJ, *Series A/B*, No.53, pp.51-52.

51) ICJ, *Reports*, 1953, p.67.

52) ICJ, *Reports*, 1957, pp.49-57.

53) ICJ, *Reports*, 1959, pp.227-31.

54) ICJ, *Reports*, 1992, p.351, 577.

55) ICJ, *Reports*, 1994, p.35.

제2절 국제연합 총회의 결의에 의한
한일합방조약 부존재의 승인

　국제연합 총회는 1948년 8월 15일 한국 정부의 수립은 신생국가의 수립으로 보지 아니하고 신생 "정부의 수립"으로 본다는 선언을 했다. 이는 국제연합이 1910년 8월 22일 한일합방조약에 의해 대한제국이 국가로서 소멸한 것이 아니라 국가로서 존속한 것을 승인한 것이고, 또 이 승인은 1910년 한일합방조약의 부존재를 승인한 것이다. 왜냐하면 한일합방조약이 성립·유효한 한 대한제국은 국가로서 소멸하여 1948년 한국 정부의 수립은 신생 "국가의 수립"으로 되고 "정부의 수립"으로 되지 아니하기 때문이다. 물론 여기 한일합방조약 부존재의 승인은 "명시적 승인"이 아니라 "묵시적 승인"인 것이다.

　이하 국제연합 총회의 결의에 의한 한국 정부의 승인을 통해 국제연합이 한일합방조약 부존재의 승인을 선언한 내용을 개관하기로 한다.

Ⅰ. 승인의 내용과 분석

1. 승인결의의 내용

　국제연합 총회(General Assembly)는 안전보장이사회, 경제사회이사회, 국제사법재판소 그리고 사무국과 같이 국제연합의 주요기관(principal organ)의 하나이다(헌장 제7조 제1항). 국제연합 총회는 국제연합의 최고감독기관(supreme supervisory body)이다.[1]

---

1) Stephen S. Goodrich, *The Nature and Function of International Organization*, 2nd ed., (Oxford:

국제연합 총회는 "국제연합헌장"의 규정에 의거 법적·정치적 권한을 갖는[2] 국제연합의 주요기관의 하나인 국제연합의 회원국 전체로 구성되는 전원출석체(plenary body)이다.[3] 총회는 국제연합의 중심적 지위(a central position)를 보유하고 있다.[4]

1948년 8월 15일 대한민국 정부가 수립된 후 1948년 12월 12일 제3차 국제연합총회는 대한민국정부를 한국의 유일합법정부(only lawful government)로 승인하는 결의를 채택했다. 동 결의의 내용은 다음과 같다.

> …한국에 대한 유효한 지배권과 관할권을 가진 합법정부가 수립되었다는 것과 대한민국 정부는…한국에 있어서 유일한 합법정부임을 선언하며…[5]

2. 승인 결의의 분석

위의 결의 중 "선언한다(declare)"는 국제연합의 결정의 중요성의 희구(desire the importance of its decision)인 것[6]이며 선언은 새로운 규범의 창설이 아니라 현존규범의 확인(confirms)인 것이다.[7]

동 선언은 합법정부(lawful government)의 승인이고,[8] 전 한국(whole of Korea) 정부의 승인이고,[9] 전 국가에 대한 정통성(legitimacy over the Whole of country)의 승인이다.[10] 따라서 동 선언은 후술하는 바와 같이 한일합방조약 부존재의 승인이다.

"한국에 대한 유효한 지배권과 관할권을 가진(having effective control and jurisdiction over that part of Korea)"에서 대한민국 정부의 지배권과 관할권의 대상인 한국에는 독도가 포함된다. 그러므로 동 선언은 한일합방조약 부존재의 승인 외에 독도가 일본으로부터 분리됨을 승인한 것이다. 따라서 여기서 이에 관해 상술하기로

Oxford University Press, 1967), p.114.

2) Hans Kelsen, *The Law of the United Nations* (New Jersey: Lawbooks Exchange, 2000), p.193.

3) Giden Boas, *Public International Law* (London: Edward Elgar, 2012), p.213.

4) Francis Vallat, "UNs General Assembly", *EPIL*, Vol.5, 1983, p.323.

5) "declare that there has been established lawful government having effective control and jurisdiction over that part of Korea…" (GA Re. 1951(III)).

6) Henry G. Schermes, "International Organizations Resolution", *EPIL*, Vol.5, 1983, p.160.

7) *Ibid.*

8) Denise Bindschedler-Robert, "Korea", *EPIL*, Vol.12, 1990, p.204.

9) *Ibid.*

10) *Ibid.*

한다. 1946년 1월 26일의 "SCAPIN 제677호" 제3항에 명시되어 있으며 또한 "SCAPIN 제677호"에 의거 분리된 독도를 포함한 한국에 대한 지배권을 갖고 있던 주한미군사령관인 하지(John R. Hodge) 중장이 1948년 8월 11일의 이승만 대통령에게 보낸 "통치권 이양에 관한 공한"에 의거 독도는 미군정의 지배권으로부터 한국 정부로 이양되었다. 동 결의는 대한민국 정부를 "한국에 있어서 유일한 합법정부"로 승인하고 있는바, 타국의 영토 위에 수립된 정부를 합법정부라고 할 수 없으므로 이는 총회에 의한 한국의 영토주권의 승인이라 할 수 있다. 이하 "SCAPIN 제677호"에 의한 영토의 일본으로부터의 분리, 그리고 이를 포괄적으로 승계한 주한미군사령관의 조치의 내용을 보기로 한다.

가. SCAPIN 제677호에 의한 분리

1945년 8월 15일 일본의 "항복선언(Declaration of Surrender)"이 있었고 이를 성문화하기 위한 "항복문서(Instrument of Surrender)"의 서명이 9월 2일 연합국과 일본 간에 있었다. "항복문서"에서 일본은 "포츠담 선언"을 무조건 수락한다고 확약했다. 동 문서의 시행을 위해 연합군 사령관은 "1946년 1월 29일 일본 정부 훈령을 하달했다. 동 훈령의 공식명칭은 "Supreme Commander for the Alled Power Instruction No.677"(이하 "SCAPIN 제677호"로 표기하기로 한다)이다. 이는 8개 항으로 구성되어 있다.

동 훈령 제3항은 동 훈령에서 일본에 포함되는 지역과 제외되는 지역을 한정했고, 제외되는 지역의 하나로 독도를 열거하고 있다.

전술한 바와 같이 "SCAPIN 제677호" 제3항은 동 훈령에서 일본에 포함되는 지역과 제외되는 지역을 명시하고 있다. 동 제3항의 규정은 다음과 같다.

3. 이 지령에 있어서 일본이라 함은 일본4대도(북해도·본주·구주 및 사국) 및 약 1,000의 인접 제 소도를 포함한다. 상기 인접 제 소도는 대만 및 북위 30도 이북의 유 구(남서) 제도(구지도 제외)를 포함하나 다음 제도를 포함하지는 않는다.

(a) 울릉도, 죽도(독도), 제주도

(b) …

(c) …

여기서 독도는 일본으로부터 제외되는 지역으로 도명을 명시하여 규정되어 있다. 그러므로 동 훈령상 독도는 한반도와 함께 일본의 통치권으로부터 분리된 것이 명백하다.

따라서 상기 총회의 결의 중 "유효한 지배권과 관할권을 갖는 한국"에 "SCAPIN 제677호"에 의해 분리된 독도가 포함됨은 물론이다. 한국의 영토주권의 승인은 한국의 영토의 승인이며, 한국 영토의 승인은 한국의 국가승인이며, 한국의 국가승인은 한국의 역사적 정통성의 승인이며, 한국의 역사적 정통성의 승인은 대한제국의 존속성의 승인이며, 대한제국의 존속성 승인은 한일합방조약 부존재의 승인이다.

나. 주한미군사령관으로부터 영유권의 양수

상술한 "SCAPIN 제677호"에 의해 일본으로부터 분리된 독도는 한국 정부에 이양된 것이 아니고 주한미군사령관의 관할로 이양되었다. 그 후 1948년 8월 11일 주한미군사령관의 관할권으로부터 대한민국의 관할권으로 분리되게 되었다. 주한미군사령관 하지의 관할권 이양 공한에는 다음과 같이 기술되어 있다.

> …본관이 현재 주한미국군대의 총사령관의 자격으로 행사하는 통치기능을 대한민국정부에 이양함에 있어서 …한국으로부터의 미국 점령군의 철수…[11]

1948년 8월 11일의 위의 공한 중 "주한미군사령관이 행사하는 한국" 중에는 1946년 1월 29일의 "SCAPIN 제677호" 제3항에 의해 주한미군사령관의 관할권으로 이양된 독도가 포함됨은 물론이다.

따라서 1948년 12월 12일의 국제연합 총회에 의해 합법정부로 승인된 대한민국의 영토는 "SCAPIN 제677호"에 의해 분리되어 주한미군사령관의 관할하에 있었으나 1948년 8월 11일의 주한미군사령관의 공한에 의해 한국 정부로 이양된 통치권의 대상에 한국에 대한 실질적 통제였으며,[12] 이 실질적 통제에는 독도가 포함되어 있으므로 이는 국제연합 총회의 결의를 통해 한반도와 독도가 한국의 영토임

---

11) in transfering to that Governmental the functions of Government now existed by me as Commanding General of the United States Army Forces in Korea…, (John R. Hodge, Commanding General, the US Army Forces in Korea to the President, 11, August, 1948).

12) W. V. O'Brien, *The New Nations in International Law and Diplomacy* (London: Stevens, 1964), p.137.

을 승인한 것이다.

한일합방조약의 부존재로 독도를 포함한 한국의 영토가 법적으로 일본에 병합된 바 없으므로, 일본으로부터 분리되는 독도를 포함한 한국의 영토는 *dominium*이 아니라 *imperium*인 것이다.

II. 승인 결의의 묵시적 승인과 승인의 효과

1. 묵시적 승인

승인은 그것이 국가의 승인(recognition of state)이든, 정부의 승인(recognition of government)이든, 교전단체의 승인(recognition of belligerency)이든, 외국판결의 승인(recognition of foreign judgement)이든, 영토주권의 승인(recognition of territorial sovereignty)이든, 불문하고 승인을 하는 주체의 의도(intention)의 문제이다.[13]

이 승인의 의도는 명시적으로(express) 표시될 수도 있고 묵시적으로(implied) 표시될 수도 있다.[14]

명시적인 표시는 선언(declaration)이나 통고(notification)와 같은 공개된 애매하지 아니한 형태(an open unambiguous form) 또는 의사소통의 형태(communication form)에 의할 수도 있다.[15] 묵시적 표시는 어떤 승인으로 이해되는 것으로 해석되는 특별한 조치(particular action to be interpreted as comprehending any recognition)에 의할 수 있다.[16] 이는 승인으로 수락하는 의도에 대해 합리적인 의문이 없는 모

---

13) Georg Schwazenberger and E. D. Brown, *A Manual of International Law*, 6th ed., (Milton: Professional Books, 1976), p.57; Robert Jennings and Arthur Watts (eds.), *Oppenheim's International Law*, 9th ed., Vol. 1, (London: Longman 1992), p.169; H. Lauterpact, *Recognition in International Law*, (Cambridge, Cambridge University Press, 1948), pp.370-71; US Department of State, G. H. Hackworth Memorandum, December 13, 1940 (Whiteman, *Digest of International Law*, Vol. 2, 1963, p.48); Malcolm N. Shaw, *International Law*, 4th. ed., (Cambridge: Cambridge University Press, 1997), p.310.

14) Shaw, *supra* n.13, p.310, Henry Campel Brack, *Brack's Law Dictionary* (St. Paul: West, 1979), p.678; Jennings and Watts, *supra* n.13, p.169; US Department of State, *supra*. n.13, p.49 (Majorie M. Whiteman *supra* n.13, p.48); R. Higgings, *The Development of International Law by the Political Organs of the United Nations* (Oxford: Oxford University Press, 1963), p.140; Abr. Frowein, "Recognition", *EPIL*, Vol.10, 1987, p.345; Article 7, Montevideo Convention on Rights and Duties of States 1933.

15) Shaw, *supra* n.13, p.310.

16) *Ibid.*

든 경우(in all cases in which there is no reasonable doubt as to the intention … to grant recognition)이다.[17] 이는 승인의 의도를 명시적 승인에 직접적으로 표시하는 것이 아니나 승인으로 추정되는 다른 행위를 통하여 승인의 의도를 간접적으로 표시하는 것이므로 이를 간접적 승인(indirect recognition)이라고도 한다.[18]

묵시적 승인으로 해석되는 행위는 승인의 추정을 창출한다(such act creates a presumption of recognition).[19] 즉, 묵시적 승인은 승인의 의도의 추정을 본질로 한다.[20] 추정은 법(rule of law)에 의한 사실의 인정이다.[21] 추정은 간주(regard)와 달리 반증(contrary evidence)이 허용된다. 반증에 의해 추정에 의해 인정된 진실이 전복되게 된다.[22] 따라서 승인으로 인지되는 조치를 한 당사자는 승인으로 인정되는 효과를 배제하기 위해서는 승인의 효과를 배제하는 명시적 선언을 할 수 있다(may make an express declaration).[23]

요컨대, 묵시적 승인은 승인의 의도가 있는 것으로 해석되는 행위를 통해 간접적으로 승인의 의도를 표시하는 간접적 승인이며, 묵시적 승인은 승인으로 해석되는 행위에 의해 법에 의해 승인의 의도가 추정되는 것이다.

추정은 증거에 의해서가 아니라 법(rule of law)에 의한 사실의 인정이다. 추정은 반증이 허용되는 것이므로 묵시적 승인으로 해석되는 행위를 하는 당사자는 법에 의해 인정되는 승인의 효과를 배제하기 위해서는 명시적인 반대의 의사를 표시하여 묵시적 승인으로 추정되는 효과를 배제할 수 있다.

묵시적 승인은 본질적으로 금반언과 같은 범주에 속한다.[24] 따라서 묵시적인 승인을 한 국가는 그 승인 이후 승인과 모순·저촉되는 행위는 금지되게 된다.

또한 승인은 더욱더 큰 상호 이해를 향한 불가피한 추세에 의해 영향을 받는다 (the more and more affected by the inevitable trend towards greater mutual

---

17) Lauterpact, *supra* n.13, p.378.

18) Shaw, *supra* n.13, p.310.

19) Q. Wright, "Recognition, Intervention and Ideologies", *Indian Yearbook of International Affairs*, Vol.7, 1858, p.92. (Whiteman, *supra* n.13, p.52).

20) Ian Brownlie, *Principle of International Law*, 5th ed., (Oxford: Oxford University Press, 1998), p.94; Lauterpact, *supra* n.13, p.369; Jennings and Watts(eds.), *supra* n.13, p.94; Lauterpact, *supra* n.13, p.369; Q. Wright, *supra* n.19, p.92.

21) Henry Campel Black, *Black's Law Dictionary* (St. Paul: West, 1979), p.1067.

22) *Ibid.*

23) Shaw, *supra* n.13, p.310.

24) Schwarzenberger and Brown, *supra* n.13, p.56; Lauterpact, *supra* n.13, p.369.

understanding).[25]

2. 승인의 효과

상술한 바와 같이 국제연합 총회의 결의 195호는 "…유효한 지배권과 관할권을 가진 합법정부", "유일한 합법정부"라고만 선언하고 있다. "유효한 지배권"에는 "SCAPIN 제677호" 제3항에 의해 연합국이 독도를 일본에서 분리하고, 주한미군 사령관에 의해 "통치권 이양공한"에 의해 독도를 포함한 한국 영토가 대한민국에 이양되었으므로 "유효한 지배권과 관할권을 가진 합법정부의 승인"은 간접적으로 한일합방조약의 부존재를 묵시적으로 승인한 것이다. 그 이유는 첫째, '국가의 승인'을 하지 아니하고 '정부의 승인'을 한 것은 국가의 존재를 전제로 한 것이며, 둘째, 국가의 존재를 승인한 것은 한일합방조약에 의해 대한제국이 국가로서 소멸하지 아니했음을 승인한 것이고, 셋째, 대한제국이 국가로서 소멸하지 아니했다는 승인은 한일합방조약의 부존재를 승인한 것이다. 그리고 이는 간접적으로 한국의 독도 영토주권을 묵시적으로 승인한 것이다. 이 총회에 의한 승인이 법적 구속력을 갖는 것이냐에 관해서는 다음 제5절에서 검토하기로 한다.

---

25) M. Lachs, "Recognition and International Co-operation", *BYIL*, Vol.35, 1959, p.259.

제3절 국제연합 안전보장이사회의 결의에 의한
한일합방조약 부존재의 승인

Ⅰ. 안전보장이사회의 결의

1950년 6월 25일 북한군의 대남 무력적 공격이 있자 미국이 사무총장에게 요청하여 사무총장의 요청으로 소집된 안전보장이사회는 북한 당국의 대남공격은 "평화의 파괴"를 이른다고 결정하고 북한당국에 대해 적대행위를 즉각 정지하고 38선이북으로 철수하라고 요구하면서 대한민국 정부는 실효적인 통치력과 관할권을 갖는 합법적인 정부라고 다음과 같은 결의를 했다.

> 안전보장이사회는, 대한민국정부가 국제연합 한국임시위원단이 감시할 수 있었고 한국국민의 대다수가 거주하고 있는 한국지역에 관한 효과적인 통치력과 관할권을 갖고 있는 합법적으로 수립된 정부라는 것과 … 또 이 정부가 한국에 있어서 유일한 합법정부라는 것임을 결의한 1949년 10월 21일 총회결의를 상기하고, … 총회가 1948년 12월 12일 및 1949년 10월 21일 결의에서 표명한[1]

위의 결의에 표시된 바와 같이 안전보장이사회는 "대한민국정부에 한국지역에 대한 효과적인 통치력과 관할권을 갖는 합법적으로 수립된 정부(Korea is a lawfully established Government having effective control and jurisdiction over that port of

---

1) …The Security Council, Recalling the finding of the General Assembly in its resolution of 21 October 1949 that the Government of the Republic of Korea is a lawful established government "having effective control and jurisdiction over that part of Korea where the United Nations Temporary Commission reside. … Mindful of the concern expressed by the General Assembly in its resolution of 12 December 1948 and 21 October 1949 of the consequences which might follow unless Member States refrained from acts derogatory to the results sought …(S/1501: UN, *UNYB*, 1950, p.222).

Korea)라고 선언하고, 1949년 12월 12일과 1949년 10월 21일 총회의 결의를 인용하고 있다.

요컨대 안전보장이사회는 1950년 6월 25일의 결의에서 총회의 1948년 12월 12일의 결의와 1949년 10월 21일의 결의를 인용하여 한국 정부가 한국지역에 유효한 통치와 관할권을 갖는 합법적으로 수립된 정부라고 확인하고 있다.

이 결의에 의해 안전보장이사회가 한국의 독도영토주권을 승인한 것은 전술한 "총회에 의한 한국의 독도영토주권 승인"에서 "연합군최고사령부 훈령 제677호"와 "주한미군사령관과 한국 대통령 간의 통치권 이양 합의서"에 의해 대한민국정부가 독도에 대해 영토주권을 갖고 있음을 총회가 인한 것이라는 기술(전술 Ⅲ.2.)을 여기 그대로 인용하기로 한다.

Ⅱ. 안전보장이사회에 의한 독도영토주권 승인

1950년 6월 25일 안전보장이사회는 "한국의 독도영토주권을 승인한다", "독도영토주권은 한국에 귀속됨을 승인한다" 또는 "독도는 한국의 영토임을 승인한다" 등의 명시적으로 한국의 독도영토주권을 승인한 것은 아니나, 1948년 12월 12일의 총회의 "효과적인 통치권과 관할권을 가진 합법정부의 승인" 결의를 인용하고 있다. "효과적인 통치권과 관할권을 가진 합법정부" 또는 "SCAPIN 제677호"와 "주한미군사령관과 한국 대통령 간의 통치권 이양에 관한 합의서"에 의해 효과적인 통치권과 관할권을 가진 합법정부라는 의미이므로 이는 안전보장이사회가 대한민국정부의 독도영토주권을 간접적으로 승인한 것이다. 즉, 안전보장이사회가 묵시적으로 한국의 독도영토주권을 승인한 것이다. 그 이유는 다음과 같다.

첫째로, 안전보장이사회가 총회의 "대한민국 정부가 효과적인 통치권과 관할권을 가진 합법정부"라는 결의를 그대로 인용한 것은 안전보장이사회가 "대한민국 정부가 효과적인 통치권과 관할권을 가진 합법정부"라고 승인한 것이며 "효과적인 통치권과 관할권을 가진 합법정부"란 독도를 일본의 영토에서 제외한 "SCAPIN 제677호"와 전 한국 영토에 대한 통치권을 대한민국 정부에 이양한 "주한미군사령관과 한국 대통령 간의 통치권 이양에 관한 합의서"에 의거 효과적인 통치권과 관할권을 가진 합법정부라는 뜻이므로 이는 안전보장이사회가 총회와 마찬가지로 한국의 독도영토주권을 간접적으로 승인한 것이며 이는 "승인으로 이해되는 것으로 해석되는 특별한 조치(particular action to be interpreted as comprehending any recognition)"[2]이다.

둘째로 "효과적인 통치권과 관할권을 가진 합법정부의 승인"은 "승인으로 수락되는 의도에 대한 합리적인 의문이 없다(there is no reasonable doubt as to the intention to grant recognition)."[3]

셋째로 안전보장이사회의 "승인으로 추정되는 법적 효과를 배제하기 위한 명시적 선언(an express declaration to exclude the legal effect of the presumption)"[4]이 없다.

---

2) Malcom N. Shaw, *International Law*, 4th ed., (Cambridge: Cambridge University Press, 1997), p.310.

3) Lauterpact, *supra* n.2, p.378.

4) Q. Wright, *supra* n.8, p.92.

제4절 국제연합군사령부의 한국 반공식별구역 설치에 의한 한일합방조약 부존재의 승인

안전보장이사회는 국제연합의 주요 기관(principal organ)의 하나이다. 한국전쟁 기간에 안전보장이사회는 그의 보조기관의 하나인 국제연합군사령부를 설치하고 한국전쟁을 수행했다.

Ⅰ. 국제연합군사령부의 설치와 반공식별구역의 설치

국제연합군사령부(the United Nations Command)는 1950년 7월 7일의 국제연합 안전보장이사회 결의에 의거 설치되었다. 1950년 6월 한국전쟁이 발발하자 국제연합 안전보장이사회는 이에 관련하여 3개의 결의를 채택했다. 그 첫째의 결의는 6월 25일의 결의[1]로 북한 당국에 대해 즉각 적대행위를 중단하고 38도선 이북으로 북한군의 철수를 요구하는 결의였고,[2] 둘째의 결의는 6월 27일의 결의로 국제연합 회원국에 대한민국에 대해 군사적 원조를 제공할 것을 권고하는 결의였으며,[3] 그 셋째의 결의는 7월 7일의 결의로 통합군 사령부(unified command)를 창설하고 그 사령관을 미국이 임명하도록 권고하는 결의였다.[4]

이 세 번째의 결의에 의거 7월 8일 국제연합 사무총장은 국제연합기(United

---

1) S/1501; UN, *YBUN*, 1950, p.222.

2) *Ibid.*

3) S/1511; UN, *YBUN*, 1950, p.223.

4) S/1588; UN, *YBUN*, 1950, p.230; J. P. Grand and J. C. Barker, *Encyclopedic Dictionary of International Law*, 3rd ed., (Oxford: Oxford University Press, 2009), p.628.

Nations flag)를 안전보장이사회의 미국 대표에게 이양했고,[5] 미국은 맥아더(Douglas MacArthur) 장군을 국제연합군사령관으로 임명하여[6] 국제연합군사령부가 창설되었다.

7월 16일 국군에 대한 작전지휘권이 국제연합군사령관에게 이양되어[7] 국제연합군사령관은 한국군과 15개 참전국의 군대, 그리고 미군(미8군, 미 극동 공군, 그리고 미 7함대)을 지휘하게 되었다.[8]

II. 국제연합군사령부의 법적 성격

국제연합군 사령부를 창설한 1950년 7월 7일의 안전보장이사회의 결의는[9] 두 가지 특성을 갖은 조치이다.

(i) 첫째의 특성은 "국제연합헌장" 제39조(국제평화와 안전을 유지 회복하기 위한 조치의 결정)에 의거한 국제연합의 집단적 강제조치(collective coercive measure)라는 특성이다.[10] 따라서 국제연합군사령관의 조치는 국제연합의 조치로 인정된다.[11]

(ii) 둘째의 특성은 "국제연합헌장" 제29조(보조기관의 설치)에 의거하는 국제연합안전보장이사회의 보조기관(subsidiary organ)을 설치하는 조치라는 특성이다. 그러므로 국제연합군사령부는 안전보장이사회의 보조기관인 것이다.[12] 즉, 국제연합군사령관[13]은 국제연합의 "기관(organ)"이고, 국제법의 주체인 법인격자(legal person)

---

5) Fin Seyested, *United Nations Forces: In the Law of Peace and War*, (Leyden: Sijthoff, 1966), pp.33-35.

6) Ibid.; Richard R. Boxter, "Constitutional Forms and Some Legal Problems of International Military command", *BYIL*, Vol. 29, 1952, p.334.

7) Myung-Ki Kim, *The Korean War and International Law* (Claremont: Paige Press, 1991), pp.136-39; U. S. Department of State, *Bullentin*, 7 Aug.(1950), p.206.

8) Kim, *supra* n.7, p.120.

9) S/1588; UN, *YBUN*, 1950, p.230.

10) Herbert Nicholas, "An Appraisal" in Lincoln P. Bloomfield(ed.), *International Military Forces*, (Boston: Little Brown, 1964), p.107; Russell, *The United Nations and United States Security Policy*, (New York: Brookings Institution, 1964), p.339; D. W. Bowett, *United Nations Forces* (New York: Praeger, 1964), pp.45-47; Josef L. Kunz, "Legality of the Security Council Resolutions of June 25 and 27(1950)", *AJIL*, Vol.45, 1951, pp.137-39; Kim *supra* n.7, pp.126-28.

11) Kim, *supra* n.7, pp.128-29; Bowett, *supra* n.10, pp.45-47; Kunz, *supra* n.10, pp.137-39.

12) Kim, *supra* n.7, pp.134-35; Bowett, *supra* n.10, pp.94-95; K. Skubisewski, "The United Nations", Max Sorensen(ed.), *Manual of Public International Law* (London: Macmillan, 1938), p.795.

가 아니다. 법인격자는 국제법의 주체인 국제연합인 것이다. 법인의 기관의 행위는 법인의 행위로 효과가 귀속되게 됨으로[14] 기관인 국제연합군사령부 또는 국제연합군사령관의 행위는 법인인 국제연합의 행위로 인정되게 된다.[15]

III. 국제연합군사령부의 한국방공식별구역의 설치와 독도영토주권의 승인

한국의 독도영토주권의 승인은 한국의 영토의 승인이며, 한국 영토의 승인은 한국의 국가승인이며, 한국의 국가승인은 한국의 역사적 정통성의 승인이며, 한국의 역사적 정통성의 승인은 대한제국의 존속성의 승인이며, 대한제국의 존속성 승인은 한일합방조약 부존재의 승인이다.

1. 한국방공식별구역의 설치

한국전쟁 기간인 1953년 3월 23일 국제연합군사령부(United Nations Command)의 통제하에 있는 미 태평양공군사령부(U.S. Pacific Air Force Command)는 한국 공역의 방어를 위해 "한국방공식별구역(Korean Air Defense Identification Zone: KADIZ)"을 설정했다.[16] "방공식별구역(Air Defense Identification Zone: ADIZ)"이란 군사안보상 목적으로 영공 외곽의 일정 공역에 설치되는 안전접속공역을 말한다.[17] ADIZ는 "영공의 외곽에 설치되는 것이며 영공의 "영토의 영해"의 상부 공역이므로 ADIZ는 "영토를 기본으로 결정되는 것이다. 최초로 방공식별구역을 설

---

13) 국제연합군사령부는 "객관적 기관"이고 국제연합군사령관은 "주관적 기관"이다. 객관적 기관은 조직의 기구이고, 주관적 기관은 객관적 기관의 담당자를 말한다. 양자 모두 기관인 점에서 동일하나, 전자는 기구이고 후자는 자연인인 점에서 양자는 구별된다.

14) Rosaly Higgins, *United Nations Peacekeeping, 1946-1967, Documents and Commnetary II, Asia*, (Oxford: Oxford University Press, 1970), p.177; Kelsen, *supra* n.2, p.154.

15) Nicholas, *supra* n.10, p.107.

16) Sung Hwan Shin, "Legal Aspects for the Peaceful Use of the Far East Aerospace", Confernece on the World Air and Space Law, held in Seoul(June 1997), p.209; 김병륜, "방공식별구역(KADIZ)과 국가관할권에 대해", 『국방소식』, 제173호, 2005.4, p.14; 신용하, 『독도영유권자료의 탐구』(서울: 독도연구보전협회, 2000), p.262; 대한민국 국방부, 『전쟁법 해설서』, (서울: 대한민국 국방부, 2010), p.53.

17) Edmund Jan Osmanczyk, *Encyclopedia of the United Nations*, 2nd ed., (New York: Tayor and Francis, 1990), p.20; Louis Sohn and Kristen Gustafson, *The Law of the Sea* (St. Paul: West, 1984), p.223; 대한민국 국방부, 전주 16, p.51.

정한 국가는 미국이다. 미국은 1950년 12월에 대통령령으로 미국 본토연안으로부터 600해리에 이르는 공역을 "미국방어식별구역(U.S. Air Defense Identification Zone: U.S. ADIZ)"으로 선포하고 비행계획을 제출하지 않고는 누구도 이 구역에서 비행할 수 없다고 규정했다.

"한국방공식별구역"은 미국의 선례에 따른 것으로 현재 미국, 캐나다, 일본, 필리핀, 대만, 인도, 미얀마, 아일랜드, 영국, 스웨덴, 오만, 한국 등 12개 국가가 방공식별구역을 설치 운영하고 있다.[18] 국제법상 방공식별구역의 설치의 위법성 여부가 논의되고 있으나,[19] 이는 관습법으로 형성되어 가고 있다.

일본은 1969년부터 일본 열도 주변의 공역에 약 100km의 "내부 일본방공식별구역(Inner JADIZ)"과 그 외측에 약 600km의 "외부 일본방공식별구역(Outer JADIZ)"을 설치 운영하고 있다.[20]

1953년에 국제연합군사령부에 의해 설치된 "한국방공식별구역"은 독도의 상공을 포함하고 있다.[21] 따라서 국제연합군사령부의 동 구역의 설치로 독도에 대한 한국의 영토주권이 국제연합에 의해 승인된 것이다. 국제연합군사령부가 따라서 국제연합이 독도를 한국의 영토주권에 속하지 않고 일본의 영토주권에 속하는 것으로 보았다면 독도 상공을 포함하는 "한국방공식별구역"을 설정했을 리가 만무하기 때문이다.

동 구역의 설정에 의한 한국의 독도·영토주권의 승인은 다음과 같은 점에서 특별한 의미를 갖는다.

첫째로, 동 구역의 설정은 국제연합군사령부가 한 것이며, 한국군사령부나 미군사령부가 한 것이 아니다. 전술한 바와 같이 국제연합군사령부는 법인격자인 국제연합의 기관인 것이다. 따라서 동 구역의 설정에 의한 한국의 독도·영토주권의

---

18) Shin, *supra* n.16, p.204; Marjorie M. Whiteman, *Digest of International Law*, Vol.9 (Washington D.C.: U.S.G.P.O., 1969), p321; Levi, *supra* n.1, p.141.

19) 긍정설은 I. L. Hedd, "ADIZ, International Law and contiguous airspace", *Alberta Law Review*, Vol.3, 1964, p.182; John C. Cooper, "Space above the Sea", in I. Vlasic(ed.), *Explorations in Aerospace Law*, McGill University Press(1968), p.198; Kay Hailbonner, "Airspace over Maritime Areas", *EPIL*, Vol.11, 1989, p.30; D.P. O'Connell, *The International Law of the Sea*, Vol.2 (Oxford: Clarendon, 1984), p.797에 의해 주장되고, 부정설은 E. Cuadra, "Air Defense Identification Zone: Creeping Jurisdiction in the Airspace", *A.J.I.L.*, Vol.18, 1978, p.495에 의해 주장된다. 전시에만 가능하다는 절충설은 Schwarzenberger and Brown, *supra* n.2, pp.110-11에 의해 주장되고 있다.

20) 대한민국 국방부, 전주 16, p.53; 신용하, 전주 16, 263쪽; Shin, *supra* n.16, p.205.

21) 신용하, 전주 16, p.263; Shin, *supra* n.16, p.210; 김병륜, 전주 16, 15쪽.

승인의 주체는 국제연합이라는 데 큰 의미가 있는 것이다.

둘째로, 전술한 바와 같이 일본도 "일본방공식별구역"을 설치 운영하고 있는바 동 구역은 독도의 상공을 포함하고 있지 않다. 이는 일본이 독도의 상공을 포함하는 "한국방공식별구역"을 설정한 1951년 이래 이에 대해 어떠한 항의를 제기한 바 없을 뿐만 아니라 일본이 1972년 5월에 오키나와를 포함하도록 "외부 일본방공식별구역"을 확장 수정했으나 독도를 포함하도록 확장 수정한 바 없다.[22] 따라서 일본이 독도의 상공을 포함하는 "한국방공식별구역"을 묵인하고 있다는 데 큰 의의가 있다.

셋째로, 전술한 바와 같이 방공식별구역의 설정이 국제법상 합법적이냐에 관해 논의가 있으나 일본이 "일본방공식별구역"을 설정하고 있으므로 "한국방공식별구역"의 설정이 국제법상 위법한 것이라고 일본은 주장할 수 없는 것이다.

2. 한국방공식별구역의 설치에 의한 승인

상술한 바와 같이 국제연합군사령부는 1953년 3월 23일 독도의 상공을 포함한 한국방공식별구역을 설정하면서 한국의 "독도영토주권을 승인한다", "독도는 한국의 영토임을 승인한다" 또는 "독도의 영유권은 한국에 귀속됨을 승인한다"는 등의 명시적 표시로 한국의 독도영토주권을 명시적으로 승인한 것은 아니다. 그러나 독도의 상공을 포함하는 한국방공식별구역의 성질은 묵시적으로 한국의 독도영토주권을 승인한 것이다. 그 이유는 다음과 같다.

첫째로 독도의 상공을 포함하는 한국방공식별구역의 설정은 "승인으로 이해되는 것으로 해석되는 특별한 조치(particular action to be interpreted as comprehending any recognition)"[23]이고, 둘째로 독도의 상공을 포함하는 한국방공식별구역의 설정은 "승인으로 수락되는 의도에 대한 합리적인 의문이 없고(there is no reasonable doubt as to the intention to grant recognition)",[24] 셋째로 독도의 상공을 포함하는 한국방공식별구역을 설정한 연합군사령부의 동 방공식별구역을 설정하면서 이는 한국의 독도영토주권을 "승인으로 추정되는 법적 효과를 배제하기 위한 명시적 선언(an express declaration to exclude the legal effect of the presumption)"[25]이 없기

---

22) Shin, *supra* n.16, pp.209-10.

23) Shaw, *supra* n.23, p.310.

24) H. Lauterpact, *Recognition in International Law*, (Cambridge: Cambridge University Press, 1948), p.378.

25) Q. Wright, "Recognition, Intervention and Ideologies", *Indian Yearbook of International Affairs*,

때문이다.

3. 폭격연습장 사용중단 조치에 의한 승인

한국의 독도영토주권의 승인은 한국의 영토의 승인이며, 한국 영토의 승인은 한국의 국가승인이며, 한국의 국가승인은 한국의 역사적 정통성의 승인이며, 한국의 역사적 정통성의 승인은 대한제국의 존속성의 승인이며, 대한제국의 존속성 승인은 한일합방조약 부존재의 승인이다.

가. 독도 폭격연습장 사용중단 조치

1948년 6월 8일 미군기의 독도 폭격사건으로 우리 어민 30명이 희생된 사건(제1차 폭격사건)이 있었다.[26] 1950년 4월 25일 우리 정부는 한국공군고문관을 통해 폭력사건에 관해 미 제5공군에 조회했다.[27] 1950년 5월 4일 미 제5공군으로부터 답신 공문이 우리 정부에 송부되어 왔는데 그 내용은 독도와 그 주변 수역에서의 조업이 금지된 사실이 없고, 또 극동공군의 연습폭격의 목표로 되어 있지 않다는 것이었다.[28]

이러한 조회와 회답에도 불구하고 1952년 9월 15일 미 극동공군 소속 폭격기가 어민들이 조업 중인 독도에 폭탄을 투하한 사건(제2차 폭격사건)이 발생했다.[29] 이에 우리 외무부는 1952년 11월 10일 주한 미 대사에게 사건의 관련 정보와 장차 사건재발방지책을 요구하는 내용의 구술서를 보냈다. 그 내용은 다음과 같다.

> …대한민국의 영토의 한 부분인 독도에 미군기에 의한 사건에 관해…수집된 자세한 정보 제공과…그러한 사건의 재발방지를 위한 필요한 조치를 취할 것을 요구한다…(…refer to an incident caused by a U.S. Military plane, on Dokdo Island(Liancourt Rocks) which is a part of the territory of the Republic of Korea…
>
> …request…any detailed information…to take necessary steps in order to prevent recurrence of such incident…).[30]

Vol.7, 1858, p.92.

26) 외무부, 「독도문제개론」 외교문제총서 제11호(서울: 외무부 정무국, 1955), p.38.

27) 홍성근, "독도폭격사건의 국제법적 쟁점 분석", 독도학회편 『한국의 독도영유권연구사』 (서울: 독도연구보전협회, 2003), p.393; 김명기・엄정일, "제2차 대전 이후 한국의 독도에 대한 실효적 지배의 증거", 『독도논총』, 제1권 제1호, 2006, p.162.

28) 외무부, 전주 39, 38쪽.

29) 홍성근, 전주 40, 395-396쪽.

30) 외무부, 전주 39, Annex 5.

위 구술서에서 우리 외무부는 독도를 "대한민국의 영토의 한 부분(a part of the territory of the Republic of Korea)"이라고 표시했다.

위 우리 외무부의 공문에 대해 미 대사관으로부터 1952년 12월 4일 회신공문이 우리 외무부에 접수되었다. 그 내용은 폭격연습기지로서 독도의 사용을 신속히 면제할 계획이라는 것이었다.[31]

1953년 1월 20일 한국통신지역본부 사령관실(Headquaters Korea Communication Zone, Office of Commanding General)로부터 미 육군소장 Thomas W. Herren의 외무부 장관 앞 공문이 외무부에 접수되었다. 그 내용은 다음과 같다.

> 장관 귀하
>
> 1952년 11월 10일 미 대사관에 보낸 귀하의 구술서에 대한 응신입니다. 국제연합군사령관(the Commanding-: -chief, United Nations Command)은 그가 폭격연습기지로서 독도의 사용을 즉각 중단하는 필요한 조치를 취할 것(to take necessary actions to immediately discontinue the use of Liancourt Rocks(Dokdo Island) as a bombing range)을 모든 관계지휘관에게 지시한 것을 통보할 권한을 본인에게 인가했습니다.
>
> 본인은 사령관의 명령이 현재 유효함을 보고하는 기쁨을 갖고 있습니다.
>
> 존경을 표하며
>
> 미 육군소장 Thomas W. Herren[32]

위 공문은 다음 세 가지 점에서 중요한 의미를 갖는다.

첫째로, 동 공문은 동 공문 자체에 명시된 바와 같이 "1952년 7월 10일 미 대사관에 보낸 귀하의 구술서에 대한 응신"이다. 1952년 11월 10일 우리 외무부의 구술서에는 "대한민국의 영토의 일부인 독도에 대한" 영토주권에 관해 아무런 이의를 제기함이 없이 "폭격연습장으로서의 독도의 사용을 즉각 중단하는 필요한 조치를 취할 것"이라고 표시한 것은 당연히 한국의 독도 · 영토주권을 묵시적으로 승인한 것이다.[33]

---

31) 외무부, 전주 39, Annex 6.

32) 외무부, 전주 39, Annex 7.

33) 1952년 11월 10일의 "대한민국의 영토의 일부인 독도에 대한"이라고 표시된 우리 외무부의 구술서에 대한 1952년 12월 4일의 미 대사관의 회신공문에도 이에 관해 아무런 언급이 없이 "폭격연습장으로서의 독도의 사용을 조속면제 할 계획(preparations have been expedited to dispense with the use of Dokdo Island as a bombing range)"(전주 72)이라고만 표시해 왔다. 이도 독도에 대한 한국의 영토주권을 묵시적으로 승인한 것이라고 볼 수 있다.

둘째로, 동 공문은 동 공문 자체에 명시된 바와 같이 "국제연합군사령관"의 지시에 의한 것으로 동 공문은 국제연합의 공문이다. 전술한 바와 같이 국제연합군사령부는 국제연합안전보장이사회의 보조기관이고, 이 보조기관의 법인격자는 국제연합이기 때문이다. 따라서 독도에 대한 대한민국의 영토주권의 승인의 주체는 미국이 아니라 국제연합인 것이다.

셋째로, 동 공문의 시행일자인 1953년 1월 20일은 "대일평화조약"이 효력을 발생한 1952년 4월 28일 이후인 것이다. 동 공문에 의한 영토주권의 승인은 동 조약 제2조 (a)항에 일본으로부터 분리되는 도서로 독도가 명시되어 있지 않으므로 독도는 일본의 영토라는 일본 정부의 주장이 근거[34]인 동 조약이 효력을 발생한 이후의 독도에 대한 대한민국의 영토주권의 승인인 것이다. 그러므로 동 조약 제2조 (a)항에 일본으로부터 분리되는 도서로 독도가 명시되어 있지 않으므로 독도는 일본의 영토라는 일본 정부의 주장은 동 조약에 의한, 국제연합에 의한 독도에 대한 대한민국의 영토주권의 승인에 저촉되어 성립의 여지가 없다. 동 조약 전문에 "일본은…모든 경우에 국제연합헌장의 원칙을 준수하고(Japan…in all circumstances conform to the principles of the charter of the United Nations)"라는 규정과 제4조 (a)항 (iii)호에 "일본은…국제연합이 국제연합헌장에 의거하여 취하는 여하한 행동에 대하여서도 국제연합에 모든 원조를 부여하며…"라는 규정을 고려할 때 국제연합에 의한 독도에 대한 대한민국의 영토주권의 승인을 부인하는 일본 정부의 주장은 성립의 여지가 없음이 명백하다.

가. 폭격연습장 사용중단 조치에 의한 독도영토주권 승인

상술한 바와 같이 우리 외무부의 재발방지책을 요구하는 공문에는 "대한민국의 영토의 한 부분인 독도"로 표시되었고, 이에 대해 국제연합군사령관은 "한국의 독도영토주권을 승인한다", "독도의 영유권은 한국에 귀속됨을 승인하라" 또는 "독도는 한국의 영토임을 승인한다" 등의 명시적으로 한국의 독도영토주권을 승인하지는 아니했으나 "폭격연습장으로서의 독도의 사용은 즉각 중단하는 필요한 조치를 취할 것"이라고 동의한 것은 독도가 한국의 영토임을 간접적으로 승인한 것이다.

---

34) The Japanese Ministry of Foreign Affairs, "Note Verbal" of the Japanese Ministry of Foreign Affairs Dated July 13, 1953, para. 7.

첫째로, 우리 외무부가 "대한민국의 영토의 한 부분인 독도"로 표시하는 데 대해 연합군사령부가 아무런 이의를 제기하지 아니하고 "폭격연습장으로서의 독도의 사용은 즉각 중단"한 것은 국제연합군사령부가 한국의 독도영토주권을 묵시적으로 "승인한 것으로 해석되는 특별한 조치(particular action to be interpeted as comprehending any recognition)이다.35)

둘째로, 위 국제연합군사령부의 조치는 승인으로 수락되는 행위의 의도에 대한 합리적인 의문이 없으므로(There is no reasnable doubt to the intention is to grant recognition)36)

셋째로, 국제연합군사령관이 "승인으로 추정되는 법적 효과를 배제하기 위한 명시적 선언(An express declaration to exclude the legal effect or the presumption)입니다.37)

이상에서 검토해 본 바와 같이 국제연합의 기관인 총회, 안전보장이사회, 국제연합군 사령부는 한국의 영토 승인을 통해 한일합방조약 부존재를 승인한 것이다. 국제연합이 한국의 영토 승인을 한 것은 1910년 이후 대한제국이 국가로서 존속한 것을 승인한 것이고 대한제국이 국가로서 존속 승인은 결국 한일합방조약 부존재의 승인을 의미하기 때문이다. 이는 1948년 한국 정부의 수립을 "국가의 수립"으로 보지 아니하고 "정부의 수립"으로 보는 국제연합의 선언에 기초한 것이다.

---

35) Malcolm N. Shaw, *International Law*, 4th. ed., (Cambridge: Cambridge University Press, 1997), p.310.

36) H. Lauterpact, *Recognition in International Law*, (Cambridge: Cambridge University Press, 1948), pp.379.

37) Q. Wright, "Recognition, Intervention and Ideologies", *Indian Yearbook of International Affairs*, Vol.7, 1858, p.92.

제5절 국제연합 총회 결의의 법적 구속력

국제연합 총회의 결의에서 법적 구속력이 있다는 견해는 다음과 같다. 이 견해에 의하면 국제연합에 의한 한일합방조약 부존재 선언은 정치적 선언에 그치는 것이 아니라 법적 구속력을 갖는 것이다. 결국 국제연합 회원국은 한일합방조약 부존재를 법적으로 승인한 것이다.

Ⅰ. 학설

1. Robert Jennings와 Arthur Watts

Jennings와 Watts는 총회의 선언 특히 "우호관계 선언결의"는 헌장 속의 약속을 반복하거나 또는 해설하는 것으로서가 아니라 선언된 규칙의 타당성의 수락으로서 동의의 효과를 인정하는 것이라고, 즉 "동의"를 근거로 법적 구속력이 인정되는 것이라고 다음과 같이 기술하고 있다.

> 국제사법재판소는 총회의 결의, 특히 우호관계결의 선언에 대해 동의의 효과를 인정해 왔다. 헌장 속에 약속된 협정공약의 단순한 반복이나 해설로서가 아니라 결의에 의해 선언된 규칙의 타당성의 수락으로서 그리고 그러한 규칙을 존중하는 법적 확신의 표현으로서이다.
>
> ICJ has regarded the effect of consent to such resolution of the General Assembly, and particularly the Friendly Resolutions' Declaration, as not being merely that of reiteration or elucidation of the treaty commitment undertaken in the Charter, but as an acceptance of the validity of the rules declared by the resolution by themselves, and as an expression of an opinio juris respecting such rules.[1]

---

1) Robert Jenning and Arther Watts (eds.), *Oppenheum's International Law*, 9th ed., (London: Longman, 1992), p.45. n.1.

2. Milan Sahovic

Sahovic은 "우호관계 선언결의"는 UN의 모든 회원국의 컨센서스로 채택되었으므로, 즉 "컨센서스"를 근거로 법적 구속력이 있다고 다음과 같이 논하고 있다.

> 선언의 만장일치의 채택은 총회의 다른 결의보다 법적 효력이 큰 조치로 취급하는 것이 가능하도록 한 것이다. … "우호관계선언"의 구속력은 국제연합의 모든 회원국의 컨센서스로부터 획득된다.
>
> the unanimous adoption of the Declation made it possible to treat it as an act whose legal force is greater than of the other resolutions of the General Assembly … binding force derives from consensus of all the members of the United Nations.[2]

3. Olga Sukovic

Sukovic은 "우호관계 선언결의"는 국제공동체의 구성원의 압도적 다수의 견해의 표현이므로, 즉 "컨센서스"의 표현을 근거로 이는 법적 구속력을 갖는다고 다음과 같이 논급하고 있다.

> 우호관계 선언이 현존 국제공동체의 구성원의 압도적 다수의 견해의 표현이므로, 이는 이 행위 속에 선언되어 있는 원칙의 구속력 특성에 대한 일반적인 법적 신념의 결과를 획득할 수 있다.
>
> since the Declaration is an expression of the views of an overwhelming majority of the members of the contemporary international community, it can be taken to reflect the general legal conviction on the binding nature of the principles proclaimed in this act.[3]

4. D.H.N. Johnson

Johnson은 권고에 찬성 투표를 한 국가는 그 권고에 구속된다고, 즉 "동의"를 근거로 법적 효력이 있다고 다음과 같이 기술하고 있다.

> 권고에 찬성 투표를 한 국가가 찬성 투표를 함으로써 그들 자신을 구속하지 아니한다는 이유가 없다. … 이들 결의는 그전에 존재하지 아니했던 의무와 법적 사태를 창조한다.
>
> there is no reason why states vote in favour of a recommendation should not bind

---

2) Milan Sahovic(ed.), *Principles of International Law Concerning Friendly Relation and Cooperation* (New York: Oceana, 1972), p.49.

3) Olga Sukovic, "Principle of Equal Rights and Self-Determination of Peoples", in Sukovic, *supra* n.129, p.338.

themselves by so doing ··· these resolutions create obligations and legal situations which did not exist before.[4]

5. Ian Brownlie

Brownlie는 "우호관계 선언결의"와 같은 총회의 결의는 헌장상 원칙의 유권적 해석과 적용으로서, 즉 헌장의 "유권적 해석"을 근거로 법적 효과를 갖는다고 다음과 같이 기술하고 있다.

약간의 경우에 있어서 결의는 헌장의 원칙의 유권적 해석과 적용으로서 직접적인 법적 효과를 가질 수 있다.

in some cases a resolution may have direct legal effect as an authoritative interpretation and application of the principles of the Charter.[5]

6. F. Blain Sloan,

Sloan은 총회는 국제공동체의 대리인이므로 구속력 있는 결의를 할 수 있다고 다음과 같이 논급하고 있다.

국제공동체의 대리인으로 행동하는 총회는 법적 진공 속으로 들어갈 권한를 주장할 수 있고 구속력 있는 결정을 취할 수 있다. ··· 총회의 권고는 다수국가의 의사를 표시하고 세계 의견의 표현이다. ··· 권고의 효력은 세계공통체의 기관의 판단으로부터 유도되는 것이다.

The General Assembly acting as the agent of the international community may assert the right to enter the legal vacuum and take a binding decision. ··· the recommendation represents the will of the majority of nations and is an expression of world opinion. ··· the force of a recommendation derived from a judgement made by an organ of the world community.[6]

7. Michel Virally

Virally는 총회의 결의는 헌장상의 규칙 또는 원칙의 유권적 해석으로 이는 관습법의 존재의 증거로, 즉 "유권적 해석"과 "관습법"을 근거로 법적 효력이 있다고

---

4) D. H. N. Johnson, "The Effect of Resolutions of the General Assembly of the United Nations", *BYIL,* Vol.32, 1955-56, pp.108, 121.

5) Brownlie, *supra* n.28. p.15.

6) Blain Sloan, "The Binding Force of a Recommendation of the General Assembly of the United Nations", *BYIL,* Vol 25, 1948, pp.24, 32.

다음과 같이 기술하고 있다.

> 총회의 결의는 어떤 경우에는 헌장이 이미 포함하고 있고 그 결과로 회원국을 구속하고 있는 규칙이나 원칙에 대한 UN의 지위의 근거에 의한 유권적 해석이나 다름이 없다. … 결의는 결의 채택을 위해 투표하는 회원국에 의한 특정 법적 원칙의 승인의 표명이 될 수 있다. … 결의는 관습 규칙의 형성에 기여할 수 있거나 이미 형성된 증거로 될 수 있다.
>
> they amount in some cases, to an interpretation of the rules or principles which the Charter already contains and which are in consequence binding upon the member states, authoritative by reason of the standing of the Unified Nations … may manifest a recognition of contained legal principles by the member states voting for their adoption … they may contribute to the formation of customary rule or be evident that it is already formed.[7]

8. Peter Malanczuk

Malanczuk는 총회의 결의는 관습법의 증거로 될 수 있고 "UN 헌장"의 올바른 해석이 될 수 있다고, 즉 "관습법"과 "헌장의 정확한 해석"이라고 다음과 같이 기술하고 있다.

> 비록 총회의 결의는 법적 구속력이 없다 할지라도 이들은 중요한 법적 효과를 가질 수 있다. 이들은 관습법의 증거로 될 수 있고 또는 UN헌장의 정확한 해석의 증거로 될 수 있다.
>
> although General Assembly resolutions are not binding, they can have inportant legal effect. They may be evidence of customary law or of the correct interpretation of the United Nations Charter.[8]

I. B. Sohn은 국가는 총회의 결의에 정당한 고려를 해야 하며, 결의의 승복을 거부할 재량이 헌장 제2조 제2항에 의거 없으므로 총회의 결의는 법적 효력이 있다고 한다.[9] J.G. Starke는 총회의 결의는 헌장의 유권적 해석이고 관습법의 선언으로 법적 효력이 있다고 한다.[10] 그리고 Malcolum N. Shaw는 총회의 결의는 관습법의 존재 근거로 법적 효력이 있다고 한다.[11]

---

7) Virally, *supra* n.35, p.162.

8) Malanczuk(ed.), *supra* n.37, p.379.

9) L. B. Sohn, "The Authority of the United Nations to Establish and Maintain a Permanent UN Forces", *AJIL*, Vol.52, 1958, p.231, n.11.

10) J. G. Starke, *Introduction to International Law,* 9th ed.,(London: Butterworths, 1984), p.51.

II. 판례

1. *Fisheries* Case(1951)

Fisheries Case(1951)에서 국제사법재판소의 Alvarez 재판관은 그의 개별적 의견에서 UN 총회의 결의는 사람들의 법적 확신의 표현으로 "법의 원칙"이라고 다음과 같이 표시한 바 있다.

> 어떠한 가치를 갖기 위해 사람들의 법적 확신으로부터 귀결되는 법의 원칙을 위해 그 원칙들은 유형적 표현을 가져야 한다. 즉 그들은 유권적 실체에 의해 표시되어야 한다. … 최근에는 사람의 법적 확신을 주로 외교적 총회의 의결, 특히 UN의 외교적 총회의 결의에 반영되어 왔다.
>
> for the principles of law resulting from the judicial conscience of peoples to have any value, they must have a tangible manfestation, that is to say. they must be expressed by authorized bodies. … up to the present, this judicial conscience of peoples has been reflected the resolutions of diplomatic assemblies, particularly those of the United Nations.[12]

2. *Reservation to the Genocide Convention* Case(1951)

Reservation to the Genocide Convention Case(1951)에서 국제사법재판소는 UN 총회는 국제입법기관으로 되는 경향이 있으며, 즉 총회의 입법권을 근거로 총회의 결의는 법적 효력이 있다고 다음과 같이 판시한 바 있다.

> 요컨대, UN 총회는 실제적인 국제입법기관으로 되어가는 경향이 있다.
>
> To shirt, the Assembly of the Unated Nations is tending to become a actual international legsislative power.[13]

3. *South West Africa* Case(1955)

South West Africa Case(1955)에서 국제사법재판소는 총회의 결의는 관습국제법의 새로운 규칙을 창설하거나 존재하는 관습법의 규칙을 수립하고, "UN헌장"의 유권적 해석이라고, 즉 관습법을 근거로, 유권 해석을 근거로, 그리고 금반언을 근

---

11) Shaw, *supra* n.44, p.92.

12) ICJ, *Reports,* 1951, pp.148-49.

13) ICJ, *Reports,* 1951, p.52.

거로 법적 효력이 있다고 다음과 같이 판시했다.

> 총회의 결의는 국가의 관행의 증거를 제시함으로써 국제관습법의 새로운 규칙을 창설하는 데 도움이 될 수 있고 또는 국제관습법의 현존 규칙을 수립하는 데 도움이 될 수 있다. 총회의 결의는 헌장의 규정의 유권적 해석이 될 수 있다. 총회의 결의는 그 결의에 찬성투표를 한 국가에 대해 금반언이 될 수 있다.
>
> they may help to create new rules of customary international law or to establish an existing rule of customary international law by providing evidence of state practice. They may constitute an authoritative interpretation of a provision of the Charter, they may constitute an estoppel for states voting in favour of them.[14]

4. *Military and Paramilitar Activities* Case(1986)

Military and Paramilitary Activities Case(1986)에서 국제사법재판소는 결의는 결의에 의해 선언된 규칙의 타당성을 수락한 동의로 인정해 왔다고 다음과 같이 판시했다.

> 재판소는 총회의 결의, 특히 우호관계선언에 대해 헌장 속에 약속된 협정공약의 단순한 반복이나 해설로서가 아니라, 결의에 의해 선언된 규칙의 타당성의 수락으로서 그리고 그러한 규칙을 존중하는 법적 확신의 표현으로서 동의의 효과를 인정해 왔다.
>
> The Court has regarded the effect of consent to such resolution of the General Assembly, and particulary the Friendly Relations' Declaration, as not being merely that of reiteration or elucidation of the treaty commitment undertaken in the Charter, but as an acceptance of the validity of the rules declared by the resotution by themselves, and as an expression of an opinio Juris.[15]

5. *Legality of the Threat or Use of Nuclear Weapons Advisory Opinion*(1996)

Legality of the Threat or Use of Nuclear Weapon Advisory Opinion(1996)에서 국제사법재판소는 총회의 결의는 규범적 가치를 가질 수 있다고, 즉 규칙의 존재 또는 법적 확신을 근거로 법적 효력을 가질 수 있다고 다음과 같은 권고적 의견을 표시한 바 있다.

> 재판소는 총회의 결의가 구속력이 없다 할지라도 때로는 규범적 가치를 가질 수 있다고 주목한다. 결의는 특정 사정하에서 규칙의 존재 또는 법적 확신의 출현의 수립을 위한 중요한 증거를 규정할 수 있다.

---

14) ICJ, *Reports,* 1955, p.115.

15) ICJ, *Reports,* 1986, pp.89-90.

the Court notes that General Assembly resolutions, even if they are not binding, may sometimes have normative value. They can in circumstances, prooide evidence important for establiching the existence of as rule or the emergence of an opinio juris.16)

이상의 학설과 판례에 의해 총회의 결의가 법적 효력이 있다는 근거로 제시된 것을 정리해 보면 다음과 같다.

(i) 총회의 결의는 국제관습법의 존재 확인이다.17)

(ii) 총회의 결의는 헌장의 유권적 해석이다.18)

(iii) 총회의 결의는 법적 확신이다.19)

(iv) 총회의 결의는 법적 양심이다.20)

(v) 총회의 결의는 법의 일반원칙의 확인이다.21)

(vi) 총회의 결의는 회원국의 동의이다.22)

(vii) 총회의 컨센서스는 국제공동체의 의사이다.23)

(viii) 총회의 결의에 동의는 금반언의 효과가 있다.24)

요컨대, "우호관계 선언결의"의 법적 효력은 학설과 국제판례에 의해 일반적으로 승인되어 있다.

이상에서 고찰한 인도에 관한 국제연합 총회의 결의는 기타의 국제연합 총회의 결의와 마찬가지로 법적 구속력이 없다는 것이 일반적인 견해이나 이와 반대로 국제연합총회의 결의는 법적 구속력이 있다는 학설과 판례가 있다. 요컨대, "우호관

---

16) ICJ, *Reports,* 1996, para.70.

17) Jennings and Watts(eds.), *supra* n.27, p.334, n.3; Johnson, *supra* n.131, p.121; Virally, *supra* n.35, p.233; Burns H. Weston Richard A. Falk and Authony A. D'Amato, *International Law and World Order* (St. Paul: West, 1980), p.95.

18) Starke, *supra* n.137, p.51; Brownlie, *supra* n.28, p.15; Arangio-Ruiz, "Friendly Relations Resolution", *EPIL,* Vol.9, 1986, p.136.

19) Jennings and Watts, *supra* n.27, p.334, n.3; Sloan, *supra* n.133, p.32; ICJ, *Reports,* 1986, p.98.

20) ICJ, *Reprts,* 1951, p.149.

21) Henry G. Schermers, "International Organizations, Resolutions", *EPIL,* Vol.5, 1983, p.160.

22) Schwarzenberger and Brown, *supra* n.12, p.233; Weston, Falk and D'Amoto, *supra* n.144, p.95; Jennings and Watts, *supra* n.27, p.334, n.3; Johnson, *supra* n.131, p.121.

23) Sahovic, *supra* n.129, p.49; Sukovic, *supra* n.130, p.338.

24) Schwarzenberger and Brown, *supra* n.122, p.233; ICJ, *Reports,* 1955, p.115; ICJ, *Reports,* 1996, para.70.

계 선언결의"의 법적 효력은 학설과 국제판례에 의해 일반적으로 승인되어 있다.

이상의 학설과 판례에 의하면 한일합방조약 부존재를 선언한 국제연합 총회의 결의는 모든 국가에 대해 법적 구속력이 있으므로 모든 국가는 한일합방조약 부존재를 승인한 것이다.

제 5 장

한일합방조약과
타 조약의 관계

제1절 한일합방조약과
대일평화조약의 관계

Ⅰ. 대일평화조약 제2조 (a)항의 규정

전술한 바와 같이 "한일합방조약"은 부존재이다. 그러나 "대일평화조약"은 "한일합방조약"의 존재·유효를 전제로 한 것이다. "대일평화조약 제2조 (a)항은 한일합방조약의 성립·유효를 전제로 다음과 같이 규정하고 있다.

> 일본은 한국의 독립을 승인하고 제주도·거문도 및 울릉도를 포함하는 한국에 대한 권리·권원 및 청구권을 포기한다.

위의 규정 중 "일본은 한국의 독립을 승인하고"는 동 조약이 효력을 발생하기 직전까지 한국은 독립국가가 아니었다는 것을 전제로 한 것이며 독립국가가 아니었다는 것을 전제로 한 것은 "한일합방조약"이 성립·유효했다는 것을 전제로 한 것으로 해석된다.

또한 위의 규정 중 "일본은 … 한국에 대한 권리·권원 및 청구권을 포기한다"는 동 조약이 효력을 발생하기 직전까지 일본이 한국에 대한 권리·권원 및 청구권을 갖고 있었음을 전제로 한 것이며 일본의 한국에 대한 권리·권원 및 청구권을 갖고 있었음을 전제로 한 것은 "한일합방조약"이 성립·유효함을 전제로 한 것으로 해석된다.

상술한 "대일평화조약" 제2조 (a)항은 동 조약 제21조의 규정에 의해 한국이 이익을 주장할 권리가 있는 조항이다.

II. 조약법 협약 제36조 제1항의 규정

"조약법 협약" 제36조 제1항은 제3국에 권리를 부여하는 조항은 제3국이 동의하는 경우에는 제3국에 대해 효력이 발생하며 제3국이 반대의 의사표시가 없는 동안 동의가 있는 것으로 추정된다고 다음과 같이 규정하고 있다.

> 제36조 (제3국에 대하여 권리를 규정하는 조약)
>
> ① 조약의 당사국이 제3국 또는 제3국이 속하는 국가의 그룹 또는 모든 국가에 대하여 권리를 부여하는 조약규정을 의도하며 또한 그 제3국이 이에 동의하는 경우에는, 그 조약의 규정으로부터 그 제3국에 대하여 권리가 발생한다. 조약이 달리 규정하지 아니하는 한 제3국의 동의는 반대의 표시가 없는 동안 동의가 있은 것으로 추정된다.
>
> Article 36. Treaties providing for rights for third States
>
> 1. A right arises for a third State from a provision of a treaty if the parties to the treaty intend the provision to accord that right either to the third State, or to a group of States to which it belongs, or to all States, and the third State assents thereto. Its assent shall be presumed so long as the contrary is not indicated, unless the treaty otherwise provides.

위의 규정에 의거 제3국의 반대의 의사표시가 없는 동안 동의의 의사표시가 있는 것으로 추정된다.

한국 정부는 "대일평화조약"이 서명된 1951년 9월 8일에는 물론 동 조약이 효력을 발생한 1952년 4월 28일에도, 그리고 "조약법 협약"이 1969년 5월 23일 채택될 때는 물론 한국이 동 협약에 가입하며 동 협약이 한국에 대해 효력이 발생한 1986년 1월 27일에도 "대일평화조약" 제2조 (a)항의 규정에 대해 반대의 의사표시를 한 바 없으므로 "조약법 협약" 제36조 제1항의 규정에 의거 "대일평화조약" 제2조(a)항의 권리부여 규정에 한국의 동의는 있는 것으로 추정된다.

"한일합방조약"이 성립·유효한 것으로 추정되는 "대일평화조약" 제2조 (a)항에 한국이 동의한 것으로 추정되어 있는 것이 오늘의 상황이다.

III. 결언

1910년의 "한일합방조약"은 무효가 아니라 부존재인 것이다.

"대일평화조약" 제21조의 규정에 의해 한국에 대해 효력이 있는 동 조약 제2조 (a)항의 독립승인조항과 권리포기조항은 모두 "한일합방조약"의 유효를 전제로 한 것이며, 이들 조항은 "조약법 협약" 제36조 제1항의 규정에 의거 한국이 동의한 것으로 추정된다.

한국 정부는 위의 추정의 효과를 배제하기 위한 어떠한 조치도 취한 바 없다.

"한일기본관계조약" 제2조에서 1910년 8월 22일 및 그 이전에 대한제국과 대일본제국이 체결한 조약과 협약은 "이미 무효임을 확인한다"고 규정하고 있다. 그러나 "이미 무효"의 의미에 관해 우리 정부는 원초적으로 무효라고 해석하고 일본정부는 1945년부터 무효라고 해석한다.

상기 "대일평화조약" 제2조 (a)항의 추정되는 효과는 "한일기본조약" 제2조에 대한 한국의 해석에 반한다.

우리 정부 당국은 조속히 "대일평화조약" 제2조 (a)항의 규정을 추정하는 것으로 해석되는 효과를 배재하기 위해 특별한 조치를 취하여야 할 것이다. 그러한 특별한 조치의 하나로 "대일평화조약의 어떠한 규정도 한일합방조약의 유효한 것으로 해석되지 아니한다"는 내용의 "해석유보" 또는 "해석선언"을 하여야 할 것이다.

"한일합방조약"은 부존재이므로 동 조약과 "대일평화조약"의 저촉의 문제는 제기되지 아니한다.

제2절 한일합방조약과
한일기본관계조약의 관계

I. 한일기본관계조약 제2조의 증거

1965년에 한일 간에 체결된 '한일기본관계에 관한 조약' 제2조는 한일합방조약
이 무효라고 다음과 같이 규정하고 있다.

> 1910년 8월 22일 및 그 이전에 대한제국과 일본제국 간에 체결된 모든 조약 및 협정이 이미 무효임을
> 확인한다.
> Article II
> It is confirmed that all treaties or agreements concluded between the Empire of
> Japan and the Empire of Korea on or before August 22, 1910 are already null and
> void.

위의 "이미 무효"는 영문 본에서 "already null and void"로 표현되는데, 이에 대
한 한일 양국의 해석은 서로 다르다. 한국은 병탄 자체가 불법으로서 원천무효라
고 말하는 반면, 일본 측은 병합조약은 합법이었으나 해방을 기점으로 무효가 되
었다고 주장한다.

II. 조약법협약 제48조의 증거

1. 착오

조약법에 관한 협약 제48조는 착오로 인한 체결은 무효라고 다음과 같이 규정하

고 있다.

제48조(착오)

① 조약상의 착오는, 그 조약이 체결된 당시에 존재한 것으로 국가가 추정한 사실 또는 사태로서, 그 조약에 대한 국가의 기속적 동의의 본질적 기초를 구성한 것에 관한 경우에, 국가는 그 조약에 대한 그 기속적 동의를 부적법화하는 것으로 그 착오를 원용할 수 있다.

Article 48 Error

1. A State may invoke an error in a treaty as invalidating its consent to be bound by the treaty if the error relates to a fact or situation which was assumed by that State to exist at the time when the treaty was concluded and formed an essential basis of its consent to be bound by the treaty.

상술한 한일 기본 관계에 관한 조약 제2조 한일합방조약이 무효로 규정하고 있으나 한일합방조약은 부존재이므로 이는 한국 정부가 한일합방조약의 부존재를 무효로 착오한 것이므로 한국 정부는 이 조약법에 관한 협약 제48조의 규정에 의해 무효선언을 할 수 있다.

2. 무효선언의 필요

조약의 무효원인이 절대적 무효원인인 경우는 당연히, 상대적 무효원인인 경우는 일방당사자의 무효주장(원용)에 의해 조약은 무효로 되므로 무효화 절차는 절대적 무효의 경우는 필요치 않고 상대적 무효의 경우만 필요할 것이다.

그러나 절대적 무효원인이 있는 경우도 조약의 일방당사자는 무효라고 하고 타방당사자는 무효가 아니라고 주장할 경우가 있을 수 있으므로 '조약법에 관한 비엔나 협약'은 이런 경우를 명백히 하기 위하여 절대적 무효의 경우도 무효화 절차로 무효선언을 하도록 규정하고 있다.[1]

3. 무효선언의 절차

조약의 무효를 주장하는 조약당사자는 먼저 타방당사자에 대하여 조약에 관하여 취한 조치와 그 이유를 통고하여야 한다(제65조 제1항).

긴급한 경우를 제외하고는 통고수리 후 3개월 이상의 기간만료 후 아무런 이의

---

1) T. O. Elias, *The Modern Law of Treaties* (Leyden: Sijthoff, 1974), pp.179-80.

가 없는 경우에는 통고당사자는 취할 조치를 피통고당사자에게 정식문서를 전달함으로써 그 조치를 취할 수 있다(동 제2항).[2]

타방당사자가 만일 이의를 제기할 경우는 '국제연합헌장' 제33조에 규정된 수단에 의하여 해결을 모색해야 한다(동 제3항).[3]

Ⅲ. 국제연합헌장 제33조의 증거

국제연합헌장 제33조는 다음과 같이 규정하고 있다.

> 어떠한 분쟁도 그의 계속이 국제평화와 안전의 유지를 위태롭게 할 우려가 있는 것일 경우, 그 분쟁의 당사자는 우선 교섭, 심사, 중개, 조정, 중재재판, 사법적 해결, 지역적 기관 또는 지역적 약정의 이용 또는 당사자가 선택하는 다른 평화적 수단에 의한 해결을 구한다.
>
> The parties to any dispute, the continuance of which is likely to endanger the maintenance of international peace and security, shall, first of all, seek a solution by negotiation, inquiry, mediation, conciliation, arbitration, judicial settlement, resort to regional agencies or arrangements, or other peaceful means of their own choice.

---

2) Ibid.

3) Ibid., p.193, Christos L. Rozakis, *The Concept of Jus Cogens in the Law of Treaties* (Amsterdam: North-Holland, 1976), pp.155-56.

제 6장

유사 한일합방조약의 불성립

이 장에서 "유사 한일합방조약 부존재론"이라 함은 한일합방조약 부존재론이라고 자칭 타칭하고 있으나 그 실은 "한일합방조약 부존재론"이 아니라 "한일합방조약 무효론"인 것이다. 그것은 그 근거로 제시하고 있는 여러 기준이 조약의 불성립 요건에 해당하는 것이 아니라 대부분 조약의 무효 요건에 해당되기 때문이다. "유사 한일합방조약 부존재론"은 "부진정 한일합방조약 부존재론"이라고 부를 수 있다고 본다.

제1절 조약체결의 형식과 절차

Ⅰ. 일반국제법상 조약체결의 형식과 절차

조약체결의 형식과 절차는 일반국제법에 의해 규율되지 아니하고 체약당사자의 합의된 의사에 의해 정해지게 된다. 조약이 어떤 형식으로 체결되고 조약이 어떤 절차로 체결될 것인가는 일반국제법이 규정한 바 없으며 체약당사자의 합의된 의사로 자유롭게 정해지게 된다. 물론 특정조약을 체결하기 전에 체약당사자 간에 조약체결에 관한 특별한 합의가 있는 경우 그 합의에 따라 조약의 형식과 절차가 정해지게 됨은 물론이고, 당사자 간에 조약체결의 방식과 절차에 관한 특별관습법이 형성되어 있는 경우 그 관습국제법에 의해 조약의 형식과 절차가 정해지게 된다. 특별관습법은 체약당사자 간에 동일한 사실이 반복되어 있고 또 이 반복된 사실을 법으로 보려는 당사자 간의 법적 확신이 있음을 요함은 물론이다.

조약체결의 형식과 절차는 체약당사자가 자유로 정한다는 국제관습법 규칙은 많은 학자와 조약법 협약에 의해 승인되어 있다. 따라서 이른바 정식절차에 의할 것인가, 약식절차에 의할 것인가, 조약(treaty)으로 명명할 것인가, 협약(convention) 또는 합의서(agreement) 등으로 할 것인가는 당사자의 합의로 정한다.

조약체결의 방식과 절차는 일반국제법에 의해 규율되지 아니하고 체약당사자 간의 합의된 의사에 따라 정해진다는 것은 학설과 '조약법 협약'에 의해 일반적으로 정해져 있다.

1. 학설

가. Georg Schwarzenberger

Schwarzenberger는 조약체결의 형식과 절차는 합의된 약정에 의하며, 합의적 약정은 순수한 선택적 요건이라고 다음과 같이 기술하고 있다.

> 국제법의 주체 간의 합의적 약정은 어떤 특정 형태를 요하지 아니한다. … 조약 형태의 어떠한 요건은 순수한 선택적 법이다.[1]
>
> Consensual engagements between subjects of international law do not require any particular form … Thus any requirement of form of treaties is purely optional laws.

이는 조약체결의 형태는 국제법이 요하지 아니하고 이는 순수하게 체약당사자가 임의로 정하는 것을 '선택적 법'이라고 표현하고 있다. 그리고 위의 형식에는 절차도 포함되는 것으로 해석된다.

나. Lord McNair

McNair는 국제법은 조약의 형식과 절차에 관해서 규정하고 있지 아니하다고 다음과 같이 기술하고 있다.

> 국제법 자신은 국제적 약정을 함에 있어서 형식과 절차를 규정하고 있지 아니하다. 특정 국가의 헌법이 형식이나 절차를 규정하는 것이 있을지라도 영국의 법과 관행은 국제적 약정을 체결하기 위한 어떠한 특정 형태를 규정하고 있지 아니하다.[2]
>
> International law itself prescribes neither form nor procedure for the making of international engagement, though the constitutional law of certain States frequently prescribes both.

위의 기술은 헌법이 조약체결의 형식과 절차를 규정하고 있는 경우가 있어도 국제법은 조약체결의 형식과 절차를 규정하고 있지 아니하다는 것이다.

---

1) George Schwarzenberger, *International Law*, Vol.1, (London: Stevens, 1957), p.430.

2) Lord McNair, *The Law of Treaties,* (Oxford: Clarendon, 1961), pp.6-7.

다. Antonio Cassese

Cassese는 국제법은 조약체결의 방식과 절차에 관해 다음과 같이 규정하고 있다.

> 국가는 합의의 양식과 형식에 관해 완전한 자유를 향유한다. 그러므로 제한적인 절차와 형식을 규정한 규칙이 없다. 그러나 해를 거듭하며 국가의 관행으로 조약의 두 부분으로 발전되었다. 그 하나는 정식절차이고 다른 하나는 약식절차이다.[3]

조약체결의 방식과 절차는 체약당사자의 완전한 자유에 속한다고 논하면서 이는 관행상 정식절차와 약식절차로 구분된다고 논하고 있다.

관행상 정식절차와 약식절차로 구분되어 있다고 논하고 있으나 체약당사자가 체결하는 조약에 따라 정식절차 또는 약식절차에 의해 체결할 의무를 규정했다는 의미는 결코 아니다. 체약당사자는 자유롭게 '정식절차', '약식절차' 또는 '정식절차와 약식절차 이외의 절차'에 의할 수 있는 것이다.

라. G. M. Danilenko

Danilenko는 협약의 조약에 의한 기속적 동의의 표시 방법은 체약당사자의 완전한 자유로 성립된다고 다음과 같이 기술하고 있다.

> 협약 역시 조약에 의한 기속적 동의를 표시하는 특별한 방법을 수립하는 국가의 완전한 자유로 수립한다.[4] the convention also established the complete freedom of states to establish the specific means or expressing consent to be bound by a treaty.

국가의 조약체결의 방식과 절차의 완전한 자유를 조약에 의한 기속적 동의의 표시 방법은 국가의 완전한 자유라고 기술하고 있다.

마. John O'Brien

O'Brien은 조약체결 당사자는 폭넓은 조약체결의 방식은 사용할 수 있다고 다음과 같이 기술하고 있다.

---

3) Antonio Cassese, *International Law*, (Oxford: Oxford University Press, 2001), p.128.

4) G. M. Danilenko, *Law-Making in the International Community*, (Dordrecht: Martinus, 1994), p.54.

> 체약당사자는 조약체결의 폭넓은 변화를 사용할 수 있고 최종 결과를 기술하기 위해 상이한 언어를 사용할 수 있다.5)
>
> parties may use wide variety of methods to conclude, a treaty and different languages may be employed to describe the final outcome.

당사자의 조약체결의 방식과 절차의 자유를 조약체결의 방법의 폭넓은 변화를 사용할 수 있다고 기술하고 있다.

바. Alina Kaczorowska

Kaczorowska는 조약체결의 과정은 상이한 단계로 이루어질 수 있다고 다음과 같이 기술하고 있다.

> 조약체결의 과정에 있어서 상이한 단계가 동일시될 수 있다.6)
>
> Different stages can be identified in the process of conclusion of a treaty.

위의 조약체결 과정에서 상이한 단계는 조약체결의 절차만을 의미하는 것이 아니라 절차의 방식을 의미하는 것으로 해석된다.

조약체결의 형식과 절차를 규율하는 국제법 규정은 없으나 형식과 절차 당사자의 합의와 의사에 의해 정해진다는 견해는 위에 열거한 것 이외에 다음과 같은 견해가 있다.

사. Ian Brownlie

Brownlie는 조약이 교섭되고 효력을 발생하게 되는 형식에는 요구되는 요건이 없다고 다음과 같이 기술하고 있다.

> 조약이 교섭되고 효력을 발생하게 되는 형식은 당사자의 의사와 합의 규율된다. 형식의 실질적인 요건은 존재하지 아니한다.7)
>
> The manner in which treaties are negatiated and brought into force is governed by the

---

5) John O'Brien, *International Law,* (London: Cavendish, 2001), p.332.

6) Alina Kaczorowska, *Public International Law* 4th ed., (London: Routledge, 2010), p.97.

7) I. Brownlie, *Principles of Public International Law,* (Oxford: Oxford university press), 2012, p.609.

intention and consend of the parties. There are no substantive requirement of form.

형식의 실질적인 요건은 없고 당사자의 합의와 의사에 의해 형식이 정해진다고 기술하고 있다.

아. Malcolm N. Shaw

Shaw는 조약의 체결 형식과 절차는 당사자들의 실질적인 합의에 의해 정하여지는 것이고, 국제적인 절차에 관해 규정한 바 없다[8]고 다음과 같이 서술하고 있다.

> 조약은 당사자들이 실질적으로 원하는 방법에 의해 제정되거나 체결되게 된다. 규정된 형태의 절차는 없다.
> Treaties may be made or concluded by the parties in virtually any manner they wish. There is no prescribed form or procedure.

자. L. McNair

McNair는 국제법은 조약체결의 형식과 절차를 규정하지 아니한다고 다음과 같이 규정하고 있다.

> 특정 국가의 헌법이 흔히 양자를 규정한다 해도, 국제법 자체는 국제적 약속을 체결하기 위한 형식이나 절차를 규정하고 있지 아니한다.[9]
> International law itself prescribes neither form nor procedure for the making of international engagements, though the constitutional law of certain States frequently prescribes both.

차. Antonio Cassese

Cassese는 국가는 합의의 방식이나 형태로부터 완전한 자유를 갖는다고 다음과 같이 기술하고 있다.

> 국가는 합의의 방식과 형태에 관해서 완전한 자유를 향유한다. 그 때문에 어떠한 절차나 형식을 규율하는

---

8) Malcolm N. Shaw, *International Law*, 4th ed., (Cambridge: Cambridge University Press, 1997), p.564.

9) Lord McNair, *supra* n.2 pp.6-7.

규칙이 없다. 그러나 두 주요 조약(양자 그리고 다자)이 국가의 관행으로 발전되어 왔다. 첫 번째는 조약이 정식 형태로 체결되는 것이고, 둘째는 조약이 약식 형태로 체결되는 것이다.[10]

States enjoy full freedom as regards the modalities and form of agreement, for there are no rules prescribing any definite procedure of formality. However, over the years two main classes of (bilateral and multilateral) treaties have evolved in State practice. The first are treaties concluded 'in a solemn form.

Cassese는 국가는 합의의 방식과 형태로부터 완전한 자유가 있다 하면서 그래도 정식 형태와 약식 형태가 있다고 기술하고 있다.

조약의 체결과 형식과 절차는 국제법에 의해 정하여진 바 없고, 당사자의 합의와 의사에 따라 정하여진다는 전제를 다음과 같은 학자에 의해서도 표시하고 있다.

Charles G. Fenwick,[11] Gillian D. Triggs,[12] Shabtai Rossene,[13] Georg Schwarzenberger and E. D. Brown,[14] Gerhard von Glahn and James Lorry Taublee.[15]

2. 조약법 협약

조약법 협약은 조약체결의 형식과 절차는 체약당사자가 임의로 정한다는 규정이 없고 다만 문서의 형식에 의한다는 제한만을 두고 있다(제2조 1항 (a)). 이는 동 규정의 반대 해석으로 문서에 의한 제한 이외에는 다른 제한이 없다는 의미로 해석된다. 문서에 의한 제한규정은 다음과 같다.

(a) "조약"이라 함은 단일의 문서에 또는 2 또는 그 이상의 관련문서에 구현되고 있는가에 관계없이 또한 그 특정의 명칭에 관계없이, 서면형식으로 국가 간에 체결되며 또한 국제법에 의하여 규율되는 국제적 합의를 의미한다.

(a) "Treaty" means an international agreement concluded between States in written form and governed by international law, whether embodied in a single instrument or in two or more related instruments and whatever its particular designation.

---

10) Cassese, *supra* n.3, p.128.

11) Charles G. Fenwick, *International Law,* 3rd. (New York: Appleton, 1948), p.431.

12) Gillian D. Triggs, *International Law: Contemporary Principles and Practices,* (Lexis Nexis: Butterworths, 2006), p.500.

13) *Ibid.*

14) *Ibid.*

15) *Ibid.*

조약법 협약은 국가 간에 체결되고 문서의 형식을 요한다고 지정하고 있다. 이 규정의 반대 해석으로 이 이외의 형식과 절차를 조약의 체약당사자가 임의적으로 정한다고 규정하는 것이다.

II. 한일합방조약의 형식과 절차

1. 약식절차

한일합방조약은 중요한 조약이므로 이른바, 정식절차에 의하지 아니하고 약식절차에 의하여 체결되었으므로 본 조약은 부존재라는 견해는 성립의 여지가 없다. 상술한 바와 같이 학설과 조약법 협약이 조약의 체결 형식과 절차를 당사자의 합의에 대한 의사에 따른다고 보고 있으므로 정식절차에 의했느냐 약식절차에 의했느냐는 체약당사자가 자유로이 정하는 것이므로 한일합방조약이 약식절차에 의했으므로 본 조약이 성립하지 아니한다는 견해는 성립의 여지가 없다. 약식절차에 의하는 것이 당사자인 대한제국과 대일본제국이 합의한 것이므로 이 또한 약식절차를 정하는 것이 국제법상 성립될 수 없다는 주장은 성립의 여지가 없는 것이다. 물론 이 약식절차에 의할 때 일본 정부에 의한 강박이 가하여 체결됐다면 이는 강박에 의해 체결됐으므로 무효라는 문제만 남은 것일 뿐이다.

2. 영문 표기

일본이 한일합방조약을 영문으로 조약(treaty)으로 표기하지 아니하고 협약(convention)으로 표기한 것은 동 조약이 주권을 이양하는 중요한 조약이므로 이에 국제법상 성립될 수 없다는 견해는 성립의 여지가 없다. 왜냐하면 조약의 명칭은 당사자가 합의해서 자유로이 정할 수 있는 것이기 때문이다.

제2절 강박에 의해 체결된 조약

Ⅰ. 일반국제법상 강박을 가해 체결된 조약

강박(coercion)을 가해 체결된 조약은 (i) 국가의 대표기관에 대해 강박을 가해 체결된 조약과 (ii) 국가 자체에 대해 강박을 가해 체결된 조약이 있다. (i), (ii) 모두 국제법상 무효(invalidity)이다. 다만, (ii)에 관해서는 시제법상 1919년의 국제연맹규약, 1928년의 '부전조약' 그리고 1945년 국제연합헌장 이후에 성립된 것이고 그 이전에는 국가 자체에 대해 강박을 가해 체결된 조약은 무효가 아니라는 것이 일반적인 견해이다.

오늘에는 (i)과 (ii) 모두가 무효라는 데 이론이 없다. '조약법 협약'은 (i)과 (ii) 모든 경우에 절대적 무효라고 제51조, 제52조에 규정하고 있기 때문이다. 요컨대, 강박에 의해 체결된 조약은 "무효"이고 '조약의 불성립'으로 알고 있지 아니하다.

강박에 의해 체결된 조약은 조약의 부존재가 아니라 조약의 무효라는 것이 학설과 '조약법 협약'에 의해 일반적으로 승인되어 있다.

1. 학설

가. T. O. Elias

Elias는 강박은 2개의 형태가 있다고 논하고 있다고 다음과 같이 기술하고 있다.

> 강제는 2개의 형태로 취하여질 수 있다. 조약의 교섭 또는 기속적 동의의 표시에 있어서 대표자에 대한 것이든 또는 국가 자체에 대한 것이든. 그럼에도 불구하고 분리된 조항에서 강제의 두 형태를 취급하는 것이 바람직한 것으로 고려되어 있다. 국가의 대표자인 사람에 대한 강제, 실제적 또는 위협 또는 그의 조약에 대한 서면, 비준 또는 수락, 수인은 절대적 무효로 창출한다는 것은 일반적으로 합의되어

있다.[1]

Coercion may take two forms, either of a representative in negotiating a treaty or expressing consent to be bound, or of the State itself.

It was nevertheless considered desirable to treat both types of coercion in separate articles. generally agreed that coercion, actual or threatened, against the person of a State's representative or in their personal capacity to compel him to sign, ratify, accept or approve a treaty renders any consent so procured absolutely void.

국가의 대표자에 대해 강박을 가해 체결된 조약은 절대적 무효를 창출한다고 기술하고 있다. 따라서 피해 국가의 무효 주장의 선택의 여지가 없다.[2]

요컨대 강박을 가해 체결된 조약은 조약으로 불성립이 아니라 절대적 무효로 보고 있다.

나. Benetto Conforti

Conforti는 조약의 무효는 국가 대표자 또는 국가에 대한 강제에 의해 유래될 수 있다고 다음과 같이 기술하고 있다.

조약의 무효는 국가의 대표자 혹은 국가 전체에 대한 강제로부터 유래될 수 있다.[3]

The invalidity of treaty may stem from … from coercion of the State representative of the State as a whole.

국가의 대표자 또는 국가 자체에 대한 강제를 가해 체결된 조약은 국제법상 무효로 보고 있다. 이는 조약의 기속적 동의의 표시에 하자가 있는 것으로 보아 그 조약은 무효로 보고 조약의 불성립으로 보고 있지 아니하다.

다. Richard K. Gardiner

Gardiner는 국가의 대표자 또는 국가 자체에 대한 강박을 가해 체결된 조약은 무효라고 다음과 같이 기술하고 있다.

---

1) T. O. Elias, *The Modern Law of Treaties,* (London: Sijthoff, 1974), pp.167-68.

2) *Ibid.,* p.169.

3) Benedetto Conforti, *International Law and the Roles of Domestic legal Systems,* (Boston, Martinus, 1993), p.88.

한 국가의 대표자에 대한 강박 또는 무력의 위협이나 행사에 의한 국가에 대한 강박은 조약 무효의 기초로 원용할 수 있다.[4]

"무효의 기초로 원용할 수 있다"는 의미는 이는 국가의 대표자 또는 국가 자체에 대해 강박을 가해 체결된 조약은 기속적 동의는 성립했으나 그 표시 방법에 하자가 있어 무효로 보는 것이다. 따라서 강박에 의해 체결된 조약은 기속적 동의는 성립했으나 그 표시 방법에 하자가 있는 것으로 보아 강박을 가해 체결된 조약은 무효로 보고 조약의 불성립으로 보고 있지 아니한 것이다.

라. Gillian D. Triggs

Triggs는 조약의 유효(Validity of Treaties)라는 표제하에 국가나 국가의 대표의 강박(coercion of a state or its representative)이라는 항에서 강박을 가해 체결된 조약을 무효라고 다음과 같이 기술하고 있다.

> 국가 또는 그의 대표자가 조약의 동의에 헌장 제2조 제4항에 위반하여 힘의 위협이나 행사에 의해 강제가 가하여진 경우 조약은 애초부터 무효로 된다는 것이 승인되어 있다.[5]
>
> Where a state or its representative has been coerced to consent to a treaty by the threat or use of force in violation of article 2(4), it is recognised that the treaty will be void *ab initio*.

국가나 그 대표자의 조약체결에 강제가 가하여지는 경우 그 조약은 무효로 된다고 기술하고 그 조약이 불성립으로 된다고 규정하고 있지 아니하다.

마. John O'Brien

O'Brien은 국가의 대표자에 대해 강박을 가해 체결된 조약은 법적 효력이 없고 힘의 위협이나 행사에 의해 체결된 조약은 무효라고 다음과 같이 기술하고 있다.

> 교섭 국가의 대표자에게 강제가 가하여지게 기도된 조약은 무효이다. 그리고 국제연합헌장에 구현된 국제법

---

4) Richard K. Gardiner, *International Law*, (Boston: Pearson, 2003), p.93.

5) Gillian D. Triggs, *International Law: contemporary Principles and Practices*, (LexisNexis: Butterworths, 2006), pp.534-35.

의 원칙에 반하는 힘의 위협이나 행사에 의해 체결로 획득된 조약은 무효이다.[6)]

A treaty is void if its conclusion has been procured by the threat or use of coerce in violation of the principles of international law embodied in the Charter of the United Nations.

국가의 대표자에 대해 강박을 가해 체결된 것은 법적 효력이 없다 하고 국가 자체에 대해 강박을 가해 체결된 조약이 있으나 전자의 경우를 무효로 보고 있다. 이는 조약이 무효라고 표시하고 전후 양자를 기술하고 있기 때문이다.

바. Sherri L. Burr

Burr은 무효조약(Validity and void Treaties) 표제하에 강제에 의해 체결된 조약은 절대적 무효(absolutely void)라고 다음과 같이 기술하고 있다.

> 국가 또는 그의 대표자가 강제의 대상이 되면 조약은 절대적 무효이다. 국내법 위반으로 기속적 동의가 표시되는 경우도 조약은 절대적 무효이다.[7)]
>
> Treaties are absolutely void if the state or its representatives have been subjected to coercion, if the consent to be bound was expressed in violation of internal law.

절대적 무효라고 기술하고 '이하의 표제'는 '무효'로 규정하고 '절대적 무효'라고 기술한 것으로 보아 강박에 의해 체결된 조약은 조약으로 성립했으나 그 효력이 없다는 의미인 것이다.

사. Rebecca M. M. Wallace

Wallace는 국가의 대표자에 대해 강박, 국가 자체에 대한 강박에 의해 체결된 조약은 모두 무효, 전자는 후자에 비해 희소하다고 논하면서 양자 모두 법적 효력이 없다고 다음과 같이 기술하고 있다.

> 국가의 동의가 그 자신에 대한 행위나 위협을 통해 국가의 대표자에 대한 강제에 의해 획득되었다면 그 조약은 법적 효력이 없다. 국가의 대표자에 대한 강박의 사용도 드물다.[8)]

---

6) John O'Brien, *International Law*, (London: Cavendish Publishing Limited, 2001), p.343.

7) Sherri L. Burr, *International Law*, 2nd Ed., (Eagan: Thomson West, 2008), p.49.

8) Rebecca M. M. Wallace, *International Law*, 5th ed., (London: Sweet & Maxwell, 2005), p.268.

국제연합헌장에 규정된 국제법 원칙을 위반하고 국가에 대한 강제의 위협을 통한 조약의 채택은 조약의 무효를 초래한다.9)

Invalidity of Treaties 항목에서 "(d) coercion"에서 기술하고 있으므로 "no legal effect"는 무효라는 뜻이다.

아. Ian Sinclair

Sinclair는 국가의 대표자에 대한 강박을 조약에 의한 기속적 동의는 법적 효력이 없다고 다음과 같이 기술하고 있다.

> 국가의 대표자에 대한 행위나 위협을 통해 강제에 의해 획득된 조약에 의한 국가의 기속적 동의의 표시는 법적 효력이 없다. 조약체결의 대표자에 대한 강박의 행사는 아무런 법적 효력이 없다는 것은 법학자에 의해 오랫동안 조약에 의한 기속적 동의는 손상할 수 있는 요소로 승인되어 왔다는 것은 의심의 여지가 없다.10)
> the expression of a State's consent to be bound by a treaty which has been procured by the coercion of its representative through acts of threats directed against him shall be without any legal effect. There is no doubt that duress exercised against the person of a representative concluding a treaty has long been recognized by jurists as an element which may vitiate the consent of the State to be bound by the treaty.

강박은 조약에 의한 국가의 기속적 동의를 손상하여 조약은 법적 효력이 없다고 기술하고 있다. "법적 효력이 없다"는 뜻이 조약이 성립하지 아니한다는 의미인지 불명확하나, 그 뒤에 조약법 협약 제51조의 무효(null and void)를 기술하고 있는 것으로 보아 조약은 성립하고 무효라는 의미인 것으로 볼 수 있다. 국가 자체에 대해 강박을 가한 경우 조약은 무효(void)라고 기술하고 있다.11)

요컨대 국가의 대표기관에 대해 또는 국가 자체에 대해 강박을 가해 체결된 조약은 조약으로 불성립이 아니라 무효로 보고 있다.

---

9) *Ibid.*

10) Ian Sinclair, *The Vienna Convention on the Law of Treaties*, 2nd ed., (Manchester: Manchester University Press, 1984), p.176.

11) *Ibid.*, p.181.

자. Meinhard Schroder

Schroder는 강박에 의해 체결된 조약은 그 형태가 있으며 이는 조약법 협약에 의해 무효인 조약으로 규정되어 있다고 다음과 같이 기술하고 있다.

> 강제는 두 형태로 야기된다. 그 하나로 조약을 교섭하거나 기속적 동의를 표시하는 대표자에 대한 것이고, 다른 하나는 국가 자체에 대한 것이다. 비엔나 협약은 양자를 무효인 조약으로 수용하고 있다.[12]
> coercion may be occur in two forms, that of the representative negotiating a treaty or expressing consent to be bound, or that of state itself. The Vienna Convention accepts both as invalidating treaty.

조약의 무효(invalidating treat a treaty)는 절대적 무효를 의미하는 것이다. 따라서 이 무효는 추후에 치유되는 상대적 무효가 아니다. 이는 물론 조약의 불성립이 아니다.

차. Peter Malanczuk

Malanczuk는 조약의 무효(Invalidity of Treaties)라는 항목에서 국가 대표자에 대한 강박(Coercion of a representative of a sate)과 국가에 대한 무력의 위협이나 행사에 의한 강박(Coercion of a state by the threat and use of force)으로 구분하며 힘에 의한 강박을 조약의 무효의 근거로 제시하고 있다.

전자에 관해서는 '조약법 협약' 제51조의 규정을, 후자에 관해서는 제52조의 규정을 다음과 같이 인용하고 있다.

> 제51조 (국가 대표의 강제)
> 국가 대표에게 정면으로 향한 행동 또는 위협을 통하여 그 대표에 대한 강제에 의하여 감행된 조약에 대한 국가의 기속적 동의 표시는 법적 효력을 가지지 아니한다.
> Article 51. Coercion of a representative of a State
> The expression of a State's consent to be bound by a treaty which has been procured by the coercion of its representative through acts or threats directed against him shall be without any legal effect.

---

12) Meinhard Schroder, "Treaties, Varidity", *EPIL*, Vol.2, 1984, p.512.

제52조 (힘의 위협 또는 사용에 의한 국가의 강제)

국제연합헌장에 구현된 국제법의 제 원칙을 위반하여 힘의 위협 또는 사용에 의하여 조약의 체결이 감행된 경우에 그 조약은 무효이다.

Article 52. Coercion of a State by the threat or use of force

A treaty is void if its conclusion has been procured by the threat or use of force in violation of the principles of international law embodied in the Charter of the United Nations.

제51조는 "어떠한 법적 효력이 없다(without any legal effect)"라고 규정하고,[13] 제52조는 무효이다(is void)라고 규정하고 있으나[14] 양자 모두 '절대적 무효'를 규정한 것으로 해석되고 있다. 따라서 "무효하다"와 "법적 효력이 없다"는 것은 후속적 변화에 의해 치유되지 아니한다.[15]

양자 모두 절대적 무효를 규정한 것이고 조약의 불성립을 규정한 것이 아니다.

2. 조약법 협약

조약법 협약 제51조와 제52조는 강박으로 체결된 조약이 효력의 무효라고 규정하고 있다.

'조약법 협약' 제51조는 법적 효력을 가지지 아니한다(shall be without any legal effect)라고 규정하고 무효(void)라고 긍정하고 있으나, (ⅰ) 제51조는 제5부 조약의 무효(invalidity)의 종료 또는 시행정지, 제2절 조약의 무효(invalidity of treaties)에 규정되어 있으므로 다음과 같은 이유에서 법적 효력이 없다는 의미는 조약이 성립하지 아니했다는 의미가 아니라 절대적 무효라는 의미로 해석된다.

제5절 부의 명칭은 조약의 무효가 포함되어 있고 제2절의 부의 명칭도 무효이고, (ⅱ) 제51조와 제52조는 절대적 무효로 해석하는 것이 정석이고, (ⅲ) 상대적 무효처럼 무효를 주장할 수 있는 또는 무효를 허용할 수 있는 효력이 없다는 의미는 효력이 없다는 의미이다.

요컨대, 조약법 협약은 국가의 대표자에 대해 강박을 가해 체결된 조약은 조약의 불성립이 아니라 무효라고 규정하고 있는 것이다. 그러므로 한일합방조약은 대

---

13) Peter Malanczuk(ed.), *Akehurst's Modern Introduction to International Law*, (London: Routledge, 1997), p.139.

14) *Ibid.*, p.139.

15) *Ibid.*, p.140.

표자에 대해 강박을 가해 체결된 조약이므로 그것은 조약으로 성립되지 아니한 것이라는 견해는 정당하지 아니하다.

제52조 (힘의 위협의 행사에 의한 국가의 강제)는 힘의 위협이나 행사에 의해 조약이 체결된 경우 "조약은 무효이다"라고 규정하고 "무효를 주장할 수 있다" 또는 "무효를 원용할 수 있다"라고 규정하고 있지 아니하므로 이는 절대적 무효를 규정한 것이고 그것이 조약의 불성립으로 규정한 것이라고 볼 수 없다. 그러므로 한일합방조약은 국가에 강박을 가해 체결된 조약이므로 조약으로 불성립이나 무효가 아니라는 견해는 성립의 여지가 없다 하겠다.

II. 한일합방조약과 강제

1910년 8월 22일에 체결된 한일합방조약은 국가에 의한 강제로 볼 수도 있고 국가의 대표자에 대한 강제로 볼 수도 있다. 전자로 보든 후자로 보든 한일합방조약은 무효인 것이다.

한일합방조약은 강박에 의해서 체결되었기 때문에 무효가 아니라 조약의 불성립이라는 견해는 성립의 여지가 없다. 왜냐하면 많은 학자들의 견해와 조약법 협약 51조와 52조는 조약이 성립되지 아니했다고 규정하지 아니하고 조약이 무효라고 규정하고 있기 때문이다.

한일합방조약이 한국 측의 기속적 동의의 표시의 하자가 있으므로 이는 무효이고 조약의 불성립이라고 볼 수가 없다. 물론 한일합방조약의 한국 측의 기속적 동의의 표현이 강박에 의해 이루어졌기 때문에 기속적 동의 자체가 성립되지 아니하여 한일합방조약이 불성립이라고 주장할 수 있을 것 같으나, 위에서 검토해 본 바와 같이 대부분의 학자와 조약법 협약이 국가에 대한 강제나 대표자에 대한 강제도 무효라고 보고 있으므로 그러한 주장은 성립의 여지가 없다. 그리고 여기서 고려하여야 할 것은 강박에 의해 체결된 조약의 무효가 상대적 무효가 아니라 절대적 무효로 규정하고 있으므로 한국이 동 조약에 대한 무효를 주장하거나 무효를 원용할 수 있는 것이 아니라 조약이 체결된 당시부터 무효인 것으로 본다.

제3절 국내법 위반에 의해 체결된 조약

Ⅰ. 국내법 위반의 조약

국내법을 위반하여 체결된 조약, 특히 헌법을 위반하여 체결된 조약은 그 효력을 원칙적으로 다룰 수 없으나, 그 위반이 중대하고 명백할 경우 예외적으로 무효로 된다. 표시권한의 제한을 넘어서 체결된 조약도 원칙적으로 그 무효를 주장할 수 없는 것이나 그 표시기관의 제한을 상대국에 통고한 경우 무효를 주장할 수 있다. 표시기관의 권한을 넘어 체결된 조약은 국제법을 위반하여 체결된 바와 같이 예외적으로 무효로 될 수 있는 것이나 조약의 불성립으로 되는 것은 아니다.

조약의 무효는 조약 체결권을 규율하는 국내규칙의 위반으로부터 유래될 수 있다. 조약의 종료는[1] 국내법 적용과 특히 법관은 무효의 이 근거에 기초하여 조약의 적용을 거절할 수 있다.

> 이 기술은 조약이 국내법규정에 위반한 경우 무효로 될 수 있음을 승인하는 기술이다. … 국내 법률가 특히 법관은 이러한 무효를 사유로 조약의 시행을 거부할 수 있다.
>
> The invalidity of a treaty may stem from the violation of municipal rules regularity treaty of making powers … may domestic legal operators especially judges refuse to enforce of treaty on the basis of these ground of invalidity.

---

1) Benedett, Conforti, *International Law and the Role of Domestic Legal System*, (Boston: Martinus, 1993), p.89.

1. 학설

가. Ian Sinclair

Sinclair는 조약을 체결할 능력에 관한 국내법의 규정을 위반한 경우 헌법학자와 국제법학자 간에 의견이 나누어져 왔다고 기술하고, 헌법학자의 견해에 의하면 국내법에 반하는 국제법은 무효라고 주장하고, 국제법 학자의 견해에 의하면 국내법에 반하는 국제법이 유효라고 주장해 왔다. 가술하고 다수의 견해에 의하면 국내법은 고려되지 아니하나 절대적으로 명백한 경우는 예외가 인정된다고 다음과 같이 기술하고 있다.

> 조약을 체결하기 위한 능력에 관한 국내법의 규정 불고려의 원칙 마침내 합동되었다. … 그러나 다수의 견해는 조약을 체결할 국내법의 규정의 위반이 절대적으로 명백할 경우 예외를 수용하였다.
> but the majority were persuaded to admit an exception in the case where the violation of a provision in internal law regarding competence to conclude treaties was absolutely manifest.[2]

이는 조약을 체결한 국내법규의 위반이 절대적으로 명백한 경우 예외를 인정할 것, 즉 국내법 규정을 위반한 것이 절대적으로 명확한 경우 조약은 무효로 됨을 승인한 것이다. "무효"로 됨은 예외를 승인한 것이고 조약이 불성립으로 됨을 승인한 것이 아니다.

나. Benetto Confori

Confori는 조약의 무효는 국내법의 위반으로 이루어진다고 다음과 같이 기술하고 있다.

> 조약의 무효는 조약체결권을 규율하는 국내법규칙의 위반, 강행규범과의 불일치, 국가대표나 국가 전체의 강요, 착오나 사기로부터 기인할 수 있다. 조약의 종료는 수행의 불가역, 근본적 상화의 변화, 다른 당사자에 의한 조약 위반, 또는 구가승계 등의 결과일 수 있다. 국내법 적용과 특히 법관은 이러한 무효를 이유로 조약의 적용을 거부할 수 있다.[3]

---

2) Ian Sinclair, *The Vienna Convention on the Law of Treaties* 2nd ed., (Manchester: Manchester University Press, 1984), p.170.

3) Confori, *supra* n.1, p.88.

The invalidity of a treaty may stem from the violation of municipal rules regulating treaty-making powers, from inconsistency with jus cogens norms, from coercion of the State representative or the State as a whole, or from error or fraud, etc. Termination of a treaty may be the result of the supervening impossibility of performance, fundamental changes in the circumstances, breach of the treaty by another party, waw, or succession of States, and so on. May domestic legal operators, especially judges, refuse to enforce a treaty on the basis of these grounds of invalidity.

다. Richard K. Gardiner

Gardiner는 조약을 체결할 능력에 관한 한 국가의 국내법 규정의 위반을 무효라고 다음과 같이 기술하고 있다.

조약법 협약은 조약을 체결할 능력에 관한 한 국가의 동의의 표시할 권한에 관한 특별한 제약에 관한 국가의 국내법(헌법)의 규정의 위반의 기초로서 무효를 구상하고 있다.[4]

The Convention envisages invalidity on the basis of violation of provisions of internal law of a state(constitutional law) regarding competence to conclude treaties, of any specific restriction on authority to express the consent of a state.

라. Sherri L. Burr

Burr는 만일 국내법 위반으로 조약의 기속적 동의가 표시되면 조약은 무효(void)라고 다음과 같이 기술하고 있다.

만일 조약이 국가나 그 대표자에게 강박할 경우 또는 국내법 위반으로 지속적 동의가 표시되면 조약은 절대적 무효이다.

Treaties are absolutely void if the state or its representatives have been subjected to coercion, if the consent to be bound was expressed in violation of internal law.

이는 국내법 위반의 기속적 동의가 표시되면 조약은 절대적 무효로 보고 있다. 국내법 위반의 조약은 조약의 불성립으로 보지 아니하고 조약의 무효로 보고 있는 것이다. 절대적 무효로 보고 있기 때문에 후속적 행위나 상황에 의해 치유될 수가 없다.[5]

---

4) Richard K. Gardiner, *International Law*, (Boston:Person, 2003), pp.94-95.
5) Sherri L. Burr, *International Law* 2nd ed., (Thomson: West, 2008), p.419.

마. Gillian D. Triggs

Triggs는 조약의 유효(validity of treaties)라는 항목에서 조약에 의한 동의를 부정하기 위해 근거를 부정하지 아니한다(Internal Law provides no ground for denying consent to a treaty)라고 기술하고 다음과 같이 조약법 협약 제44조의 규정을 인용하고 있다.[6]

> 명백한 국내법 위반, 즉 국가 대표자의 권위에 대한 제한, 착오, 사기, 부패, 강압과 국제법의 절대적 규범과의 충돌 등이 있다.
>
> They are manifest violation of internal law; restrictions on the authority of the state representative: error, fraud and corruption; coercion and conflict with a peremptory norm of international law.

이는 조약이 국내법에 위배되는 경우 그 위반이 명백할 경우 예외적으로 조약은 불성립되는 것이 아니라 무효로 될 수 있다는 것이므로 이는 국내법에 위배되는 조약은 무효로 된다고 본 것이다.[7]

바. Rebecca M. M. Wallace

Wallace 조약의 무효(validity of treaties)라는 항목에서 조약법협약이 제시하고 있는 5개의(Five Grounds) 무효근거를 제시하면서 그 첫째의 무효를 국내법의 불일치(non-compliance with national law)를 제시하고 있다. 그리고 이에 관해 다음과 같이 기술하고 있다.

> 국가는 조약체결능력에 관한 헌법적 규정의 위반을 무효화한 항변을 할 수 있다. 그러한 위반이 명백하고 어떤 국가에 대해서도 객관적으로 명확하지 아니한 경우 무효로 판단된다.[8]
>
> A State may not plead a breach of its constitutional provisions relating to treaty-making competence so as to invalidate an agreement, unless such a breach was manifest and "objectively evident to any State conducting itself in the matter in accordance with normal practice and in good faith."

---

6) Gillian D. Triggs, *International Law:Contemporary Principles and Practices,* (LexisNexis:Butterworth, 2006), p.532

7) *Ibid.*

8) Rebecca M. M. Wallace, *International Law* (London: Sweet&Maxwell, 2005), p.250, 256.

이는 국내헌법규정에 위배되는 조약은 일반적으로 무효를 주장할 수 있는 것이 아니라 그 위반이 명백한 경우는 예외적으로 무효라고 주장하고 조약의 불성립이 아니고 무효를 주장할 수 있다.

사. John O'Brien

O'Brien은 국내 헌법규정에 위배되는 조약을 무효라는 주장과 유효라는 주장의 대립이 있다고 기술하고 조약법 협약 제46조의 규정을 기술하면서 국내법이 요구하는 요건이 있다고 다음과 같이 기술하고 있다.

> 이를 요구되는 요건이다. (a) 규정이 명백하고, (b) 객관적으로 명백하고, (c) 기본적으로 중요한 것이어야 한다. 제46조는 교섭 정부(행정부)가 그의 헌법적 권한을 초과하는 상황에 관한 것이다.
> These are demanding requirements - the provision must be: (a) manifest; (b) objectively evident; and (c) be of fundamental importance. Article 46 is directed to the situation where a negotiating government (that is, the executive branch) exceeds its constitutional powers.[9]

위의 제 요건을 구비한 경우 조약은 무효라고 기술하고 조약이 부존재라고 기술하고 있지 아니하다. 이른바 상대적 무효라고 기술하고 있다.

아. Antonio Cassese

Cassese는 상대적 무효의 근거 착오, 기만, 부패를 열거하고 명백한 국내법의 위반(manifest violation of international law)을 열거하고 있다.

> 상대적 무효의 근거는 착오, 기만, 부패, 명백한 국내법 위반 또는 조약을 체결한 국가대표의 권한 제한 등이다.
> grounds of relative invalidity are: error, fraud, corruption, manifest violation of internal law or of the restrictions of the powers of the State representative who has concluded the treaty.[10]

---

9) John O'Brien, *International Law* (London: Cavendish, 2001), p.343.

10) Antonio Cassese, *International Law* (Oxford: Oxford University Press, 2001), p.132.

국내법 위반을 상대적 무효의 근거로 제시한 것이다. 국내법 위반을 절대적 무효의 근거로 보지 아니하고 또한 조약의 불성립의 근거로 보지 아니하고 무효의 근거로 본 것이다.

자. S. E. Nahlik

Nahlik는 다음의 조건에 충족될 경우 국내법의 위법이나, 권한의 초과한 경우 조약은 무효로 될 수 있다고 다음과 같이 기술하고 있다.

> 국가의 조약에 대한 기속적 동의를 표시하는 경우 국내법을 위반하거나 그의 권한을 초과한 경우 … 조약의 무효의 근거로 된다.[11]
>
> The ground of invalidity of treaties dealt with …
>
> They cover situations in which the representative of a state when expressing consent to be bound by a treaty on its behalf, either violated its internal law or exceed his powers.

국가의 대표자의 국내법 위반에 의한 기속적 동의의 표시, 즉 국내법 위반의 조약과 국가의 대표자의 권한에 의한 대표가 일정한 요건을 구비한 경우 무효로 된다는 기술이다.

즉, 이러한 경우 조약이 무효로 되는 것이지 조약의 불성립으로 된다고 주장하고 있지 아니하다.

차. Menhard Schroder

Schroder는 국가의 대표자가 국내법 위반과 국가의 대표자의 국가를 위한 기속적 동의의 표시에 그의 권한을 초과한 경우 무효를 주장할 수 있다고 다음과 같이 기술하고 있다.

> 국가의 대표자가 국내법을 위반하거나 조약에 의한 기속적 동의를 표시하는 경우 그의 권한을 초과하는 경우 조약은 무효로 될 수 있다.[12]
>
> Treaties may be violated of the representable of a state either violated domestic law

---

11) S. E. Nahlik, "The Ground of Invalidity and termination of treaties", *AJIL*, Vol.65, 1971, p.740.

12) Meinhard Schroder, "treaties, validity" *EPIL*, Vol.2, 1984, p.512.

or exceeded his powers when expression the consent of his state to be bound by a treaty.

이는 조약이 국내법 위반의 경우와 대표가 권원을 유월하여 조약의 기속적 동의를 표시하면 조약은 무효로 된다고 기술하지 아니하고 무효로 될 수 있다고 기술하여 이 무효는 상대적 무효임을 표시한 것으로 해석된다.

카. Peter Malanczuk

Malanczuk는 무효조약(invalid treaties)의 조약체결 능력에 관한 국내법의 규정 (provisions of municipal law regarding competence to conclude treaties)을 제시하고 대다수 국가의 헌법이 국가원수가 입법기관의 동의 없이 조약을 체결할 수 없다고 규정하고 있다. (ⅰ) 헌법의 규정을 위반하는 조약을 체결했을 때 조약은 무효라는 견해와 (ⅱ) 조약은 유효하나 헌법의 규정을 위반한 것이 명백할 경우 예외로 무효라는 견해로 나누어져 있으나 후자가 대다수의 견해로 '조약법 협약'은 후자의 견해도 성문화했다고 논하면서13) 다음과 같이 조약법 협약 제46조의 규정을 그대로 인용하고 있다.

> 제46조 (조약 체결권에 관한 국내법 규정)
> ① 조약체결권에 관한 국내법 규정의 위반이 명백하며 또한 근본적으로 중요한 국내법 규칙에 관련되지 아니하는 한, 국가는 조약에 대한 그 기속적 동의를 부적법화하기 위한 것으로 그 동의가 그 국내법 규정에 위반하여 표시되었다는 사실을 원용할 수 없다.
> ② 통상의 관행에 의거하고 또한 성실하게 행동하는 어느 국가에 대해서도 위반이 객관적으로 분명한 경우에는 그 위반은 명백한 것이 된다.
> Article 46. Provisions of internal law regarding competence to conclude treaties
> 1. A State may not invoke the fact that its consent to be bound by a treaty has been expressed in violation of a provision of its internal law regarding competence to conclude treaties as invalidating its consent unless that violation was manifest and concerned a rule of its internal law of fundamental importance.
> 2. A violation is manifest if it would be objectively evident to any State conducting itself in the matter in accordance with normal practice and in good faith.

---

13) Peter Malanczuk (ed.), *Akenhurst's Modern Introduction to International law*, (London: Routledge, 1997), p.130.

제46조의 규정은 국내법을 위반한 조약은 원칙적으로 유효하나 예외적으로 그 위반이 명백하고 객관적으로 명확한 경우 예외적으로 무효를 규정할 수 있다고 주장하고 있는 것이다.

다시 말해서 동 조는 무효를 주장할 수 있다고 규정하는 것이고 조약 자체가 성립하지 아니했다고 주장하고 있는 것이 아니다.

2. 조약법 협약

조약법협약 제46조와 제47조는 국내법 위반의 조약에 관해 다음과 같이 규정하고 있다.

가. 제46조(조약 체결권에 관한 국내법 규정)

① 조약 체결권에 관한 국내법 규정의 위반이 명백하며 또한 근본적으로 중요한 국내법 규칙에 관련되지 아니하는 한, 국가는 조약에 대한 그 기속적 동의를 부적법화하기 위한 것으로 그 동의가 그 국내법 규정에 위반하여 표시되었다는 사실을 원용할 수 없다.

② 통상의 관행에 의거하고 또한 성실하게 행동하는 어느 국가에 대해서도 위반이 객관적으로 분명한 경우에는 그 위반은 명백한 것이 된다.

Article 46

Provisions of internal law regarding competence to conclude treaties

1. A State may not invoke the fact that its consent to be bound by a treaty has been expressed in violation of a provision of its internal law regarding competence to conclude treaties as invalidating its consent unless that violation was manifest and concerned a rule of its internal law of fundamental importance.

2. A violation is manifest if it would be objectively evident to any State conducting itself in the matter in accordance with normal practice and in good faith.

나. 제47조(국가의 동의 표시 권한에 대한 특정의 제한)

어느 조약에 대한 국가의 기속적 동의를 표시하는 대표의 권한이 특정의 제한에 따를 것으로 하여 부여된 경우에, 그 대표가 그 제한을 준수하지 아니한 것은, 그러한 동의를 표시하기 전에 그 제한을 다른 교섭국에 통고하지 아니한 한, 그 대표가 표시한 동의를 부적법화하는 것으로 원용될 수 없다.

Article 47

Specific restrictions on authority to express the consent of a State

If the authority of a representative to express the consent of a State to be bound by a particular treaty has been made subject to a specific restriction, his omission to observe that restriction may not be invoked as invalidating the consent expressed by him unless the restriction was notified to the other negotiating States prior to his expressing such consent.

조약법 협약 제46조와 제47조는 국내법에 위반되는 조약의 효력에 관해 상대적 무효인 것으로 규정하고 있다. 동 협약이 국내법에 위배되는 조약이 예외적으로 무효화되는 경우에 예외적으로 무효로 인용하고 있고 조약의 불성립으로 규정하고 있지 아니하다.

II. 한일합방조약과 국제법의 위반

한일합방조약은 국제법을 위반하여 체결되었으므로, 동 조약은 무효, 이른바 상대적 무효이다. 그러나 이 조약법 협약은 국내법을 위반하여 무효가 아니라 조약 자체가 성립하지 않았다는 견해는 이 조약법 협약에 반하는 것으로 이유 없다 할 것이다. 조약이 국내법 규정을 위반한 경우, 국내법의 규정이 객관적으로 명백한 경우, 이 사실을 원용할 수 있다는 의미는 이른바 상대적 무효를 주장한 것이다. 국내법의 규정이 객관적으로 명백한 경우, 무효를 주장할 수 있다는 규정이고 조약의 불성립이라는 견해는 아니다. 그러므로 한일합방조약은 대한제국의 국내법을 위반하여 체결되었으므로 이는 조약의 불성립이라는 견해는 타당성이 없는 것이다.

제7장

한일합방조약 부존재의 효과

제1절 대한제국의 존속성

한일합방조약은 불성립이므로 대한제국은 국가로서 성립한 것이 아니라 그대로 존속한 것이다. 이에 관해서 심층적인 기술을 하기로 한다.

Ⅰ. 정부형태의 변경과 국가의 동일성·계속성

국가의 정부형태가 변경되어도 특히 군주정이 공화정으로 변경되어도 그리고 국가의 명칭과 국호의 변경이 있어도 국가의 동일성과 계속성은 유지된다는 것이 지금까지의 관행이고 통설이다. 전제군주정국가가 민주공화정국가로 변경되면 전자는 국가로서 소멸하고 후자는 신생국으로 성립한 것으로 보는 것이 일반적인 상식이다. 그러나 이는 국제법 부지의 상식이다. 대부분의 국가수립론자는 군주국가인 대한제국이 민주공화국인 대한민국으로 변경된 것은 대한제국이 소멸하고 대한민국이 신생국으로 성립한 것으로 보고 있다. 즉 국가의 정체의 변경은 그 변경 국가의 소멸 원인이고 정체의 변경에 의해 수립된 정부는 신생국으로 성립된다고 보고 있는바, 이는 국제관행에도 반하고 국제법에도 반하는 잘못된 견해인 것이다.

그러므로 "대한제국"이 "대한민국"으로 정체의 변경과 국가 명칭의 변경이 있어도 국가의 동일성과 계속성은 그대로 유지되는 것이므로 1949년 8월 15일 정부수립은 국가의 수립이 아니라 정부의 수립인 것이다. 즉 신생국가의 수립이 아니라 대한제국과 대한민국은 동일성과 계속성을 갖는 것이므로 이는 "대한제국"이 국가로서 소멸한 이후 신생국으로 "대한민국"이 수립된 것이 아니라 대한제국의 정부가 군주정체에서 민주공화정으로 정체의 변경이 있을 뿐 신생국으로서 국가의 수립이 있는 것이 아니다.

국가의 정부형태의 변경이 있어도 국가의 동일성과 계속성이 영향이 없다는 국제관행과 학설을 보기로 한다.

1. 국제관행

국가의 성립요소인 국민, 영토 그리고 정부의 변경이 있어도 그 국가의 국제법상 국가로서의 지위에 아무런 변동이 없고, 그 국가는 국제법상 국가로서 동일성과 계속성을 갖는다고 보는 것이 국제관행이다. 특히 군주정체국가가 공화정체국가로 정부의 변경이 있어도 군주제의 국가는 공화제의 국가와 동일성과 계속성이 인정되는 것이 지금까지의 국제관행이다.

그 대표적인 예를 보면 다음과 같다.

가. 프랑스

군주제 국가였던 프랑스는 1789년의 혁명에 의해 공화정국가로 변경되었다. 그럼에도 불구하고 혁명 전의 프랑스라는 국가는 혁명 후 프랑스라는 국가와 동일성과 계속성이 유지되었다.[1]

나. 러시아

러시아제국(Russian Empire)은 1917년 11월 17일 시작된 사회주의 혁명의 결과로 1922년 12월 30일 제1차 소비에트 회의에서 '소비에트 사회주의 공화국 연합 형성에 관한 선언(The Declaration on the formation of the Union of Soviet Socialist Republic)'에 의해 국호가 '소비에트 사회주의 공화국 연합'으로 변경되고 사회주의 헌법의 제정이 있었으나 러시아 제국과 소련은 국제법상 동일성과 계속성을 갖는 것으로 인정되어 있다.[2]

---

1) Hans Kelsen, *Principles of International Law,* 2nd ed., (New York: Holt, 1967), p.518; Esmond Jan, Osmanceyk, *Encyclopedia of the United Nations* 2nd ed., (New York: Taylor and Francis, 1990), p.944.

2) *Ibid.*

다. 유고슬라비아

사회주의연방공화국 '유고슬라비아(Socialist Federal Republic Yugoslavia)'는 1945년 11월 29일 선언에 의해 '연방인민공화국 유고슬라비아(Federal people's Republic of Yugoslavia)'로 국호와 헌법을 개정했으나 개정 전의 사회주의연방공화국 유고슬라비아와 개정 후의 연방인민공화국 유고슬라비아는 국제법상 동일성과 계속성을 갖는다.[3]

라. 예멘공화국

북예멘(North Yemen)은 '예멘아랍공화국(Yemen Arab Republic)'이고, 남예멘(South Yemen)은 '예멘인민주의공화국(People's Democratic Republic of Yemen)'이다. 양국은 1972년 10월 28일 통일조약을 체결했으나 동 조약은 효력을 발생하지 아니했고 따라서 당시 양국은 통일을 실현하지 못했다. 이에 앞서 남예멘은 1969년 6월 혁명군에 의해 국명을 예멘공화국(Republic of Yemen)으로 변경하고 새 헌법을 제정한 바 있다.

그러나 국명 개정 그리고 새 헌법의 제정 이전의 예멘은 그 이후의 예멘, 즉 예멘공화국은 국제법상 동일성과 계속성을 갖는다.[4]

마. 아랍연합공화국

아랍연합공화국은 이집트, 리비아, 시리아 3개국이 아랍민족통일의 중심이 되기 위해 1971년 9월에 정식으로 설립한 연방국가이다. 국명을 이집트아랍공화국으로 설정했다. 시리아의 군사 쿠데타에 이어 시리아는 독립을 선언했다. 1961년 9월 28일 동 연합은 해체되고 이집트는 계속 이 아랍공화국을 그대로 사용하다가 1971년 9월 2일 '이집트아랍공화국'으로 국명을 변경했다. 이집트는 국명과 헌법을 여러 번 변경했으나 국가의 동일성 및 계속성은 그대로 유지된다.[5]

---

3) *Ibid.*: UN, *UN Bulletin*, January 1952, pp.33-44; Osmanczyk, *supra* n.1, pp.1074-75.

4) Robert Jennings and Arthur Watts(eds.), *Oppenheim's International Law*, 9 ed., Vol.1, (London: Longman, 1992), p.206; Malcolm N. Shaw, *International Law*, 4th ed., (Cambridge: Cambridge University Press, 1997), p.680; Osmanczyk, *supra* n.1, p.1070.

5) Osmanczyk, *supra* n.1, p.54; 동아일보/브리태니커, 『브리태니커』 제14권, (서울: 브리태니커, 1993), 124쪽.

바. 터키

터키제국(Turkish Empire)은 1923년 10월 29일의 공화국 선언(Proclamation of Republic)에 의해 '터키공화국(Turkish Republic)'으로 국명과 국호의 변경이 있었으나 터키제국과 터키공화국은 국제법상 동일성과 계속성이 있는 것으로 되어 왔다.[6]

사. 남아프리카

남아프리카(South Africa)는 1961년 공화국선언(proclamation of Republic)에 의해 '남아프리카공화국(Republic of South Africa)'으로 국명과 국호의 변경이 있었으나 남아프리카는 남아프리카공화국과 국제법상 동일성과 계속성이 인정되고 있다.[7]

2. 국제학설

가. Hans Kelsen

Kelsen은 군주정이 공화정으로 변경되고 공화정이 군주정으로 변경되어도 국가의 동일성에 영향을 주지 아니한다고 다음과 같이 논하고 있다.

> 군주정이 국민의 혁명에 의해 공화정으로 변경되거나 공화정이 쿠데타에 의해 군주정으로 변경되어도 신정부는 효과적인 방법으로 신헌법을 유지할 수 있어도 국제법에 의하면 이 정부의 이 헌법은 그 국가의 합법적인 정부이고 타당성 있는 헌법이다. 국가의 동일성은 혁명이나 쿠데타에 의해 영향을 받지 아니한다.
>
> If a monarchy is transformed into a republic by a revolution of the people, or a republic into monarchy by a coup d'etat of the president, and of the new government is able to maintain the new constitution in an effective manner, then this government and this constitution are, according to international law, the legitimate government and the valid constitution of the state···
>
> the assumption that the identity of a state is not affective by revolution or coup d'etat.[8]

---

6) *Ibid.*, p.923.

7) *Ibid.*, pp.856-57.

8) Kelsen, *supra* n.1, pp.562-63.

나. G. G. Wilson

Wilson은 국명이나 국호의 변경은 승인의 예속성에 아무런 영향을 주지 아니한다고 다음과 같이 기술하고 있다.

국명이나 국호의 변경은 기 승인의 계속에 아무런 영향을 주지 아니하며 이는 동일한 정치적 단위에 머무르게 한다.

Change in the name or title of a state has no effect upon the continuity or recognition provided it remains the some political unity.[9]

다. Ian Brownlie

Brownlie는 국가원수의 변경이나 정부형태의 변경은 국가의 법적 권리와 책임에 영향을 주지 아니한다고 다음과 같이 기술하고 있다.

따라서 국가의 법적 권리와 책임은 원수의 변경 또는 정부의 대내적 변경에 의해 국가의 권리와 책임은 영향을 받지 아니한다는 명제를 도출할 수 있다.

Thus it may introduce the proposition that the legal rights and responsibility of state are not effective by changes in the head of state or the internal from of government.[10]

라. James Crawford

대내적 혁명의 경우 국가의 국내적 헌법과 정부형태에 영향을 주고 국가는 종전과 같은 것이며 그의 어떠한 권리를 상실하게 되는 것이 아니며 그의 의무로 보아 면제되는 것이 아니라는 것은 오래전부터 성립되어 왔다.

It has long been established that, in case of internal revolution, merely altering the municipal constitution and form of government, state remains the same it neither loses any its rights, nor is discharged from any of its obligations.[11]

마. J. B. Moore

Moore는 군주국이 공화국으로 변경되어도 국가는 그의 권리·의무를 해하지 아

---

9) G. G. Wilson, *International Law*, 9th ed., (New York: Silver, 1935), p.54.

10) Ian Brownlie, *Principles of Public International Law*, (Oxford: Oxford University Press, 2012), p.80.

11) James Crawford, *Creation of State in International Law*, (Oxford: Oxford University Press, 1979), p.405.

니하고 남아 있다고 다음과 같이 기술하고 있다.

국제법인으로서 동일성은 그 정부의 헌법질서 영토와 인구의 변화에 개의치 아니하고 그의 국제법인으로서의 동일성은 계속된다. 군주국이 공화국으로 공화국이 군주국으로 변경될 수 있고 절대적인 원칙이 헌법적으로 대체될 수 있고 또는 그 반대일 수 있다. 정부의 변화를 통해 국가는 권리 의무의 손상 없이 남아 있다.

If a state is established which the international community, its identity as an international person continues, without regard change in its government, constitution or do, and possible increase or loss of territory and population, monarchy may be transformed into republic or a monarchy absolute principles may be substituted for constitutional, or the reverse, but through the government changes, the nation remain, with rights and obligation impaired.[12]

바. Jennings and Watts

Jennings와 Watts는 국민과 영토의 변경, 정부 당국의 일시적 분쟁이 있어도 국가는 동일한 국제법인으로 남아 있는 것이라고 다음과 같이 기술하고 있다.

… 정부 당국이 일시적으로 다툼이 있을 수 있어도 내란이나 혹은 전시점령으로 영토가 제한되어도 그러한 변화에도 불구하고 국제법상 국가는 동일한 법인격자로 남아 있다.

Governmental authority may be temporality disputed a territorially restricted as during a civil war or belligerent occupation. their territories may increase or decrease. nevertheless in same spite of such changes a state remains the same international persons.[13]

사. Charlies Fenwick

Fenwick는 국가는 어떠한 변화가 있어도 국제법인으로서 국가는 동일한 법인으로 계속된다고 다음과 같이 논하고 있다.

국제법인으로서 국가의 동일성을 고정하고 국제사회에 있어서 그의 지위는 그의 국제적 작용이나 지배에 있어서 어떠한 변화가 있어도 국가는 동일한 국제법인으로서 계속된다.

Once its identity as an international person has been fixed and its position in the international community established, the state continues to be the same corporate

---

12) J. B. Moore, *Digest of International Law*, (Washington, D.C.: USGPO, 1961), Vol.1, p.248.

13) Jennings and Watts(eds.), *supra* n.4, p.204.

person whatever changes may take place in its international operation and government.14)

아. Cruze

Cruze는 정부형태의 변화는 국가의 계속성을 해하지 아니한다고 다음과 같이 기술하고 있다.

국가원수의 교체에 의해 공화국이 전체주의 체제로 폭력적 방법에 의해 변경되어도 국가 생명의 계속성은 저해되지 아니한다.

The continuity of state life is also not impaired by changes of in the form of government, as when republic is converted into a totalitarian require or by replacement of the chief of state. even through violent methods.15)

자. Antonio Casses

Casses는 정부의 혁명이나 초헌법적 변화는 국가의 동일성에 어떠한 변화를 주지 아니한다고 다음과 같이 기술하고 있다.

요컨대, 혁명이나 초헌법적 변경이 국가의 동일성에 어떠한 부담을 주지 아니하며 따라서 국가는 전 정부에 의해 이행된 국제적 행위에 의해 귀속된다.

In short, revolutionary of extra-constitutional changes in the government do not have any bearing on the identity of a state and consequently states are bound by international acts performed by previous governments.16)

3. 국제판례

Tinoco Concessions Arbitration(GB v. Costa Rica)에서 중재관 타프트(Taft)는 코스타리카(Costa Rica)의 혁명정부와 신헌법의 선포에 대해 코스타리카의 전 정부가 체결한 계약은 코스타리카를 구속한다고 다음과 같이 판정하고 있다.

1917년 정치지도자 티노코(Tinoco)는 코스타리카 정부를 정복하고 신헌법을 선포했다. 1919년 티노코

---

14) Charles G. Fenwick, *International Law*, 3rd ed., (New York: Appleton, 1948), p.155.

15) A. Cruze, *International Law,* (Quezon: Central Lawbook, 1985), p.72.

16) Antomio Cassese, *International law*, (Oxford: Oxford University Press, 2001), p.52.

정부는 와해되고 구정권이 회복되었다.

1922년 정부는 티노코가 영국 회사들과 계약을 체결하며 허락한 모든 권리를 취소하는 법률을 제정하였다. 중재관은 이러한 계약들은 코스타리카를 구속한다고 본다.

In 1917, Tinoco, a political leader, overthrew the government of Costa Rica and proclaimed a new constitution. In 1919 the Tinoco government was toppled and the old authorities reinstated.

In 1922 the government passed legislation quashing all the rights Tinoco had granted by contract to a number of British companies. The arbitrator held that, ··· those contract were binding on Costa Rica.[17]

유럽의 대부분의 국가는 군주정국가에서 공화정국가로 변경되었으나 국가의 동일성과 계속성이 그대로 유지되어 온 것이 지금까지의 관행이다. 이상에서 고찰해 본 바와 같이 이와 같이 정부의 변경, 특히 군주정체가 공화정체국 정부형태로 변경되어도 국가의 동일성과 계속성은 유지되는 것이며 국가의 명칭이나 국호의 변경도 국가의 연속성에 영향이 없다.

대한제국이 대한민국으로 군주정이 공화정으로 정부형태가 변경되고 또 국가의 명칭과 국호가 변경되었어도 대한제국과 대한민국은 국가의 동일성과 계속성을 유지하는 것이다. 따라서 대한제국이 그의 정체와 국호의 변경이 있어도 대한제국은 소멸하지 않고 대한민국과 동일성과 계속성을 가지는 것이다. 그러므로 국가성립론은 성립의 여지가 없는 것이다.

II. 대한제국의 존속성에 관한 헌법의 규정

대한민국헌법은 대한제국이 국가로서 소멸한 것이 아니라 대한민국과 동일성·계속성이 있다고 다음과 같이 규정하고 있다.

1. 대한민국임시정부 임시헌장 선언문

대한민국임시정부 임시헌장 선언문은 3·1운동으로 수립된 대한민국임시정부는 대한제국의 법통성을 승계한다고 다음과 같이 선언하고 있다.

---

17) RIAA, Vol.1, 1948, p.369.

> 민국 원년 3월 1일 아 대한민족이 독립을 선언함으로부터… 아 민족이 독립과 자유를 갈망하는 의사와
> 저의와 인도를 애호하는 국민성을 표현한다.

위의 선언 중 "아 대한민족이"란 임시정부의 주체는 대한제국의 국민이라는
의미이며 이는 임시정부가 대한제국의 법통성을 승계한 것이라는 의미이며, "한민
족이 독립을 선언함으로"는 대한제국이 일제로부터의 독립을 선언한 것이므로 임
시정부가 대한제국의 법통성을 승계하고 있음을 의미한다.

요컨대, 동 선언은 임시정부가 대한제국의 법통성을 승계한 것이라고 선명하고
있다.

정확하게는 대한제국이 '한일합방조약'에 의거 소멸한 것이 아니므로 대한민국
임시정부가 대한제국의 국호를 대한민국으로 변경하고 정부수립을 한 것이다. 따
라서 대한민국임시정부가 대한제국의 법통성을 승계한 것이 아니라 대한민국임시
정부가 대한제국의 국호를 변경한 대한민국이 대한제국의 법통성을 승계한 것이
다. 그러므로 1919년에 수립된 것은 정부의 수립이며, 1948년에 수립된 것도 역시
정부의 수립이다.

2. 대한민국 제헌헌법

1948년 7월 17일의 대한민국 제헌헌법 전문은 대한민국이 대한민국임시정부의
법통성을 승계한 것이라고 다음과 같이 규정하고 있다.

> 유구한 역사와 전통에 빛나는 우리들 대한국민은 기미삼일운동으로 대한민국을 건립하여 세계에 선포한 위
> 대한 독립정신을 승계하여…

위의 규정 중 "기미삼일운동으로 대한민국을 건립하여"란 대한민국은 "상해 임
시정부 법통성을 승계한 것"이며, "대한민국"이라는 국호는 "임시정부의 국호를 그
대로 수용한 것 또한 대한민국은 임시정부의 정통성을 승계한 것"을 의미한다.[18]
또한 기미삼일운동은 "대한제국의 법통성을 유지하기 위한 것이므로 대한민국은
대한제국의 법통성을 승계한 것"이라는 의미이다.

---

18) 박영하, 『한국헌법론』, (서울: 청목출판사, 2016), 56쪽.

3. 현행 대한민국 헌법

1997년 10월 29일 제9차 개헌헌법인 현행헌법 전문은 대한민국임시정부의 법통성을 승계한 것이라고 다음과 같이 규정하고 있다.

> 유구한 역사와 전통에 빛나는 우리 대한국민은 3・1운동으로 건립된 대한민국임시정부의 법통과 4・19
> 민주이념을 승계…

위의 규정은 대한민국은 대한민국임시정부의 법통을 승계한 것이며, 또한 3・1운동은 대한제국의 법통성을 회복하기 위한 것이므로 이는 대한제국의 법통성을 승계한 것이라는 의미이다.

이와 같이 우리 헌법은 대한민국을 신생국으로 보지 아니하고 직접적으로 상해임시정부의 법통성과 간접적으로 대한제국의 법통성을 승계한 국가로 보고 있음을 헌법 전문에 선언・명시하고 있다. 즉 대한제국은 국가로서의 법통성을 상실한 것이 아니라 대한민국에 의해 그 법통성이 승계・계속되고 있음을 헌법이 명시적으로 선언하고 있다. 헌법재판소는 다음과 같이 판시하고 있다.

> 오늘날의 대한민국이 일제에 항거한 독립운동가의 공헌과 희생을 바탕으로 이룩된 것이라는 점 및 나아가
> 현행헌법은 일본제국주의 식민통치를 배제하고 우리 민족의 자주독립을 촉구한 대한민국임시정부의 정신을
> 헌법의 근간으로 하고 있다는 점을 뜻한다.[19]

요컨대 우리 헌법은 대한제국의 존속성을 명문으로 규정하고 따라서 대한민국은 대한제국과 동일성과 계속성을 갖고 있음을 명문으로 선언하고 있다.

III. 대한제국 존속성과 대한민국의 국호

1. 국호의 관점에서 본 대한제국의 존속성

오늘 대한민국의 국호는 "대한민국"이며, 이는 상해의 대한민국임시정부의 국호인 "대한민국"에서 유래되는 것이고, 대한민국임시정부의 국호인 대한민국은 대한제국에서 유래되며 대한제국과 대한민국임시정부는 국가로서 동일성을 갖고 상해

---

19) 헌재 2008 헌바 141. 2011.3.31.

대한민국임시정부는 대한민국과 국가로서 동일성을 갖는다. 결국 대한제국과 대한민국은 국가로서 동일성을 갖는다. 그러므로 1948년 8월 15일 정부수립은 "정부의 수립"인 것이며, "국가의 수립"이 아닌 것이다. 이를 규명하기 위해 국호의 변경과정을 개관하기로 한다.

가. 대한제국의 국호

4천 년의 역사를 가진 우리나라는 조선조 말 1876년 "병자수호조약"으로 낡은 쇄국의 벽을 깼으나 밀려드는 열강의 경쟁적 세력 팽창을 제지할 수 없었다. 거센 외세의 각축 속에서 독립국가로서의 존엄을 보지하기 위해 고종은 1897년(고종 34년) 10월 11일에 국호를 대한(大韓), 연호를 광무(光武)라 칭하고 새로운 "대한제국"을 내외에 선포하였다. 이와 같이[20] "조선"이란 국호는 "대한제국"이란 국호로 대체되었다. 그러나 불행히도 1910년 8월 22일 일본의 강박과 간계에 의해 체결된 "한일합방조약"에 의거 대한제국은 일본에 병합되어 그의 국호는 사실상 종료되고 만다.

대한제국의 국호는 1897년 10월 11일에서 1910년 8월 22일까지 존속되었다.

나. 상해 임시정부의 국호의 제정

대한제국이 1910년 "한일합방조약"에 의해 주권을 상실한 이후 대한제국의 주권을 회복하기 위한 대일 민족적 투쟁은 국내외에서 전개되었다.

1919년 3·1운동 이후 동년 4월에 상해에 임시정부가 수립되었다. 러시아령의 "대한국민회의", 상해의 "대한민국임시정부", 서울의 "한성정부"는 상해의 임시정부로 통합되게 되었다. 국내외의 대표로 구성된 "임시의정원"은 헌장을 제정하면서 그 명칭을 "대한민국임시헌장"이라 명했다.

3·1운동 이후 임시정부 수립을 위해 상해에 독립임시사무소를 설치하고 4월 9일부터 정부수립을 위한 회의를 시작했다.

4월 11일 각 지방의 대표들로 의회를 구성하기로 하고 그 명칭을 "임시의정원"으로 정했다. "임시의정원"은 4월 11일 회의를 개최하고 국호를 "대한민국"으로,

---

20) 이기백, 『한국사신론』, (서울: 일조각, 1976), 351-57쪽.
　　김명기, 『국제법상 남북한의 법적 지위』, (서울: 화학사, 1980), 6쪽.
　　신용하, "대한제국", 한국정신문화연구원, 『한국민족문화 백과사전』 제6권, (서울: 웅진출판, 1966), 1665-72쪽.

연호를 "민국"으로 각각 결정했다. 국호를 "대한민국"으로 제의한 임시의정원의 의원들은 "대한"은 빼앗긴 나라(대한제국)를 되찾겠다는 의의를 가진 것이며, "민국"은 공화제 국가임을 명시하는 것이라고 주장했다.[21]

같은 날 임시의정원은 대한민국의 헌법인 "대한민국임시헌장"을 제정 공포했다. 동 헌장 제1조는 "대한민국은 민주공화국으로 함"이라고 규정하며 국호가 대한민국임을 동 헌장의 명칭과 동 헌장 1조에 의해 법정화했다.

이와 같이 상해 대한민국임시정부의 국가의 국호는 "대한민국"이었다. 이는 대한제국의 "대한"을 의미하는 것이며, "민국"은 민주공화국임을 의미하는 것이므로 결국 상해 임시정부의 국가는 대한제국과 동일성을 갖는 것임을 의미한다.

다. 대한민국의 국호제정

제헌의회 헌법 기초위원회에서 국호문제가 논의되었다. 30명의 의원으로 조성된 헌법기초위원회에서 대한민국안, 고려공화국안, 조선공화국안, 그리고 한국안이 제의되었으나 표결결과 대한민국 17표, 고려공화국 7표, 조선공화국 2표, 한국 1표로 17표인 대한민국이 국호로 의결되었다.

제헌국회의 7월 1일 본회의에서 제2독회가 시작하면서 국호문제가 제기된 것은 제2독회에서 첫 번째 심의하여야 할 사항이 전문인데 전문에 헌법의 명칭이 없으므로 이는 제1조의 "대한민국은 민주공화국이다"와 함께 심의되었다. 국호에 대한 의견이 분분하자 이승만 국회의장은 표결을 서두르게 했다. 표결 결과 재적의원 188인, 찬성 163, 반대 2로 국호는 대한민국으로 결정되었다.[22]

6월 26일에 본회의 제1독회에서 위원장은 헌법기초위원회에서 국호를 대한민국으로 의결한 이유를 다음과 같이 설명했다.

---

21) 김영수, "대한민국 임시정부 헌법", 한국정신문화연구원, 제6권, 613-14쪽.
　　이현희, "대한민국 임시정부", 두산세계대백과사전, 제7권 (서울: 두산동아, 1996), 460쪽.
　　김학성, 『헌법학원론』, (서울: 피앤씨미디어, 2011), 67-68쪽.
　　강경선, 『헌법 전문 주해』, (서울: 에피스테메, 2017), 24-25쪽.
22) 국사편찬위원회, 『한국사』 제52권, (서울: 국사편찬위원회, 2002), 416-23쪽.
　　김학성, 『헌법학원론』, (서울: 피앤씨미디어, 2011), 69-70쪽.
　　강경선, 『헌법 전문 주해』, (서울: 에피스테메, 2017), 23-24쪽.
　　여명록, 『우리헌법의 탄생』, (서울: 서해문집, 2006), 138쪽.
　　유진오, 『헌법기초회고록』, (서울: 일조각, 1980), 17-56쪽.
　　류수현, "제1공화국 헌법제정과정", 『한국의 사회와 문화』 제7권, (1986.10.), 194-95쪽.

여러분은 아시다시피 우리나라는 청일전쟁 중에 대한(大韓)이라고 하는 말을 마관조약(=하관조약, 시모노세키조약)에 썼던 것을 여러분이 역사적으로 잘 아실 것입니다. … 또 그 후에 3·1혁명 이후에 우리나라에서도 해외에 가서 임시정부를 조직해서 그때도 대한이라고 이름을 붙여 내려온 것입니다. 또 이 국회가 처음 열릴 때에 의장 선생님으로부터 여러분에게 식사를 말씀하시는 끝에도 대한민국 36년이라는 연호를 쓴 관계로서 이 헌법 초안에도 아주 누가 이렇게 국호를 정해라 저렇게 해라 정할 수가 없어서 대한이라고 그대로 인용해서 실용한 것으로 생각하는 바입니다. 그만한 정도로 답변해 드립니다. 그 다음에 제1조에 대한이라는 대(大)자를 관사로 사용하면 군주국의 기분이 있지 않을까, 그 말은 저희들도 그렇게 생각합니다. '대'자라고 하는 말은 크다는 말입니다. 대영제국이나 과거에 있어서 대일본제국주의 해서 그 '대'자로 말할 것 같으면 유전적 그 대명사라고 해서 관사로 볼 수 있는 글입니다. 또 그 의원께서 물으신 바와 같이 저 개인에 있어서도 오늘에 있어서 '대'라고 하는 것은 비민주적이라고 하는 것이 표시가 되어 있지 않을까 합니다.[23)]

Ⅳ. 대한제국의 존속성에 관한 대한민국의 공식적 견해

1. 제1공화국 정부의 공식적 견해

가. 대통령 취임사

1948년 8월 15일 대한민국 최초 정부, 즉 정부수립 정부인 이승만 정부의 공식적 입장은 "정부의 수립"으로 보고 있다. 정부수립 후 최초로 발행된 "관보" 제1호는 "대통령 취임사", "부통령 취임사", "국무총리 취임사", "국무회의 성명서" 그리고 "정부수립대통령기념사"가 등재되어 있다. 이들 취임사와 기념사 등에 모두 "정부수립"이라고 선언되고 있고 "국가수립"이라 선언되어 있지 아니하다.

이승만 대통령은 그의 취임사에서 취임사를 행한 연도를 "대한민국 1년"이 아니라 "대한민국 30년"이라 표기하여 대한민국임시정부 수립 연도로 표기했다. 이는 대한제국의 승계자인 대한민국임시정부의 법통성을 승계한 것을 의미하며, 또한 이는 대한제국이 소멸하지 아니했음을 의미하는 것이므로 그의 취임사의 내용을 보기 전에 정부수립론에 입각한 것을 알 수 있다. 대통령 취임사 중 정부수립에 관한 내용은 다음과 같다.

이런 인격들이 함께 책임을 부담하고 일해 나가면 우리 정부 일이 좋은 시계 속처럼 잘 돌아가는 중에서 이적을 많이 나타낼 것이요, 세계의 신망과 동정이 날로 증진될 것입니다. 그런즉 우리가 수립하는 정부는 어떤 부분적이나 어떤 지역을 한하지 않고 전 민족의 뜻대로 전국을 대표한 정부가 될 것입니다. 기왕에도

---

23) 국회도서관, 『헌법제정회의록』 헌정사자료 제1집, 1967, 123쪽.

말한 바이지만 민주정부는 백성이 주장하지 않으면 그 정권이 필경 정객과 파당의 손에 떨어져서 전국이 위험한 데 빠지는 법이니 일반국민은 다 각각 제 직책을 행해서 우선 우리 정부를 사랑하며 보호해야 될 것이니 내 집을 내가 사랑하고 보호하지 않으면 필경은 남이 주인 노릇을 하게 됩니다. 과거 40년 경험을 잊지 말아야 할 것입니다. 의로운 자를 옹호하고 불의한 자를 물리쳐서 의가 서고 사가 물러가야 할 것입니다. 전에는 일꾼이 소인을 가까이하고 현인을 멀리하면 나라가 위태하다 하였으나 지금은 백성이 주장이므로 민중이 의로운 사람과 불의한 사람을 명백히 구별해야 할 것입니다. 승인문제에 대하여는 그 권리가 우리에게 있는 것이 아니므로 우리가 판단할 수는 없으나 우리의 순서가 이대로 계속된다면 모든 우방의 호의로 속히 승인을 얻을 줄로 믿는 바입니다.[24] (We have heart felt gratitude at this time for recognition of our government).[25]

위의 취임사 중 "우리가 수립하는 정부"라고 표시되어 있고, "우리가 수립하는 나라"라고 표시되어 있지 아니하고, 전술한 바와 같이 취임사 말미에 취임한 일자를 "대한민국 1년 7월 24일"로 표시하지 아니하고 "대한민국 30년 7월 24일"로 표시한 것으로 미루어 보아 이 대통령은 "국가의 수립"이 아니라 "정부의 수립"으로 본 것이 명백하다.

나. 부통령 취임사

이시영 부통령 취임사에도 "정부수립"이라고 표시되어 있고, 또 취임 연월일을 "대한민국 1년 7월 24일"로 표시하지 아니하고 "대한민국 30년 7월 24일"로 표시하여 기재하여 대한민국 건국이 아니라 정부수립임을 명시하고 있다. 이시영 부통령의 취임사에는 정부를 수립한다고 다음과 같이 표시되어 있다.

> 삼가 친애하는 동포 여러분께 고합니다. 우리 겨레가 사십 년간 외적의 압박에서 신음하다가 우리 혁명선열들의 순국열혈의 결정과 연합우방의 호의로 말미암아 자유해방이 되고 이제 우리 겨레가 대망하던 중앙정부를 수립하게 됨은 실로 경하하여 마지않는 바입니다.[26]

다. 국무총리 취임사

이범석 국무총리도 그의 취임사에서 "정부가 수립되는 것"이라고 표시하고 그의 취임사의 연월일을 대통령 취임사, 부통령 취임사의 경우와 같이 "대한민국 1년 8월 3일"로 표시하지 아니하고 "대한민국 30년 8월 3일"로 표시하여 건국이 아니라

---

24) 관보 제1호, 8-9쪽.

25) Majorie M. Whiteman, *Digest of International Law*, Vol.14, (Washington, D.C.: USPO, 1970), p.176.

26) 관보 제1호, 9-10쪽.

정부수립임을 명시하고 있다. 국무총리 취임사 중 정부수립에 관한 표현을 보면 다음과 같다.

> 의장, 부의장 및 국회의원 여러분! 상선은 정의를 보존하심으로써 우리 민족이 사십 년 동안 최고 지상의 염원이든 민족자유와 국가수립은 성스러운 선혈지사의 부단한 분투노력과 전 세계 평화와 정의를 애호하는 국가의 지지 협조하에 이제 이루어지게 될 것이며, 이 국회에서 언명 탁별 하신 대통령, 부통령을 추대하여 국회에서 만민의 지침으로 제정한 법률에 의하여 정부가 수립되는 것은 어디 감격하여야 마지않습니다.[27]

라. 국무회의 성명서

대통령 이승만, 국무총리 이범석, 그리고 각 국무장관이 부서한 "국무회의 성명서"에도 건국이 아니라 정부수립이라고 선언되어 있다. 성명서의 연월일을 대한민국으로 표기하지 아니하고 단기로 표기하고 있는 것이 전기한 제 취임사의 경우와 다르다. 그러나 이도 "대한민국 1년"으로 표기하지 아니한 점에 있어서는 전기 제 취임사의 경우와 동일하다. 동 성명서는 "국가 수립"이 아니라 "정부수립"임을 다음과 같이 선언하고 있다.

> 36년간 이민족의 압박하에 신음하던 우리 3천만 동포는 연합군의 호의로 자주독립의 길을 밟아오게 된바, 소위 해방 이후 3개년 간의 차하여 이개의 미소공동위도 불성공으로 마치고 유엔 감시하에 동포의 뜨거운 애국심으로 대한민국의 정부가 수립되었다.[28]

이상의 이승만 정부의 공식적 입장은 "국가수립"이 아니라 "정부수립"이었음이 확인된다. 이는 대한민국 정부를 수립한 초대 정부의 공식적 입장이란 점에서 유권적인 것이며 이에 대립되는 정부의 공식적 주장은 법리상 성립의 여지가 없다. 다만, 정부의 공식적 주장이 아니라 무권적인 사적 견해는 얼마든지 성립될 수 있으나 이는 결코 유권적인 정부의 입장을 배제할 수는 없는 것이다.

2. 대한제국이 가입한 조약의 대한민국에 대한 효력 확인

1981년 6월 9일 서독 정부는 우리 정부에 대해 대한제국이 가입한 아래 협약이 대한민국에 대해 계속 유효한지의 여부를 문의해 왔다.

---

27) 관보 제1호, 10쪽.
28) 관보 제1호, 10쪽.

(i) 1899년의 "육전의 법과 관습에 관한 협약"(1899 헤이그 제Ⅱ협약)

(ii) 1899년의 "1864년의 제네바협약의 원칙을 해전에 적용하기 위한 협약"(1899 헤이그 제Ⅲ협약)

(iii) 1904년의 "헤이그 병원선에 대한 면제에 관한 협약"(1904 헤이그 병원선 협약)

이에 대해 우리 정부는 1986년 8월 4일 대한제국이 1910년 이전에 체결한 상기 3개의 다자협약이 대한민국에 대해 효력이 있음을 확인하고 이를 조약 목록에 게재함과 아울러 관계조약의 수탁국인 네덜란드 정부와 이에 관한 문의를 해온 서독 정부에 이 사실을 통보하기로 하였다고 발표하였다. 또한 우리 정부는 1986년 8월 8일 "관보" 제10409호로 대한제국이 체결한 상기 3개의 협약이 "대한민국에 대해 효력이 있음을 공포한다"라고 확인 공고했다.[29) 외무부의 확인 내용은 다음과 같다.

> 법 이론상으로 보면 1905.11.17.의 소위 을사보호조약과 1910.8.22.의 소위 한일합방조약 등 1910년 이전에 체결된 한·일 간의 제 조약은 대한제국과 대한제국의 조약체결권자(고종 및 순종 황제)에 대하여 강박을 행사하여 체결된 조약이므로 현 국제법 이론에 의하여서뿐만 아니라, 한일합방 당시의 국제법 이론에 의하여도 당연히 무효라는 것이 국제법학자들의 통설이다.

1965.6.22. 체결된 한·일 기본관계조약 제2조도 1910.8.22. 및 그 이전에 한국과 일본 간에 체결된 제 조약은 이미 무효라고 규정하여 이와 같은 취지를 반영하고 있다. 따라서 법적으로는 대한제국이 국가로서 소멸한 것이 아니라 계속 존속하여 왔으나, 다만 그 행위능력, 즉 영토와 인민에 대한 실효성 있는 통치권만 일본에 의하여 불법적으로 대리행사 되어 온 것이며, 대한민국은 동일한 국제법 주체인 국가 내에서의 국체, 정체 및 국호의 변경에 해당하는 것이므로 대한제국과 대한민국의 동일성은 계속 유지된다.[30)

---

29) 김명기, 『국제법원론』 상, (서울: 박영사, 1996), 286쪽; 김명기, 『대한제국과 국제인도법』, (서울: 책과 사람들, 2008), 89-90쪽. 『관보』에는 확인 행위의 법적 성격이 설명되어 있지 아니하나, 외무부, 『대한제국이 체결한 다자조약의 효력확인 설명자료』, (1986.7.31.)에는 대한제국과 대한민국의 동일성 확인으로 설명되고 있다(제2항 다목).

30) 외무부, 대한제국이 체결한 다자조약의 효력확인 설명자료(1986.7.31.), 2의 다항.

V. 대한제국의 존속성에 관한 국제적 확인

위에서 일본의 한국에 대한 제 침략조약이 국제법상 무효 또는 부존재라는 점을 이론적 측면에서 고찰해 보았다. 이들 제 침략조약이 국제법상 무효라는 국제적 선언이 실제상 반복되어 왔다.

1. 카이로 선언

제2차 세계대전의 발발과 더불어 국가의 지위에 관한 문제가 부활되었다. 1919년 3·1독립운동에 이어 한국임시정부를 유지해 온 망명인들은 한국의 독립과 공식승인을 선전하기 시작했으며, 1943년 11월 27일 미국의 루스벨트(F. D. Roosevelt) 대통령, 영국의 처칠(Churchill) 수상, 중화민국의 장개석(蔣介石) 총통은 카이로에서 회합하여 대일전에 있어서의 승리의 확신과 전망을 명백히 하고 한국에 대해 다음과 같이 선언했다.

> 전기의 3대국은 한국 국민의 노예상태에 유의하고 적당한 경로를 밟아 한국을 자유 독립으로 할 것을 결의한다.[31]
>
> The aforesaid three great powers, mindful of the enslavement of the people of Korea, are determined that in due course Korea shall become free and Independent.

동 조약은 "한국을 자유 독립"으로 한다고 표시하여 당시의 한국은 국제법상 소멸한 것이 아니라고 명백히 확인하고 있다. 한국은 당시에 소멸한 것이 아니라 "자유"와 "독립"을 제한당한 국가로, 즉 "비독립국가"로 본 것으로 비독립국가도 제한된 능력을 가진 국가인 것이다.[32]

물론 비독립국가인 피보호국은 국제법상 법인격을 상실한 경우도 있고 국제법상 법인격을 보지한 경우도 있다.[33] 그러나 동 선언이 "한국을 신생국으로 수립할

---

31) 동 선언 제7단.

32) G. Schwarzenberger and E. D. Brown, *A Manual of International Law*, 6th ed., (Milton: Professional Books, 1976), p.60; 한형건, 전주 24, 59쪽; 남기환, "현행헌법상 평화통일," 『외교·안보논총』 제1권, 1978, 235쪽.

33) Gould는 피보호국의 국제법상 인격은 획일적으로 논할 수 없다고 하며(W. L. Gould, *An Introduction to International Law*, (New York: Harper and Brothers, 1957), pp.195-98), Schwarzenberger and Brown은 비독립국도 국가이지만 완전한 주권을 상실할 경우 국제법상 인격을 상실한다고 하며(Schwarzenberger and Brown, supra n.32, p.60), Brownlie는 비독립국가가 기관이나 대표기구

것"이라고 선언하지 않고, "한국을 자유와 독립으로 할 것(Korea shall become free and Independent)"으로 표명한 것은 한국의 존재를 긍정한 것이며, 또 "한국을 분리·독립으로 할 것"이란 제한된 행위능력을 회복한다는 의미인 것이다.[34]

동 선언은 정치적 방침의 선언이며, 조약이 아니므로 일본에 대해서는 물론이고 미국·영국·중국에 대해서도 국제법상 법적 구속력이 있는 것은[35] 아니다. 그러나 후술하는 바와 같이 일본의 "항복문서"에의 조인에 의하여 동 선언은 일본에 법적 구속력을 갖게 되었다.

2. 포츠담 선언

"카이로 선언"이 발표된 지 1년 8개월 만인 1945년 7월 26일에 역시 미국·영국·중국의 대국에 의하여 "포츠담 선언"이 선언되었으며 소련은 동년 8월 8일에 이에 가입했다.[36] 동 선언 제8항은 다음과 같이 규정하고 있다.

> 카이로 선언의 조항은 이행되어야 하며 또 일본의 주권은 본주(本州)·북해도(北海島)·구주(九州)·사국(四國) 및 우리들이 인정하는 제 도서에 국한된다.
>
> The terms of the Cairo Declaration shall be carried out and Japanese Sovereignty shall be limited to the Island of honshu, Hokkaido, Kyushu, Shikoku, and such minor Islands as we determine.[37]

동 선언은 "카이로 선언의 조항은 이행되어야 하며"라 규정하여 전술한 "카이로 선언"을 재확인한 것이고 따라서 한국의 국제법상 법인격도 동 선언에 의해 재확인된 것이다. 또 "일본의 주권은 본주·북해도·구주·사국…에 국한된다"라고 규정하여 일본의 주권이 한국에 미치지 못함을 선언하여 한국의 존재를 긍정한 것이다.

동 선언도 "카이로 선언"과 동일한 법적 성격을 가진 것으로 일본에 대하여 법적 구속력이 있는 것은 아니다. 그러나 1945년 8월 15일에 연합국 측이 항복조건

를 수립하지 못한 경우는 국가가 아니라고 한다(Brownlie, supra n.32, p.69).

34) 남기환, 전주 32, 23쪽; 김동희, 『대한민국의 정통성에 관한 법적근거』, (서울: 국제통일원, 1976), 20쪽.

35) 선언은 조약이 아니며, (ⅰ) 정책의 수립, (ⅱ) 채택된 원칙의 선언, (ⅲ) 주어진 조치에 대한 정당한 이유의 제시의 세 가지 의미로 사용된다(Wilson, supra n.9, p.209).

36) H. Lauterpacht, *Oppenheim's International Law*, Vol.2, 7th ed., (London: Longmans, 1952), p.533.

37) US Department of State, Bulletin, (4 Dec. 1943), p.393.

으로 제시한 동 선언을 일본이 동년 9월 2일 동경만의 미주리 함상에서 무조건 수락하는 "항복문서"에 조인함으로써 이는 일본에 대하여 법적 구속력을 갖게 되었다.[38]

3. 항복문서

1945년 9월 2일 "포츠담 선언"을 수락하는 항복문서의 내용은 다음과 같다.

> 1945년 7월 26일 포츠담에서 미국·중국·영국의 정부수상에 의해 발표되고, 그 후 소련에 의해 지정된 선언에 제시한 제 규정을 수락한다. …
> 우리는 이후 일본 정부와 그 승계자가 포츠담 선언의 규정을 성실히 수행할 것을 확약한다.
> we, …, hereby accept the provisions set forth in the declaration issued by the heads of the Government of the United States, China, and Great Britain on 26 July, 1945 at Postdam, and subsequently adhered to by the Union of Soviet Socialist Republics,…
> We hereby undertake for the Emperor, the Japanese Government and their successors to carry out the Provisions of the Potsdam Declaration in good faith.[39]

4. 정부수립에 관한 국제연합 총회의 결의

1947년 11월 4일 국제연합 총회가 채택한 "국제연합 임시한국위원단 설치 및 독립방안의 준비에 관한 국제연합 총회의 결의(Resolutions of the U.N. General Assembly Establishing the UN Temporary Commission on Korea and providing for a program for Korean Independence)"는 국제연합 한국임시 위원단의 설립 목적이 "국민정부의 수립"에 있음을 다음과 같이 규정하고 있다. 즉, 민주국가의 수립이 아니라 "국민정부의 수립"에 있음을 다음과 같이 결의한 바 있다.

> A
> 총회가 당면하고 있는 한국 문제는 근본적으로 한국 국민 자체의 문제이며 그 자유와 독립에 관련되는 것이며, 또한 본 문제는 당해 지역 주민의 대표가 참가하지 않고는 공명정대히 해결될 수 없음을 인정하는 까닭에, 총회는 1. 본 문제 심의에 있어 선거에 의한 한국 국민의 대표가 참여하도록 초청할 것을 결의하며, 2. 나아가서 이러한 참여를 용이케 하고 촉진시키기 위하며 또한 한국 대표가 단지 한국의 군정 당국에

---

38) *Ibid.*; 박관숙, "독도의 법적지위에 관한 연구", 연세대학교 대학원 박사학위논문, 1968, 53쪽; 이한기, 『한국의 영토』, 서울: 서울대학교출판부, 1969, 265쪽; 高野雄一, "영토", 국제법학회, 평화조약의 종합연구, 상권, (동경: 유비각, 소화27), 27쪽, 69쪽.

39) W. C. Langsam, Historic Documents of World War II, (Westpoint: Greenwood, 1958), p.152.

의하여 지명된 자가 아니라 한국 국민에 의하여 사실상 정당히 선거된 자라는 것을 감시하기 위하여 조속히 국제연합한국임시위원단을 설치하여 한국에 부임케 하고 이 위원단에게 전 한국을 통하여 여행, 감시, 협의할 수 있는 권한을 부여할 것을 결의한다.

A

In as much as the Korean question which is before the General Assembly is primarily a matter for the Korean people itself and concerns its freedom and independence, and

Recognizing that this question cannot be correctly and fairly resolved without the participation of representatives of the indigenous population,

The General Assembly

1. Resolves that elected representatives of the Korean people be invited to take part in the consideration of the question;

2. Further resolves that in order to facilitate and expedite such participation and to observe that the Korean representatives are in fact duly elected by the Korean people and not mere appointees by military authorities in Korea, there be forthwith established a United Nations Temporary Commission on Korea, to be present in Korea, with right to travel, observe and consult throughout Korea.

B

총회는, 한국 국민의 독립에 대한 요청이 긴급 정당함을 인정하고 한국의 국가 독립이 재설정되어야 하며, 전 점령군은 그 후 가능한 최단기간 내에 철수되어야 할 것을 확신하고, 한국 국민의 자유와 독립은 한국 국민의 대표의 참여 없이는 공명정대히 해결될 수 없다는 전술의 결론과 또 선거에 의한 한국 국민의 대표의 참여를 용이케 하며, 촉진시킬 목적으로 국제연합한국임시위원단(이하 위원단이라 칭한다)을 설치한다는 결의를 상기하며,

1. 위원단은 호주, 캐나다, 중국, 엘살바도르, 프랑스, 인도, 필리핀, 시리아, 우크라이나 소비에트사회주의 공화국의 대표로서 구성할 것을 결정한다.

2. 한국 국민의 자유와 독립의 조속한 달성에 관하여 동 위원회와 협의할 수 있는 대표자들을 선출하기 위하여, 1948년 3월 31일 이내에 성년자선거권 원칙과 비밀투표에 의한 선거를 시행하고, 이 대표자들로 하여금 국회를 구성케 하고 한국의 중앙 정부를 수립할 것을 권고하며 각 투표 지구 또는 지역에서 선출될 대표자 수는 위원단 감시하에 시행되어야 한다.

3. 다시 선거 후 가급적 조속히 국회가 소집되어 중앙 정부를 수립해야 하며 그 수립을 위원단에 통고하여야 할 것을 권고한다.

…

7. 한국 독립 완성에 이르는 준비적 과도기간 중에는 총회 결정을 수행하는 경우를 제외하고 한국 국민의 여러 문제에 간섭함을 삼갈 것과 또한 한국의 독립과 주권을 침해하는 모든 행위를 철저히 삼갈 것을 모든 국제연합 회원국에 요청한다.

B

The General Assembly,

Recognizing the urgent and rightful claims to independence of the people of Korea;

Believing that the national independence of Korea should be re-established and all occupying forces then withdrawn at the earliest practicable date;

Recalling its previous conclusion that the freedom and independence of the Korean people cannot be correctly or fairly resolved without the participation of representatives of the Korean people, and its decision to establish a United Nations Temporary Commission on Korea (hereinafter called the "Commission") for the purpose of facilitating and expediting such participation by elected representatives of the Korean people,

1. Decides that the Commission shall consist of representatives of Australia, Canada, China, El Salvador, France, India, Philippines, Syria, Ukrainian Soviet Socialist Republic;

2. Recommends that the elections be held not later than 31 March 1948 on the basis of adult suffrage and by secret ballot to choose representatives with whom the Commission may consult regarding the prompt attainment of the freedom and independence of the Korean people and which representatives, constituting a National Assembly, may establish a National Government of Korea. The number of representatives from each voting area or zone should be proportionate to the population, and the elections should be under the observation of the Commission;

3. Further recommends that as soon as possible after the elections, the National Assembly should convene and form a National Government and notify the Commission of its formation;

...

7. Calls upon all Members of the United Nations to refrain from interfering in the affairs of the Korean people during the interim period preparatory to the establishment of Korean independence, except in pursuance of the decisions of the General Assembly; and thereafter, to refrain completely from any and all acts derogatory to the independence and sovereignty of Korea.[40]

동 결의는 한국임시위원단이 국가의 수립을 목적으로 하는 것이 아니라 "정부의 수립"을 목적으로 하는 것이라고 명시하고 있다. 동 결의에 의거 국제연합 임시 한국위원단의 감시하에 1948년 5월 10일 국민의 총선거가 실시되어 "한국 정부의

---

40) GAOR, 2nd Sess., 16 Sept.-29 Nov. 1947, p.16.

수립"이 있게 되었다.

동 결의는 1948년 8월 한국 정부가 수립된 후 1948년 12월 12일 국제연합 총회가 한국 정부의 수립을 승인하는 결의의 전제가 되었다.

동 결의는 1948년 12월 12일의 국제연합 총회의 결의, 1949년 1월 1일의 미국의 한국 정부승인 성명, 1948년 8월 9-11일 대한민국 정부의 "통치권이양 협정" 등에 인용되었다.

요컨대, 동 결의는 국제연합 임시한국위원단의 설립 목적을 대한민국 "국가의 수립"을 목적으로 하는 것이 아니라 대한민국 "정부의 수립"을 목적으로 한 것임을 선언한 것이다. 동 결의에 의거 1948년 12월 12일 국제연합 총회의 결의에 반영되어 대한민국 국가의 승인을 한 것이 아니라 대한민국 합법 정부의 승인을 한 것이다.

5. 한미 간의 통치권 이양에 관한 협정

1948년 8월 9일과 11일에 체결된 "대한민국 정부와 미합중국 정부 간의 대한민국 정부에의 통치권 이양 및 미국 점령군대의 철수에 관한 협정(Agreement between the Government of the republic of Korea and the Government of the United States of America concerning the Transfer of Authority to the Government of Republic of Korea and the withdrawal of the United States Occupation Forces)"은 "대한민국 정부의 수립"을 귀하에게 통고하게 된 것을 영광으로 생각한다고 다음과 같이 규정하고 있다.

> 본관은 1948년 5월 10일 국제연합 총회 임시한국위원단 감시하에 실시된 선거의 결과로 구성된 한국 국회의 토의와 조치의 결과 1948년 8월 15일 자로 대한민국 정부가 수립된 것을 귀하에게 통보함을 영광으로 생각합니다. 한국에 관한 1947년 11월 14일 자 국제연합 총회의 결의의 2의 제3항에 따라 국제연합 임시한국위원단에 대하여 본 정부수립을 통보한 바 있습니다.
>
> I have the honour to inform you that, in consequence of the deliberations and acts of the Korean National Assembly, which was constituted as a result of the election held on 10 May 1948, under the observation of the United Nations Temporary Commission on Korea, there was formed, as of 5 August 1948, the Government of the republic of Korea. In accordance with paragraph 3 of resolution Ⅱof the United Nations General Assembly resolutions on Korea of 14 November 1947, the United Nations Temporary Commission on Korea was notified on 6 August 1948, of the formation of this Government.[41]

---

41) War History Compilation Committee, *Ministry of National Defense, The Republic of Korea*, (Seoul:

주한미군총사령관 하지 중장과 대통령 이승만 간에 교환각서의 형식으로 체결된 동 협정에 "국가의 수립"이라 규정하지 아니하고 "정부의 수립(formation of Government)"이라 규정하고 있다. 동 협정은 한미 간에 체결된 것이므로 한국이 "정부의 수립"으로 본 것이고 미국이 "정부의 수립"으로 본 것이고 또한 한국과 미국이 "정부의 수립"이라 본 것이다.

특히 동 합의서는 국제연합 임시한국위원단의 감시하에 정부를 수립하는 것이라는 1947년 11월 14일의 국제연합 총회의 결의를 인용하고 있다. 이는 결국 미국, 한국 그리고 국제연합이 한국의 "국가의 수립"이 아니라 "정부의 수립"으로 보고 있는 것이다.

6. 국제연합 총회에 의한 대한민국 정부수립의 합법성 결의

1948년 12월 12일 국제연합 총회는 대한민국 정부가 유일 합법 정부라는 결의를 채택했다. 1948년 5월 10일의 총선거에 의해 구성된 국회는 7월 17일 헌법을 재정공표하고, 8월 15일에 대한민국 정부수립을 세계만방에 공표하게 됨에 따라 국제연합 총회는 대한민국 정부가 한반도 내에 유일한 합법 정부라는 결의를 채택하게 되었다.

동 결의 내용은 다음과 같다.

총회는 한국의 독립문제에 관해 1947년 11월 14일 총회결의 제112호(Ⅱ)를 존중하고, 국제연합 한국임시위원단(이하 임시위원단이라 부른다)의 보고서 및 임시위원단과의 협의에 관한 총회의 중간위원회의 보고서를 검토하고,

임시위원단의 보고서에 언급된 제 난점 때문에 1947년 11월 14일 결의에 천명된 제 목적이 충분히 달성되지 않았고, 특히 한국 통일이 아직도 성취되지 않고 있음을 유의하여,

1. 임시위원단 보고서의 결론을 승인한다.

2. 임시위원단이 감시 및 협의를 할 수 있었고 전 한국민의 대다수가 거주하고 있는 한국지역에 대한 효과적인 통치력과 사법권을 갖고 있는 합법적인 정부(대한민국 정부)가 수립되어 있다는 것이 정부가 한국의 이 지역의 유권자의 자유의사의 정당한 표현이며 임시위원단이 감시한 선거에 기초를 두고 있다는 것, 또 이 정부가 한국에 있어서 유일한 이러한 정부라는 것을 선언한다.

The General Assembly,

Having regard to its resolution 112(Ⅱ) of 14 November 1947 concerning the problem of the independence of Korea,

---

WHCC, 1981), p.30.

Having considered the report of the United Nations Temporary Commission on Korea(hereinafter referred to as the "Temporary Commission"), and the report of the Interim Committee of the General Assembly regarding its consultation with the Temporary Commission,

Mindful of the fact that, due to difficulties referred to in the report of the Temporary Commission, the objectives set forth in the resolution of 14 November 1974 have not been fully accomplished, and in particular that unification of Korea has not yet been achieved,

1. Approves the conclusions of the reports of the Temporary Commission;

2. Declares that there has been established a lawful government (the Government of the Republic of Korea) having effective control and jurisdiction over that part of Korea where the Temporary Commission was able to observe and consult and in which the great majority of the people of all Korea reside; that this Government is based on elections which were a valid expression of the free will of the electorate of that part of Korea and which were observed by the Temporary Commission; and that this is the only such Government in Korea;[42]

동 결의는 한국임시위원단의 설립 목적이 대한민국 "정부의 수립"을 목적으로 한다고 결의한 1947년 11월 14일의 국제연합 총회의 결의를 인용하면서 한국 정부가 한반도에서 유일한 합법정부라고 선언하고 있다. 동 결의는 "한국에서 유일한 합법정부(only lawful Government in Korea)"라고 선언하고 있으므로, 동 결의도 대한민국 "국가의 수립"이 아니라 한 것임은 검토의 여지가 없다.

VI. 대한제국의 존속 확인 선언

1910년 8월 22일에 체결된 "한일합방조약"의 무효 또는 부존재를 확인·선언하는 이 연구는 "정부수립론"에 의하면 그의 당연한 효력으로 대한제국이 국제법상 국가로서 소멸하지 아니하고 존속함을 확인·선언하는 효력이 인정된다. 이는 "한일합방조약"의 부존재의 당연한 귀결이다. 물론 대한제국의 불소멸·존속은 대한제국이 완전 독립국가로 불소멸·존속한다는 의미가 아니라 자유를 박탈당한 비독립국가로서 불소멸·존속한다는 의미이다. "한일합방조약"이 무효 또는 부존재라면 대한제국은 완전독립국가로서 불소멸·존속해야 하는 것이 아니냐는 문제가 제

---

42) General Assembly Resolution 195(III).

기된다. "한일합방조약"은 법적으로(de jure) 부존재이나, 일본의 불법적 한국 지배에 의해 사실상으로(de facto)는 유효 또는 존재로 취급되었다. 마찬가지로 대한제국은 법적으로(de jure) 불소멸·존속이었으나 일본의 불법적 한국 지배로 인해 사실상(de facto) 소멸·부존속으로 취급되었을 뿐이다. 즉 "한일합방조약"의 법적인 무효·부존재에도 불구하고 일본의 불법행위에 의해 사실상 유효·존재로 취급된 것과 마찬가지로 대한제국은 법적으로 불소멸·존속했음에도 불구하고 일본의 불법행위에 의해 사실상 소멸·부존속으로 취급되었던 것이다.

여기서 논하는 대한제국의 불소멸·존속은 법적인 의미에서이고 사실상의 의미에서가 아니다. 여기서 중요한 점은 사실상의 의미에서의 대한제국의 소멸·부존속은 일본의 불법행위에 의한 것이라는 점이다. 요컨대 법적으로 "한일합방조약"은 부존재이고 대한제국은 법적으로 존속·불소멸인 것이며 사실상 대한제국의 부존속·소멸은 일본의 불법행위에 의한 위법한 효과이고 그것은 적법한 법적 효과는 아닌 것이다.

그러므로 정부수립론에 의하면 법적으로 대한제국은 국가로서 불소멸이고 존속인 것이다. 따라서 "정부수립론"에 의하면 대한제국의 불소멸·존속을 확인·선언하는 효력이 인정된다.

문제는 대한제국의 불소멸 또는 존속과 대한제국의 "분리·독립"이다. "한일합방조약"이 무효 또는 부존재이므로 대한제국의 일본으로부터의 분리·독립은 성립의 여지가 없다. 그러나 병합이 법적 병합이 아니라 사실상 병합이므로 분리 또한 사실상 분리로 이해된다.

VII. 대한제국의 국제법상 권리, 의무의 승계

대한제국과 대한민국은 국제법상 동일하므로 대한제국의 권리와 의무는 대한민국의 권리와 의무이다. 그러므로 대한제국의 권리, 의무를 대한민국의 권리와 의무가 아니라고 부정할 수 없다. 대한제국과 대한민국은 국호가 다를 뿐 동일한 국가이므로 대한제국의 권리와 의무는 바로 그것이 대한민국의 권리와 의무인 것이며 대한민국이 대한제국의 권리와 의무를 승계하는 별도의 의사표시를 요하는 것이 아니다. 물론 대한제국이 일제식민지 치하에 있다 미군정을 거쳐 새로운 정부를 출범하였으므로 대한제국의 권리와 의무가 대한민국의 권리와 의무인지를 확인하는 절차는 있을 수 있으나, 이 확인에 의해 대한제국의 권리와 의무가 대한민국의 권리와 의무로 되는 것이 아니라 이 확인행위는 기 존재하는 권리와 의무의 존재 여부를 확인하는 것이며 이 확인행위에 의해 비로소 대한제국의 권리와 의무가 대한민국의 권리와 의무로 되는 것은 물론 아니다.

전술한 바와 같이 1981년 6월 9일 서독 정부가 대한민국 정부에 대해 대한제국이 가입한 조약이 대한민국에 대해 효력이 있느냐는 질문에 대해 대한민국 정부는 대한민국에 대해 효력이 있다는 의사를 서독 정부에 송부했다.

제2절 일본의 한국 지배의 불법성

I. 한일합방조약의 무효 또는 부존재의 확인 선언

정부수립론은 1910년 8월 22일에 체결된 "한일합방조약"의 무효 또는 부존재를 전제로 한 것이고, 또한 이는 이를 확인하는 효력이 인정된다. 왜냐하면 "한일합방조약"이 유효하면 대한제국이라는 국가는 동 조약에 의해 소멸했고 따라서 1948년 8월 15일은 새로운 국가를 수립하는 것으로 되며, 동 조약의 무효 또는 부존재는 대한제국이라는 국가가 국제법상 법인격자로서 소멸한 것이 아니고 따라서 1948년 8월 15일에 새로운 국가를 수립한 것이 아니라 새로운 정부를 수립한 것이다. 존속하는 국가 위에 새로운 국가를 성립시킬 수도, 필요도 없기 때문이다.

"한일합방조약"의 유효, 무효에 관해 국내 학자들 간의 견해의 대립이 있으나 유효하다는 주장은 "한일합방조약"이 체결될 당시의 국제법에 의하면 조약체결권자, 즉 국가에 대해 강박에 의해 체결된 침략조약도 유효하다는 것이다. 1919년의 "국제연맹규약", 1928년의 "부전조약" 그리고 1945년의 "국제연합헌장"에 의해 국제평화와 안전을 위협하는 무력의 행사와 침략은 금지되지만, 시제법상 "한일합방조약"이 체결될 당시의 국제법에 의하면 그것이 금지되지 아니하기 때문에 "한일합방조약"은 무효가 아니라는 것이다.

이에 대해 "한일합방조약"이 체결된 당시의 국제법이 모든 강박을 허용한 것이 아니라 국가에 대한 강박은 허용되나 국가의 대표자에 대한 강박은 금지되는 것이며 "한일합방조약"은 국가 자체에 대한 강박에 의해 체결된 것이 아니라 국가의 대표자에 대한 강박으로 체결된 조약이므로 이는 무효라고 주장한다.

전술한 바와 같이 이 연구에서는 후자의 견해를 따르면서 "한일합방조약"은 일본 측 전권대표가 전권위임장을 휴행하지 아니했을 뿐만 아니라 이 중요한 조약이 비준이 없었으므로 동 조약은 부존재라고 본다. 다른 한편 고종의 퇴위가 무효이고 순종의 즉위 또한 무효이므로 이들에 의한 동 조약의 체결은 무효라는 유력한 주장도 있다.

정부수립론은 1910년의 "한일합방조약"은 무효이므로 대한제국은 국제법상 국가로서 소멸한 것이 아니라는 것을 전제로 한 것이며 또한, 이는 "한일합방조약"의 무효를 확인하는 효력이 있다.

1965년 6월 22일 한일국교정상화를 위한 "한일기본관계조약" 제2조는 "1910년 8월 22일 및 그 이전에 대한제국과 대일본제국 간에 체결된 모든 조약 및 협정은 이미 무효이다"라고 규정하고 있다. 동 조의 "이미 무효"의 해석에 관해 한국 정부는 조약 및 협정이 체결될 당시부터 원초적으로 무효하다고 해석하는 데 반하여, 일본 정부는 1948년부터 무효라고 주장한다. 국가수립론에 의하면 일본 정부의 해석에 따라 1948년부터 무효라고 주장하는 것이 된다. 따라서 이는 한국 정부의 해석에 대립되는 것이 된다. 그러므로 한국 정부의 해석에 대립되는 국가수립론은 법적으로 성립될 수 없다고 보아야 한다. 정부수립론에 의하면 "한일합방조약"이 원초적으로 무효임을 전제로 한 것이고 또한 이는 "한일합방조약"의 무효 또는 부존재를 확인, 선언하는 효력을 갖는다. 반면에 국가수립론은 "한일합방조약"이 유효함을 확인, 선언하는 효력을 갖는다.

II. 일본의 한국 지배의 불법성 확인·선언

"한일합방조약"은 무효 또는 부존재이므로 "한일합방조약"의 유효를 근거로 한 일본의 한국 지배는 법적 근거가 없는 불법적 지배이다. 1910년 이래 1945년까지 일본의 한국 지배는 불법적 사실상 지배로 이는 무력을 사용한 지배였으므로 국제법상 비록 일본이 한국에 대한 선전포고를 한 것은 아니었지만, 전시점령(belligerent occupation)에 해당된다. 따라서 일본의 한국 지배에는 1907년의 "헤이그 육전규칙과 관례에 관한 협약(Convention Respecting the Laws and Customs of War on Land)"이 적용되어야 한다고 본다. 요컨대, "한일합방조약"이 무효 또는 부존재이므로 1910년 이래 1945년까지 일본의 한국 지배는 법적 근거가 없는 불법 지배이고, 사실상 지배이며, 위법한 지배이다. 정부수립론에 의하면 일본의 한국 지배는 법적 근거가 없는 사실상 지배이고 위법한 지배라는 것을 전제로 한 것이며 또한 이를 확인·선언하는 의미를 갖는다. 따라서 일본 정부에 의한 1910년 이래 1945년까지는 한국에 대한 불법행위에 의해 피해를 받은 한국민과 한국 정부는 일본 정부에 대해 이에 대한 피해구제를 요구할 수 있다. 위안부와 강제피징용자의 피해의 구제가 그 대표적인 경우이다.

일본 정부는 이에 대해 1910년 8월 22일에 체결된 "한일합방조약"은 유효한 것이며 따라서 위안부와 강제피징용자는 그 당시 일본인이었으며, 그 당시 일본법에 의하면 국가의 작용 중 비권력 작용의 경우 사법 작용으로 인한 피해라는 민법의 규정에 따라 피해가 구제되지만, 권력 작용으로 인한 피해자는 이를 구제하기 위한 법률이 없어서 일본의 국가배상법은 전후에 제정된 것이므로 구제되지 아니한다고 주장한다.

또한 일본 정부는 1965년에 한일 간에 체결된 청구권협정에 의거 일본 국민이나 일본 정부는 한국 국민이나 한국 정부에 대해 그들의 피해를 구제할 법적 의무가 없다고 주장한다.

여하간 정부수립론에 의하면 1910년의 "한일합방조약"은 무효 또는 부존재이므로 1910년에서 1945년까지 일본의 한국 지배는 불법적 지배이고 위법적 지배이며 사실상 지배였으므로 그간에 불법행위에 의해 한국과 한국민이 입은 피해에 대해 일본 정부는 구제의 법적 의무가 있다고 한다.

III. SCAPIN 제677호에 의한 독도영유권의 일본으로부터의 분리 확인 선언

"SCAPIN 제677호"에 의해 일본의 영토로부터 한국의 영토로 분리되기 위해서는 한국이라는 국가가 존속함을 요한다. 따라서 정부수립론에 의하면 "SCAPIN 제677호"에 의해 독도가 일본으로부터 분리되어 한국의 영토로 회복되었다는 주장이 가능하지만 국가수립론에 의하면 이는 불가하다.

제3절 한일기본관계조약의 무효화

Ⅰ. 한일기본관계조약의 종래의 해석

　1965년에 체결된 "한일기본관계에 관한 조약"도 1910년 8월 22일 및 그 이전에 한국과 일본 간에 체결된 제 조약은 무효라고 규정하여 국제법상 한국의 존속을 재확인하고 있다. 동 조약은 다음과 같이 규정하고 있다.

> 대한민국과 일본국은 양국 국민 관계의 역사적 배경과 선린관계와 주권상호존중의 원칙에 입각한 양국 관계의 정상화에 대한 상호시망을 고려하며…(전문)
>
> 1910년 8월 22일 및 그 이전에 대한제국과 대일본제국 간에 체결된 모든 조약 및 협정이 이미 무효임을 확인한다(제2조).
>
> It is confirmed that all treaties or agreements concluded between the Empire of Japan and the Empire of Korea on or before August 22, 1910 are already null and void.

　동 조항에 의하여 무효로 되는 대상인 조약 및 협정은 1910년 8월 22일의 소위 "한일합방조약"과 그 이전에 대한제국과 일본제국 간에 체결된 모든 조약, 협정, 의정서 등으로 명칭 여하를 불문한다.[1] 그리고 국가 간의 합의문서는 모두 무효인

---

1) 대한민국정부, 『한·일회담백서』, (서울: 광명인쇄공사, 1965), 19쪽.
　동 조에 의하여 무효로 되는 조약은 다음과 같다.
　(1) 병자수호조약(1887.2.)
　(2) 제물포조약(1883.8.30.)
　(3) 한성조약(1885.1.9.)
　(4) 잠정합동조관(1895.8.20.)
　(5) 한·일공수동맹(1895.8.26.)
　(6) 마관(하관) 강화조약(1895.4.6.)
　(7) 38선분할음모와 로바노프산형협정(1896.5.)

조약·협정에 포함되며 또한 정부 간에 체결된 것이건 황제 간에 체결된 것이건 불문하고 모두 무효이다.2)

동 조에 의하여 무효로 되는 시기에 관하여 "무효"라는 용어 자체가 별도의 규정이 부대되지 않는 한 원칙적으로 "당초부터 효력이 발생하지 않는 것이며"라고 강조되어 있는 이상 소급해서 무효(null and void)이다.3) "이미 무효"를 한국의 정부수립에 의하여 이미 무효인 것으로 해석하면4) 그 규정은 전혀 무의미할 뿐 아니라 그 조약은 한국의 정부수립 시까지 유효함을 확인한 것이 된다.5) 조약의 해석은 통상적인 의미로 해석함을6) 요하며 통상적인 의미(ordinary meaning)의 무효는 당초부터 효력이 없음을 의미한다.

II. 한일합방조약의 부존재를 이유로 한 한일기본관계조약 제2조의 무효화

조약법 효력 제48조에 착오로 인한 의사표시는 무효선언을 할 수 있다고 규정하고 있는바, 한일기본관계조약 제2조는 강박에 의한 조약의 무효를 규정하고 있으나 이는 조약의 무효가 아니라 조약의 부존재인 것을 착오한 것이므로 한국은 조약법 협약 제48조의 규정에 의거 일방적으로 무효를 선언할 수 있다.

---

(8) 영·일동맹(1904.1.30.)
(9) 한·일의정서(1904.2.20.)
(10) 태프트·계효력(1905.7.29.)
(11) 포오츠머드 강화조약(1905.9.5.)
(12) 을사보호조약(1905.1.17.)
(13) 한일합방조약(1910.8.29.), 대한민국정부,『한일회담백서』, (서울, 광명, 1965), 165-77쪽. 체결 연월일과 조약명이 정확하지 아니한 것으로 보이는 것이 있으나 정부 간행물이므로 그대로 기록하기로 한다.

2) 대한민국정부, 전주 1, 19쪽.
3) 대한민국정부, 전주 1, 19쪽.
4) S. Oda, "The Normalization of Relations Between Japan and the Republic of Korea", *AJIL*, Vol.61, 1967, pp.40-41. 대일민족소송에서 일본재판소가 위안부를 일본의 내국민으로 본 것은 이런 입장을 표시한 것이다.
5) 배제식, "한·일기본조약연구",『대한국제법학회논총』, 제15권 제1호, 1970, 258쪽.
6) "조약법 협약", 제31조 제1항.

제4절 한국의 독도에 대한 주권 현시의 계속성, 위안부의 인권침해의 국제법상 위법성, 재판거부의 국제법상 위법성

Ⅰ. 한국의 독도에 대한 주권현시의 계속성

한일합방조약이 성립·유효하면 1910년에서 1945년까지 독도에 대한 실효적 지배는 일본이 행사한 것이 되고 위 기간 중 한국의 독도에 대한 실효적 지배는 중단되어 결국 한국의 독도에 대한 영토주권은 한국이 주장할 수 없는 것이 되고 만다. 그러나 한일합방조약의 불성립으로 1910년대서 1945년까지 한국의 독도에 대한 주권현시는 중단되지 아니하므로 한국의 독도에 대한 영토주권은 계속된다. 그러므로 1900년 10월 21일 대한제국 칙령 제41호 이후 한국의 독도에 대한 실효적 지배가 계속됨은 물론이다.

Ⅱ. 위안부의 인권침해의 국제법상 위법성

만일 한일합방조약이 성립·유효하다면 1910년에서 1945년까지 대한제국은 소멸되고 한국인과 한국의 영토는 모두 일본에 병합되어 위안부는 일본인이므로 위안부에 대한 인권의 침해는 일본인에 대한 인권침해로, 즉 국내법상 인권침해로 되어서 국제법상 인권침해로는 되지 아니한다. 그러나 한일합방조약은 부존재이므로 위 기간 동안에 대한제국은 소멸한 것이 아니므로, 즉 한국인이 일본인이 된 것이 아니므로 일본이 위안부에 대한 인권침해는 외국인에 대한 인권침해로 이는 국제법 위반의 효과를 가져온다. 국가는 외국인을 보호해야 할 국제법상 의무가 있기 때문이다. 실제로 제2차 세계대전 종료 후 국동군사재판소는 일본이 그의 국가에 대한 인도에 반환대로 처벌한 바 없다.

III. 재판거부의 국제법상 위법성

만일 한일합방조약이 성립·유효하다면 이른바 대일민족소송에서 일본 재판소가 기각 재판을 한 것은 한일합방조약이 유효하므로 원고들이 모두 일본인이므로 그것은 일본국내법상 합법적일 수도 있으나 1910년에서 1945년까지 한일합방조약은 부존재이므로 대일민족소송의 원고들은 모두 한국인, 즉 일본의 입장에서 외국인이므로 대일민족소송을 기각한 것은 국제법상 이른바 '재판의 거부'에 해당하며 이 재판의 거부에 의해 국제법상 일본의 국가책임이 성립한다.

제5절 한일 간 무력 적대행위의 전쟁화

Ⅰ. 내란이 아니라 전쟁

한일합방조약은 부존재이므로 대한제국은 국가로서 소멸한 것이 아니므로 대한제국과 일본 간의 무력·적대행위는 내란이 아니라 전쟁이다. 전쟁의 주체는 '국가'이기 때문이다. 따라서 대한제국과 일본 간의 무력적 적대행위는 내란이 아니라 전쟁인 것이다.

Ⅱ. 적대행위는 국제법에 의해 규율

따라서 이 적대행위는 국제법상 전쟁법에 규율되며 일본의 국내법이 적용되는 것이 아니다. 광복군은 전쟁법상 적법한 교전자격자다. 적에게 체포된 광복군은 일본의 국내법에 따라 내란죄로 처벌되는 것이 아니라 포로로서 국제법상 보호를 받는다. 그러므로 일본군에 체포된 광복군을 내란죄로 처벌한 것은 전쟁법 위반이다.

일반적으로 전쟁은 강화조약의 체결에 의해 종료되게 된다.

제 8장

한일합방조약의
부존재와 위안부

제1절 한일합방조약의 부존재와
위안부에 대한 인도에 반한 죄

Ⅰ. 인도에 반한 죄를 규정한 극동국제군사재판소 헌장과 국제군사재판소 헌장의 제정

1. 극동국제군사재판소 헌장

1945년 8월 15일 12:00시에 일본은 천황의 라디오 방송을 통해 연합군 측에게 "포츠담 선언(Potsdam Declaration)"의 이행을 무조건 수락하는 항복을 선언했고,[1] 1945년 9월 2일 이를 성문화한 "항복문서(Instrument of Surrender)"의 서명이 동경만에 있는 미함 Missouri의 선상에서 연합국 측 대표와 일본 측 대표 간에 있었다.[2] 그 후 극동에 있어서 전쟁범죄에 대한 처벌문제가 구체적으로 거론되게 되었다. 1945년 12월 26일 미국·영국·중국·소련은 모스코바회의에서 항복문서의 이행을 위한 모든 명령을 연합군 최고사령관이 발하도록 하는 데 합의했다.[3]

1945년 1월 19일 태평양지구 연합군최고사령관 Douglas MacArthur 장군은 "극동국제군사재판소의 설립에 관한 포고(Proclamation Establishing on International Military for the Far East)"를 발했으며[4] 또한 그는 "일반명령 제1호(General Order

---

1) F. C. Jones, H. Borton and B. R. Pearn, *Survey of International Affairs, The Far East, 1942-1946* (London: Oxford University Press, 1965), pp.497-98; Bruce Cumings, "American Policy and Korean Liberation", in Frank Baldwin(ed.), *Parallel* (New York: Random House, 1974), pp.51-52; New York Times, 15 Aug. 1945.

2) Myung-Ki Kim, *The Korean War and International Law* (Claremont: Paige Press, 1991), p.8; A. R. Buchanan, *The United States and World War II*, Vol.2 (New York: Hakper, 1964), p.594; Walter C Langsam, *Historic Documents of World War II* (West Point: Greenwood, 1958), p.152.

3) Egon Schwelb, "Crimes Against Humanity", *BYIL.*, Vol. 23, 1964, p.214.

제8장 한일합방조약의 부존재와 위안부 **269**

No. 1)"의 형식으로 동 선포의 부속서인 "극동국제군사재판소 헌장(Charter of International Military Tribunal for the Far East)"을 공포하였다.[5] 동년 2월 15일 MacArthur 사령관은 동 재판소의 재판관을 임명했다.[6] 일본에 대한 정책을 결정할 "극동위원회(Far Eastern Commission)"가 동년 2월에 설립되었으며,[7] MacArthur 사령관은 동년 4월 3일의 극동위원회의 결의를 채택한 후 동년 4월 26일 "일반명령 제1호"를 대체하는 "일반명령 제20호"를 발표했다.[8]

"일반명령 제20호"의 형식으로 수정·발표된 "극동국제군사재판소 헌장 제5조는 동 재판소의 관할에 속하는 범죄 중 인도에 반한 죄를 다음과 같이 규정하고 있다.

> c. 인도에 반한 죄, 즉 전쟁 전 또는 전쟁 중 행한 살육, 절멸, 노예적 학대, 추방 기타의 비인도적 행위 혹은 범행지의 국내법의 위반 여부를 불문하고 본 재판소의 관할에 속하는 범죄의 수행으로서 또는 이와 관련하여 행한 정치적 또는 인종적 이유에 의한 박해행위

2. 국제군사재판소 헌장

1945년 11월 1일 미국·영국·소련은 모스코바회의에서 독일의 전쟁범죄인처벌에 관한 "모스코선언(Moscow Declaration)"을 발표했으며,[9] 1945년 5월 8일의 독일의 무조건항복에 대한 처리를 위한 포츠담회담이 1945년 7월 17일 개최되어 전기 "모스코 선언"을 재확인하는 "포츠담 선언"이 행하여졌다.[10]

1945년 8월 8일 미국·영국·프랑스·소련은 독일전쟁범죄인을 처벌하기 위한

---

4) Robert K. Woetzel, *The Nuremberg Trials in International Law* (London: Stevens, 1967), p.227; United States, Department of the State, *Bulletin*, Vol.14, No.348, Mar. 10, 1946, pp.361-64; Schwelb, *supra* n.3, p.214.

5) Mariorie M. Whiteman, *Digest of International Law*, Vol.11 (Washington, D.C.: USGPO, 1968), p.970; Schwelb, *supra* n,3 p.214; Woetzel, *supra* n.4, p.227; United States, Department of the State, *Occupation of Japan, Policy and Progress, Far Eastern Series 17* (Washington, D.C.: USGPO, 1946), p.146.

6) Whiteman, *supra* n.5, p.970.

7) *Ibid.*

8) United States, Department of the State, *supra* n.4, pp.144ff.

9) Charles G. Fenwick, *International Law*, 4th ed., (New York: Appleton Century Crafts, 1965), p.760; Oscar Svarlien, *An Introduction to the Law of Nations* (New York: Macgraw-Hill, 1955), p.398.

10) Schwelb, *supra* n,3, p.185; United States, Department of the State, *Bulletin*, Vol. 13, No. 348, July 29, 1945, p.137; 김명기, "정신대에 대한 인권침해의 위법성", 대한국제법학회, 국제법적 관점에서 본 정신대원의 인권문제(세미나자료), 1922, p.7.

"구주극동군의 주요전범인의 소추 및 처벌에 관한 협정"(Agreement for the Prosecution and Punishment of the Major War Criminals of the European Axis)을 체결했으며, 또한 이들 4대국은 동 협정 부속서의 형식으로 "국제군사재판소 헌장"(Charter of International Military Tribunal)을 체결했다.[11]

"국제군사재판소 헌장" 제6조는 동 재판소의 관할에 속하는 법죄 중 "인도에 반한 죄"를 다음과 같이 규정한다.

> c) 인도에 반한 죄, 즉 전쟁 이전 또는 전쟁 이후 중 어떠한 민간주민에 대하여(against any civilian population) 범한 살육, 절멸, 노예적 혹사, 추방 기타의 비인도적 행위 혹은 범행지의 국내법 위반 여부를 불문하고 본 재판소의 관할에 속하는 범죄의 수행으로서 또는 이에 관련하여 행한 정치적·종교적 또는 인종적 이유에 의한 박해행위[12]

"극동국제군사재판소"와 "국제군사재판소"는 국제법의 실질적인 규칙(substantive rules of international law)에 통일적으로 접근했다는 점에서 동일하나[13] 재판소의 구성과 기소자의 선임 등 몇 가지 점에서 차이가 있다.[14] 그리고 "인도에 반한 죄"에 관해 "국제군사재판소 헌장"과 "극동국제군사재판소 헌장" 사이에는 다음과 같은 차이가 있다.

첫째로, 재판소의 설치근거의 면에서 양자는 차이가 있다. 전자는 유럽의 19개 국가가 추가된 4대국 "협정(agreement)"에 의한 것이나, 후자는 주일미군최고사령관의 "포고(proclamation)"에 의거한 것이다. 따라서 전자의 경우 재판관은 4개의 서명국에 의해 임명되었으나, 후자의 경우 주일미군최고사령관에 의해 임명되었다.[15]

둘째로, 독일과 일본의 지위의 면에서 차이가 있다. 전자의 경우 독일 정부는 1945년 8월 8일 "런던협정"이 체결되는 시점에서나 뉘른베르크 국제군사재판소가 설치된 1945년 11월에서 1946년 10월간의 기간에도 존재하지 아니했으나, 후자의

---

11) Fenwick, *supra* n.9, pp.760-61; Schwelb, *supra* n.3, pp.178-79; Whiteman, *supra* n.5, pp.880-83.

12) United States, Department of the State, *Bulletin*, Vol.13, No.320, Aug. 12, 1945, pp.222-26.

13) Woetzel, *supra* n.4, p.230; Julius Stone, *Legal controls of International Conflict* (New York: Rienhart, 1945), p.375; J. A. Appleman, *Military Tribunals and International Crimes* (Indianapolis:The Bobbs-Merrill Co., 1945), pp.258-64.

14) Woetzel, *supra* n.4, pp.227-32.

15) Schwelb, *supra* n.3, p.215.

경우는 일본 정부와 일본이라는 국가가 계속 존재하였다.[16)]

셋째로, 자국민에 대한 법행이 "인도에 반한 죄"를 구성하느냐에 차이가 있다. 전자는 독일이라는 국가가 일시적으로 존재하지 아니했으므로 독일 국가를 상대로 범하여진 죄에 대해 국제군사재판소가 관할권을 행사할 수밖에 없고, 또 그것이 독일의 국내문제에 대한 관할권을 침해하는 것으로 되지 아니하나, 후자의 경우는 일본이라는 국가가 존속했으므로 일본이 그의 국민을 상대로 범하여진 죄에 대해 국제재판소가 재판관할권을 행사하는 것은 일본의 국내문제에 대한 주권침해의 결과를 가져오는 것이다. 그러므로 전자는 자국민에 대해서도 "인도에 반한 죄"를 범할 수 있는 것으로 보나, 후자의 경우는 그러하지 아니하다. 따라서 "국제재판소 헌장" 제6조 c항에는 "어떠한 민간주민에 대하여(against any civilian population)"라는 규정이 있으나, "극동국제군사재판소 헌장" 제5조 c항에는 이러한 규정이 없다. 실제로 1946년 4월 29일 극동국제군사재판소에 기소된 범죄 중에는 일본이 일본 영토에서 일본인에 대해 범하여진 "인도에 반한 죄"는 포함되지 않았으며, 외국과 외국인에 대해 범하여진 것만 포함되어 있다.[17)]

넷째로, 종교적 이유에 따른 박해행위(religious grounds of persecution)가 "인도에 반한 죄"를 구성하느냐에 관해 차이가 있다. 전자는 정치적·인종적 또는 종교적 이유에 의한 박해행위(persecution on political, racial, or religious grounds)로 규정하고 있으나, 후자는 "정치적 또는 인종적 이유에 의한 박해행위(persecution on political or racial grounds)"로 규정하고 종교적 이유에 의한 박해행위를 "인도에 반한 죄"에서 제외시키고 있다. 이는 후자의 기초자가 일본의 침략과 전쟁에 의해서 대규모적인 종교적 박해를 가한 바 없었던 것으로 본 것에 기인하는 것 같다.[18)]

가. 극동국제군사재판소 헌장과 국제군사재판소 헌장의 일본에 대한 구속력

(1) 극동국제군사재판소 헌장

제2차 세계대전 말기 1943년 11월 27일 미국의 Franklin D. Roosvelt 대통령, 영국의 Winston S. Churchill 수상, 중국의 장개석 총통이 카이로에서 회담하여 대일

---

16) *Ibid.*

17) *Ibid.*, pp.215-16.

18) *Ibid.*, p.216.

전에 있어서의 승리의 확신을 다짐하고, 장차 일본 영토의 처리에 관한 정책을 협의·결정하고, 1943년 12월 1일 다음과 같이 선언하였다.[19]

> … 이상의 목적을 가지고 3동맹국은 동맹제국 중 일본과 교전 중인 각국과 협조하여 일본의 무조건항복(unconditional surrender)을 가져옴에 필요한 중요하고도 장기적인 행동을 계속할 것이다.[20]

상기 "카이로 선언"은 연합국인 미국·영국·중국에 의한 일방적 선언이며, 그 자체는 일본에 대해 구속력을 가지는 것이 아니었다.[21] 따라서 동 선언에 의하여 일본에 무조건항복을 해야 할 법적 의무를 지는 것이 아님은 물론이다.

"카이로 선언"이 있은 후 1945년 2월 26일 미국·영국·중국에 의한 "포츠담 선언 '이 있었으며, 소련은 동년 8월 8일 대일선전포고와 동시에 이에 가입하였다.[22] 동 선언 제10항은 다음과 같이 표명하고 있다.

> 우리는 일본인이 하나의 민족으로서 노예화되거나 국민으로서 멸종되어야 하는 의도는 없으나, 포로에 대해 가해진 학대를 포함하여 모든 전쟁범죄자들에 대하여 엄중처벌을 가할 것이다(but stern justice shall be method out to all war criminals, including those who have visited cruelties upon our prisoners).[23]

"카이로 선언"을 흡수한 "포츠담 선언"은 "카이로 선언"과 같이 연합국에 의한 일방적 선언에 불과하며, 그 자체 일본에 대해 법적 구속력을 갖는 것이 아니므로,[24] 동 선언에 의해 연합국이 일본의 전쟁범죄인을 처벌한 법적 근거가 발생하는 것이 아님은 물론이다.

전술한 바와 같이 1945년 8월 15일 일본 천황은 라디오 방송으로 연합군에게 항복

---

19) Edward R. Steftinus, *Roosvelt and Russians: Yalta Conference* (New York: Doubleday, 1949), p.71; Winston S. Churchill, *Closing the Ring* (Boston: houghton Mifflin, 1951), pp.399-404.

20) United States, Department of the State, *Foreign Relations of the United States: Conference at Cairo and Teheran, 1943* (Washington, D.C.: USGPO, 1961), pp.399-404.

21) Shabtai Rosenne, "The Effect of Change of Sovereignty upon Municipal Law", *BYIL*, Vol.27, 1950, p.268. n.3.

22) United States, Department of the State, *Foreign Relations of the United States: the Conference of Berlin, 1945 II* (Washington, D.C.: USGPO, 1960), pp.1223ff.

23) United States Senate Committee on Foreign Relations, *A Decade of American Policy: Basic Documents, 1941-1949* (Washington, D.C.: USGPO, 1950), p.50.

24) Kim, *supra* n.2, p.7; Rosenne, *supra* n.21, p.268; D. P. O'connell, "The Status of Formosa and the Chinese Recognition problem", *AJIL*, Vol.50, 1956, pp.406-407; 김명기, *supra* n.10, pp.18-19.

하였고, 1945년 9월 2일 이를 성문화한 "항복문서"의 서명이 일본 측 대표와 연합국 측 대표(연합군최고사령관과 미국·영국·중국·소련 대표)에 의해 행하여 졌다.[25]

동 "항복문서"는 1945년 9월 25일의 7월 26일의 "포츠담 선언"을 수락한다고 다음과 같이 규정하고 있다.

> 1945년 7월 26일 포츠담에서 미국·영국·중국의 정부 수상에 의해 발표되고, 그 후 소련에 의해 지지된 선언에 제시한 제 규정을 수락한다 … 우리는 이후 일본 정부와 그 승계자가 포츠담 선언의 규정을 성실히 수행할 것을 확약한다.
>
> We hereby accept the provisions set forth in the declaration issued by the Heads of the Governments of the United States, China, and Great Britain on 26 July 1945 at Potsdam, and subsequently adhered to by the Union of Soviet Socialist Republics …
> We hereby undertake for the Emperor, the Japanese Government and their successors to carry out the provisions of the Potsdam Declaration in good faith.[26]

동 "항복문서"는 그 법적 효과가 문제되기는 하나 전승국인 연합국(미국·영국·중국·소련)과 패전국인 일본 간에 서명된 것으로 이는 일본의 동의에 의한 것이므로[27] 일본에 대해 법적 구속력을 갖는다. 따라서 "포츠담 선언" 그 자체가 일본에 대해 법적 구속력을 갖는 것이 아니나, "항복문서"를 통해 "항복문서"의 내용으로써 일본에 대해 법적 구속력을 갖는 것이다.

전술한 바와 같이 1946년 1월 19일 연합군최고사령관의 "일반명령 제1호"의 형식으로 공포된 "극동국제군사재판소 헌장"은 상기 "항복문서"에 의거 연합군최고사령관이 발표한 것으로 이는 일본에 대해 법적 구속력을 갖는 것이다.[28] 더욱이 1945년 12월 27일의 "모스코협정"은 연합군최고사령관에게 연합국의 이름으로 "항복문서"를 실행할 특별 권한을 부여했으며,[29] 연합군최고사령관은 미국 대통령이 영국·중국·소련의 동의와 승인을 얻어 임명한 것이므로,[30] "항복문서"의 시행을 위한 연합군최고사령관의 일반 명령인 "극동국제군사재판소 헌장"은 일본에 대

---

25) *supra* n.2, p.7.

26) Jones, Borton and Pearn, *supra* n.1, p.499.

27) D. P. O'connell, "Legal Aspects of the Peace Treaty with Japan", *BYIL*, Vol.29, 1952, p.425.

28) Schwelb, *supra* n.3, p.214.

29) Morris Greenspan, *The Modern Law of Land Warfare* (Berkeley: University of Califonia Press, 1959), p.425. note 39.

30) *Ibid.* note 37.

해 법적 구속력이 있음은 논의의 여지가 없다.

나. 국제군사재판소 헌장

"국제군사재판소"는 "국제군사재판소 헌장은 전승국의 임의적인 권한 행사가 아니라 … 동 헌장이 제정할 당시에 존재한 국제법의 표현(is not a arbitrary exercise of power on the part of the victorious nations, … expression of international law existing at the time of its creation)"이라고 판시했다.[31] 또한 1946년 12월 11일 국제연합 총회는 "뉘른베르크 국제군사재판소 헌장에 의해 승인된 국제법의 원칙 확인(Affirmation of the Principles of International Law Recognized by the Charter of the Nurenberg Tribunal)"이라는 결의를 만장일치로 채택했다.[32]

동 결의의 내용은 다음과 같다.

> 국제연합 헌장 제13조 제1항 A호에 규정된 임무로서 국제법의 점진적인 발전 및 그의 법전화를 위하여 연구를 시작할 것과 건의서로 작성할 것을 인정하고, 따라서 1945년 8월 8일 런던에서 조인된 유럽주축국가의 주요 전쟁범죄인의 소추와 처벌을 위한 국제군사재판소의 설립 및 그 부속서인 국제군사재판소 헌장에 관한 협정과 동년 1월 19일 동경에서 상기 협정의 원칙을 극동에 있어서 주요 전쟁범죄인을 재판하기 위한 극동국제군사재판소 헌장을 채택할 것이 선언된 데 대하여 주목을 한다. 그러므로 뉘른베르크 재판소 헌장과 그 판결에서 확인되었던 국제법 원칙을 확인한다. 동 국제연합 총회의 결의로 하여금 인류의 평화와 안전에 대한 죄를 일반법전의 내용으로서 또는 국제법전의 내용으로서 뉘른베르크 재판소 헌장과 동 재판소의 판결에서 확인된 제 원칙의 체계적 성문화를 기본적 중요계획으로 취급할 것을 지시한다.[33]

동 결의에 의해 "국제군사재판소 헌장"의 내용은 "국제법의 원칙"임이 재확인되었다. 동 결의가 "국제법의 원칙"을 "확인"한 데 의의가 있는 것이며, 이를 "성문화" 하는 것은 제2차적 중요성(secondary importance)을 가질 뿐인 것이다.[34] 그리고 동 결의에 의한 확인에 의해 비로소 "국제군사재판소 헌장"의 내용이 "국제법의 원칙"으로 되는 것이 아니므로 동 결의는 이의 "성문화"에 관한 것이다.[35] 즉, 동

---

31) George Schwarzenberger, *International Law: The law of Armed Conflict*, Vol.2, (London: Stevens, 1968), p.483.

32) United Nation, *Yearbook of the United Nations 1946-1947* (New York: Department of Public Information, 1947), p.254.

33) UNGA Res. 95(I)

34) I. Oppenheim, *International Law*, H. Lauterpacht(ed.), Vol.2, 7th ed., (London: Longmans, 1952), p.582.

35) Schwarzenberger, *supra* n.31, p.527.

결의에 의거한 국제법위원회(ILC)의 임무는 국제법의 원칙으로서 "국제군사재판소 헌장"에 표시된 원칙을 표현하는 것이 아니라 단순히 이들 원칙을 성문화(merely to formulate them)하는 데 있는 것이다.[36]

국제연합 총회의 결의는 국제연합의 비가맹국에 대해서는 물론 가맹국에 대해서도 법적 구속력이 있는 것이 아니며,[37] 또 이는 법의 존재 여부 그 자체를 변형시킬 수 없다.[38] 그러나 총회의 결의가 가맹국의 전원일치로 채택된 경우 찬성표를 던진 가맹국은 신의성실의 원칙으로부터 오는 금반언의 원칙에 따라 장차 동 결의와 다른 입장을 취할 수 없는 것이며, 동 결의가 있은 후 국제연합에 가입하는 가맹국에 대해서는 가입 시 국제연합 헌장상의 의무를 충분히 알고 이를 수락하고 가입했으므로 이러한 결의의 구속력이 미치게 된다.[39] 그러므로 동 결의는 모두 국제연합의 가맹국에 대해 구속력을 갖는 것이라고 할 수 있다.

"국제군사재판소 헌장"이 그 당시 존재한 국제관습법의 표현이라는 것은 "존재하는 국제관습법의 단순한 선언(was merely declaration of existing international customary law)",[40] "존재하는 국제법의 표현(expression of existing international law)", "일차적으로 승인된 전쟁법의 원칙(generally recognized principles of a law)",[41] "국가 간에 일반적으로 수락된 국제관습법의 지위(generally accepted among states, have the status of customary international law)",[42] "국제법의 증거(evidence of international law)",[43] "국제관습법의 선언(declaration of customary international law)", "국제법의 원칙(principles of international law)",[44] "관습국제법(customary law of nations)",[45] 등 여러 가지로 표시되고 있다.

1946년 12월 11일의 국제연합 총회의 결의를 재확인하는 국제연합 총회의 결의

---

36) D. J. Harris, *Cases and Materials on International Law*, 2^(nd) ed., (London: Stevens, 1979), p.582.

37) Jorge Castaneda, *Legal Effects of United Nations Resolutions* (New York: Columbia Univ. Press, 1969), pp.4-5, 15-16.

38) Schwarzenberger, *supra* n.31, p.527.

39) *Ibid.*, pp.527-28.

40) *Ibid.*, p.498.

41) Woetzel, *supra* n.4, p.230.

42) Stone, *supra* n.13, p.375.

43) Harris, *supra* n.36, p.581.

44) Oppenheims, *supra* n.34, p.582.

45) R. R. B., "The Municipal and International Law Basis of jurisdiction over War Crimes", *BYIL.*, Vol.28, 1951, p.386.

가 1947년 1월 2일의 결의,[46] 1966년 12월 6일의 결의,[47] 1966년 12월 16일의 결의[48] 등에 의해 반복되어 왔다.

또한 1968년 11월 26일의 국제연합 총회는 "전쟁범죄와 인도에 반한 죄에 관한 시효부적용에 관한 협약(Convention on the Non-Applicability of Statutory Limitations to War Crimes and Against Humanity)"을 채택하는 결의를[49] 채택했다.

요컨대 "국제군사재판소 헌장"은 그 당시 존재한 국제관습법을 성문화한 것으로 국제관습법으로서 일본에 대해서는 물론이고 모든 국가에 대해서 법적 구속력을 가진 것이다.

3. 극동국제군사재판소·국제군사재판소 헌장과 위안소의 설치·운영

가. 인도에 반한 죄의 행위

"극동국제군사재판소 헌장" 제5조 C항과 "국제군사재판소 헌장" 제6조 C항은 "인도에 반한 죄"를 "전쟁 전 또는 전쟁 중에 행한 … 노예적 혹사, … 기타의 비인도적 행위"를 규정하고 있다. 일본의 국가기관인 각급 군지휘관 등이 정신대를 설치·운영한 행위와 장병이 위안을 요구한 행위는 "노예적 혹사" 또는 기타의 "비인도적 행위"에 해당하지만 천황·수상·육군대신 등의 정신대의 설치·운영행위인 정신대의 설치를 위한 칙령의 제정이나 허가행위는 이에 해당되지 아니한다고 보면, 이들 행위는 "공동계획 또는 공동모의의 입안 또는 실행에 참가한 지도자, 조직자, 교사자 및 공범자는 그러한 계획을 수행상 행하게 된 일체의 행위"에 해당되어 역시 "인도에 반한 죄"를 구성하게 된다.

---

46) J. G. Starke, *An Introduction to International Law*, 9th ed., (London: Butterworth, 1984), p.60.; mark W. Janis, "Do Laws Regulate Nuclear Weapon?" in Istran Pogany(ed.), *Nuclear Weapon and International Law* (New York: St. Martin's Press, 1987), p.37.

47) Svarlien, *supra* n.9, p.413.

48) UNGA Res. 177(II).

49) UNGA Res. 2202(XXI).

나. 인도에 반한 죄의 대상

"국제군사재판소 헌장" 제6조 C항은 "인도에 반한 죄"의 대상을 "어떠한 민간주민에 대한(against any civilian population)" 것으로 규정하고 있다. 즉, 노예적 혹사 기타 비인도적 행위는 적국민이나 점령지의 주민에 대한 것에 한하는 것이 아니라 "모든 민간주민"에 대한 것으로 규정하고 있다. 따라서 연합국의 적국이 자국민에 대해 범한 비인도적 행위도 "인도에 반한 죄"를 구성한다.[50] 국적이 박탈된 자에 대해서도 "인도에 반한 죄"가 성립함은 물론이다.[51]

이와 같이 자국민을 대상으로 하는 범행이 "인도에 반한 죄"를 구성한다는 것은 United States v. Altstoelter et al. (1947), United States v. Ohlendorf et al. (1948), United States v. Nilch et al. (1947) 사건의 판결에서 실제상 확인되었다.[52] 따라서 위안부는 "국제군사재판소 헌장" 제6조 C항의 "어떠한 민간주민에 대한"에 해당되며, 그의 그 당시 국적이 일본이냐 한국이냐는 문제되지 아니한다. 그러나 전술한 바와 같이 "극동국제군사재판소 헌장" 제5조 C항에는 "국제군사재판소 헌장" 제6조 C항과 달리 "어떠한 민간주민에 대한"이라는 규정이 삭제되어 있으므로 일본이 일본 국민을 대상으로 한 범행은 "인도에 반한 죄"를 구성한다고 보기 어렵다. 그러므로 정신대원이 그 당시 일본이 일본의 국적을 가졌느냐 아니냐는 "국제군사재판소 헌장"의 경우와는 달리 "극동국제군사재판소 헌장"에서는 중요한 문제로 된다. 즉 그들이 일본의 국적을 가진 것이라면 그들에 대한 범행은 "인도에 반한 죄"를 구성하지 아니하는 것이며, 그들이 한국의 국적을 가진 것이라면 이를 구성하는 것으로 된다. 1905년 · 1907년 · 1910년의 일본에 의한 대한침략 조약이 부존재이고, 따라서 이들 침략조약에 의해 한국이 소멸한 것이 아니므로[53] 당시 위안부는 한국의 국적을 가진 것이므로 이들에 대한 범행은 "인도에 반한 죄"를 구성한다.

---

50) R. R. B., *supra* n.45, p.391; Schwelb, *supra* n.3, p.179; 김명기, *supra* n.10, p.9.

51) Schwarzenberger, *supra* n.31, p.497.

52) R. R. B., *supra* n.45, p.391 note 5.

53) 1965년 "한일기본관계에 관한 조약" 제2조; Kim, *supra* n.2, pp.9-10.

다. 인도에 반한 죄의 시효

"극동국제군사재판소 헌장" 제5조 C항과 "국제군사재판소 헌장" 제6조 C항은 "인도에 반한 죄"를 범할 수 있는 시기는 모두 "전쟁 전 또는 전쟁 중(before or during the war)"으로 규정하고 있다.[54] 따라서 "인도에 반한 죄"는 전시에는 물론이고 평시에도 범하여질 수 있다. 그러므로 일본이 정신대를 설치·운영한 행위는 그 당시가 전시이냐 평시이냐를 불문하고 특히 일본과 한국이 전시상태에 있었느냐 아니냐를 불문하고 "인도에 반한 죄"를 구성한다.

요컨대 위안부에 대한 비인도적 행위를 인도에 반한 죄로 처벌하기 위해서는 위안부가 일본의 국적을 가진 것이 아니도록 극동국제군사재판소 헌장이 규정한 것은 한일합방조약의 부존재를 전재한 것이므로 극동국제군사재판소 헌장은 한일합방조약의 부존재를 승인한 것이다. 극동국제군사재판소 헌장을 제정한 연합국이 한일합방조약의 부존재를 승인한 것이다. 물론 항복문서에 서명한 일본에 의해서도 한일합방조약의 부존재를 승인한 것이다.

---

54) Schwelb, *supra* n.3, p.179; Schwarzenberger, *supra* n.31, pp.496-97.

제2절 위안부는 일본의 국적자인가

I. 한일합방조약의 부존재와 위안부 피해에 대한 국적계속의 원칙

1. 국적계속의 원칙의 의미

개인이 피해자일 경우 그가 피해를 당했을 때부터 피해국이 책임의 구제를 요구할 때까지 계속해서 피해국의 국적을 가져야 한다. 이를 "국적계속의 원칙(nationality rule of continues nationality)"이라고 한다. 따라서 피해자가 피해를 입을 당시의 국적과 피해국이 책임의 해제를 요구할 때의 "피해자"의 국적이 동일하지 아니하면 피해국은 책임의 해제를 요구할 수 없다.[1]

2. 위안부와 국적계속의 원칙

위안부가 피해를 입을 당시 한국의 국적을 가져야 하고 또 대한민국이 일본에 대해 그의 피해를 요구하는 시점에서도 그가 한국의 국적을 가져야 한다. 따라서 한일합방조약이 부존재하여야 위안부가 한국의 국적을 가질 수 있는 것이므로 대한민국은 일본에 대해 국가책임의 해제를 요구할 수 있는 것이다. 물론 이 한일합방조약 불성립이 곧바로 한국 국적인 위안부 피해를 구제하는 것은 아니다. 그러나 한일합방조약이 유효하면 당시의 위안부인 한국인은 일본의 국적을 가진 것이므로 대한민국은 일본에 대해 국가책임의 해제를 요구할 수 없다.[2]

---

1) I. Brownlie, *Principles of Public International Law* (Oxford: Oxford University Press, 2012), pp.480-83; I. M. Sindair, "Nationality of Claims: British Practice", *BYIL*, Vol. 27, 1950, p.125ff; Arechaga, *supra* note 2, pp.576-77; J. Starke, *Introduction to International Law*, 9th ed., (London: butterworth, 1984), pp.303-304; 김명기, "정신대에 대한 인권침해의 위법성", 대한국제법학회, 국제법적 규정에서 본 정신대원의 인권문제(세미나자료), 1992. p.12.

그러므로 일본의 위안부의 설치·운영행위로 인해 개인으로서의 한국인이 입은 피해의 구제를 대한민국이 일본에 대해 청구하는 것은 무리인 것 같다. 따라서 국가로서 대한민국 자신이 입은 피해의 구제를 요구하여야 한다고 본다.

II. 대일민족소송과 위안부의 검토사항

대일민족소송상 위안부의 지위에 관해 다음 2가지 사항의 검토가 요구된다. 일본재판소는 위안부의 지위는 일본 권력작용에 의한 것이라고 당시의 일본법에 의해 배상의 책임이 없다고 한다.

(i) 일본 정부의 위안소의 설치 운영은 그것이 일본의 권력작용에 의한 것이라 할지라도 일본 군인이 위안부에게 위안을 요구하여 위안을 받는 행위는 일본의 국가기관에 의한 권력작용이 아니라 개인의 사적인 행위이므로 이는 비권력적 작용임에 틀림이 없으므로 일본은 위안부인 피해자에 대해 배상할 국가책임이 있는 것이다.

(ii) 일본의 국가기관의 비권력적 작용에 의한 경우는 일본법이 적용된다고 하나 국제사법의 규정에 의하면 지정되는 불법행위지법이 적용되는 것이며 모든 경우 일본법이 적용되는 것이 아니다. 위안부의 피해는 일본의 영역에서만 발생된 것이 아니라 타국의 영역에서 발생한 경우도 있고, 불법행위의 준거법은 불법행위지법이 적용되는 것이 일반적이기 때문이다.

이른바 대일민족소송에서 일본 재판소는 한국인 위안부를 일본인으로 보아 일본의 국내법을 적용하여 위안부의 손해배상 청구를 기각했다. 일본 재판소는 한일합방조약이 유효하므로 1910년 이후 대한제국은 소멸되고 그 국민도 일본 국민으로 되어 위안부의 피해는 일본의 국내법을 적용하여 위안부의 청구를 기각했다. 당시 위안부의 국적은 한국이 아니라 일본이므로 위안부의 청구에 대해 일본의 국내법을 적용한 것이다.

당시 일본의 국내법에 의하면 국가의 권력적 작용에 의한 국민의 피해는 당시 손해를 배상하여야 할 법이 없어 국가를 상대로 손해배상을 청구할 수 없고, 국가의 비권력적 작용에 의한 국민의 피해는 일본 민법의 규정에 따라 손해배상을 하

---

2) 한일회담기간 일본 측은 "대일평화조약"이 효력이 발생하기 전까지 한국인은 일본의 국적을 가진 것이라고 주장했다(대한민국 외무부, 『대한민국외교사료집』, 한일편, 1961, I (서울: 외무부, 1985), p.257).

는 것이 일본의 국내법이므로 위안부의 피해는 국가의 권력작용에 의한 것이므로 국가가 배상하여야 할 법이 없으므로 위안부의 청구는 모두 기각했다. 그러나 이 재판은 한일합방조약이 성립·유효한 것을 전제로 한 것이다. 한일합방조약이 불성립·부존재이므로 위안부는 한국인이고 일본인이 아니므로 위안부에게 일본법을 적용할 수 없고 국제법에 의거 일본은 외국인인 위안부의 권리를 보호해야 할 국제법상 의무를 위반한 위 재판은 국제법상 위법으로 일본의 국가책임을 성립시킨다.

요컨대, 한일합방조약은 불성립이므로 당시 대한제국은 국가로서 엄존하고 또한 대한제국 국민은 일본 국적을 취득한 것이 아니므로 일본은 외국인인 위안부를 보호해야 할 국제법상 의무가 있으며, 이 의무를 위반하여 국제법상 책임을 구성한다.

제3절 위안부와 재판의 거부

 이와 같이 일본 재판소가 전부 기각 재판을 한 것은 (i) 신청한 증인을 하나도 심문하지 아니한 것(절차의 위반)이고 (ii) 동시에 재판 내용의 공정성 위반(재판 내용의 위반) 등이 포함되어 있다. 이는 명백히 국제법상 재판의 거부에 해당되어 일본의 국가책임이 성립함은 검토의 여지가 없다. 일본이 이중으로, 즉 본원적 불법행위와 재판의 거부의 불법행위에 대해 국제법상 일본의 국가책임이 성립함에도 불구하고 한국 정부는 이를 묵인하고 이에 대해 어떠한 항의도 하고 있지 아니하는 국가기관의 부작위는 위안부 문제 해결이 당위이고 민족적 소명임을 망각한 행위로 이는 우리 국가배상법상의 규정에 의해 국가는 손해배상의 책임이 있다고 본다.

 전술한 바와 같이 일본 재판소는 한일합방조약의 성립·유효를 근거로 위안부를 일본 국민으로 보고, 위안부에게 일본 국내법을 적용하여 위안부의 청구를 모두 기각했다. 다른 한편 이는 외국인에 대한 재판의 거부로 국제법상 국가책임을 구성한다.

 그러므로 일본은 위안부의 피해를 배상하지 아니한 국제법상 책임과 위안부의 재판상 청구를 거부하여 국제법상 이른바 재판의 거부라는 국가책임을 구성한다. 이와 같이 일본은 위안부의 피해 배상청구를 기각하여 국제법상 이중의 책임을 부담한다.

 다른 한편 한국 정부는 위안부의 청구에 관해 그를 일본인으로 보아 일본의 국내법을 적용하여 국제법을 위반한 것과 그것이 국제법상 재판의 거부로 국제법을 위반한 것으로 되어도 일본에 대한 아무런 항의도 한 바 없다. 국제법상 묵인은 권리를 상실하게 되는 한 원인이 된다.

 위안부의 피해에 대하여서는 일본 정부에 대해 비난할 것이 아니라 오히려 우리 정부에 대해 비난할 수 있다.

제 9 장

결론

Ⅰ. 요약

상술한 바를 다음과 같이 요약하기로 한다.

(ⅰ) "조약의 무효"와 "조약의 불성립"은 구별되는 개념이다. 전자는 성립된 조약이 '효력요건'을 구비하지 못해 효력이 없는 것을 의미하고, 후자는 조약 자체가 성립되지 아니한 "조약의 부존재"로 효력이 없는 것을 의미한다. 양자는 법적 효력이 없다는 점에서 동일하다.

(ⅱ) 전권위임장 없이 체결된 조약, 비준되지 아니한 조약은 '조약의 불성립'으로 법적 효력이 없는 것이다.

(ⅲ) 정부수석이 조약체결권자의 전권위임장 없이 조약을 체결할 수 있는 것은 1938년 이후에 성립된 관행이다. 따라서 "한일합방조약"이 체결된 1910년 당시 정부수석이 조약을 체결함에는 전권위임을 요했다.

(ⅳ) 1910년 8월 22일의 "통치권 이양에 관한 조칙"은 일본의 강박에 의해 작성되어 무효이고, 그것이 무효가 아니라 할지라도 이를 일본 측 대표의 전권위임장과 상호 교환한 바 없으므로 이는 전권위임장이 아니다. 그리고 1910년 8월 29일의 "칙유"는 그 내용으로 보아 조약문의 승인이 아니라 대국민 공포문이므로 비준서라 할 수 없고, 또 황제의 친필 서명이 없으며 어새의 날인이 있고 국새의 날인이 없어 무효이다.

(ⅴ) 따라서 내각총리대신에 의해 전권위임장 없이 체결되고, 황제의 비준이 없는 "한일합방조약"은 '조약의 불성립'으로 법적 효력이 없는 것이다. 이는 내각총리대신에게 강박을 가하여 서명되어 '효력요건'을 결하여 법적 효력이 없는 무효와 구별된다.[1]

---

1) "한일합방조약"의 무효론과 부존재론의 조화 문제로 연구를 요하는 새로운 과제이다.

한일기본관계에 관한 조약은 "1910년 8월 22일 그 이전에 대한제국과 대일본제국이 체결한 조약은 이미 무효이다"라고 규정하고 있다.

이 규정에서 일본은 이미 무효를 1910년부터 무효가 아니라 1945년 8월 15일 한국 정부가 수립된 날부터 무효가 된 것이라고 주장한다. 이 문제를 해결하기 위해서는 한일합방조약의 부존재 이론에 의거 가능하다. 한일기본관계에 관한 조약 제2조는 한일합방조약이 무효라고 규정하고 있으나 한일합방조약은 부존재이므로 우리 정부는 무효가 아니라 부존재를 이유로 조약법에 관한 조약 48조의 규정에 의거 착오로 인한 무효선언을 할 수 있다.

만일 이 무효선언에 대해 일본이 이의를 제기하면 국제연합헌장에 규정에 따른 분쟁의 평화적 해결절차에 의거 이 문제를 해결하여야 한다.

II. 정책 대안의 제시

다음과 같은 정책 대안을 제안하기로 한다.

1. 한일합방조약 무효론에서 한일합방조약 불성립론으로 정책의 전환

장차 한일관계의 모든 분야에서 한일합방조약 무효론에서 한일합방조약 불성립론으로 정책을 과감히 전환한다.

2. 한일기본관계조약의 무효선언

1965년 한일기본관계조약 제2조는 한일합방조약의 성립 무효론에 입각한 것이다. 그 때문에 동 조약이 일본의 과거사 정리에 도움이 되지 못하고 오히려 일본의 과오에 대한 면죄부를 부여한 것으로 되어 있다. 동 조약을 폐기하지 아니하고는 일본의 과거사를 정리할 수 없다.

한일합방조약 불성립론 부존재론에 의하면 동조의 무효는 부존재의 착오로 규정되게 된 것이다. 그러므로 한국은 조약법에 관한 비엔나협약 제46조의 규정에 따라 착오를 이유로 동 조약의 무효를 선언할 수 있다. 동 조약이 무효화된 다음 일본의 과거사 정리를 위한 재교섭이 이루어져야 한다.

3. TF의 구성

한일합방조약의 불성립 부존재론을 확립하고 이에 입각한 한일기본관계조약 무효화 과업을 수행하기 위해서는 상당 수준의 전문적 지식이 요구된다. 그러므로 정부부처 학계의 전문가로 구성된 TF의 조직이 시급히 요청된다. TF는 최소한 분기 1회 이상 연구결과와 정책의 추진을 국무회의에 보고하도록 하여 정부 당국의 의견을 수렴하도록 한다.

4. 국제연합에의 보고

만일 한국이 한일기본관계조약의 무효를 선언하였음에도 불구하고 일본이 이를 부정하고 일본의 과거사 정리 협상에 불응할 경우 국제연합 헌장 규정에 따라 이를 총회, 안보리에 보고하여 일본의 잔악상을 국제여론화하여야 한다.

| 필자의 독도연구 목록 |

I. 독도연구 저서 목록

1. 『독도와 국제법』, 서울: 화학사, 1987.
2. 『독도연구』(편), 서울: 법률출판사, 1997.
3. 『독도의용수비대와 국제법』, 서울: 다물, 1998.
4. 『독도의 영유권과 국제법』, 안산: 투어웨이사, 1999.
5. Territorial Sovereignty over Dokdo, Claremont, California: Paige Press, 2000.
6. 『독도특수연구』(편), 서울: 법서출판사, 2001.
7. 『독도의 영유권과 신한일어업협정』, 서울: 우리영토, 2007.
8. 『독도의 영유권과 실효적 지배』, 서울: 우리영토, 2007.
9. 『독도의 영유권과 대일평화조약』, 서울: 우리영토, 2007.
10. 『독도강의』, 서울: 독도조사연구학회 / 책과사람들, 2009.
11. 『독도 100문 100답집』, 서울: 우리영토, 2008.
12. 『독도영유권의 역사적·국제법적 근거』, 서울: 우리영토, 2009.
13. 『일본외무성 다케시마 문제의 개요 비판』(공저), 서울: 독도조사연구학회 / 책과사람들, 2010.
14. 『안용복의 도일활동과 국제법』, 서울: 독도조사연구학회 / 책과사람들, 2011.
15. 『독도의 영유권과 국제재판』, 파주: 한국학술정보, 2012.
16. 『독도의 영유권과 권원의 변천』, 서울: 독도조사연구학회 / 책과사람들, 2012.
17. 『독도 객관식 문제연습』, 파주: 한국학술정보, 2013.
18. 『간도의 영유권과 국제법』, 파주: 한국학술정보, 2013.
19. 『독도영유권 확립을 위한 연구 Ⅴ』(공저)(영남대 독도연구소 독도연구총서 9), 서울: 선인, 2014.
20. 『독도총람』, 서울: 선인, 2014.
21. 『독도의 영유권과 국제해양법』(공저), 서울: 선인, 2015.
22. 『독도의 영유권 확립을 위한 연구 Ⅵ』(공저)(영남대 독도연구소 독도연구총서 10), 서울: 선인, 2015.
23. 『독도의 영유권 확립을 위한 연구 Ⅶ』(공저)(영남대 독도연구소 독도연구총서 11), 서울: 선인, 2015.
24. 『한국의 독도영토주권의 국제적 승인』, 서울: 선인, 2016.
25. 『대일평화조약상 독도의 법적 지위』, 서울: 선인, 2016.
26. 『독도영유권 확립을 위한 연구 Ⅶ』, 영남대 독도연구소, 서울 선인, 2015.

27. 『남중국해 사건에 관한 상성중재재판소의 판정』, 서울: 선인, 2017.
28. 『대한민국정부의 독도정책과 국제법』, 파주: 한국학술정보, 2018.
29. 『정부수립론의 타당성과 한국의 독도 영토주권』, 서울: 선인, 2019.

Ⅱ. 독도연구 논문 목록

1. "독도의 영유권 귀속", 육군사관학교, 『육사신보』 제185호, 1978.6.30.
2. "국제법상 독도의 영유권", 국가고시학회, 『고시계 上』 제23권 제9호, 1978.9.
3. "*The Minquiers and Ecrehos* Case의 분석과 독도문제", 지학사, 『월간고시』 제6권 제3호, 1979.3.
4. "독도의 영유권문제에 관한 국제사법재판소의 관할권"(상), 국가고시학회, 『고시계』 제6권 제3호, 1979.3.
5. "독도영유권문제에 관한 국제사법재판소의 관할권"(하), 국가고시학회, 『고시계』 제24권 제11호, 1979.11.
6. "독도 문제에 관한 국제사법재판소의 관할권에 관한 연구", 대한국제법학회, 『국제법학회논총』 제27권 제2호, 1982.12.
7. "독도에 대한 일본의 선점 주장과 통고 의무", 국가고시학회, 『고시계』 제28권 제8호, 1983.8.
8. "국제법상도근현고시 제40호의 법적 성격", 법지사, 『월간고시』 제10권 제11호, 1983.11.
9. "독도의 영유권과 제2차 대전의 종료", 대한국제법학회, 『국제법학회논총』 제30권 제1호, 1985.6.
10. "국제법상 일본으로부터 한국의 분리에 관한 연구", 대한국제법학회, 『국제법학회논총』 제33권 제1호, 1988.6.
11. "한일 간 영토분쟁(독도): 독도의 영유권에 관한 일본 정부 주장에 대한 법적 비판", 광복 50주년 기념사업회, 『청산하지 못한 일제시기의 문제』, 서울: 광복 50주년기념사업회, 1995.6.30.
12. "한일 간 영토분쟁", 광복50주년기념사업회 · 학술진흥재단, 『일제식민정책 연구논문』, 서울: 학술진흥재단, 1995.8.
13. "자존의 땅-독도는 우리의 것", 경인일보사, 『메트로포리스탄』 제26호, 1996.2.
14. "한일 배타적 경제수역 설정과 독도 영유권", 자유총연맹, 『자유 공론』 제348호, 1996.3.
15. "국제법상독도영유권과 한일 경제수역", 국제문제연구소, 『국제문제』 제27권 제4호, 1996.4.
16. "독도의 영유권에 관한 한국과 일본의 주장 근거", 독도학회, 『독도의 영유권과 독도 정책』, 독도학회 창립기념 학술심포지엄, 1996.4.
17. "독도에 대한 일본의 영유권 주장의 부당성", 도서출판 소화, 『지성의 현장』 제6권 제7호, 1996.7.
18. "독도에 대한 일본의 무력행사 시 제기되는 국제법상 제 문제", 한국군사학회, 『군사논

단』 제7호, 1996.7.

19. "한국의 독도 영유권 주장 이론", 한국군사문제연구소, 『한국군사』 제3호, 1996.8.

20. "독도의 영유권 문제와 민족의식", 한국독립운동사연구소・독도학회, 제10회 독립운동
    사 학술심포지엄, 1996.8.8.

21. "국제법 측면에서 본 독도문제", 국제교과서연구소, 국제역사교과서 학술회의, 프레스센
    터, 1996.10.23-24.

22. "국제법으로 본 독도영유권", 한국독립운동연구소, 『한국독립운동사연구』 제10집, 1996.

23. "독도의 영유권과 한일합방 조약의 무효", 한국외교협회, 『외교』 제38호, 1996.

24. "독도와 대일 강화조약 제2조", 김명기 편, 『독도연구』, 서울: 법률출판사, 1996.

25. "대일 강화조약 제2조에 관한 연구", 대한국제법학회, 『국제법학회논총』 제41권 제2호,
    1996.12.

26. "독도와 조어도의 비교 고찰", 국제문제연구소, 『국제문제』 제28권 제1호, 1997.1.

27. "독도에 대한 일본의 영유권 주장에 대한 소고", 명지대학교, 『명대신문』 제652호,
    1997.11.7.

28. "A Study on Legal of Japan's Claim to Dokdo", The Institute of Korean Studies, *Korea
    Observer*, Vol.28, No.3, 1997.

29. "독도의 영유권에 관한 연구: 독도에 대한 일본의 무력행사의 위법성", 대한국제법학회,
    『국제법학회논총 上』 제42권 제2호, 1997.6.

30. "독도에 대한 일본의 무력행사 시 국제연합의 제재", 아세아 사회과학연구원, 『연구논총』
    『한일간의 국제법 현안문제』 제7권, 1998.4.

31. "*The Island of Palmas* Case(1928)의 판결요지의 독도문제에의 적용", 판례월보사, 『판례
    월보』 제336호, 1998.9.

32. "독도문제 해결을 위한 새 제언", 한국외교협회, 『외교』 제47호, 1998.10.

33. "독도문제와 조어도 문제의 비교고찰", 강원대학교 비교법학연구소, 『강원법학』 제10권
    (김정후 교수 회갑기념 논문집), 1998.10.

34. "*The Clipperton Island* Case(1931) 판결요지의 독도문제에의 적용", 판례월보사, 『판례월
    보』 제346호, 1999.7.

35. "독도에 대한 일본 정부의 주장과 국제사법재판소의 관할권에 관한 연구", 명지대학교
    사회과학연구소, 『사회과학논총』 제15집, 1999.12.

36. "독도영유권과 신 한일어업협정", 독도학회, 한일어업협정의 재개정 준비와 독도 EEZ
    기선문제 세미나, 2000.9.

37. "한일 간 독도영유권 시비의 문제점과 대책", 한국군사학회, 『한국의 해양안보와 당면
    과제』(국방・군사세미나논문집), 2000.10.

38. "독도의 영유권과 신 한일어업협정 개정의 필요성", 독도학회, 『독도영유권연구논집』,
    서울: 독도연구보전협회, 2002.

39. "A Study an Territioral Sovereignty over Dokdo in International Law-Refutation to the
    Japanese Gerenment's Assertions of the Occupied Territory", 독도학회, 『독도영유권 연

구논집』, 서울: 독도연구보전협회, 2002.

40. "헌법재판소의 신 한일어업협정의 위헌확인 청구에 대한 기각 이유 비판", 판례월보사, 『쥬리스트』, 2002.3.
41. "독도영유권에 관한 일본 정부 주장에 대한 법적 비판", 독도학회, 『한국의 독도영유권 연구사』, 서울: 독도연구보전협회, 2003.
42. "독도개발 특별법에 관한 공청회를 위한 의견서", 국회농림해양수산위원회, 『독도개발 특별법안에 관한 공청회』 2004.2.2. 국회의원회관.
43. "한일어업협정 폐기의 법리", 『한겨레신문』, 2005.5.13.
44. "독도의 실효적 지배 강화와 신 한일어업협정의 폐기", 국제문제연구소, 『국제문제』 제36권 제6호, 2005.6.
45. "한일어업협정과 독도영유권 수호정책", 한국영토학회, 『독도 영유권수호의 정책방안』, 한국영토학회주최학술토론회, 국회헌정기념관별관 대회의실, 2005.11.
46. "독도문제와 국제재판/국제재판소의 기능과 영향력", 자유총연맹, 『자유공론』 제464호, 2005.11.
47. "독도의 실효적 지배 강화와 역사적 응고 취득의 법리", 국제문제연구소, 『국제문제』 제36권 제11호, 2005.11.
48. "독도의 영유권문제에 대한 국제사법재판소의 관할권", 국제문제연구소, 『국제문제』 제37권 제1호, 2006.1.
49. "독도와 연합군 최고사령부 훈령 제677호에 관한 연구", 한국 외교협회, 『외교』 제76호, 2006.1.
50. "신 한일어업협정과 금반언의 효과", 독도조사 연구학회, 『독도논총』 제1권 제1호, 2006.4.
51. "제2차 대전 이후 한국의 독도에 대한 실효적 지배의 증거", 독도조사 연구학회, 『독도논총』 제1권 제1호, 2006.4.
52. "맥아더 라인과 독도", 국제문제연구소, 『국제문제』 제37권 제5호, 2006.5.
53. "대일 평화조약 제2조 (a)항과 한국의 독도 영유권에 관한 연구", 한국외교협회, 『외교』 제78호, 2006.7.
54. "독도 영유권에 관한 대일 평화조약 제2조에 대한 일본 정부의 해석 비판", 국제문제연구소, 『국제문제』 제37권 제7호, 2006.7.
55. "Sovereignty over Dokdo Island and Interpretation of Article 2 of the Peace Treaty with Japan", The Institute for East Asian Studies, *East Asian Review*, Vol.18, No.2, 2006.
56. "독도를 기점으로 하지 아니한 신 한일어업협정 비판", 독도조사연구학회, 『독도논총』 제1권 제2호, 2006.9.
57. "대일 평화조약 제2조의 해석과 Critical Date", 독도조사연구학회, 『독도논총』 제1권 제2호, 2006.9.
58. "독도의 실효적 지배 강화와 Critical Date", 법조협회, 『법조』 통권 제602호, 2006.11.
59. "국제연합에 의한 한국의 독도영유권승인", 한국외교협회, 『외교』 제81호, 2007.4.

60. "한일어업협정 제9조 제2항과 합의 의사록의 위법성·유효성", 독도본부, 제15회 학술 토론회(토론), 2007.1.16.

61. "한일공동관리수역의 추적권 배제는 독도영유권 침해행위", 독도본부, 제16회 학술토론 회, 2007.2.24.

62. "한일어업협정 폐기해도 금반언의 원칙에 의한 일본의 권리는 그대로 남는다", 독도본 부, 제17회 학술토론회, 2007.3.31.

63. "한일어업협정은 어업협정인가?", 독도본부, 제18회 학술토론회, 2007.4.18.

64. "대일평화조약상 독도의 영유권과 uti possidetis 원칙", 한국외교협회, 『외교』 제81호, 2007.5.

65. "국제법학자 41인의 '독도영유권과 신 한일어업협정에 대한 우리의 견해'(2005.4.5)에 대한 의견", 독도본부, 제19회 학술토론회, 2007.5.23.

66. "한일어업협정 폐기 후 이에 국제법상 대책방안 모색", 독도본부, 제20회 학술토론회, 2007.6.20.

67. "한일어업협정 폐기 후 대안 협정 초안 주석", 독도본부, 제21회 학술토론회, 2007.7.18.

68. "한일어업협정 폐기 후 대안 협정 초안 주석(I)", 독도본부, 제22회 학술토론회, 2007.8.21.

69. "국제연합과 독도영유권", 국제문제연구원, 『국제문제』 제38권 제10호, 2007.10.

70. "독도연구의 회고와 전망", 동북아역사재단주최, 주제강연(2007.11.7., 아카데미 하우스).

71. "국제연합에 의한 한국독도영유권의 승인에 관한 연구", 외교협회, 『외교』 제85호, 2005.4.

72. "대한민국국가지도집중 영토와 해양의 동측 경계의 오류", 독도조사연구학회, 2008년도 정기학술세미나(2008.6.28, 독도본부 강당).

73. "The Territorial Sovereignty over Dokdo in The Peace Treaty with Japan and the Principle of uti possidetis", *Korean Observation of Foreign Relations*, Vol.10, No.1, August 2008.

74. 『독도 100문 100답집』, 서울: 우리영토, 2008.8.

75. "독도 연구의 회고와 전망", 동북아역사재단, 『독도시민사회백서 2006-2007』, 2008.4.

76. "국제법상 일본의 독도영유권 주장에 대한 대일항의에 관한 연구", 영남대학교 독도연 구소, 『독도연구』 제5호, 2008.12.

77. "일본의 기망행위에 의해 대일평화조약 제2조에서 누락된 독도의 영유권", 외교통상부, 『국제법 동향과 실무』 제7권 제3.4호, 2008.12.

78. "패드라 브랑카 사건(2008) 판결과 독도영유권", 법률신문사, 『법률신문』 제3714호, 2009.1.15.

79. "페드라 브랑카 사건과 중간수역 내의 독도"(상), 한국국제문화연구원, 『국제문제』 제40권 제3호, 2009.3.

80. "독도영유권문제와 국제법상묵인의 법적 효과", 한국외교협회, 『외교』 제89호, 2009.4.

81. "페드라 브랑카 사건과 중간수역 내의 독도"(하), 한국 국제문화연구원, 『국제문제』 제 40권 제4호, 2009.4.

82. 『독도영유권의 역사적·국제법적 근거』, 서울: 우리영토, 2009.6.

83. "독도의 실효적 지배강화 입법정책 검토", 동북아역사재단발표, 2009.6.5.

84. "독도의 실효적 지배강화 입법정책의 국제법상 검토", 법률신문사, 『법률신문』 제3757호, 2009.6.25.

85. "페드라 브랑카 사건(2008)의 판결취지와 독도영유권문제에 주는 시사점", 영남대학교 독도연구소, 『독도연구』 제6호, 2009.6.

86. "한일 해양수색 및 구조훈련과 독도영유권", 법률신문사, 『법률신문』 제3778호, 2009.9.17.

87. "정부의 독도시책과 학자의 독도연구 성찰", 동북아역사재단 독도연구소 콜로키움, 제천, 2009.10.15.

88. "다케시마 10포인트 대일평화조약 관련조항 제3항 비판", 한국해양수산개발원, 『독도연구저널』 제17권, 2009.가을.

89. "국제법상지도의 증명력", 독도보전협회, 서울역사박물관, 토론발표, 2009.10.11.

90. "간도영유권회복, 대책 시급", 자유총연맹, 『자유공론』 제7호, 2008.8.

91. "조중국경조약과 간도", 북한연구소, 『북한』 제441호, 2008.9.

92. "간도영유권 100년 시효실의 긍정적 수용제의"(상), 천지일보사, 『천지일보』 제11호, 2009.11.18.

93. "안용복의 도일활동의 국제법상 효과에 관한 연구" 동북아역사재단 위촉연구, 2009.12.20.

94. "안용복의 도일활동과 국제법", 『독도저널』, (08-09) 2009.9.

95. "국제법상대한제국칙령 제41호에 의한 역사적 권원의 대체", 한국해양수산개발원, 『독도연구저널』 제9권, 2010.3.

96. "독도영유권과 porum progatum", 외교협회, 『외교』 제94호, 2010.7.

97. "독도를 일본영토가 아닌 것으로 규정한 일본법령 연구", 동북아역사재단 독도연구소, 『제6회 독도연구 콜로키움』, 2010.7.6-8.

98. "한국의 대응전략은 어떻게 세울 것인가?", 한국독도연구원, 『한국 독도 어떻게 지킬 것인가?』, 2010.6.17. 전쟁기념관.

99. "한일합방조약의 부존재와 독도영유권", 독도조사연구학회, 2010년 정기학술토론회의, 『독도영유권의 새로운 논리개발』, 2010.10.28., 서울역사박물관.

100. "한일기본조약 제2조의 해석", 『법률신문』 제3863호, 2010.8.12.

101. "일본총리부령 제24호와 대장성령 제4호에 의한 한국의 독도영토주권의 승인", 영남대 독도연구소, 『독도연구』 제9호, 2010.12.

102. "국제법상 한국의 독도영유권의 근거", 독도문화심기운동본부, 『한민족의 구심점』, 서울: 독도문화심기운동본부, 2010.12.

103. "국제법상 신라 이사부의 우산국 정복의 합법성에 관한 연구", 이사부학회, 『이사부와 동해』 제2호, 2010.12.

104. "국제법상 독도영유권의 법적 근거", 『법률신문』 제3899호, 2010.12.28.

105. "한일합방조약 체결 100년, 성찰의 해", 『천지일보』 제99호, 2010.12.29.

106. "국제법상 신라 이사부의 우산국 정복의 합법성에 관한 연구", 강원일보·강원도·삼

척시, 『이사부총서』(Ⅲ), 2010.12.

107. "대한제국칙령 제41호에 의한 역사적 권원의 대체에 관한 연구", 독도조사연구학회, 『독도논총』 제5권 제1-2 통합호, 2010.12.

108. "한일합방조약의 부존재에 관한 연구", 법조협회, 『법조』 통권 제655호, 2011.4.

109. "대일민족소송 기각결정의 국제법상 효과에 관한 연구", 대한변호사협회, 『인권과 정의』 제417호, 2011.5.

110. "국제법상 쇄환정책에 의한 독도영토주권의 포기여부 검토", 영남대학교 독도연구소, 『독도연구』 제10호, 2011.6.

111. "이사부의 우산국 부속에 의한 독도의 고유영토론 검토", 한국이사부학회, 『2011년 전국해양문화 학자대회』 주제발표, 2011.8.4.

112. "페드라 브랑카 사건판결과 중간수역 내에 위치한 독도의 법적 지위", 동북아역사재단 독도연구소, 『제17회 정기 독도연구 콜로키움』, 2011.8.4.

113. "통일 이후 한국의 국경문제와 조중국경조약의 처리문제", 법제처, 『2011년 남북법제연구 보고서』, 2011.8.

114. "독도영유권 강화사업의 필요성 검토", 법률신문사, 『법률신문』 제3639호, 2011.8.29.

115. "일본 자위대의 독도 상륙의 국제법상 문제점과 법적 대처방안", 한국독도연구원, 국회 독도 지킴이, 『한국독도 어떻게 지킬 것인가』, 국회도서관 회의실, 2011.10.4.

116. "독도의 역사적 연구의 기본방향", 세계국제법협회 한국본부 독도 조사연구학회, 『독도의 영유권과 해양주권에 관한 심포지엄』, 코리아나 호텔, 2001.12.13.

117. "일본 자위대 독도 상륙 시 국제법상 문제점과 법적 대처 방안", 해병대 전략연구소, 『전략논단』 제14호, 2011.가을.

118. "국제법상 독도의용수비대의 법적 지위에 관한 연구", 대한적십자사인도법연구소, 『인도법논총』 제31호, 2011.

119. "국제법상 지리적 접근성의 원칙과 독도", 영남대 독도연구소, 『독도연구』 제11호, 2011.12.

120. "대마도 영유권 주장의 국제법적 근거는 무엇인가?", 독도연구원, 『대마도를 어떻게 찾을 것인가?』, 2012.9.18, 국회의원회관.

121. "국제법상 이어도의 법적 지위에 관한 기초적 연구", 해양문화연구원, 『제3회 전국 해양문화학과 대회』, 2012.8.2-4., 여수세계박물관회의장.

122. "독도영유권의 중단권원의 회복에 관한 연구", 독도조사연구학회, 『독도논총』 제6권 제1호, 2012.

123. "사법적 판결의 사실상 법원성과 독도영유권의 역사적 권원의 대체", 영남대 독도연구소, 『독도연구』 제12호, 2012.6.

124. "독도의 배타적 경제수역", 해양문화연구원, 『제4회 전국해양문화학자대회』, 2013.8.22-24., 여수 리조트.

125. "대일평화조약 제2조의 해석과 Critical Date", 이사부학회, 『이사부와 동해』 제6호, 2013.

126. "독도영유권 문제/분쟁에 대한 국제사법재판소의 강제적 관할권", 독도시민연대, 『국제사법재판소의 강제적 관할권 어떻게 대항할 것인가?』, 독도시민연대, 2013.10. 국회의원회관.

127. "시마네현 고시 제40호의 무효확인소송의 국제법상 효과에 관한 연구", 독도연, 『소위 시마네현고시 제40호에 의한 독도편입의 허구성 검토 학술대회』, 독도연, 2013.12.01., 서울역사박물관.

128. "국제법상 독도의 영유권 강화사업의 법적 타당성 검토", 독도조사연구학회, 『독도논총』 제7권 제1호, 2013.11.

129. "맥아더라인의 독도영토주권에 미치는 법적 효과", 영남대 독도연구소, 『독도연구』 제15호, 2013.12.

130. "국제법에서 본 한국의 독도영유권", 이사부학회, 『동해와 이사부』 제7호, 2014.

131. "한일어업협정 폐기 후 이에 대한 국제법상 대책방안 모색", 『동해와 이사부』 제8권, 2014.8.

132. "국제법상 국군에 대한 작전지휘권 환수에 따라 제기되는 법적 문제에 관한 연구", 『인도법논총』 제34호, 2014.12.

133. "일본자위대의 독도상륙작전의 전쟁법상 위법성과 한국의 독도방위능력의 강화방안", 『군사논단』 제82호, 2015.여름.

134. "국제법상 국제연합에 의한 한국의 독도영토주권 승인의 효과", 『국제법학회논총』 제60권 제1호, 2015.3.

135. "대일평화조약 제23조 (a)항에 규정된 울릉도에 독도의 포함여부 검토", 『독도연구』 제18호, 2015.6.

136. "대일평화조약 제19조 (b)항과 일본 정부에 대한 한국의 독도영토주권의 승인", 독도조사연구학회, 2015.

137. 정기 학술토론회, 『국제법상 독도연구의 정책 및 연구의 당면 과제』, 2015.9.19., 동북아역사재단 대강당.

138. "콜프해협사건과 안전보장이사회에 의한 독도영유권분쟁의 평화적 해결", 『독도논총』 제8권 제1·2호, 2015.8.

139. "밴프리트 귀국보고서의 조약의 준비작업여부 및 후속적 관행여부 검토", 『독도연구』 제19호, 2015.12.

140. "국제법상작전통제권 환수에 따라 제기되는 법적 제 문제와 그에 대한 대책방안", 『입법과 정책』 제9권 제2호, 2015.12.

141. "대일평화조약 제21조와 제25조의 저촉에 관한 연구", 독도군사연구학회 2016년 학술토론회, 2016.6.16., 동북아역사재단 대회의실.

142. "윌리엄 시볼트의 기망행위에 의해 규정된 대일평화조약 제2조 (a)항의 효력과 보충적 수단에 의한 해석", 『독도논총』 통권 제10호, 2016.

143. "대일평화조약 제19조 (d)항과 일본 정부에 의한 한국의 독도영토주권의 승인", 독도조사연구학회, 2015.9.19., 동북아재단회의실, 2015년 정기학술토론회.

144. "독도연구의 기본방향제외", 『독도연구』 제22호, 2017.

145. "기죽도약도", 『영토와 해양』.

146. "국제법상 태정관 지령문의 법적 효력에 관한 연구", 『영토해양연구』 제11호, 2016.여름.

147. "일본자위대의 독도상륙은 국제인도법상 허용되는가", 『인도법논총』 제36호, 2016.

148. "남중국해 중재판정을 통해 본 독도문제", 독도조사연구학회, 창립 제20주년 기념 학술토론회, 2017.6.23. 동북아 역사재단 대회의실.

149. "미8군부사령관 Coulter 장군의 독도폭격연습기지의 사용허가 신청에 의한 미국정부의 한국의 독도영토주권승인", 『독도연구』 제24호, 2018.12.

150. "대한국제법학회의 김명기 대령의 독도학술조사에 의한 독도의 실효적 지배", 『독도논총』 제10권 제1,2호, 2017.10.

151. "윌리엄시볼트의 기망행위에 의해 규정된 대일평화조약 제2조 (a)항의 효력과 보충적 수단에 의한 해석", 『독도논총』 제9권 제1,2호. 2016.12.

152. 김명기, 김도은, "대한제국칙령 제41호 전후 조선의 독도에 대한 실효적 지배", 『독도연구』 제25호, 2018.

153. "한일어업협정의 폐기" 동북아역사재단회의실, 『정책연구』, 2019.6.30.

154. "한국 정부의 독도의 역사적 권원 주장에 관한 연구" 『독도연구』 제29호, 2020.

155. "대일평화조약 제19조 (d)항에 관한 연구", 독도조사연구학회, 2020학술토론회의, 2020.10.20.

156. "독도경찰경비대의 군경비대로의 대체 여부 정책 결정에 관한 연구" 『독도논총』 제11권, 2020.

| 참고문헌 |

강경선, 『헌법 전문 주해』, 서울: 에피스테메, 2017.

국사편찬위원회, 『한국사』 제52권, 서울: 국사편찬위원회, 2002.

국회도서관, 『헌법제정회의록』 헌정사자료 제1집, 1967.

高野雄一, "영토", 국제법학회, 평화조약의 종합연구, 상권, 동경: 유비각, 소화27.

김동희, 『대한민국의 정통성에 관한 법적 근거』, 서울: 국제통일원, 1976.

김명기, 『국제법원론』 상, 서울: 박영사, 1996.

_____, 『대한제국과 국제인도법』, 서울: 책과 사람들, 2008.

_____, 『독도강의』, 서울: 독도조사연구학회, 2007.

_____, 『국제법상 남북한의 법적 지위』, 서울: 화학사, 1980.

김영구, 『잘 몰랐던 한일 과거사 문제』, 부산: 다솜출판사, 2010.

김영수, "대한민국 임시정부 헌법", 한국정신문화연구원, 제6권.

김학성, 『헌법학원론』, 서울: 피앤씨미디어, 2011.

남기환, "현행헌법상 평화통일", 『외교·안보논총』 제1권, 1978.

동북아 역사재단 독도연구소, 『근대 한국 조약 자료집』, 서울 동북아 역사재단, 2009.

동아일보/브리태니커, 『브리태니커』 제14권, 서울: 브리태니커, 1993.

대한민국정부, 『한일회담백서』, 서울: 광명인쇄공사, 1965.

류수현, "제1공화국 헌법제정과정", 『한국의 사회와 문화』 제7권, 1986.10.

박영하, 『한국헌법론』, 서울: 청목출판사, 2016.

배제식, "한·일기본조약연구", 『대한국제법학회논총』, 제15권 제1호, 1970.

박관숙, "독도의 법적 지위에 관한 연구", 연세대학교 대학원 박사학위논문, 1968.

『세종실록』, 세종 7년(1425년), 10월 을류조.

『세종실록』, 세종 7년(1425년), 12월 계사조.

신용하, 『독도의 민족영토사연구』, 서울: 지식산업사, 1996.

_____, "대한제국", 한국정신문화연구원, 『한국민족문화 백과사전』 제6권, 서울: 웅진출판, 1966.

여명록, 『우리 헌법의 탄생』, 서울: 서해문집, 2006.

유진오, 『헌법기초회고록』, 서울: 일조각, 1980.

외무부, 대한제국이 체결한 다자조약의 효력확인 설명자료, 1986.7.31.

이기백, 『한국사신론』, 서울: 일조각, 1976.

이태진, "근대일본 소수 번벌의 한국침략", 동북아역사재단, 「일본의 한국병합과정」 한일강제병합 100년 재조명 국제학술회의 2010년 8월 23-24일.

이태진, 『조약으로 본 한국병합』, 서울: 동북아역사재단, 2010.

이한기, 『한국의 영토』, 서울: 서울대학교출판부, 1969.

이현희, "대한민국 임시정부", 『두산세계대백과사전』제7권, 서울: 두산동아, 1996.

임영정, 김호동, 김인우, 한국해양수산개발원, 『독도사전』, 서울: 한국해양수산개발원, 2011.

헌재 2008 헌바 141. 2011.3.31.

Akehurst Michael, *A Modern Introduction to International Law*, 4th ed., London: George Allen, 1984.

Akehurst Michael, *A Modern Introduction to International Law*, 5th ed., London: George Allen, 1984.

Akehurst Michael, "The Hierarchy of the Sources of International Law", *BYIL*, Vol.47, 1974-75.

Allen Stephen, *International Law*, London: Pearson, 2013.

Anzilotti Dionisio, *Corso di Diritto Internationale*, 3rd ed., Vol.1, 1928.

Ballreich Hans, "Trearies Effect on Third States", *EPIL* Vol.7, 1984.

Baxter R., "Treaties and Custom", *Recueil des Cours*, Vol.29, 1970.

Bernhardt Rudolf, "Interioretatuin in International Law", Vol.7, 1984.

Bernardez Satiago Torres, "Territory, Acquisition", EPIL, Vol.10, 1989.

Bishop William W., *International Law: Cases and Materials,* New York: Prentice-Hall, 1954.

Blix H., "The Requirement of Ratification", *BYIL,* Vol.30, 1953.

Brownlie Ian, *Principles of Public International Law,* 3rd ed., Oxford: Clarendon, 1979.

Brownlie Ian, *Principles of Public International Law,* 5th ed., Oxford: Oxford University Pross, 1998.

Brownlie Ian, *Principles of Public International Law* 7th ed, Oxford: Oxford University Press, 2008.

Brownlie, *Principles of Public International Law* (Oxford: Oxford university press), 2012.

Butterworths, 2006.

Burr Sherri L., *International Law*, 2nd Edition, Eagan: Thomson West, 2008.

Carter Barry E., Phillip R. Trim and Allen S. Weiner, *International Law*, 4th ed., New York: Walters Kluwer, 2007.

Cassese Antomio, *International law*, Oxford: Oxford University Press, 2001.

Connell D. P. O., *International Law*, Vol.1, 2nd ed., London: Stevens, 1970.

Corbett P. E., "The Consent of States and the Source of the Law of Nations." *BYIL.*, Vol.6, 1925.

Convention Vienna, Art, 2,1(a); ICJ., *Reports,* 1952.

Conforti Benedetto, *International Law and the Roles of Domestic legal Systems*, Boston,

Martinus, 1993.

Crandal S. B., *Treaties, Their Making and Entorcement* 2nd ed., 1916.

Crarford James, *Creation of State in International Law*, Oxford: Oxford University Press, 1979.

Cruz A., *International Law,* Quezon: Central Lawbook, 1985.

Danilenko G. M., *Law-Making in the International Community,* Dordrecht: Martinus, 1994.

Dixon Martin, *International Law*, 7th, ed., Oxford: Oxford University Press, 2013.

Dixon Martin, *Textbook on International Law,* 6th ed., Oxford: Oxford University Press, 2007.

Dodson's Admiralty Reports, Vol.1, 1813.

Egypt-Island Taba Arbitration Tribunal Awards, 1988. September 29.

Elias T. O., *The Modern Law of Treaties,* Leiden: Sijthoff, 1974.

Epps Valerie, *International Law*, 4th ed., Durham: Carolina Academic Press, 2009.

Fenwick Charles G., *International Law*, 3rd ed., New York: Appleton, 1948.

Fenwick Charles G., *International Law* (New York: Appleton-Century, xxx).

Fitzmaurice Gerald, "Do Treaties Need Ratification?", *BYIL,* Vol.15, 1934.

Fitzmaurice G. G., "The Law and Procedure of the International Court of Justice", *BYIL,* Vol.33, 1957.

Gardiner Richard K., *International Law*, Boston: Pearson, 2003.

GAOR, 2nd Sess., 16 Sept.-29 Nov. 1947.

G. G. Wilson, *International Law*, 9th ed., New York: Silver, 1935.

Germer Peter, "Interpretation of Plurilingual Treaties: A Study of Article 33 of the Vienna Convention of the Law of Treaties", *Harvard International Law Journal,* Vol.11, 1970.

General Assembly Resolution 195(III).

Glahn Gerhard von, *Law Among Nations,* 4th ed., New York: Macmillan, 1981.

Glahn Gerhard von, *Law Among Nations,* 4th ed., New York: Macmillan, 1984.

Grotius Hugo, *De Jure Belli ac Pacis, Prolegmena,* Vol.11, J. G. Starke, *Introduction to International Law*, 9th ed., London: Butterworth, 1984.

Goodrich Leland M., Edrard Hambro and Anne Patricia Simons, *Charter of the United Nations,* 3rd ed., New York: Columbia University Press, 1969.

Gould W. L., *An Introduction to International Law*, New York: Harper and Brothers, 1957.

Hall W. E., *International Law,* 8th ed., (Higgins), Oxford: Clarendon, 1890.

Halleck H. W., *Elaments of International Law,* 4th ed., (G. Sh Baker), London: Paul Trench, 1908.

Hoof GJH. van, *Rethinking the Source of International Law,* (Deventer: Kluwer Law and Taxation, 1983).

Hyde C. C., *International Law*, Vol.2, 2nd ed., Boston: Litlle Brown, 1947.

ICJ., *Reports*, 1950.

ICJ, *Reports,* 1951.

ICJ, *Reports,* 1960.

ICJ., *Reports,* 1962.

Jan Esmond, Osmanceyk, *Encyclopedia of the United Nations* 2nd ed., New York: Taylor and Francis, 1990.

Jacobini B. H., *International Law,* Homewood: Dosey, 1962.

Janis Mark W., *An Introduction of International Law,* Boston: Little Brown, 1988.

Jennings Robert and Arthur Watts(eds.), *Oppenhein's International Law*, 9th eds., Vol.1, London: Longman, 1992.

Jellinek Georg, *Die rechtlich Natur der Staatenverträge Vienna, 1880,* Wesley L. *Gould, An Introduction to International Law,* New York: Harper, 1957.

Jones Mervyn, "International Agreement", *BYIL,* Vol.27, 1944.

Jones Mervyn, "The Retroactive Effect of the Ratification of Treaties", *AJIL,* Vol.29, 1935.

Kaczowska Alina, *Public International Law,* 4th ed., London: Routledge, 2010.

Karl Wolfram, "Treaties, Conlifct between", *EPIL,* Vol.7, 1984.

Kelsen Hans, *The Law of the United Nations,* New York: Praeger, 1951.

Kelsen Hans, *The Law of the United Nations,* New York: Praeger, 1959.

Kelsen Hans, *Principles of International Law*, 2nd, New York: Holt, 1966.

Kelsen Hans, *Principles of International Law,* 2nd ed., New York: Holt, 1967.

Kearney Richard D. and Robert E. Dalton, "The Treaty on Treaties", *A.J.I.L,* Vol.64, 1970.

Klein Eckart, "Treaties Effect of Territorial Changes", EPIL, Vol.7, 1984.

Krabbe Hugo, *The Modern Idea of State,* New York: Appleton, 1922.

Kunz Joseph, "Revolutionary Creation of Norms of International Law", *AJIL,* Vol.41, 1947.

Langsam W. C., Historic Documents of World War II, Westpoint: Greenwood, 1958.

Lauterpacht Hersch, "Some Observation on the Preparatory Work in ther Interpretation of Treties", *Harvaed Law Review,* Vol.48, 1935.

Lauterpacht H., *Oppenheim's International Law,* Vol.2, 7th ed., London: Longmans, 1952.

Lauterpacht It. ed., *Oppenheim's International Law,* 8th ed., Vol.1, London: Longmans, 1954.

Lauterpacht H.(ed.), *Oppenheim's International Law,* Vol.1, 8th ed., London: Longmans, 1955.

Levi Werner, *Contemporary International Law,* Boulder: Westview, 1979.

League of Nations, Official Journal, Supp. No.126.

Leon Duguit, "Objective Law", trans. Margaret Grandgent and Ralph W. Gifford, *Columbia Law Review*, Vol.20, 1920, 1921.

Lowe Vaughan, *International Law,* Oxford: Oxford University Press, 2007.

Mangone Gerard J., *The Elements of International Law: Casebook,* Homewood: Dorsey, 1963.

Malanczuk Peter(ed.), *Akehuvst's Moden In troduction to International Law,* 7th ed., London: Routledge, 1987.

Malanczuk Peter(ed.), *Akehust's Modern Introduction to International Law,* London: Routledge, 1997.

McNair Lord, *The Law of Treaties,* Oxford: Clarendon, 1961.

Moore J. B., *Digest of International Law,* Washington, D.C.: USGPO, 1961.

Nations United, General Assembly Resolution 3232(xxix), November 12, 1974.

Nahlik S. E., "The Ground of Invalidity and termination of treaties", *AJIL,* Vol.65, 1971.

O'Brien John, *International Law,* London: Cavendish, 2001.

O'Connell D. P., *International Law,* 2nd ed., Vol.1, London: Stevens, 1970.

Oda S., "The Normalization of Relations Between Japan and the Republic of Korea", AJIL, Vol.61, 1967.

Ott David H., *Public International Law in the Modern World,* London: Pitman, 1987.

Oppenheim L., *International Law,* 4th ed., London: Longmans, 1905.

Oxford, *Oxford english dictionary,* Oxford university press.

Parry Clive, "The Law of Treaties", in Max Sørensen(ed.), *Manual of Public International Law,* Londao: Macmillian, 1968.

Parry C., *The Sources and Evidences of International Law* (Manchester: Manchester University Press).

PCIJ, *Series A,* No.7, 1926.

PCIJ., *Ser. A,* No.10, 1927.

Phillipson Coleman, *Termination of War and Treaties of Peace* (London: T. Fisher Unwin, 1916).

Rosenne Shabta, *"Treaties, Conclusion and Entry* into Force", *EPIL,* Vol.7, 1984.

Ross Alf, *A Textbook of International Law,* London: Longmans, 1947.

Rozakis Christos L., *The Concept of Jus Cogens in the Law of Treaties,* Amsterdam: North-Holland, 1976.

Rozakis Christos L., *The Concept of Jus Cogens in the Law of Treaties,* Vol.7, 1984.

Reuter Paul, *Introduction to the Law of Treaties,* London: Pinter, 1989.

RIAA, Vol.1, 1948.

Shaw Malcolm N., *International Law,* 4th ed., Cambridge: Cambridge University Press, 1997.

Shearer I. A., *Starke's International Law,* 11th ed., London: Butterworths, 1994.

Schroder Meinhard, "Treaty, Validity", *EPIL,* Vol.7, 1984.

Schwarzenberger George, *International Law,* Vol.1, London: Stevens, 1957.

Schwarzenberger G. and E. D. Brown, *A Manual of International Law,* 6th ed., Milton: Professional Books, 1976.

Schermers Henry G., "International Organizations, Resolutions", *EPIL,* Vol.5, 1983.

Starke J. G., *Introduction to International Law*, 9th ed., London: Butterworth, 1984.

Sinclair Ian, *The Vienna Convention on the Law of Treaties*, 2nd ed., Manchester: Manchester University Press, 1984.

Silva Nascimeto E., "Full Powers" *EPIL*, Vol.9, 1986.

Svarlien Oscar, *An Introduction to the Law of Nations*, New York: McGraw-Hill, 1955.

Swift Richard N., *International Law*, New York: John Wiley & Sons, 1969.

Triggs Gillian D., *International Law: Contemporary Principles and Practices*, LexisNexis.

Triggs Gillian D., *International Law*, Lexis: Butterworths, 2006.

Triepel Henrich, *Völkerrecht und Londesrecht*, Leipzig, 1897.

Tunkin G. I., International Law, Moscow: Progress, 1986.

Thirlway H. W. A., *International Customary Law and Codification*, Leiden: Sijthoff, 1972.

U. S. Department of State, Bulletin, 4 Dec. 1943.

U. S. Department of State, *Foreign Attairs Manual* Vol.1, Washington, D.C.: USGPO, 1964.

U. N. Conterence on the Law of Treaties, Doc. ALCONF 39/27, May 23, 1969.

UN, RLAA, Vol.6, 1925.

Verosta Stephan, "Holly Alliance", *EPIL,* Vol.7, 1984.

Verdross Adolf, *Einheit des rechtlichen Weltbildes auf Grundlage der Völkerrecht Verfassung,* Tübingen, J.C.B. Mohr, 1923.

Vially Michael, "The Sources of International Law", in Max Sørensen(ed.), *Manual of Public International Law,* New York: Macmillan, 1968.

Villiger Mark E., *Customary International Law and Treaties,* Dordrecht: Martinus, 1985.

War History Compilation Committee, *Ministry of National Defense, The Republic of Korea.*

Wallace Rebecca M. M., *International Law 5th Edition*, London: Sweet & Maxwell, 2005.

Wilson George Grafton, *International Law*, Vol.1, 3rd ed., London: Stevens, 1957.

Wilson G. G., *International Law*, 9th ed., New York: Silver, 1935.

Whiteman Majorie M., *Digest of International Law*, Vol.14, Washington, D.C.: USPO, 1970.

부록

1. 한일합방조약

한일합방조약

(1910.08.22.)

　한국 황제 폐하와 일본국 황제 폐하는 두 나라 사이의 특별히 친밀한 관계를 고려하여 상호 행복을 증진시키며 동양의 평화를 영구히 확보하자고 하며 이 목적을 달성하고자 하면 한국을 일본국에 합병하는 것이 낫다는 것을 확신하고 이에 두 나라 사이에 합병 조약을 체결하기로 결정하였다. 이를 위하여 한국 황제 폐하는 내각총리대신(內閣總理大臣) 이완용(李完用)을, 일본 황제 폐하는 통감(統監)인 자작(子爵) 사내정의[寺內正毅, 데라우치 마사타케]를 각각 그 전권 위원(全權委員)으로 임명하는 동시에 위의 전권 위원들이 공동으로 협의하여 아래에 적은 모든 조항들을 협정하게 한다.

1. 한국 황제 폐하는 한국 전체에 관한 일체 통치권을 완전히 또 영구히 일본 황제 폐하에게 넘겨준다.
2. 일본국 황제 폐하는 앞 조항에 기재된 넘겨준다고 지적한 것을 수락하는 동시에 완전히 한국을 일본 제국에 병합하는 것을 승낙한다.
3. 일본국 황제 폐하는 한국 황제 폐하, 태황제 폐하, 황태자 전하와 그들의 황후, 황비 및 후손들로 하여금 각각 그 지위에 따라서 적당한 존칭, 위신과 명예를 받도록 하는 동시에 이것을 유지하는 데 충분한 연금을 줄 것을 약속한다.
4. 일본국 황제 폐하는 앞의 조항 이외에 한국의 황족(皇族) 및 후손에 대하여 각각 상당한 명예와 대우를 받게 하는 동시에 이것을 유지하는 데 필요한 자금을 줄 것을 약속한다.
5. 일본국 황제 폐하는 공로가 있는 한국인으로서 특별히 표창하는 것이 적당하다고 인정되는 경우에 대하여 영예 작위를 주는 동시에 은금(恩金)을 준다.
6. 일본국 정부는 앞에 지적된 병합의 결과 전 한국의 통치를 담당하며 이 땅에서 시행할 법규를 준수하는 한국인의 신변과 재산에 대하여 충분히 보호해 주는

동시에 그 복리의 증진을 도모한다.

7. 일본국 정부는 성의 있게 충실히 새 제도를 존중하는 한국인으로서 상당한 자
   격이 있는 자를 사정이 허락하는 범위에서 한국에 있는 제국(帝國)의 관리에 등
   용한다.

8. 본 조약은 한국 황제 폐하와 일본국 황제 폐하의 결재를 받을 것이니 공포하는
   날로부터 이 조약을 실행한다. 이상의 증거로써 두 전권 위원은 본 조약에 이름
   을 쓰고 조인한다.

융희 4년 8월 22일
통감 데라우치 마사타케
내각총리대신 이 완 용

Treaty of Annexation
[Annexation of Korea by Japan]

(August 22, 1910)
The Proclamation
Notwithstanding the earnest and laborious work of reforms in the administration of
Korea in which the Governments of Japan and Korea have been engaged for more
than four years since the conclusion of the Agreement of 1905, the existing system
of government in that country has not proved entirely equal to the duty of
preserving public order and tranquillity; and in addition, the spirit of suspicion and
misgiving dominates the whole peninsula.

In order to maintain peace and stability in Korea, to promote the prosperity and
welfare of Koreans, and at the same time to ensure the safety and repose of foreign
residents, it has been made abundantly clear that fundamental changes in the actual
regime of government are absolutely essential. The Governments of Japan and
Korea, being convinced of the urgent necessity of introducing reforms responsive to
the requirements of the situation and of furnishing sufficient guarantee for the
future, have, with the approval of His Majesty the Emperor of Japan and His

Majesty the Emperor of Korea, concluded, through their plenipotentiaries, a treaty providing for complete annexation of Korea to the Empire of Japan. By virtue of that important act, which shall take effect on its promulgation on August 29, 1910, the Imperial Government of Japan shall undertake the entire government and administration of Korea, and they hereby declare that the matters relating to foreigners and foreign trade in Korea shall be conducted in accordance with the following rules:

The Treaty

His Majesty the Emperor of Japan and His Majesty the Emperor of Korea, having in view the special and close relations between their respective countries, desiring to promote the common wealth of the two nations and to assure the permanent peace in the Far East, and being convinced that these objectives can be best attained by the annexation of Korea to the Empire of Japan, have resolved to conclude a treaty of such annexation and have, for that purpose, appointed as their plenipotentiaries, that is to say, His Majesty the Emperor of Japan Viscount Terauchi Masatake, Resident-General, and His Majesty the Emperor of Korea Yi Wan-Yong, Prime Minister, who upon mutual conference and deliberation have agreed to the following articles:

Article 1. His Majesty the Emperor of Korea makes the complete and permanent cession to His Majesty the Emperor of Japan of all rights of sovereignty over the whole of Korea.

Article 2. His Majesty the Emperor of Japan accepts the cession mentioned in the preceding article and consents to the complete annexation of Korea to the Empire of Japan.

Article 3. His Majesty the Emperor of Japan will accord to their Majesties the Emperor and ex-Emperor and His Imperial Highness the Crown Prince of Korea and their consorts and heirs such titles, dignity, and honor as are appropriate to their respective ranks, and sufficient annual grants will be made for the maintenance of such titles, dignity and honor.

Article 4. His Majesty the Emperor of Japan will also accord appropriate honor and treatment to the members of the Imperial House of Korea and their heirs other than those mentioned in the preceding article, and the funds necessary for the maintenance of such honor and treatment will be granted.

Article 5. His Majesty the Emperor of Japan will confer peerage and monetary grants upon those Koreans who, on account of meritorious services, are regarded as deserving such special recognition.

Article 6. In consequence of the aforesaid annexation the Government of Japan assume the entire government and administration of Korea, and undertake to afford full protection for the persons and property of Koreans obeying the laws there in force to promote the welfare of all such Koreans.

Article 7. The Government of Japan will, so far as circumstances permits, employ in the public service of Japan in Korea those Koreans who accept the new regime loyally and in good faith and who are duly qualified for such service.

Article 8. This treaty, having been approved by His Majesty the Emperor of Japan and His Majesty the Emperor of Korea, shall take effect from the state of its promulgation.

In faith thereof:

Resident General Viscount Terauchi Masatake

Prime Minister Yi, Wan-yong

2. 한일기본관계조약

한·일기본관계조약

(1965.06.22.)

대한민국과 일본국 간의 기본관계에 관한 조약

대한민국과 일본국은,

양국 국민관계의 역사적 배경과, 선린관계와 주권상호존중의 원칙에 입각한 양국 관계의 정상화에 대한 상호 희망을 고려하며, 양국의 상호 복지와 공통 이익을 증진하고 국제평화와 안전을 유지하는 데 있어서 양국이 국제연합헌장의 원칙에 합당하게 긴밀히 협력함이 중요하다는 것을 인정하며, 또한 1951.9.8. 샌프란시스코시에서 서명된 일본국과의 평화조약의 관계규정과 1948.12.12. 국제연합 총회에서 채택된 결의 제195호(III)를 상기하며, 본 기본관계에 관한 조약을 체결하기로 결정하여, 이에 다음과 같이 양국 간의 전권위원을 임명하였다.

대한민국

대한민국 외무부장관 이동원
대한민국 특명전권대사 김동조

일본국

일본국 외무대신 시이나 에쓰사부로(椎名悦三郎)

다카스끼 신이치(高杉晋一)

이들 전권위원은 그들의 전권위임장을 상호 제시하고 그것이 상호 타당하다고 인정한 후 다음의 제 조항에 합의하였다.

제1조 양 체약 당사국 간에 외교 및 영사관계를 수립한다. 양 체약 당사국은 대사급 외교사절을 지체 없이 교환한다. 양 체약 당사국은 또한 양국 정부에 의하여 합의되는 장소에 영사관을 설치한다.

제2조 1910년 8월 22일 및 그 이전에 대한제국과 대일본제국 간에 체결된 모든 조약 및 협정이 이미 무효임을 확인한다.

제3조 대한민국 정부가 국제연합 총회의 결정 제195호(III)에 명시된 바와 같이 한반도에 있어서의 유일한 합법정부임을 확인한다.

제4조 (가) 양 체약 당사국은 양국 상호 간의 관계에 있어서 국제연합헌장의 원칙을 지침으로 한다.
(나) 양 체약 당사국은 양국의 상호의 복지와 공통의 이익을 증진함에 있어서 국제연합헌장의 원칙에 합당하게 협력한다.

제5조 양 체약 당사국은 양국의 무역, 해운 및 기타 통상상의 관계를 안정되고 우호적인 기초 위에 두기 위하여 조약 또는 협정을 체결하기 위한 교섭을 실행 가능한 한 조속히 시작한다.

제6조 양 체약 당사국은 민간항공 운수에 관한 협정을 체결하기 위하여 실행 가능한 한 조속히 교섭을 시작한다.

제7조 본 조약은 비준되어야 한다. 비준서는 가능한 한 조속히 서울에서 교환한다.

본 조약은 비준서가 교환된 날로부터 효력을 발생한다.
이상의 증거로써 각 전권위원은 본 조약에 서명 날인한다.
1965년 6월 22일 동경에서 동등히 정본인 한국어, 일본어 및 영어로 2통을 작성하였다. 해석에 상위가 있을 경우에는 영어본에 따른다.

대한민국을 위하여 이동원 김동조

일본국을 위하여 椎名悅三郎 高杉晋一

TREATY ON BASIC RELATIONS BETWEEN JAPAN AND THE REPUBLIC OF KOREA. SIGNED AT TOKYO, ON 22 JUNE 1965

Japan and the Republic of Korea,

Considering the historical background of relationship between their peoples and their mutual desire for good neighborliness and for the normalization of their relations on the basis of the principle of mutual respect for sovereignty;

Recognizing the importance of their close cooperation in conformity with the principles of the Charter of the United Nations to the promotion of their mutual welfare and common interests and to the maintenance of international peace and security; and

Recalling the relevant provisions of the Treaty of Peace with Japan signed at the city of San Francisco on September 8, 1951 and the Resolution 195 (III) adopted by the United Nations General Assembly on December 12, 1948;

Have resolved to conclude the present Treaty on Basic Relations and have accordingly appointed as their Plenipotentiaries,

Japan:

Etsusaburo Shiina, Minister for Foreign Affairs of Japan

Shinichi Takasugi

The Republic of Korea:

Tong Won Lee, Minister of Foreign Affairs of the Republic of Korea

Dong Jo Kim, Ambassador Extraordinary and Plenipotentiary of the Republic of Korea

Who, having communicated to each other their full powers found to be in good and due form, have agreed upon the following articles:

Article I

Diplomatie and consular relations shall be established between the High Contracting Parties. The High Contracting Parties shall exchange diplomatic envoys with the Ambassadorial rank without delay. The High Contracting Parties will also establish consulates at locations to be agreed upon by the two Governments.

Article II

It is confirmed that all treaties or agreements concluded between the Empire of Japan and the Empire of Korea on or before August 22, 1910 are already null and void.

Article III

It is confirmed that the Government of the Republic of Korea is the only lawful Government in Korea as specified in the Resolution 195 (III) of the United Nations General Assembly.

Article IV

(a) The High Contracting Parties will be guided by the principles of the Charter of the United Nations in their mutual relations.

(b) The High Contracting Parties will cooperate in conformity with the principles of the Charter of the United Nations in promoting their mutual welfare and common interests.

Article V

The High Contracting Parties will enter into negotiations at the earliest practicable date for the conclusion of treaties or agreements to place their trading, maritime and other commercial relations on a stable and friendly basis.

Article VI

The High Contracting Parties will enter into negotiations at the earliest practicable date for the conclusion of an agreement relating to civil air transport.

Article VII

The present Treaty shall be ratified. The instruments of ratification shall be exchanged at Seoul as soon as possible. The present Treaty shall enter into force as from the date on which the instruments of ratification are exchanged.

IN WITNESS WHEREOF, the respective Plenipotentiaries have signed the present Treaty and have affixed thereto their seals.

DONE in duplicate at Tokyo, this twenty-second day of June of the year one thousand nine hundred and sixty-five in the Japanese, Korean, and English languages, each text being equally authentic. In case of any divergence of interpretation, the English text shall prevail.

For Japan:

Etsusaburo SHIINA

Shinichi TAKASUGI

For the Republic of Korea:

TONG WON LEE

DONG JO KIM

3. 조약법에 관한 비엔나 협약

조약법에 관한 비엔나 협약 (조약법)

이 협약의 당사국은, 국제관계의 역사에 있어서 조약의 근본적 역할을 고려하고, 제 국가의 헌법상 및 사회적 제도에 관계없이 국제법의 법원으로서 또한 제 국가 간의 평화적 협력을 발전시키는 수단으로서의 조약의 점증하는 중요성을 인정하며, 자유로운 동의와 신의성실의 원칙 및 약속은 준수하여야 한다는 규칙이 보편적으로 인정되고 있음에 유의하며, 다른 국제분쟁과 같이 조약에 관한 분쟁은 평화적 수단에 의하여 또한 정의와 국제법의 원칙에 의거하여 해결되어야 함을 확인하며, 정의가 유지되며 또한 조약으로부터 발생하는 의무에 대한 존중이 유지될 수 있는 조건을 확립하고자 하는 국제연합의 제 국민의 결의를 상기하며, 제 국민의 평등권과 자결, 모든 국가의 주권 평등과 독립, 제 국가의 국내 문제에 대한 불간섭, 힘의 위협 또는 사용의 금지 및 모든 자의 인권과 기본적 자유에 대한 보편적 존중과 그 준수의 제 원칙 등 국제연합헌장에 구현된 국제법의 제 원칙에 유념하며, 이 협약 속에 성취된 조약법의 법전화와 점진적 발전은 국제연합헌장에 규정된 국제연합의 제 목적, 즉 국제평화와 안전의 유지, 국가 간의 우호관계의 발전 및 협력의 달성을 촉진할 것임을 확신하며, 관습국제법의 제 규칙은 이 협약의 제 규정에 의하여 규제되지 아니하는 제 문제를 계속 규율할 것임을 확인하여 다음과 같이 합의하였다.

제1부 총강

제1조 (협약의 범위)
이 협약은 국가 간의 조약에 적용된다.

제2조 (용어의 사용)
① 이 협약의 목적상,

(a) "조약"이라 함은 단일의 문서에 또는 2 또는 그 이상의 관련문서에 구현되고 있는가에 관계없이 또한 그 특정의 명칭에 관계없이, 서면형식으로 국가 간에 체결되며 또한 국제법에 의하여 규율되는 국제적 합의를 의미한다.

(b) "비준" "수락" "승인" 및 "가입"이라 함은, 국가가 국제적 측면에서 조약에 대한 국가의 기속적 동의를 확정하는 경우에, 각 경우마다 그렇게 불리는 국제적 행위를 의미한다.

(c) "전권위임장"이라 함은, 조약문을 교섭·채택 또는 정본인증하기 위한 목적으로 또는 조약에 대한 국가의 기속적 동의를 표시하기 위한 목적으로 또는 조약에 관한 기타의 행위를 달성하기 위한 목적으로, 국가를 대표하기 위하여 국가의 권한 있는 당국이 1 또는 수명을 지정하는 문서를 의미한다.

(d) "유보"라 함은, 자구 또는 명칭에 관계없이, 조약의 서명·비준·수락·승인 또는 가입 시에, 국가가 그 조약의 일부 규정을 자국에 적용함에 있어서 그 조약의 일부 규정의 법적 효과를 배제하거나 또는 변경시키고자 의도하는 경우에, 그 국가가 행하는 일방적 성명을 의미한다.

(e) "교섭국"이라 함은 조약문의 작성 및 채택에 참가한 국가를 의미한다.

(f) "체약국"이라 함은, 조약이 효력을 발생하였는지의 여부에 관계없이, 그 조약에 대한 기속적 동의를 부여한 국가를 의미한다.

(g) "당사국"이라 함은 조약에 대한 기속적 동의를 부여하였으며 또한 그에 대하여 그 조약이 발효하고 있는 국가를 의미한다.

(h) "제3국"이라 함은 조약의 당사국이 아닌 국가를 의미한다.

(i) "국제기구"라 함은 정부 간 기구를 의미한다.

② 이 협약에 있어서 용어의 사용에 관한 상기 1항의 규정은 어느 국가의 국내법상 그러한 용어의 사용 또는 그러한 용어에 부여될 수 있는 의미를 침해하지 아니한다.

제3조 (이 협약의 범위에 속하지 아니하는 국제적 합의)

국가와 국제법의 다른 주체 간 또는 국제법의 그러한 다른 주체 간에 체결되는 국제적 합의, 또는 서면형식에 의하지 아니한 국제적 합의에 대하여, 이 협약이 적용되지 아니한다는 사실은 다음의 것에 영향을 주지 아니한다.

(a) 그러한 합의의 법적 효력

(b) 이 협약과는 별도로 국제법에 따라 그러한 합의가 복종해야 하는 이 협약상의
규칙을 그러한 합의에 적용하는 것

(c) 다른 국제법 주체도 당사자인 국제적 합의에 따라 그러한 국가 간에서 그들의
관계에 이 협약을 적용하는 것

제4조 (협약의 불소급)

이 협약과는 별도로 국제법에 따라 조약이 복종해야 하는 이 협약상의 규칙의 적
용을 침해함이 없이, 이 협약은 그 발효 후에 국가에 의하여 체결되는 조약에 대해
서만 그 국가에 대하여 적용된다.

제5조 (국제기구를 성립시키는 조약 및 국제기구 내에서 채택되는 조약)

이 협약은, 국제기구의 관계규칙을 침해함이 없이, 국제기구의 성립 문서가 되는
조약과 국제기구 내에서 채택되는 조약에 적용된다.

제2부 조약의 체결 및 발효

제1절 조약의 체결

제6조 (국가의 조약체결능력)

모든 국가는 조약을 체결하는 능력을 가진다.

제7조 (전권위임장)

① 누구나, 다음의 경우에는, 조약문의 채택 또는 정본인증을 위한 목적으로 또는
조약에 대한 국가의 기속적 동의를 표시하기 위한 목적으로 국가를 대표하는
것으로 간주된다.

(a) 적절한 전권위임장을 제시하는 경우, 또는

(b) 관계 국가의 관행 또는 기타의 사정으로 보아, 상기의 목적을 위하여 그 자가
그 국가를 대표하는 것으로 간주되었으며 또한 전권위임장을 필요로 하지 아
니하였던 것이 관계 국가의 의사에서 나타나는 경우

② 다음의 자는, 그의 직무상 또한 전권위임장을 제시하지 않아도, 자국을 대표하

는 것으로 간주된다.
 (a) 조약의 체결에 관련된 모든 행위를 수행할 목적으로서는 국가원수·정부수반 및 외무부장관
 (b) 파견국과 접수국 간의 조약문을 채택할 목적으로서는 외교공관장
 (c) 국제회의·국제기구 또는 그 국제기구의 어느 한 기관 내에서 조약문을 채택할 목적으로서는, 국가에 의하여 그 국제회의 그 국제기구 또는 그 기구의 그 기관에 파견된 대표

제8조 (권한 없이 행한 행위의 추인)

제7조에 따라 조약체결의 목적으로 국가를 대표하기 위하여 권한을 부여받은 것으로 간주될 수 없는 자가 행한 조약체결에 관한 행위는, 그 국가에 의하여 추후 확인되지 아니하는 한, 법적 효과를 가지지 아니한다.

제9조 (조약문의 채택)

① 조약문의 채택은, 하기 2항에 규정된 경우를 제외하고, 그 작성에 참가한 모든 국가의 동의에 의하여 이루어진다.
② 국제회의에서의 조약문의 채택은, 출석하여 투표하는 국가의 3분의 2의 찬성에 의하여 그 국가들이 다른 규칙을 적용하기로 결정하지 아니하는 한, 3분의 2의 다수결에 의하여 이루어진다.

제10조 (조약문의 정본인증)

조약문은 다음의 것에 의하여 정본으로 또한 최종적으로 확정된다.
 (a) 조약문에 규정되어 있거나 또는 조약문의 작성에 참가한 국가가 합의하는 절차, 또는
 (b) 그러한 절차가 없는 경우에는, 조약문의 작성에 참가한 국가의 대표에 의한 조약문 또는 조약문을 포함하는 회의의 최종의정서에의 서명·조건부서명 또는 가서명

제11조 (조약에 대한 기속적 동의의 표시방법)

조약에 대한 국가의 기속적 동의는 서명, 조약을 구성하는 문서의 교환, 비준·수

락·승인 또는 가입에 의하여 또는, 기타의 방법에 관하여 합의하는 경우에, 그러한 기타의 방법으로 표시된다.

제12조 (서명에 의하여 표시되는 조약에 대한 기속적 동의)
① 조약에 대한 국가의 기속적 동의는, 다음의 경우에, 국가 대표에 의한 서명에 의하여 표시된다.
 (a) 서명의 그러한 효과를 가지는 것으로 그 조약이 규정하고 있는 경우
 (b) 서명이 그러한 효과를 가져야 하는 것으로 교섭국 간에 합의되었음이 달리 확정되는 경우, 또는
 (c) 서명에 그러한 효과를 부여하고자 하는 국가의 의사가 그 대표의 전권위임장으로부터 나타나는 경우 또는 교섭 중에 표시된 경우
② 상기 1항의 목적상
 (a) 조약문의 가서명이 그 조약의 서명을 구성하는 것으로 교섭국 간에 합의되었음이 확정되는 경우에 그 가서명은 그 조약문의 서명을 구성한다.
 (b) 대표에 의한 조약의 조건부서명은 대표의 본국에 의하여 확인되는 경우에 그 조약의 완전한 서명을 구성한다.

제13조 (조약을 구성하는 문서의 교환에 의하여 표시되는 조약에 대한 기속적 동의)
국가 간에 교환된 문서에 의하여 구성되는 조약에 대한 국가의 기속적 동의는, 다음의 경우에 그 교환에 의하여 표시된다.
 (a) 그 교환이 그러한 효과를 가지는 것으로 그 문서가 규정하고 있는 경우 또는
 (b) 문서의 그러한 교환이 그러한 효과를 가져야 하는 것으로 관계국 간에 합의되었음이 달리 확정되는 경우

제14조 (비준·수락 또는 승인에 의하여 표시되는 조약에 대한 기속적 동의)
① 조약에 대한 국가의 기속적 동의는 다음의 경우에 비준에 의하여 표시된다.
 (a) 그러한 동의가 비준에 의하여 표시될 것을 그 조약이 규정하고 있는 경우
 (b) 비준이 필요한 것으로 교섭국 간에 합의되었음이 달리 확정되는 경우
 (c) 그 국가의 대표가 비준되어야 할 것으로 하여, 그 조약에 서명한 경우, 또는
 (d) 비준되어야 할 것으로 하여 그 조약에 서명하고자 하는 그 국가의 의사가 그

대표의 전권위임장으로부터 나타나거나 또는 교섭 중에 표시된 경우
② 조약에 대한 국가의 기속적 동의는 비준에 적용되는 것과 유사한 조건으로 수락 또는 승인에 의하여 표시된다.

제15조 (가입에 의하여 표시되는 조약에 대한 기속적 동의)

조약에 대한 국가의 기속적 동의는 다음의 경우에 가입에 의하여 표시된다.
 (a) 그러한 동의가 가입의 방법으로 그 국가에 의하여 표시될 수 있음을 그 조약이 규정하고 있는 경우
 (b) 그러한 동의가 가입의 방법으로 그 국가에 의하여 표시될 수 있음을 교섭국간에 합의하였음이 달리 확정되는 경우
 (c) 그러한 동의가 가입의 방법으로 그 국가에 의하여 표시될 수 있음을 모든 당사국이 추후 동의한 경우

제16조 (비준서·수락서·승인서 또는 가입서의 교환 또는 기탁)

조약이 달리 규정하지 아니하는 한 비준서·수락서·승인서 또는 가입서는, 다음의 경우에, 조약에 대한 국가의 기속적 동의를 확정한다.
 (a) 체약국 간의 그 교환
 (b) 수탁자에의 그 기탁, 또는
 (c) 합의되는 경우 체약국 또는 수탁자에의 그 통고

제17조 (조약의 일부에 대한 기속적 동의 및 상이한 제 규정의 선택)

① 제19조 내지 제23조를 침해함이 없이, 조약의 일부에 대한 국가의 기속적 동의는 그 조약이 이를 인정하거나 또는 다른 체약국이 이에 동의하는 경우에만 유효하다.
② 상이한 제 규정의 선택을 허용하는 조약에 대한 국가의 기속적 동의는 그 동의가 어느 규정에 관련되는 것인가에 관하여 명백해지는 경우에만 유효하다.

제18조 (조약의 발효 전에 그 조약의 대상과 목적을 저해하지 아니한 의무)

국가는 다음의 경우에, 조약의 대상과 목적을 저해하게 되는 행위를 삼가야 하는 의무를 진다.

(a) 비준·수락 또는 승인되어야 하는 조약에 서명하였거나 또는 그 조약을 구성하는 문서를 교환한 경우에는, 그 조약의 당사국이 되지 아니하고자 하는 의사를 명백히 표시할 때까지, 또는

(b) 그 조약에 대한 그 국가의 기속적 동의를 표시한 경우에는, 그 조약이 발효시까지 그리고 그 발효가 부당하게 지연되지 아니할 것을 조건으로 함.

제2절 유보

제19조 (유보의 형성)

국가는, 다음의 경우에 해당하지 아니하는 한, 조약에 서명·비준·수락승인 또는 가입할 때에 유보를 형성할 수 있다.

(a) 그 조약에 의하여 유보가 금지된 경우

(b) 문제의 유보를 포함하지 아니하는 특정의 유보만을 행할 수 있음을 그 조약이 규정하는 경우, 또는

(c) 상기 세항 (a) 및 (b)에 해당되지 아니하는 경우에는 그 유보가 그 조약의 대상 및 목적과 양립하지 아니하는 경우

제20조 (유보의 수락 및 유보에 대한 이의)

① 조약에 의하여 명시적으로 인정된 유보는, 다른 체약국에 의한 추후의 수락이 필요한 것으로 그 조약이 규정하지 아니하는 한, 그러한 추후의 수락을 필요로 하지 아니한다.

② 교섭국의 한정된 수와 또한 조약의 대상과 목적으로 보아, 그 조약의 전체를 모든 당사국 간에 적용하는 것이 조약에 대한 각 당사국의 기속적 동의의 필수적 조건으로 보이는 경우에, 유보는 모든 당사국에 의한 수락을 필요로 한다.

③ 조약이 국제기구의 성립문서인 경우로서 그 조약이 달리 규정하지 아니하는 한, 유보는 그 기구의 권한 있는 기관에 의한 수락을 필요로 한다.

④ 상기 제 조항에 해당되지 아니하는 경우로서 조약이 달리 규정하지 아니하는 한, 다음의 규칙이 적용된다.

(a) 다른 체약국에 의한 유보의 수락은, 그 조약이 유보국과 다른 유보 수락국에 대하여 유효한 경우에 또한 유효한 기간 동안, 유보국이 그 다른 유보 수락국

과의 관계에 있어서 조약의 당사국이 되도록 한다.

(b) 유보에 다른 체약국의 이의는 이의 제기국이 확정적으로 반대 의사를 표시하지 아니하는 한, 이의 제기국과 유보국 간에 있어서의 조약의 발효를 배제하지 아니한다.

(c) 조약에 대한 국가의 기속적 동의를 표시하며 또한 유보를 포함하는 행위는 적어도 하나의 다른 체약국이 그 유보를 수락한 경우에 유효하다.

⑤ 상기 2항 및 4항의 목적상 또는 조약이 달리 규정하지 아니하는 한, 국가가 유보의 통고를 받은 후 12개월의 기간이 끝날 때까지나 또는 그 조약에 대한 그 국가의 기속적 동의를 표시한 일자까지 중 어느 것이든 나중의 시기까지 그 유보에 대하여 이의를 제기하지 아니한 경우에는, 유보가 그 국가에 의하여 수락된 것으로 간주된다.

제21조 (유보 및 유보에 대한 이의의 법적 효과)

① 제19조, 제20조 및 제23조에 따라 다른 당사국에 대하여 성립된 유보는 다음의 법적 효과를 가진다.

(a) 유보국과 그 다른 당사국과의 관계에 있어서, 유보국에 대해서는, 그 유보에 관련되는 조약규정을 그 유보의 범위 내에서 변경한다.

(b) 다른 당사국과 유보국과의 관계에 있어서, 그 다른 당사국에 대해서는, 그러한 조약규정을 동일한 범위 내에서 변경한다.

② 유보는 일정 국가 간의 조약에 대한 다른 당사국에 대하여 그 조약규정을 수정하지 아니한다.

③ 유보에 대하여 이의를 제기하는 국가가 동 이의제기국과 유보국 간의 조약의 발효에 반대하지 아니하는 경우에, 유보에 관련되는 규정은 그 유보의 범위 내에서 양국 간에 적용되지 아니한다.

제22조 (유보 및 유보에 대한 이의의 철회)

① 조약이 달리 규정하지 아니하는 한, 유보는 언제든지 철회될 수 있으며 또한 그 철회를 위해서는 동 유보를 수락한 국가의 동의가 필요하지 아니하다.

② 조약이 달리 규정하지 아니하는 한, 유보에 대한 이의는 언제든지 철회될 수 있다.

③ 조약이 달리 규정하지 아니하는 한 또는 달리 합의되지 아니하는 한, 다음의 규

칙이 적용된다.

(a) 유보의 철회는 다른 체약국이 그 통고를 접수한 때에만 그 체약국에 관하여 시행된다.

(b) 유보에 대한 이의의 철회는 동 유보를 형성한 국가가 그 통고를 접수한 때에만 시행된다.

제23조 (유보에 관한 절차)

① 유보, 유보의 명시적 수락 및 유보에 대한 이의는 서면으로 형성되어야 하며 또한 체약국 및 조약의 당사국이 될 수 있는 권리를 가진 국가에 통고되어야 한다.

② 유보가, 비준·수락 또는 승인에 따를 것으로 하여 조약에 서명한 때에 형성된 경우에는, 유보국이 그 조약에 대한 기속적 동의를 표시하는 때에 유보국에 의하여 정식으로 확인되어야 한다. 그러한 경우에 유보는 그 확인일자에 형성된 것으로 간주된다.

③ 유보의 확인 이전에 형성된 유보의 명시적 수락 또는 유보에 대한 이의는 그 자체 확인을 필요로 하지 아니한다.

④ 유보 또는 유보에 대한 이의의 철회는 서면으로 형성되어야 한다.

제3절 조약의 발효 및 잠정적 적용

제24조 (발효)

① 조약은 그 조약이 규정하거나 또는 교섭국이 협의하는 방법으로 또한 그 일자에 발효한다.

② 그러한 규정 또는 합의가 없는 경우에는, 조약에 대한 기속적 동의가 모든 교섭국에 대하여 확정되는 대로 그 조약이 발효한다.

③ 조약에 대한 국가의 기속적 동의가 그 조약이 발효한 후의 일자에 확정되는 경우에는, 그 조약이 달리 규정하지 아니하는 한, 그 동의가 확정되는 일자에 그 조약은 그 국가에 대하여 발효한다.

④ 조약문의 정본인증, 조약에 대한 국가의 기속적 동의의 확정, 조약의 발효방법 또는 일자, 유보, 수탁자의 기능 및 조약의 발효 전에 필연적으로 발생하는 기타의 사항을 규율하는 조약규정은 조약문의 채택 시로부터 적용된다.

제25조 (잠정적 적용)

① 다음의 경우에 조약 또는 조약의 일부는 그 발효 시까지 잠정적으로 적용된다.

 (a) 조약 자체가 그렇게 규정하는 경우, 또는

 (b) 교섭국이 다른 방법으로 그렇게 합의한 경우

② 조약이 달리 규정하지 아니하거나 또는 교섭국이 달리 합의하지 아니한 경우에는, 어느 국가가 조약이 잠정적으로 적용되고 있는 다른 국가에 대하여, 그 조약의 당사국이 되지 아니하고자 하는 의사를 통고한 경우에 그 국가에 대한 그 조약 또는 그 조약의 일부의 잠정적 적용이 종료된다.

제3부 조약의 준수·적용 및 해석

제1절 조약의 준수

제26조 (약속은 준수하여야 한다.)

유효한 모든 조약은 그 당사국을 구속하며 또한 당사국에 의하여 성실하게 이행되어야 한다.

제27조 (국내법과 조약의 준수)

어느 당사국도 조약의 불이행에 대한 정당화의 방법으로 그 국내법규정을 원용해서는 아니 된다. 이 규칙은 제46조를 침해하지 아니한다.

제2절 조약의 적용

제28조 (조약의 불소급)

별도의 의사가 조약으로부터 나타나지 아니하거나 또는 달리 확정되지 아니하는 한, 그 조약 규정은 그 발효 이전에 당사국에 관련하여 발생한 행위나 사실 또는 없어진 사태에 관하여 그 당사국을 구속하지 아니한다.

제29조 (조약의 영토적 범위)

별도의 의사가 조약으로부터 나타나지 아니하거나 또는 달리 확정되지 아니하는 한, 조약은 각 당사국의 전체 영역에 관하여 각 당사국을 구속한다.

제30조 (동일한 주제에 관한 계승적 조약의 적용)

① 국제연합헌장 제103조에 따를 것으로 하여 동일한 주제에 관한 계승적 조약의 당사국의 권리와 의무는 아래의 조항에 의거하여 결정된다.

② 조약 이전 조약 또는 후조약에 따를 것을 명시하고 있거나, 또는 전조약 또는 후조약과 양립하지 아니하는 것으로 간주되지 아니함을 명시하고 있는 경우에는 그 다른 조약의 규정이 우선한다.

③ 전조약의 모든 당사국이 동시에 후조약의 당사국이나, 전조약이 제59조에 따라 종료되지 아니하거나 또는 시행 정지되지 아니하는 경우에, 전조약은 그 규정이 후조약의 규정과 양립하는 범위 내에서만 적용된다.

④ 후조약의 당사국이 전조약의 모든 당사국을 포함하지 아니하는 경우에는, 다음의 규칙이 적용된다.

 (a) 양 조약의 당사국 간에는 상기 3항과 같은 동일한 규칙이 적용된다.

 (b) 양 조약의 당사국과 어느 한 조약의 당사국 간에는, 그 양국이 다 같이 당사국인 조약이 그들 상호 간의 권리와 의무를 규율한다.

⑤ 상기 4항은 제41조에 대하여, 또는 제60조의 규정에 따른 조약의 종료 또는 시행정지에 관한 문제에 대하여, 또는 다른 조약에 따른 다른 국가에 대한 어느 국가의 의무와 조약규정이 양립하지 아니하는 조약의 체결 또는 적용으로부터 그 어느 국가에 대하여 야기될 수 있는 책임문제를 침해하지 아니한다.

제3절 조약의 해석

제31조 (해석의 일반규칙)

① 조약은 조약문의 문맥 및 조약의 대상과 목적으로 보아, 그 조약의 문면에 부여되는 통상적 의미에 따라 성실하게 해석되어야 한다.

② 조약의 해석 목적상 문맥은 조약문에 추가하여 조약의 전문 및 부속서와 함께 다음의 것을 포함한다.

(a) 조약의 체결에 관련하여 모든 당사국 간에 이루어진 그 조약에 관한 합의

(b) 조약의 체결에 관련하여, 1 또는 그 이상의 당사국이 작성하고 또한 다른 당사국이 그 조약에 관련되는 문서로서 수락한 문서

③ 문맥과 함께 다음의 것이 참작되어야 한다.

(a) 조약의 해석 또는 그 조약규정의 적용에 관한 당사국 간의 추후의 합의

(b) 조약의 해석에 관한 당사국의 합의를 확정하는 그 조약 적용에 있어서의 추후의 관행

(c) 당사국 간의 관계에 적용될 수 있는 국제법의 관계규칙

④ 당사국의 특별한 의미를 특정용어에 부여하기로 의도하였음이 확정되는 경우에는 그러한 의미가 부여된다.

제32조 (해석의 보충적 수단)

제31조의 적용으로부터 나오는 의미를 확인하기 위하여, 또는 제31조에 따라 해석하면 다음과 같이 되는 경우에 그 의미를 결정하기 위하여, 조약의 교섭 기록 및 그 체결 시의 사정을 포함한 해석의 보충적 수단에 의존할 수 있다.

(a) 의미가 모호해지거나 또는 애매하게 되는 경우, 또는

(b) 명백히 불투명하거나 또는 불합리한 결과를 초래하는 경우

제33조 (2 또는 그 이상의 언어가 정본인 조약의 해석)

① 조약이 2 또는 그 이상의 언어에 의하여 정본으로 확정된 때에는, 상위가 있을 경우에 특정의 조약문이 우선함을 그 조약이 규정하지 아니하거나 또는 당사국이 합의하지 아니하는 한, 각 언어로 작성된 조약문은 동등하게 유효하다.

② 조약의 정본으로 사용된 언어 중의 어느 하나 이외의 다른 언어로 작성된 조약의 번역문은 이를 정본으로 간주함을 조약이 규정하거나 또는 당사국이 이에 합의하는 경우에만 정본으로 간주된다.

③ 조약의 용어는 각 정본상 동일한 의미를 가지는 것으로 추정된다.

④ 상기 1항에 의거하여 특정의 조약문이 우선하는 경우를 제외하고, 제31조 및 제32조의 적용으로 제거되지 아니하는 의미의 차이가 정본의 비교에서 노정되는 경우에는, 조약의 대상과 목적을 고려하여 최선으로 조약문과 조화되는 의미를 채택한다.

제4절 조약과 제3국

제34조 (제3국에 관한 일반 규칙)
조약은 제3국에 대하여 그 동의 없이는 의무 또는 권리를 창설하지 아니한다.

제35조 (제3국에 대하여 의무를 규정하는 조약)
조약의 당사국이, 조약규정을 제3국에 대하여 의무를 설정하는 수단으로 의도하며 또한 그 제3국이 서면으로 그 의무를 명시적으로 수락하는 경우에는, 그 조약의 규정으로부터 그 제3국에 대하여 의무가 발생한다.

제36조 (제3국에 대하여 권리를 규정하는 조약)
① 조약의 당사국이 제3국 또는 제3국이 속하는 국가의 그룹 또는 모든 국가에 대하여 권리를 부여하는 조약규정을 의도하며 또한 그 제3국이 이에 동의하는 경우에는, 그 조약의 규정으로부터 그 제3국에 대하여 권리가 발생한다. 조약이 달리 규정하지 아니하는 한 제3국의 동의는 반대의 표시가 없는 동안 있은 것으로 추정된다.
② 상기 1항에 의거하여 권리를 행사하는 국가는 조약에 규정되어 있거나 또는 조약에 의거하여 확정되는 그 권리행사의 조건에 따라야 한다.

제37조 (제3국의 의무 또는 권리의 취소 또는 변경)
① 제35조에 따라 제3국에 대하여 의무가 발생한 때에는 조약의 당사국과 제3국이 달리 합의하였음이 확정되지 아니하는 한, 그 의무는 조약의 당사국과 제3국의 동의를 얻는 경우에만 취소 또는 변경될 수 있다.
② 제36조에 따라 제3국에 대하여 권리가 발생한 때에는, 그 권리가 제3국의 동의 없이 취소 또는 변경되어서는 아니 되는 것으로 의도되었음이 확정되는 경우에 그 권리는 당사국에 의하여 취소 또는 변경될 수 없다.

제38조 (국제 관습을 통하여 제3국을 구속하게 되는 조약상의 규칙)
제34조 내지 제37조의 어느 규정도 조약에 규정된 규칙이 관습 국제법의 규칙으로 인정된 그러한 규칙으로서 제3국을 구속하게 되는 것을 배제하지 아니한다.

제4부 조약의 개정 및 변경

제39조 (조약의 개정에 관한 일반규칙)
조약은 당사국 간의 합의에 의하여 개정될 수 있다. 제2부에 규정된 규칙은 조약이 달리 규정하는 경우를 제외하고 그러한 합의에 적용된다.

제40조 (다자조약의 개정)
① 조약이 달리 규정하지 아니하는 한, 다자조약의 개정은 아래의 조항에 의하여 규율된다.
② 모든 당사국 간에서 다자조약을 개정하기 위한 제의는 모든 체약국에 통고되어야 하며, 각 체약국은 다음의 것에 참여할 권리를 가진다.
 (a) 그러한 제의에 관하여 취하여질 조치에 관한 결정
 (b) 그 조약의 개정을 위한 합의의 교섭 및 성립
③ 조약의 당사국이 될 수 있는 권리를 가진 모든 국가는 개정되는 조약의 당사국이 될 수 있는 권리를 또한 가진다.
④ 개정하는 합의는 개정하는 합의의 당사국이 되지 아니하는 조약의 기존 당사국인 어느 국가도 구속하지 아니한다. 그러한 국가에 관해서는 제30조 4항 (b)가 적용된다.
⑤ 개정하는 합의의 발효 후에 조약의 당사국이 되는 국가는 그 국가에 의한 별도 의사의 표시가 없는 경우에 다음과 같이 간주된다.
 (a) 개정되는 조약의 당사국으로 간주된다.
 (b) 개정하는 합의에 의하여 구속되지 아니하는 조약의 당사국과의 관계에 있어서는 개정되지 아니한 조약의 당사국으로 간주된다.

제41조 (일부 당사국에서만 다자조약을 변경하는 합의)
① 다자조약의 2 또는 그 이상의 당사국은 다음의 경우에 그 당사국 간에서만 조약을 변경하는 합의를 성립시킬 수 있다.
 (a) 그러한 변경의 가능성이 그 조약에 의하여 규정된 경우 또는
 (b) 문제의 변경이 그 조약에 의하여 금지되지 아니하고 또한
   (i) 다른 당사국이 그 조약에 따라 권리를 향유하며 또는 의무를 이행하는 것에

영향을 주지 아니하며

(ii) 전체로서의 그 조약의 대상과 목적의 효과적 수행과 일부 변경이 양립하지
아니하는 규정에 관련되지 아니하는 경우

② 상기 1항 (a)에 해당하는 경우에 조약이 달리 규정하지 아니하는 한 문제의 당
사국은 그 합의를 성립시키고자 하는 의사와 그 합의가 규정하는 그 조약의 변
경을 타방당사국에 통고하여야 한다.

제5부 조약의 부적법·종료 또는 시행정지

제1절 일반 규정

제42조 (조약의 적법성 및 효력의 계속)

① 조약의 적법성 또는 조약에 대한 국가의 기속적 동의의 적법성은 이 협약의 적
용을 통해서만 부정될 수 있다.

② 조약의 종료, 그 폐기 또는 당사국의 탈퇴는 그 조약의 규정 또는 이 협약의 적
용의 결과로서만 행하여질 수 있다. 동일한 규칙이 조약의 시행정지에 적용된다.

제43조 (조약과는 별도로 국제법에 의하여 부과되는 의무)

이 협약 또는 조약규정의 적용의 결과로서, 조약의 부적법·종료 또는 폐기, 조약
으로부터의 당사국의 탈퇴 또는 그 시행정지는 그 조약과는 별도로 국제법에 따라
복종해야 하는 의무로서 그 조약에 구현된 것을 이행해야 하는 국가의 책무를 어
떠한 방법으로도 경감시키지 아니한다.

제44조 (조약 규정의 가분성)

① 조약에 규정되어 있거나 또는 제56조에 따라 발생하는 조약의 폐기·탈퇴 또는
시행 정지시킬 수 있는 당사국의 권리는, 조약이 달리 규정하지 아니하거나 또
는 당사국이 달리 합의하지 아니하는 한, 조약 전체에 관해서만 행사될 수 있다.

② 이 협약에서 인정되는 조약의 부적법화·종료·탈퇴 또는 시행정지의 사유는,
아래의 제 조항 또는 제60조에 규정되어 있는 것을 제외하고, 조약 전체에 관

해서만 원용될 수 있다.

③ 그 사유가 특정의 조항에만 관련되는 경우에는, 다음의 경우에, 그러한 조항에 관해서만 원용될 수 있다.

(a) 당해 조항이 그 적용에 관련하여 그 조약의 잔여 부분으로부터 분리될 수 있으며

(b) 당해 조항의 수락이 전체로서의 조약에 대한 1 또는 그 이상의 다른 당사국의 기속적 동의의 필수적 기초가 아니었던 것이 그 조약으로부터 나타나거나 또는 달리 확정되며, 또한

(c) 그 조약의 잔여부분의 계속적 이행이 부당하지 아니한 경우

④ 제49조 및 제50조에 해당하는 경우에 기만 또는 부정을 원용하는 권리를 가진 국가는, 조약 전체에 관하여 또는 상기 3항에 따를 것으로 하여, 특정의 조항에 관해서만 그렇게 원용할 수 있다.

⑤ 제50조, 제52조 및 제53조에 해당하는 경우에는 조약규정의 분리가 허용되지 아니한다.

제45조 (조약의 부적법화·종료·탈퇴 또는 그 시행정지의 사유를 원용하는 권리의 상실)

국가는, 다음의 경우에, 사실을 알게 된 후에는, 제46조 내지 제50조 또는 제60조 및 제62조에 따라 조약의 부적법화·종료·탈퇴 또는 시행정지의 사유를 원용할 수 없다.

(a) 경우에 따라, 그 조약이 적법하다는 것 또는 계속 유효하다는 것 또는 계속 시행된다는 것에 그 국가가 명시적으로 동의한 경우, 또는

(b) 그 국가의 행동으로 보아 조약의 적법성 또는 그 효력이나 시행의 존속을 묵인한 것으로 간주되어야 하는 경우

제2절 조약의 부적법

제46조 (조약 체결권에 관한 국내법 규정)

① 조약체결권에 관한 국내법 규정의 위반이 명백하며 또한 근본적으로 중요한 국내법 규칙에 관련되지 아니하는 한, 국가는 조약에 대한 그 기속적 동의를 부적

법화하기 위한 것으로 그 동의가 그 국내법 규정에 위반하여 표시되었다는 사실을 원용할 수 없다.

② 통상의 관행에 의거하고 또한 성실하게 행동하는 어느 국가에 대해서도 위반이 객관적으로 분명한 경우에는 그 위반은 명백한 것이 된다.

제47조 (국가의 동의 표시 권한에 대한 특정의 제한)

어느 조약에 대한 국가의 기속적 동의를 표시하는 대표의 권한이 특정의 제한에 따를 것으로 하여 부여된 경우에, 그 대표가 그 제한을 준수하지 아니한 것은, 그러한 동의를 표시하기 전에 그 제한을 다른 교섭국에 통고하지 아니한 한, 그 대표가 표시한 동의를 부적법화하는 것으로 원용될 수 없다.

제48조 (착오)

① 조약상의 착오는, 그 조약이 체결된 당시에 존재한 것으로 국가가 추정한 사실 또는 사태로서, 그 조약에 대한 국가의 기속적 동의의 본질적 기초를 구성한 것에 관한 경우에, 국가는 그 조약에 대한 그 기속적 동의를 부적법화하는 것으로 그 착오를 원용할 수 있다.

② 문제의 국가가 자신의 행동에 의하여 착오를 유발하였거나 또는 그 국가가 있을 수 있는 착오를 감지할 수 있는 등의 사정하에 있는 경우에는 상기 1항이 적용되지 아니한다.

③ 조약문의 자구에만 관련되는 착오는 조약의 적법성에 영향을 주지 아니한다. 그 경우에는 제79조가 적용된다.

제49조 (기만)

국가가 다른 교섭국의 기만적 행위에 의하여 조약을 체결하도록 유인된 경우에 그 국가는 조약에 대한 자신의 기속적 동의를 부적법화하는 것으로 그 기만을 원용할 수 있다.

제50조 (국가 대표의 부정)

조약에 대한 국가의 기속적 동의의 표시가 직접적으로 또는 간접적으로 다른 교섭국에 의한 그 대표의 부정을 통하여 감행된 경우에, 그 국가는 조약에 대한 자신의 기속적 동의를 부적법화하는 것으로 그 부정을 원용할 수 있다.

제51조 (국가 대표의 강제)

국가 대표에게 정면으로 향한 행동 또는 위협을 통하여 그 대표에 대한 강제에 의하여 감행된 조약에 대한 국가의 기속적 동의 표시는 법적 효력을 가지지 아니한다.

제52조 (힘의 위협 또는 사용에 의한 국가의 강제)

국제연합헌장에 구현된 국제법의 제 원칙을 위반하여 힘의 위협 또는 사용에 의하여 조약의 체결이 감행된 경우에 그 조약은 무효이다.

제53조 (일반국제법의 절대규범(강행규범)과 충돌하는 조약)

조약은 그 체결 당시에 일반국제법의 절대규범과 충돌하는 경우에 무효이다. 이 협약의 목적상 일반 국제법의 절대규범은, 그 이탈이 허용되지 아니하며 또한 동일한 성질을 가진 일반 국제법의 추후의 규범에 의해서만 변경될 수 있는 규범으로, 전체로서의 국제 공동사회가 수락하며 또한 인정하는 규범이다.

제3절 조약의 종료 및 시행정지

제54조 (조약규정 또는 당사국의 동의에 따른 조약의 종료 또는 조약으로부터의 탈퇴)

조약의 종료 또는 당사국의 탈퇴는 다음의 경우에 행하여질 수 있다.
 (a) 그 조약의 규정에 의거하는 경우, 또는
 (b) 다른 체약국과 협의한 후에 언제든지 모든 당사국의 동의를 얻는 경우

제55조 (다자조약의 발효에 필요한 수 이하로의 그 당사국 수의 감소)

조약이 달리 규정하지 아니하는 한, 다자조약은 그 당사국 수가 그 발효에 필요한 수 이하로 감소하는 사실만을 이유로 종료하지 아니한다.

제56조 (종료・폐기 또는 탈퇴에 관한 규정을 포함하지 아니하는 조약의 폐기 또는 탈퇴)

① 종료에 관한 규정을 포함하지 아니하며 또한 폐기 또는 탈퇴를 규정하고 있지

아니하는 조약은, 다음의 경우에 해당되지 아니하는 한, 폐기 또는 탈퇴가 인정되지 아니한다.

 (a) 당사국이 폐기 또는 탈퇴의 가능성을 인정하고자 하였음이 확정되는 경우, 또는

 (b) 폐기 또는 탈퇴의 권리가 조약의 성질상 묵시되는 경우

② 당사국은 상기 1항에 따라 조약의 폐기 또는 탈퇴 의사를 적어도 12개월 전에 통고하여야 한다.

제57조 (조약 규정 또는 당사국의 동의에 의한 조약의 시행정지)

모든 당사국 또는 특정의 당사국에 대하여 조약의 시행이 다음의 경우에 정지될 수 있다.

 (a) 그 조약의 규정에 의거하는 경우, 또는

 (b) 다른 체약국과 협의한 후에 언제든지 모든 당사국의 동의를 얻는 경우

제58조 (일부 당사국 간만의 합의에 의한 다자조약의 시행정지)

① 다자조약의 2 또는 그 이상의 당사국은, 다음의 경우에, 일시적으로 또한 그 당사국 간에서만 조약 규정의 시행을 정지시키기 위한 합의를 성립시킬 수 있다.

 (a) 그러한 정지의 가능성이 그 조약에 의하여 규정되어 있는 경우, 또는

 (b) 문제의 정지가 조약에 의하여 금지되지 아니하고 또한,

   (i) 다른 당사국에 의한 조약상의 권리 향유 또는 의무의 이행에 영향을 주지 아니하며,

   (ii) 그 조약의 대상 및 목적과 양립할 수 없는 것이 아닌 경우

② 상기 1항(a)에 해당하는 경우에 조약이 달리 규정하지 아니하는 한 문제의 당사국은 합의를 성립시키고자 하는 그 의사 및 시행을 정지시키고자 하는 조약규정을 타방 당사국에 통고하여야 한다.

제59조 (후조약의 체결에 의하여 묵시되는 조약의 종료 또는 시행정지)

① 조약의 모든 당사국이 동일한 사항에 관한 후조약을 체결하고, 또한 아래의 것에 해당하는 경우에, 그 조약은 종료한 것으로 간주된다.

 (a) 후조약에 의하여 그 사항이 규율되어야 함을 당사국이 의도하였음이 그 후조약으로부터 나타나거나 또는 달리 확정되는 경우, 또는

(b) 후조약의 규정이 전조약의 규정과 근본적으로 양립하지 아니하여 양 조약이 동시에 적용될 수 없는 경우

② 전조약을 시행 정지시킨 것만이 당사국의 의사이었음이 후조약으로부터 나타나거나 또는 달리 확정되는 경우에, 전조약은 그 시행이 정지된 것만으로 간주된다.

제60조 (조약 위반의 결과로서의 조약의 종료 또는 시행정지)

① 양자 조약의 일방당사국에 의한 실질적 위반은 그 조약의 종료 또는 그 시행의 전부 또는 일부의 정지를 위한 사유로서 그 위반을 원용하는 권리를 타방당사국에 부여한다.

② 다자조약의 어느 당사국에 의한 실질적 위반은 관계 당사국이 다음의 조치를 취할 수 있는 권리를 부여한다.

(a) 다른 당사국이 전원일치의 협의에 의하여,

  (i) 그 다른 당사국과 위반국 간의 관계에서, 또는

  (ii) 모든 당사국 간에서, 그 조약의 전부 또는 일부를 시행 정지시키거나 또는 그 조약을 종료시키는 권리

(b) 위반에 의하여 특별히 영향을 받는 당사국이, 그 자신과 위반국 간의 관계에 있어서 그 조약의 전부 또는 일부의 시행을 정지시키기 위한 사유로서 그 위반을 원용하는 권리

(c) 어느 당사국에 의한 조약규정의 실질적 위반으로 그 조약상의 의무의 추후의 이행에 관한 모든 당사국의 입장을 근본적으로 변경시키는 성질의 조약인 경우에, 위반국 이외의 다른 당사국에 관하여 그 조약의 전부 또는 일부의 시행 정지를 위한 사유로서 그 다른 당사국에 그 위반을 원용하는 권리

③ 본 조의 목적상, 조약의 실질적 위반은 다음의 경우에 해당한다.

(a) 이 협약에 의하여 용인되지 아니하는 조약의 이행 거부 또는

(b) 조약의 대상과 목적의 달성에 필수적인 규정의 위반

④ 상기의 제 규정은 위반의 경우에 적용할 수 있는 조약상의 규정을 침해하지 아니한다.

⑤ 상기 1항 내지 3항은 인도적 성질의 조약에 포함된 인신의 보호에 관한 규정 특히 그러한 조약에 의하여 보호를 받는 자에 대한 여하한 형태의 복구를 금지하는 규정에 적용되지 아니한다.

제61조 (후발적 이행불능)

① 조약의 이행불능이 그 조약의 시행에 불가결한 대상의 영구적 소멸 또는 파괴로 인한 경우에, 당사국은 그 조약을 종료시키거나 또는 탈퇴하기 위한 사유로서 그 이행불능을 원용할 수 있다. 그 이행불능이 일시적인 경우에는 조약의 시행정지를 위한 사유로서만 원용될 수 있다.

② 이행불능이 이를 원용하는 당사국에 의한 조약상의 의무나 또는 그 조약의 다른 당사국에 대하여 지고 있는 기타의 국제적 의무의 위반의 결과인 경우에 그 이행 불능은 그 조약을 종료시키거나 또는 탈퇴하거나 또는 그 시행을 정지시키기 위한 사유로서 그 당사국에 의하여 원용될 수 없다.

제62조 (사정의 근본적 변경)

① 조약의 체결 당시에 존재한 사정에 관하여 발생하였으며 또한 당사국에 의하여 예견되지 아니한 사정의 근본적 변경은, 다음 경우에 해당되지 아니하는 한, 조약을 종료시키거나 또는 탈퇴하기 위한 사유로서 원용될 수 없다.

(a) 그러한 사정의 존재가 그 조약에 대한 당사국의 기속적 동의의 본질적 기초를 구성하였으며, 또한

(b) 그 조약에 따라 계속 이행되어야 할 의무의 범위를 그 변경의 효과가 급격하게 변환시키는 경우

② 사정의 근본적 변경은, 다음의 경우에는, 조약을 종료시키거나 또는 탈퇴하는 사유로서 원용될 수 없다.

(a) 그 조약이 경계선을 확정하는 경우, 또는

(b) 근본적 변경이 이를 원용하는 당사국에 의한 조약상의 의무나 또는 그 조약의 다른 당사국에 대하여 지고 있는 기타의 국제적 의무의 위반의 결과인 경우

③ 상기의 제 조항에 따라 당사국이 조약을 종료시키거나 또는 탈퇴하기 위한 사유로서 사정의 근본적 변경을 원용할 수 있는 경우에, 그 당사국은 그 조약의 시행을 정지시키기 위한 사유로서 그 변경을 또한 원용할 수 있다.

제63조 (외교 또는 영사 관계의 단절)

조약 당사국 간의 외교 또는 영사 관계의 단절은, 외교 또는 영사관계의 존재가 그 조약의 적용에 불가결한 경우를 제외하고, 그 조약에 의하여 그 당사국 간에 확립

된 법적 관계에 영향을 주지 아니한다.

제64조 (일반 국제법의 새 절대 규범(강행규범)의 출현)

일반 국제법의 새 절대 규범이 출현하는 경우에, 그 규범과 충돌하는 현행 조약은 무효로 되어 종료한다.

제4절 절차

제65조 (조약의 부적법·종료·탈퇴 또는 시행정지에 관하여 취해지는 절차)

① 이 협약의 규정에 따라, 조약에 대한 국가의 기속적 동의상의 허가를 원용하거나 또는 조약의 적법성을 부정하거나 조약을 종료시키거나 조약으로부터 탈퇴하거나 또는 그 시행을 정지시키기 위한 사유를 원용하는 당사국은, 다른 당사국에 대하여 그 주장을 통고하여야 한다. 그 통고에는 그 조약에 관하여 취하고자 제의하는 조치 및 그 이유를 표시하여야 한다.

② 특별히 긴급한 경우를 제외하고, 그 통고의 접수 후 3개월 이상의 기간이 경과한 후에 어느 당사국도 이의를 제기하지 아니한 경우에는, 그 통고를 행한 당사국은 제67조에 규정된 방법으로 그 당사국이 제의한 조치를 실행할 수 있다.

③ 다만, 다른 당사국에 의하여 이의가 제기된 경우에, 당사국은 국제연합헌장 제33조에 열거되어 있는 수단을 통한 해결을 도모하여야 한다.

④ 상기 제 조항의 어느 규정도 분쟁의 해결에 관하여 당사국을 구속하는 유효한 규정에 따른 당사국의 권리 또는 의무에 영향을 주지 아니한다.

⑤ 제45조를 침해함이 없이, 어느 국가가 상기 1항에 규정된 통고를 사전에 행하지 아니한 사실은, 조약의 이행을 요구하거나 또는 조약의 위반을 주장하는 다른 당사국에 대한 회답으로서 그 국가가 그러한 통고를 행하는 것을 막지 아니한다.

제66조 (사법적 해결·중재 재판 및 조정을 위한 절차)

이의가 제기된 일자로부터 12개월의 기간 내에 제65조 3항에 따라 해결에 도달하지 못한 경우에는, 다음의 절차를 진행하여야 한다.

 (a) 제53조 또는 제64조의 적용 또는 해석에 관한 분쟁의 어느 한 당사국은, 제

당사국이 공동의 동의에 의하여 분쟁을 중재 재판에 부탁하기로 합의하지 아니하는 한, 분쟁을 국제사법재판소에, 결정을 위하여, 서면 신청으로써 부탁할 수 있다.

(b) 이 협약 제5부의 다른 제 조항의 적용 또는 해석에 관한 분쟁의 어느 한 당사국은 협약의 부속서에 명시된 절차의 취지로 요구서를 국제연합 사무총장에게 제출함으로써 그러한 절차를 개시할 수 있다.

제67조 (조약의 부적법선언·종료·탈퇴 또는 시행정지를 위한 문서)
① 제65조 1항에 따라 규정된 통고는 서면으로 행하여져야 한다.
② 조약의 규정 또는 제65조 2항 또는 3항의 규정에 따른 그 조약의 부적법선언·종료·탈퇴 또는 시행정지에 관한 행위는 다른 당사국에 전달되는 문서를 통하여 이행하여야 한다. 동 문서가 국가원수·정부수반 또는 외무부장관에 의하여 서명되지 아니한 경우에는 이를 전달하는 국가의 대표에게 전권위임장을 제시하도록 요구할 수 있다.

제68조 (제65조 및 제67조에 규정된 통고와 문서의 철회)
제65조 또는 제67조에 규정된 통고 또는 문서는 그 효력을 발생하기 전에 언제든지 철회될 수 있다.

제5절 조약의 부적법·종료 또는 시행정지의 효과

제69조 (조약의 부적법의 효과)
① 이 협약에 의거하여 그 부적법이 확정되는 조약은 무효이다. 무효인 조약의 규정은 법적 효력을 가지지 아니한다.
② 다만, 그러한 조약에 의존하여 행위가 실행된 경우에는 다음의 규칙이 적용된다.
 (a) 각 당사국은, 그 행위가 실행되지 아니하였더라면 존재하였을 상태를, 당사국의 상호 관계에 있어서, 가능한 한 확립하도록 다른 당사국에 요구할 수 있다.
 (b) 부적법이 원용되기 전에 성실히 실행된 행위는 그 조약의 부적법만을 이유로 불법화되지 아니한다.
③ 제49조, 제50조, 제51조 또는 제52조에 해당하는 경우에는 기만·부정행위 또

는 강제의 책임이 귀속되는 당사국에 관하여 상기 2항이 적용되지 아니한다.

④ 다자조약에 대한 특정 국가의 기속적 동의의 부적법의 경우에 상기의 제 규칙은 그 국가와 그 조약의 당사국 간의 관계에 있어서 적용된다.

제70조 (조약의 종료 효과)

① 조약이 달리 규정하지 아니하거나 또는 당사국이 달리 합의하지 아니하는 한, 조약의 규정에 따르거나 또는 이 협약에 의거한 그 조약의 종료는 다음의 효과를 가져온다.

 (a) 당사국에 대하여 추후 그 조약을 이행할 의무를 해제한다.

 (b) 조약의 종료 전에 그 조약의 시행을 통하여 생긴 당사국의 권리·의무 또는 법적 상태에 영향을 주지 아니한다.

② 국가가 다자조약을 폐기하거나 또는 탈퇴하는 경우에는 그 폐기 또는 탈퇴가 효력을 발생하는 일자로부터 그 국가와 그 조약의 다른 각 당사국 간의 관계에 있어서 상기 1항이 적용된다.

제71조 (일반국제법의 절대규범과 충돌하는 조약의 부적법의 효과)

① 제53조에 따라 무효인 조약의 경우에 당사국은 다음의 조치를 취한다.

 (a) 일반 국제법의 절대규범과 충돌하는 규정에 의존하여 행하여진 행위의 결과를 가능한 한 제거하며, 또한

 (b) 당사국의 상호 관계를 일반국제법의 절대규범과 일치시키도록 한다.

② 제64조에 따라 무효로 되어 종료하는 조약의 경우에 그 조약의 종료는 다음의 효과를 가져온다.

 (a) 당사국에 대하여 추후 그 조약을 이행할 의무를 해제한다.

 (b) 조약의 종료 전에 그 조약의 시행을 통하여 생긴 당사국의 권리·의무 또는 법적 상태에 영향을 주지 아니한다. 다만, 그러한 권리·의무 또는 상태는 그 유지 자체가 일반 국제법의 새 절대 규범과 충돌하지 아니하는 범위 내에서만 그 이후 유지될 수 있을 것을 조건으로 한다.

제72조 (조약의 시행정지 효과)

① 조약이 달리 규정하지 아니하거나 또는 당사국이 달리 합의하지 아니하는 한,

조약의 규정에 따르거나 또는 이 협약에 의거한 그 조약의 시행정지는 다음의 효과를 가져온다.

(a) 조약의 시행이 정지되어 있는 당사국에 대해서는 동 정지 기간 동안 그 상호 관계에 있어서 그 조약을 이행할 의무를 해제한다.

(b) 그 조약에 의하여 확립된 당사국 간의 법적 관계에 달리 영향을 주지 아니한다.

② 시행정지 기간 동안 당사국은 그 조약의 시행 재개를 방해하게 되는 행위를 삼가야 한다.

제6부 잡칙

제73조 (국가의 계승・국가 책임 및 적대행위 발발의 경우)

이 협약의 규정은 국가의 계승・국가의 국제 책임 또는 국가 간의 적대 행위의 발발로부터 조약에 관하여 발생될 수 있는 문제를 예단하지 아니한다.

제74조 (외교 및 영사관계와 조약의 체결)

2 또는 그 이상의 국가 간의 외교 또는 영사관계의 단절 또는 부재는 그러한 국가 간의 조약체결을 막지 아니한다. 조약의 체결은 그 자체 외교 또는 영사관계에 관련된 상태에 영향을 주지 아니한다.

제75조 (침략국의 경우)

이 협약의 규정은 국제연합헌장에 의거하여 침략국의 침략에 관하여 취해진 조치의 결과로서 그 침략국에 대하여 발생될 수 있는 조약상의 의무를 침해하지 아니한다.

제7부 수탁자・통고・정정 및 등록

제76조 (조약의 수탁자)

① 조약의 수탁자는 조약 그 자체 속에 또는 기타의 방법으로 교섭국에 의하여 지

정될 수 있다. 수탁자는 1 또는 그 이상의 국가・국제기구 또는 국제기구의 수석 행정관이 될 수 있다.

② 조약의 수탁자의 기능은 성질상 국제적이며 또한 수탁자는 그 기능을 수행함에 있어서 공평하게 행동할 의무를 진다. 특히, 조약이 일부 당사국 간에 발효하지 아니하였거나 또는 수탁자의 기능의 수행에 관하여 국가와 수탁자 간에 의견의 차이가 발생한 사실은 그러한 의무에 영향을 주지 아니한다.

제77조 (수탁자의 기능)

① 달리 조약에 규정되어 있지 아니하거나 또는 체약국이 합의하지 아니하는 한, 수탁자의 기능은 특히 다음의 것을 포함한다.

(a) 수탁자에 송달된 조약 및 전권위임장의 원본 보관

(b) 원본의 인증등본 작성, 조약에 의하여 요구될 수 있는 추가의 언어에 의한 조약문 작성 및 조약의 당사국과 당사국이 될 수 있는 권리를 가진 국가에의 그 전달

(c) 조약에 대한 서명의 접수 및 조약에 관련된 문서・통고 및 통첩의 접수와 보관

(d) 서명 또는 조약에 관련된 문서・통고 또는 통첩이 정당하고 또한 적절한 형식으로 된 것인가의 검토 및 필요한 경우에 문제점에 대하여 당해 국가의 주의 환기

(e) 조약의 당사국 및 당사국이 될 수 있는 권리를 가진 국가에 대한 그 조약에 관련된 행위의 통고 및 통첩의 통보

(f) 조약의 발효에 필요한 수의 서명, 또는 비준서・수락서・승인서 또는 가입서가 접수되거나 또는 기탁되는 경우에 조약의 당사국이 될 수 있는 권리를 가진 국가에의 통보

(g) 국제연합 사무국에의 조약의 등록

(h) 이 협약의 다른 규정에 명시된 기능의 수행

② 수탁자의 기능의 수행에 관하여 국가와 수탁자 간에 발생하는 의견의 차이의 경우에, 수탁자는 그 문제에 대하여 서명국과 체약국 또는, 적절한 경우에는 관계 국제기구의 권한 있는 기관의 주의를 환기시킨다.

제78조 (통고 및 통첩)

조약 또는 이 협약이 달리 규정하는 경우를 제외하고, 이 협약에 따라 국가가 행하

는 통고 또는 통첩은 다음과 같이 취급된다.

(a) 수탁자가 없는 경우에는 통고 또는 통첩을 받을 국가에 직접 전달되며 수탁자
가 있는 경우에는 수탁자에게 전달된다.

(b) 전달 대상 국가가 통고 또는 통첩을 접수한 때에만 또는 경우에 따라 수탁자
가 접수한 때에만 문제의 국가가 그 통고 또는 통첩을 행한 것으로 간주된다.

(c) 수탁자에게 전달된 경우에는, 전달 대상 국가가 제77조 1항 (e)에 의거하여 수
탁자로부터 통보받은 경우에만 그 국가가 접수한 것으로 간주된다.

제79조 (조약문 또는 인증등본상의 착오 정정)

① 조약문의 정본인증 후 그 속에 착오가 있다는 것에 서명국 및 체약국이 합의하
는 경우에는, 그들이 다른 정정 방법에 관하여 결정하지 아니하는 한, 그 착오
는 다음과 같이 정정된다.

(a) 착오문에 적당한 정정을 가하고, 정당히 권한을 위임받은 대표가 그 정정에
가서명하는 것

(b) 합의된 정정을 기재한 1 또는 그 이상의 문서에 효력을 부여하거나 또는 이를
교환하는 것

(c) 원본의 경우와 동일한 절차에 의하여 조약 전체의 정정본을 작성하는 것

② 수탁자가 있는 조약의 경우에, 수탁자는 서명국 및 체약국에 대하여 착오와 그
정정 제안을 통보하며 또한 제안된 정정에 대하여 이의를 제기할 수 있는 적절
한 기한을 명시한다. 그 기한이 만료되면 다음의 조치가 취하여진다.

(a) 이의가 제기되지 아니한 경우에, 수탁자는 착오문에 정정을 가하고 이에 가서
명하며 또한 착오문의 정정 「경위서」를 작성하여 그 사본을 조약의 당사국 및
조약의 당사국이 될 수 있는 권리를 가진 국가에 송부한다.

(b) 이의가 제기된 경우에 수탁자는 그 이의를 서명국 및 체약국에 송부한다.

③ 조약문이 2 또는 그 이상의 언어로 정본인증 되고 또한 서명국 및 체약국 간의
합의로써 정정되어야 할 합치의 결여가 있다고 보이는 경우에는 상기 1항 및
2항의 규칙이 또한 적용된다.

④ 정정본은 서명국 및 체약국이 달리 결정하지 아니하는 한, 처음부터 흠결본을
대치한다.

⑤ 등록된 조약문의 정정은 국제연합 사무국에 통고된다.

⑥ 조약의 인증등본에서 착오가 발견되는 경우에, 수탁자는 정정을 명시하는「경위서」를 작성하며 또한 그 사본을 서명국 및 체약국에 송부한다.

제80조 (조약의 등록 및 발간)

① 조약은 그 발효 후에, 경우에 따라, 등록 또는 편철과 기록을 위하여 또한 발간을 위하여 국제연합사무국에 송부된다.

② 수탁자의 지정은 상기 전항에 명시된 행위를 수탁자가 수행할 수 있는 권한을 부여하게 된다.

제8부 최종조항

제81조 (서명)

이 협약은 국제연합 또는 전문기구 중의 어느 하나 또는 국제원자력기구의 모든 회원국 또는 국제사법재판소 규정의 당사국 및 국제연합총회에 의하여 이 협약의 당사국이 되도록 초청된 기타의 국가에 의한 서명을 위하여 다음과 같이 개방된다. 즉 1969년 11월 30일까지는 오스트리아 공화국의 연방외무부에서 개방되며 또한 그 이후 1970년 4월 30일까지는 뉴욕의 국제연합 본부에서 개방된다.

제82조 (비준)

이 협약은 비준되어야 한다. 비준서는 국제연합 사무총장에게 기탁된다.

제83조 (가입)

이 협약은 제81조에 언급된 카테고리의 어느 하나에 속하는 국가에 의한 가입을 위하여 계속 개방된다. 가입서는 국제연합 사무총장에게 기탁된다.

제84조 (발효)

① 이 협약은 35번째의 비준서 또는 가입서가 기탁된 날로부터 30일 후에 발효한다.

② 35번째의 비준서 또는 가입서가 기탁된 후 이 협약에 비준하거나 또는 가입하는 각 국가에 대하여, 이 협약은 그 국가에 의한 비준서 또는 가입서의 기탁으

로부터 30일 후에 발효한다.

제85조 (정본)

중국어·영어·불어·노어 및 서반아어본이 동등하게 정본인 이 협약의 원본은 국제연합 사무총장에게 기탁된다.

이상의 증거로, 하기 전권대표는 각자의 정부에 의하여 정당히 권한을 위임받아 이 협약에 서명하였다.

일천구백육십구년 오월 이십삼일 비엔나에서 작성되었다.

부속서

1. 국제연합 사무총장은 자격 있는 법률가로 구성되는 조정관의 명부를 작성하여 유지한다. 이러한 목적으로 국제연합의 회원국 또는 이 협약의 당사국인 모든 국가는 2명의 조정관을 지명하도록 요청되며 또한 이렇게 지명된 자의 명단은 상기명부에 포함된다. 불시의 공석을 보충하기 위하여 지명된 조정관의 임기를 포함하여, 조정관의 임기는 5년이며 또한 연임될 수 있다. 임기가 만료되는 조정관은 하기 2항에 따라 그가 선임된 목적상의 직무를 계속 수행하여야 한다.
2. 제66조에 따라 국제연합 사무총장에게 요청이 제기된 경우에, 사무총장은 다음과 같이 구성되는 조정위원회에 분쟁을 부탁한다.
   분쟁당사국의 일방을 구성하는 1 또는 그 이상의 국가는 다음과 같이 조정관을 임명한다.
   (a) 상기 1항에 언급된 명부 또는 동 명부 외에서 선임될 수 있는 자로서 당해 국의 또는 당해 2 이상의 국가 중 어느 하나의 국가의 국적을 가진 1명의 조정관을 임명하며, 또한
   (b) 상기 명부에서 선임되는 자로서 당해국 또는 당해 2 이상의 국가 중 어느 하나의 국가의 국적을 가지지 아니한 1명의 조정관을 임명한다.
   분쟁당사국의 타방을 구성하는 1 또는 그 이상의 국가는 동일한 방법으로 2명의

조정관을 임명한다. 분쟁당사국에 의하여 선임되는 4명의 조정관은 사무총장이 요청을 받는 날로부터 60일 이내에 임명되어야 한다. 4명의 조정관은 그들 중 최후에 임명을 받는 자의 임명일자로부터 60일 이내에, 상기명부로부터 선임되는 자로서 조정위원장이 될 제5조의 조정관을 임명한다.

위원장 또는 다른 조정관의 임명을 위하여 상기에 지정한 기간 내에 그러한 임명이 행하여지지 아니한 경우에는 동 기간이 만료한 후 60일 이내에 사무총장이 임명을 행한다. 위원장의 임명은 명부 중에서 또는 국제법위원회의 위원 중에서 사무총장이 행할 수 있다. 임명이 행하여져야 하는 기간은 분쟁당사국의 합의에 의하여 연장될 수 있다. 공석은 처음의 임명에 관하여 지정된 방법으로 보충된다.

3. 조정위원회는 자체의 절차를 결정한다. 위원회는, 분쟁당사국의 동의를 얻어, 조약의 어느 당사국에 대하여 그 견해를 구두 또는 서면으로 동 위원회에 제출하도록 요청할 수 있다. 위원회의 결정 및 권고는 5명의 구성원의 다수결에 의한다.

4. 위원회는 우호적 해결을 촉진할 수 있는 조치에 대하여 분쟁당사국의 주의를 환기할 수 있다.

5. 위원회는 분쟁당사국의 의견을 청취하고, 청구와 이의를 심사하며 또한 분쟁의 우호적 해결에 도달할 목적으로 당사국에 대한 제안을 작성한다.

6. 위원회는 그 구성 후 12개월 이내에 보고하여야 한다. 그 보고서는 사무총장에게 기탁되며 또한 분쟁당사국에 송부된다. 사실 또는 법적 문제에 관하여 위원회의 보고서에 기술된 결론을 포함한 위원회의 보고서는 분쟁당사국을 구속하지 아니하며, 또한 분쟁의 우호적 해결을 촉진하기 위하여, 분쟁당사국에 의한 고려의 목적으로 제출된 권고 이외의 다른 성질을 가지지 아니한다.

7. 사무총장은 위원회가 필요로 하는 협조와 편의를 위원회에 제공한다. 위원회의 경비는 국제연합이 부담한다.

조약법에 관한 비엔나 협약(1969.05.23.)
VIENNA CONVENTION ON THE LAW OF
TREATIES SIGNED AT VIENNA 23 May 1969

ENTRY INTO FORCE: 27 January 1980

The States Parties to the present Convention Considering the fundamental role of treaties in the history of international relations, Recognizing the ever-increasing importance of treaties as a source of international law and as a means of developing peaceful co-operation among nations, whatever their constitutional and social systems, Noting that the principles of free consent and of good faith and the pacta sunt servanda rule are universally recognized, Affirming that disputes concerning treaties, like other international disputes, should be settled by peaceful means and in conformity with the principles of justice and international law, Recalling the determination of the peoples of the United Nations to establish conditions under which justice and respect for the obligations arising from treaties can be maintained, Having in mind the principles of international law embodied in the Charter of the United Nations, such as the principles of the equal rights and self-determination of peoples, of the sovereign equality and independence of all States, of non-interference in the domestic affairs of States, of the prohibition of the threat or use of force and of universal respect for, and observance of, human rights and fundamental freedoms for all, Believing that the codification and progressive development of the law of treaties achieved in the present Convention will promote the purposes of the United Nations set forth in the Charter, namely, the maintenance of international peace and security, the development of friendly relations and the achievement of co-operation among nations, Affirming that the rules of customary international law will continue to govern questions not regulated by the provisions of the present Convention, Have agreed as follows:

PART I. INTRODUCTION

Article 1. Scope of the present Convention

The present Convention applies to treaties between States.

Article 2. Use of terms

1. For the purposes of the present Convention:

 (a) 'treaty' means an international agreement concluded between States in written form and governed by international law, whether embodied in a single instrument or in two or more related instruments and whatever its particular designation;

 (b) 'ratification', 'acceptance', 'approval' and 'accession' mean in each case the international act so named whereby a State establishes on the international plane its consent to be bound by a treaty;

 (c) 'full powers' means a document emanating from the competent authority of a State designating a person or persons to represent the State for negotiating, adopting or authenticating the text of a treaty, for expressing the consent of the State to be bound by a treaty, or for accomplishing any other act with respect to a treaty;

 (d) 'reservation' means a unilateral statement, however phrased or named, made by a State, when signing, ratifying, accepting, approving or acceding to a treaty, whereby it purports to exclude or to modify the legal effect of certain provisions of the treaty in their application to that State;

 (e) 'negotiating State' means a State which took part in the drawing up and adoption of the text of the treaty;

 (f) 'contracting State' means a State which has consented to be bound by the treaty, whether or not the treaty has entered into force;

 (g) 'party' means a State which has consented to be bound by the treaty and for which the treaty is in force;

 (h) 'third State' means a State not a party to the treaty;

(i) 'international organization' means an intergovernmental organization.

2. The provisions of paragraph 1 regarding the use of terms in the present Convention are without prejudice to the use of those terms or to the meanings which may be given to them in the internal law of any State.

Article 3. International agreements not within the scope of the present Convention

The fact that the present Convention does not apply to international agreements concluded between States and other subjects of international law or between such other subjects of international law, or to international agreements not in written form, shall not affect:

(a) the legal force of such agreements;

(b) the application to them of any of the rules set forth in the present Convention to which they would be subject under international law independently of the Convention;

(c) the application of the Convention to the relations of States as between themselves under international agreements to which other subjects of international law are also parties.

Article 4. Non-retroactivity of the present Convention

Without prejudice to the application of any rules set forth in the present Convention to which treaties would be subject under international law independently of the Convention, the Convention applies only to treaties which are concluded by States after the entry into force of the present Convention with regard to such States.

Article 5. Treaties constituting international organizations and treaties adopted within an international organization

The present Convention applies to any treaty which is the constituent instrument of an international organization and to any treaty adopted within an international organization without prejudice to any relevant rules of the organization.

PART Ⅱ. CONCLUSION AND ENTRY INTO FORCE OF TREATIES

SECTION 1. CONCLUSION OF TREATIES

Article 6. Capacity of States to conclude treaties

Every State possesses capacity to conclude treaties.

Article 7. Full powers

1. A person is considered as representing a State for the purpose of adopting or authenticating the text of a treaty or for the purpose of expressing the consent of the State to be bound by a treaty if:

 (a) he produces appropriate full powers; or

 (b) it appears from the practice of the States concerned or from other circumstances that their intention was to consider that person as representing the State for such purposes and to dispense with full powers.

2. In virtue of their functions and without having to produce full powers, the following are considered as representing their State:

 (a) Heads of State, Heads of Government and Ministers for Foreign Affairs, for the purpose of performing all acts relating to the conclusion of a treaty;

 (b) heads of diplomatic missions, for the purpose of adopting the text of a treaty between the accrediting State and the State to which they are accredited;

 (c) representatives accredited by States to an international conference or to an international organization or one of its organs, for the purpose of adopting the text of a treaty in that conference, organization or organ.

Article 8. Subsequent confirmation of an act performed without authorization

An act relating to the conclusion of a treaty performed by a person who cannot be considered under article 7 as authorized to represent a State for that purpose is without legal effect unless afterwards confirmed by that State.

Article 9. Adoption of the text

1. The adoption of the text of a treaty takes place by the consent of all the States participating in its drawing up except as provided in paragraph 2.

2. The adoption of the text of a treaty at an international conference takes place by the vote of two-thirds of the States present and voting, unless by the same majority they shall decide to apply a different rule.

Article 10. Authentication of the text

The text of a treaty is established as authentic and definitive:

  (a) by such procedure as may be provided for in the text or agreed upon by the States participating in its drawing up; or

  (b) failing such procedure, by the signature, signature ad referendum or initialling by the representatives of those States of the text of the treaty or of the Final Act of a conference incorporating the text.

Article 11. Means of expressing consent to be bound by a treaty

The consent of a State to be bound by a treaty may be expressed by signature, exchange of instruments constituting a treaty, ratification, acceptance, approval or accession, or by any other means if so agreed.

Article 12. Consent to be bound by a treaty expressed by signature

1. The consent of a State to be bound by a treaty is expressed by the signature of its representative when:

  (a) the treaty provides that signature shall have that effect;

  (b) it is otherwise established that the negotiating States were agreed that signature should have that effect; or

  (c) the intention of the State to give that effect to the signature appears from the full powers of its representative or was expressed during the negotiation.

2. For the purposes of paragraph 1:

  (a) the initialling of a text constitutes a signature of the treaty when it is established that the negotiating States so agreed;

(b) the signature ad referendum of a treaty by a representative, if confirmed by his State, constitutes a full signature of the treaty.

Article 13. Consent to be bound by a treaty expressed by an exchange of instruments constituting a treaty

The consent of States to be bound by a treaty constituted by instruments exchanged between them is expressed by that exchange when:

(a) the instruments provide that their exchange shall have that effect; or

(b) it is otherwise established that those States were agreed that the exchange of instruments should have that effect

Article 14. Consent to be bound by a treaty expressed by ratification, acceptance or approval

1. The consent of a State to be bound by a treaty is expressed by ratification when:

(a) the treaty provides for such consent to be expressed by means of ratification;

(b) it is otherwise established that the negotiating States were agreed that ratification should be required;

(c) the representative of the State has signed the treaty subject to ratification; or

(d) the intention of the State to sign the treaty subject to ratification appears from the full powers of its representative or was expressed during the negotiation.

2. The consent of a State to be bound by a treaty is expressed by acceptance or approval under conditions similar to those which apply to ratification.

Article 15. Consent to be bound by a treaty expressed by accession

The consent of a State to be bound by a treaty is expressed by accession when:

(a) the treaty provides that such consent may be expressed by that State by means of accession;

(b) it is otherwise established that the negotiating States were agreed that such consent may be expressed by that State by means of accession; or

(c) all the parties have subsequently agreed that such consent may be expressed by that State by means of accession.

Article 16. Exchange or deposit of instruments of ratification, acceptance, approval or accession

Unless the treaty otherwise provides, instruments of ratification, acceptance, approval or accession establish the consent of a State to be bound by a treaty upon:

(a) their exchange between the contracting States;

(b) their deposit with the depositary; or

(c) their notification to the contracting States or to the depositary, if 50 agreed.

Article 17. Consent to be bound by part of a treaty and choice of differing provisions

1. Without prejudice to articles 19 to 23, the consent of a State to be bound by part of a treaty is effective only if the treaty so permits or the other contracting States so agree.

2. The consent of a State to be bound by a treaty which permits a choice between differing provisions is effective only if it is made clear to which of the provisions the consent relates.

Article 18. Obligation not to defeat the object and purpose of a treaty prior to its entry into force

A State is obliged to refrain from acts which would defeat the object and purpose of a treaty when:

(a) it has signed the treaty or has exchanged instruments constituting the treaty subject to ratification, acceptance or approval, until it shall have made its intention clear not to become a party to the treaty; or

(b) it has expressed its consent to be bound by the treaty, pending the entry into force of the treaty and provided that such entry into force is not unduly delayed.

SECTION 2. RESERVATIONS

Article 19. Formulation of reservations

A State may, when signing, ratifying, accepting, approving or acceding to a treaty, formulate a reservation unless:

(a) the reservation is prohibited by the treaty;

(b) the treaty provides that only specified reservations, which do not include the reservation in question, may be made; or

(c) in cases not falling under sub-paragraphs (a) and (b), the reservation is incompatible with the object and purpose of the treaty.

Article 20. Acceptance of and objection to reservations

1. A reservation expressly authorized by a treaty does not require any subsequent acceptance by the other contracting States unless the treaty so provides.

2. When it appears from the limited number of the negotiating States and the object and purpose of a treaty that the application of the treaty in its entirety between all the parties is an essential condition of the consent of each one to be bound by the treaty, a reservation requires acceptance by all the parties.

3. When a treaty is a constituent instrument of an international organization and unless it otherwise provides, a reservation requires the acceptance of the competent organ of that organization.

4. In cases not falling under the preceding paragraphs and unless the treaty otherwise provides:

(a) acceptance by another contracting State of a reservation constitutes the reserving State a party to the treaty in relation to that other State if or when the treaty is in force for those States;

(b) an objection by another contracting State to a reservation does not preclude the entry into force of the treaty as between the objecting and reserving States unless a contrary intention is definitely expressed by the objecting State;

(c) an act expressing a State's consent to be bound by the treaty and containing a reservation is effective as soon as at least one other contracting State has accepted the reservation.

5. For the purposes of paragraphs 2 and 4 and unless the treaty otherwise provides, a reservation is considered to have been accepted by a State if it shall have raised no objection to the reservation by the end of a period of twelve months after it was notified of the reservation or by the date on which it expressed its consent to be bound by the treaty, whichever is later.

Article 21. Legal effects of reservations and of objections to reservations

1. A reservation established with regard to another party in accordance with articles 19, 20 and 23:

(a) modifies for the reserving State in its relations with that other party the provisions of the treaty to which the reservation relates to the extent of the reservation; and

(b) modifies those provisions to the same extent for that other party in its relations with the reserving State.

2. The reservation does not modify the provisions of the treaty for the other parties to the treaty inter se.

3. When a State objecting to a reservation has not opposed the entry into force of the treaty between itself and the reserving State, the provisions to which the reservation relates do not apply as between the two States to the extent of the reservation.

Article 22. Withdrawal of reservations and of objections to reservations

1. Unless the treaty otherwise provides, a reservation may be withdrawn at any time and the consent of a State which has accepted the reservation is not required for its withdrawal.

2. Unless the treaty otherwise provides, an objection to a reservation may be withdrawn at any time.

3. Unless the treaty otherwise provides, or it is otherwise agreed:

(a) the withdrawal of a reservation becomes operative in relation to another contracting State only when notice of it has been received by that State;

(b) the withdrawal of an objection to a reservation becomes operative only when notice of it has been received by the State which formulated the reservation.

Article 23. Procedure regarding reservations

1. A reservation, an express acceptance of a reservation and an objection to a reservation must be formulated in writing and communicated to the contracting States and other States entitled to become parties to the treaty.

2. If formulated when signing the treaty subject to ratification, acceptance or approval, a reservation must be formally confirmed by the reserving State when expressing its consent to be bound by the treaty. In such a case the reservation shall be considered as having been made on the date of its confirmation.

3. An express acceptance of, or an objection to, a reservation made previously to confirmation of the reservation does not itself require confirmation.

4. The withdrawal of a reservation or of an objection to a reservation must be formulated in writing.

SECTION 3. ENTRY INTO FORCE AND PROVISIONAL APPLICATION OF TREATIES

Article 24. Entry into force

1. A treaty enters into force in such manner and upon such date as it may provide or as the negotiating States may agree.

2. Failing any such provision or agreement, a treaty enters into force as soon as consent to be bound by the treaty has been established for all the negotiating States.

3. When the consent of a State to be bound by a treaty is established on a date after the treaty has come into force, the treaty enters into force for that State on that date, unless the treaty otherwise provides.

4. The provisions of a treaty regulating the authentication of its text, the

establishment of the consent of States to be bound by the treaty, the manner or date of its entry into force, reservations, the functions of the depositary and other matters arising necessarily before the entry into force of the treaty apply from the time of the adoption of its text.

Article 25. Provisional application

1. A treaty or a part of a treaty is applied provisionally pending its entry into force if:

(a) the treaty itself so provides; or

(b) the negotiating States have in some other manner so agreed.

2. Unless the treaty otherwise provides or the negotiating States have otherwise agreed, the provisional application of a treaty or a part of a treaty with respect to a State shall be terminated if that State notifies the other States between which the treaty is being applied provisionally of its intention not to become a party to the treaty.

PART Ⅲ. OBSERVANCE, APPLICATION AND INTERPRETATION OF TREATIES

SECTION 1. OBSERVANCE OF TREATIES

Article 26. Pacta sunt servanda

Every treaty in force is binding upon the parties to it and must be performed by them in good faith.

Article 27. Internal law and observance of treaties

A party may not invoke the provisions of its internal law as justification for its failure to perform a treaty. This rule is without prejudice to article 46.

SECTION 2. APPLICATION OF TREATIES

Article 28. Non-retroactivity of treaties

Unless a different intention appears from the treaty or is otherwise established, its provisions do not bind a party in relation to any act or fact which took place or any situation which ceased to exist before the date of the entry into force of the treaty with respect to that party.

Article 29. Territorial scope of treaties

Unless a different intention appears from the treaty or is otherwise established, a treaty is binding upon each party in respect of its entire territory.

Article 30. Application of successive treaties relating to the same subject-matter

1. Subject to Article 103 of the Charter of the United Nations, the rights and obligations of States parties to successive treaties relating to the same subject-matter shall be determined in accordance with the following paragraphs.

2. When a treaty specifies that it is subject to, or that it is not to be considered as incompatible with, an earlier or later treaty, the provisions of that other treaty prevail.

3. When all the parties to the earlier treaty are parties also to the later treaty but the earlier treaty is not terminated or suspended in operation under article 59, the earlier treaty applies only to the extent that its provisions are compatible with those of the latter treaty.

4. When the parties to the later treaty do not include all the parties to the earlier one:

(a) as between States parties to both treaties the same rule applies as in paragraph 3;

(b) as between a State party to both treaties and a State party to only one of the treaties, the treaty to which both States are parties governs their mutual rights and obligations.

5. Paragraph 4 is without prejudice to article 41, or to any question of the

termination or suspension of the operation of a treaty under article 60 or to any question of responsibility which may arise for a State from the conclusion or application of a treaty, the provisions of which are incompatible with its obligations towards another State under another treaty.

SECTION 3. INTERPRETATION OF TREATIES

Article 31. General rule of interpretation

1. A treaty shall be interpreted in good faith in accordance with the ordinary meaning to be given to the terms of the treaty in their context and in the light of its object and purpose.

2. The context for the purpose of the interpretation of a treaty shall comprise, in addition to the text, including its preamble and annexes:

(a) any agreement relating to the treaty which was made between all the parties in connexion with the conclusion of the treaty;

(b) any instrument which was made by one or more parties in connexion with the conclusion of the treaty and accepted by the other parties as an instrument related to the treaty.

3. There shall be taken into account, together with the context:

(a) any subsequent agreement between the parties regarding the interpretation of the treaty or the application of its provisions;

(b) any subsequent practice in the application of the treaty which establishes the agreement of the parties regarding its interpretation;

(c) any relevant rules of international law applicable in the relations between the parties.

4. A special meaning shall be given to a term if it is established that the parties so intended.

Article 32. Supplementary means of interpretation

Recourse may be had to supplementary means of interpretation, including the preparatory work of the treaty and the circumstances of its conclusion, in order to confirm the meaning resulting from the application of article 31, or to determine the meaning when the interpretation according to article 31:

 (a) leaves the meaning ambiguous or obscure; or

 (b) leads to a result which is manifestly absurd or unreasonable.

Article 33. Interpretation of treaties authenticated in two or more languages

1. When a treaty has been authenticated in two or more languages, the text is equally authoritative in each language, unless the treaty provides or the parties agree that, in case of divergence, a particular text shall prevail.

2. A version of the treaty in a language other than one of those in which the text was authenticated shall be considered an authentic text only if the treaty so provides or the parties so agree.

3. The terms of the treaty are presumed to have the same meaning in each authentic text.

4. Except where a particular text prevails in accordance with paragraph 1, when a comparison of the authentic texts discloses a difference of meaning which the application of articles 31 and 32 does not remove, the meaning which best reconciles the texts, having regard to the object and purpose of the treaty, shall be adopted.

SECTION 4. TREATIES AND THIRD STATES

Article 34. General rule regarding third States

A treaty does not create either obligations or rights for a third State without its consent.

Article 35. Treaties providing for obligations for third States

An obligation arises for a third State from a provision of a treaty if the parties to the treaty intend the provision to be the means of establishing the obligation and the third State expressly accepts that obligation in writing.

Article 36. Treaties providing for rights for third States

1. A right arises for a third State from a provision of a treaty if the parties to the treaty intend the provision to accord that right either to the third State, or to a group of States to which it belongs, or to all States, and the third State assents thereto. Its assent shall be presumed so long as the contrary is not indicated, unless the treaty otherwise provides.

2. A State exercising a right in accordance with paragraph 1 shall comply with the conditions for its exercise provided for in the treaty or established in conformity with the treaty.

Article 37. Revocation or modification of obligations or rights of third States

1. When an obligation has arisen for a third State in conformity with article 35, the obligation may be revoked or modified only with the consent of the parties to the treaty and of the third State, unless it is established that they had otherwise agreed.

2. When a right has arisen for a third State in conformity with article 36, the right may not be revoked or modified by the parties if it is established that the right was intended not to be revocable or subject to modification without the consent of the third State.

Article 38. Rules in a treaty becoming binding on third States through international custom

Nothing in articles 34 to 37 precludes a rule set forth in a treaty from becoming binding upon a third State as a customary rule of international law, recognized as such.

PART Ⅳ. AMENDMENT AND MODIFICATION OF TREATIES

Article 39. General rule regarding the amendment of treaties

A treaty may be amended by agreement between the parties. The rules laid down in Part II apply to such an agreement except in so far as the treaty may otherwise provide.

Article 40. Amendment of multilateral treaties

1. Unless the treaty otherwise provides, the amendment of multilateral treaties shall be governed by the following paragraphs.

2. Any proposal to amend a multilateral treaty as between all the parties must be notified to all the contracting States, each one of which shall have the right to take part in:

 (a) the decision as to the action to be taken in regard to such proposal;

 (b) the negotiation and conclusion of any agreement for the amendment of the treaty.

3. Every State entitled to become a party to the treaty shall also be entitled to become a party to the treaty as amended.

4. The amending agreement does not bind any State already a party to the treaty which does not become a party to the amending agreement; article 30, paragraph 4(b), applies in relation to such State.

5. Any State which becomes a party to the treaty after the entry into force of the amending agreement shall, failing an expression of a different intention by that State:

 (a) be considered as a party to the treaty as amended; and

 (b) be considered as a party to the unamended treaty in relation to any party to the treaty not bound by the amending agreement.

Article 41. Agreements to modify multilateral treaties between certain of the parties only

1. Two or more of the parties to a multilateral treaty may conclude an agreement

to modify the treaty as between themselves alone if:

(a) the possibility of such a modification is provided for by the treaty; or

(b) the modification in question is not prohibited by the treaty and:

 (i) does not affect the enjoyment by the other parties of their rights under the treaty or the performance of their obligations;

 (ii) does not relate to a provision, derogation from which is incompatible with the effective execution of the object and purpose of the treaty as a whole.

2. Unless in a case falling under paragraph 1(a) the treaty otherwise provides, the parties in question shall notify the other parties of their intention to conclude the agreement and of the modification to the treaty for which it provides.

PART V. INVALIDITY, TERMINATION AND SUSPENSION OF THE OPERATION OF TREATIES

SECTION 1. GENERAL PROVISIONS

Article 42. Validity and continuance in force of treaties

1. The validity of a treaty or of the consent of a State to be bound by a treaty may be impeached only through the application of the present Convention.

2. The termination of a treaty, its denunciation or the withdrawal of a party, may take place only as a result of the application of the provisions of the treaty or of the present Convention. The same rule applies to suspension of the operation of a treaty.

Article 43. Obligations imposed by international law independently of a treaty

The invalidity, termination or denunciation of a treaty, the withdrawal of a party from it, or the suspension of its operation, as a result of the application of the present Convention or of the provisions of the treaty, shall not in any way impair the duty of any State to fulfil any obligation embodied in the treaty to which it would be subject under international law independently of the treaty.

Article 44. Separability of treaty provisions

1. A right of a party, provided for in a treaty or arising under article 56, to denounce, withdraw from or suspend the operation of the treaty may be exercised only with respect to the whole treaty unless the treaty otherwise provides or the parties otherwise agree.

2. A ground for invalidating, terminating, withdrawing from or suspending the operation of a treaty recognized in the present Convention may be invoked only with respect to the whole treaty except as provided in the following paragraphs or in article 60.

3. If the ground relates solely to particular clauses, it may be invoked only with respect to those clauses where:

 (a) the said clauses are separable from the remainder of the treaty with regard to their application;

 (b) it appears from the treaty or is otherwise established that acceptance of those clauses was not an essential basis of the consent of the other party or parties to be bound by the treaty as a whole; and

 (c) continued performance of the remainder of the treaty would not be unjust.

4. In cases falling under articles 49 and 50 the State entitled to invoke the fraud or corruption may do so with respect either to the whole treaty or, subject to paragraph 3, to the particular clauses alone.

5. In cases falling under articles 51, 52 and 53, no separation of the provisions of the treaty is permitted.

Article 45. Loss of a right to invoke a ground for invalidating, terminating, withdrawing from or suspending the operation of a treaty

A State may no longer invoke a ground for invalidating, terminating, withdrawing from or suspending the operation of a treaty under articles 46 to 50 or articles 60 and 62 if, after becoming aware of the facts:

(a) it shall have expressly agreed that the treaty is valid or remains in force or continues in operation, as the case may be; or

(b) it must by reason of its conduct be considered as having acquiesced in the validity of the treaty or in its maintenance in force or in operation, as the case may be.

SECTION 2. INVALIDITY OF TREATIES

Article 46. Provisions of internal law regarding competence to conclude treaties

1. A State may not invoke the fact that its consent to be bound by a treaty has been expressed in violation of a provision of its internal law regarding competence to conclude treaties as invalidating its consent unless that violation was manifest and concerned a rule of its internal law of fundamental importance.

2. A violation is manifest if it would be objectively evident to any State conducting itself in the matter in accordance with normal practice and in good faith.

Article 47. Specific restrictions on authority to express the consent of a State

If the authority of a representative to express the consent of a State to be bound by a particular treaty has been made subject to a specific restriction, his omission to observe that restriction may not be invoked as invalidating the consent expressed by him unless the restriction was notified to the other negotiating States prior to his expressing such consent.

Article 48. Error

1. A State may invoke an error in a treaty as invalidating its consent to be bound by the treaty if the error relates to a fact or situation which was assumed by that State to exist at the time when the treaty was concluded and formed an essential basis of its consent to be bound by the treaty.

2. Paragraph 1 shall not apply if the State in question contributed by its own conduct to the error or if the circumstances were such as to put that State on

notice of a possible error.

3. An error relating only to the wording of the text of a treaty does not affect its validity; article 79 then applies.

Article 49. Fraud

If a State has been induced to conclude a treaty by the fraudulent conduct of another negotiating State, the State may invoke the fraud as invalidating its consent to be bound by the treaty.

Article 50. Corruption of a representative of a State

If the expression of a State's consent to be bound by a treaty has been procured through the corruption of its representative directly or indirectly by another negotiating State, the State may invoke such corruption as invalidating its consent to be bound by the treaty.

Article 51. Coercion of a representative of a State

The expression of a State's consent to be bound by a treaty which has been procured by the coercion of its representative through acts or threats directed against him shall be without any legal effect.

Article 52. Coercion of a State by the threat or use of force

A treaty is void if its conclusion has been procured by the threat or use of force in violation of the principles of international law embodied in the Charter of the United Nations.

Article 53. Treaties conflicting with a peremptory norm of general international law (jus cogens)

A treaty is void if, at the time of its conclusion, it conflicts with a peremptory norm of general international law. For the purposes of the present Convention, a peremptory norm of general international law is a norm accepted and recognized by the international community of States as a whole as a norm from which no derogation is permitted and which can be modified only by a subsequent norm of general international law having the same character.

SECTION 3. TERMINATION AND SUSPENSION OF THE OPERATION OF TREATIES

Article 54. Termination of or withdrawal from a treaty under its provisions or by consent of the parties

The termination of a treaty or the withdrawal of a party may take place:

(a) in conformity with the provisions of the treaty; or

(b) at any time by consent of all the parties after consultation with the other contracting States.

Article 55. Reduction of the parties to a multilateral treaty below the number necessary for its entry into force

Unless the treaty otherwise provides, a multilateral treaty does not terminate by reason only of the fact that the number of the parties falls below the number necessary for its entry into force.

Article 56. Denunciation of or withdrawal from a treaty containing no provision regarding termination, denunciation or withdrawal

1. A treaty which contains no provision regarding its termination and which does not provide for denunciation or withdrawal is not subject to denunciation or withdrawal unless:

(a) it is established that the parties intended to admit the possibility of denunciation or withdrawal; or

(b) a right of denunciation or withdrawal may be implied by the nature of the treaty.

2. A party shall give not less than twelve months' notice of its intention to denounce or withdraw from a treaty under paragraph 1.

Article 57. Suspension of the operation of a treaty under its provisions or by consent of the parties

The operation of a treaty in regard to all the parties or to a particular party may be suspended:

(a) in conformity with the provisions of the treaty; or

(b) at any time by consent of all the parties after consultation with the other contracting States.

Article 58. Suspension of the operation of a multilateral treaty by agreement between certain of the parties only

1. Two or more parties to a multilateral treaty may conclude an agreement to suspend the operation of provisions of the treaty, temporarily and as between themselves alone, if:

(a) the possibility of such a suspension is provided for by the treaty; or

(b) the suspension in question is not prohibited by the treaty and:

   (i) does not affect the enjoyment by the other parties of their rights under the treaty or the performance of their obligations;

   (ii) is not incompatible with the object and purpose of the treaty.

2. Unless in a case falling under paragraph 1(a) the treaty otherwise provides, the parties in question shall notify the other parties of their intention to conclude the agreement and of those provisions of the treaty the operation of which they intend to suspend.

Article 59. Termination or suspension of the operation of a treaty implied by conclusion of a later treaty

1. A treaty shall be considered as terminated if all the parties to it conclude a later treaty relating to the same subject-matter and:

(a) it appears from the later treaty or is otherwise established that the parties intended that the matter should be governed by that treaty; or

(b) the provisions of the later treaty are so far incompatible with those of the earlier one that the two treaties are not capable of being applied at the same time.

2. The earlier treaty shall be considered as only suspended in operation if it appears from the later treaty or is otherwise established that such was the intention of the parties.

Article 60. Termination or suspension of the operation of a treaty as a consequence of its breach

1. A material breach of a bilateral treaty by one of the parties entitles the other to invoke the breach as a ground for terminating the treaty or suspending its operation in whole or in part.

2. A material breach of a multilateral treaty by one of the parties entitles:

(a) the other parties by unanimous agreement to suspend the operation of the treaty in whole or in part or to terminate it either:

(i) in the relations between themselves and the defaulting State, or

(ii) as between all the parties;

(b) a party specially affected by the breach to invoke it as a ground for suspending the operation of the treaty in whole or in part in the relations between itself and the defaulting State;

(c) any party other than the defaulting State to invoke the breach as a ground for suspending the operation of the treaty in whole or in part with respect to itself if the treaty is of such a character that a material breach of its provisions by one party radically changes the position of every party with respect to the further performance of its obligations under the treaty.

3. A material breach of a treaty, for the purposes of this article, consists in:

(a) a repudiation of the treaty not sanctioned by the present Convention; or

(b) the violation of a provision essential to the accomplishment of the object or purpose of the treaty.

4. The foregoing paragraphs are without prejudice to any provision in the treaty applicable in the event of a breach.

5. Paragraphs 1 to 3 do not apply to provisions relating to the protection of the human person contained in treaties of a humanitarian character, in particular to provisions prohibiting any form of reprisals against persons protected by such treaties.

Article 61. Supervening impossibility of performance

1. A party may invoke the impossibility of performing a treaty as a ground for terminating or withdrawing from it if the impossibility results from the permanent disappearance or destruction of an object indispensable for the execution of the treaty. If the impossibility is temporary, it may be invoked only as a ground for suspending the operation of the treaty.

2. Impossibility of performance may not be invoked by a party as a ground for terminating, withdrawing from or suspending the operation of a treaty if the impossibility is the result of a breach by that party either of an obligation under the treaty or of any other international obligation owed to any other party to the treaty.

Article 62. Fundamental change of circumstances

1. A fundamental change of circumstances which has occurred with regard to those existing at the time of the conclusion of a treaty, and which was not foreseen by the parties, may not be invoked as a ground for terminating or withdrawing from the treaty unless:

(a) the existence of those circumstances constituted an essential basis of the consent of the parties to be bound by the treaty; and

(b) the effect of the change is radically to transform the extent of obligations still to be performed under the treaty.

2. A fundamental change of circumstances may not be invoked as a ground for terminating or withdrawing from a treaty:

(a) if the treaty establishes a boundary; or

(b) if the fundamental change is the result of a breach by the party invoking it either of an obligation under the treaty or of any other international obligation owed to any other party to the treaty.

3. If, under the foregoing paragraphs, a party may invoke a fundamental change of circumstances as a ground for terminating or withdrawing from a treaty it may also invoke the change as a ground for suspending the operation of the treaty.

Article 63. Severance of diplomatic or consular relations

The severance of diplomatic or consular relations between parties to a treaty does not affect the legal relations established between them by the treaty except in so far as the existence of diplomatic or consular relations is indispensable for the application of the treaty.

Article 64. Emergence of a new peremptory norm of general international law(jus cogens)

If a new peremptory norm of general international law emerges, any existing treaty which is in conflict with that norm becomes void and terminates.

SECTION 4. PROCEDURE

Article 65. Procedure to be followed with respect to invalidity, termination, withdrawal from or suspension of the operation of a treaty

1. A party which, under the provisions of the present Convention, invokes either a defect in its consent to be bound by a treaty or a ground for impeaching the validity of a treaty, terminating it, withdrawing from it or suspending its operation, must notify the other parties of its claim. The notification shall indicate the measure proposed to be taken with respect to the treaty and the reasons therefor.

2. If, after the expiry of a period which, except in cases of special urgency, shall not be less than three months after the receipt of the notification, no party has raised any objection, the party making the notification may carry out in the manner provided in article 67 the measure which it has proposed.

3. If, however, objection has been raised by any other party, the parties shall seek a solution through the means indicated in article 33 of the Charter of the United Nations.

4. Nothing in the foregoing paragraphs shall affect the rights or obligations of the parties under any provisions in force binding the parties with regard to the settlement of disputes.

5. Without prejudice to article 45, the fact that a State has not previously made the notification prescribed in paragraph 1 shall not prevent it from making such notification in answer to another party claiming performance of the treaty or alleging its violation.

Article 66. Procedures for judicial settlement, arbitration and conciliation

If, under paragraph 3 of article 65, no solution has been reached within a period of 12 months following the date on which the objection was raised, the following procedures shall be followed:

(a) any one of the parties to a dispute concerning the application or the interpretation of articles 53 or 64 may, by a written application, submit it to the International Court of Justice for a decision unless the parties by common consent agree to submit the dispute to arbitration;

(b) any one of the parties to a dispute concerning the application or the interpretation of any of the other articles in Part V of the present Convention may set in motion the procedure specified in the Annexe to the Convention by submitting a request to that effect to the Secretary-General of the United Nations.

Article 67. Instruments for declaring invalid, terminating, withdrawing from or suspending the operation of a treaty

1. The notification provided for under article 65 paragraph 1 must be made in writing.

2. Any act declaring invalid, terminating, withdrawing from or suspending the operation of a treaty pursuant to the provisions of the treaty or of paragraphs

2 or 3 of article 65 shall be carried out through an instrument communicated to the other parties. If the instrument is not signed by the Head of State, Head of Government or Minister for Foreign Affairs, the representative of the State communicating it may be called upon to produce full powers.

Article 68. Revocation of notifications and instruments provided for in articles 65 and 67

A notification or instrument provided for in articles 65 or 67 may be revoked at any time before it takes effect.

SECTION 5. CONSEQUENCES OF THE INVALIDITY, TERMINATION OR SUSPENSION OF THE OPERATION OF A TREATY

Article 69. Consequences of the invalidity of a treaty

1. A treaty the invalidity of which is established under the present Convention is void. The provisions of a void treaty have no legal force.

2. If acts have nevertheless been performed in reliance on such a treaty:

 (a) each party may require any other party to establish as far as possible in their mutual relations the position that would have existed if the acts had not been performed;

 (b) acts performed in good faith before the invalidity was invoked are not rendered unlawful by reason only of the invalidity of the treaty.

3. In cases falling under articles 49, 50, 51 or 52, paragraph 2 does not apply with respect to the party to which the fraud, the act of corruption or the coercion is imputable.

4. In the case of the invalidity of a particular State's consent to be bound by a multilateral treaty, the foregoing rules apply in the relations between that State and the parties to the treaty.

Article 70. Consequences of the termination of a treaty

1. Unless the treaty otherwise provides or the parties otherwise agree, the termination of a treaty under its provisions or in accordance with the present Convention:

(a) releases the parties from any obligation further to perform the treaty;

(b) does not affect any right, obligation or legal situation of the parties created through the execution of the treaty prior to its termination.

2. If a State denounces or withdraws from a multilateral treaty, paragraph 1 applies in the relations between that State and each of the other parties to the treaty from the date when such denunciation or withdrawal takes effect.

Article 71. Consequences of the invalidity of a treaty which conflicts with a peremptory norm of general international law

1. In the case of a treaty which is void under article 53 the parties shall:

(a) eliminate as far as possible the consequences of any act performed in reliance on any provision which conflicts with the peremptory norm of general international law; and

(b) bring their mutual relations into conformity with the peremptory norm of general international law.

2. In the case of a treaty which becomes void and terminates under article 64, the termination of the treaty:

(a) releases the parties from any obligation further to perform the treaty;

(b) does not affect any right, obligation or legal situation of the parties created through the execution of the treaty prior to its termination; provided that those rights, obligations or situations may thereafter be maintained only to the extent that their maintenance is not in itself in conflict with the new peremptory norm of general international law.

Article 72. Consequences of the suspension of the operation of a treaty

1. Unless the treaty otherwise provides or the parties otherwise agree, the suspension of the operation of a treaty under its provisions or in accordance with the

present Convention:

(a) releases the parties between which the operation of the treaty is suspended from the obligation to perform the treaty in their mutual relations during the period of the suspension;

(b) does not otherwise affect the legal relations between the parties established by the treaty.

2. During the period of the suspension the parties shall refrain from acts tending to obstruct the resumption of the operation of the treaty.

PART Ⅵ. MISCELLANEOUS PROVISIONS

Article 73. Cases of State succession, State responsibility and outbreak of hostilities

The provisions of the present Convention shall not prejudge any question that may arise in regard to a treaty from a succession of States or from the international responsibility of a State or from the outbreak of hostilities between States.

Article 74. Diplomatic and consular relations and the conclusion of treaties

The severance or absence of diplomatic or consular relations between two or more States does not prevent the conclusion of treaties between those States. The conclusion of a treaty does not in itself affect the situation in regard to diplomatic or consular relations.

Article 75. Case of an aggressor State

The provisions of the present Convention are without prejudice to any obligation in relation to a treaty which may arise for an aggressor State in consequence of measures taken in conformity with the Charter of the United Nations with reference to that State's aggression.

PART Ⅶ. DEPOSITARIES, NOTIFICATIONS, CORRECTIONS AND REGISTRATION

Article 76. Depositaries of treaties

1. The designation of the depositary of a treaty may be made by the negotiating States, either in the treaty itself or in some other manner. The depositary may be one or more States, an international organization or the chief administrative officer of the organization.

2. The functions of the depositary of a treaty are international in character and the depositary is under an obligation to act impartially in their performance. In particular, the fact that a treaty has not entered into force between certain of the parties or that a difference has appeared between a State and a depositary with regard to the performance of the latter's functions shall not affect that obligation.

Article 77. Functions of depositaries

1. The functions of a depositary, unless otherwise provided in the treaty or agreed by the contracting States, comprise in particular:

(a) keeping custody of the original text of the treaty and of any full powers delivered to the depositary;

(b) preparing certified copies of the original text and preparing any further text of the treaty in such additional languages as may be required by the treaty and transmitting them to the parties and to the States entitled to become parties to the treaty;

(c) receiving any signatures to the treaty and receiving and keeping custody of any instruments, notifications and communications relating to it;

(d) examining whether the signature or any instrument, notification or communication relating to the treaty is in due and proper form and, if need be, bringing the matter to the attention of the State in question;

(e) informing the parties and the States entitled to become parties to the treaty of acts, notifications and communications relating to the treaty;

(f) informing the States entitled to become parties to the treaty when the number of signatures or of instruments of ratification, acceptance, approval or accession required for the entry into force of the treaty has been received or deposited;

(g) registering the treaty with the Secretariat of the United Nations;

(h) performing the functions specified in other provisions of the present Convention.

2. In the event of any difference appearing between a State and the depositary as to the performance of the latter's functions, the depositary shall bring the question to the attention of the signatory States and the contracting States or, where appropriate, of the competent organ of the international organization concerned.

Article 78. Notifications and communications

Except as the treaty or the present Convention otherwise provide, any notification or communication to be made by any State under the present Convention shall:

(a) if there is no depositary, be transmitted direct to the States for which it is intended, or if there is a depositary, to the latter;

(b) be considered as having been made by the State in question only upon its receipt by the State to which it was transmitted or, as the case may be, upon its receipt by the depositary;

(c) if transmitted to a depositary, be considered as received by the State for which it was intended only when the latter State has been informed by the depositary in accordance with article 77, paragraph 1 (e).

Article 79. Correction of errors in texts or in certified copies of treaties

1. Where, after the authentication of the text of a treaty, the signatory States and the contracting States are agreed that it contains an error, the error shall, unless they decide upon some other means of correction, be corrected:

(a) by having the appropriate correction made in the text and causing the correction to be initialled by duly authorized representatives;

(b) by executing or exchanging an instrument or instruments setting out the correction which it has been agreed to make; or

(c) by executing a corrected text of the whole treaty by the same procedure as in the case of the original text.

2. Where the treaty is one for which there is a depositary, the latter shall notify the signatory States and the contracting States of the error and of the proposal to correct it and shall specify an appropriate time-limit within which objection to the proposed correction may be raised. If, on the expiry of the time-limit:

(a) no objection has been raised, the depositary shall make and initial the correction in the text and shall execute a procŠs-verbal of the rectification of the text and communicate a copy of it to the parties and to the States entitled to become parties to the treaty;

(b) an objection has been raised, the depositary shall communicate the objection to the signatory States and to the contracting States.

3. The rules in paragraphs 1 and 2 apply also where the text has been authenticated in two or more languages and it appears that there is a lack of concordance which the signatory States and the contracting States agree should be corrected.

4. The corrected text replaces the defective text ab initio, unless the signatory States and the contracting States otherwise decide.

5. The correction of the text of a treaty that has been registered shall be notified to the Secretariat of the United Nations.

6. Where an error is discovered in a certified copy of a treaty, the depositary shall execute a procŠs-verbal specifying the rectification and communicate a copy of it to the signatory States and to the contracting Slates.

Article 80. Registration and publication of treaties

1. Treaties shall, after their entry into force, be transmitted to the Secretariat of the United Nations for registration or filing and recording, as the case may be, and for publication.

2. The designation of a depositary shall constitute authorization for it to perform the acts specified in the preceding paragraph.

PART VIII. FINAL PROVISIONS

Article 81. Signature

The present Convention shall be open for signature by all States Members of the United Nations or of any of the specialized agencies or of the International Atomic Energy Agency or parties to the Statute of the International Court of Justice, and by any other State invited by the General Assembly of the United Nations to become a party to the Convention, as follows: until 30 November 1969, at the Federal Ministry for Foreign Affairs of the Republic of Austria, and subsequently, until 30 April 1970, at United Nations Headquarters, New York.

Article 82. Ratification

The present Convention is subject to ratification. The instruments of ratification shall be deposited with the Secretary-General of the United Nations.

Article 83. Accession

The present Convention shall remain open for accession by any State belonging to any of the categories mentioned in article 81. The instruments of accession shall be deposited with the Secretary-General of the United Nations.

Article 84. Entry into force

1. The present Convention shall enter into force on the thirtieth day following the date of deposit of the thirty-fifth instrument of ratification or accession.
2. For each State ratifying or acceding to the Convention after the deposit of the thirty-fifth instrument of ratification or accession, the Convention shall enter into force on the thirtieth day after deposit by such State of its instrument of ratification or accession.

Article 85. Authentic texts

The original of the present Convention, of which the Chinese, English, French,

Russian and Spanish texts are equally authentic, shall be deposited with the Secretary-General of the United Nations.

IN WITNESS WHEREOF the undersigned Plenipotentiaries, being duly authorized thereto by their respective Governments, have signed the present Convention.

DONE at Vienna, this twenty-third day of May, one thousand nine hundred and sixty-nine.

ANNEX

1. A list of conciliators consisting of qualified jurists shall be drawn up and maintained by the Secretary-General of the United Nations. To this end, every State which is a Member of the United Nations or a party to the present Convention shall be invited to nominate two conciliators, and the names of the persons so nominated shall constitute the list. The term of a conciliator, including that of any conciliator nominated to fill a casual vacancy, shall be five years and may be renewed. A conciliator whose term expires shall continue to fulfil any function for which he shall have been chosen under the following paragraph.

2. When a request has been made to the Secretary-General under article 66, the Secretary-General shall bring the dispute before a conciliation commission constituted as follows:

The State or States constituting one of the parties to the dispute shall appoint:

(a) one conciliator of the nationality of that State or of one of those States, who may or may not be chosen from the list referred to in paragraph 1; and

(b) one conciliator not of the nationality of that State or of any of those States, who shall be chosen from the list.

The State or States constituting the other party to the dispute shall appoint two conciliators in the same way. The four conciliators chosen by the parties shall be appointed within sixty days following the date on which the Secretary-General receives the request.

The four conciliators shall, within sixty days following the date of the last of their own appointments, appoint a fifth conciliator chosen from the list, who shall be chairman.

If the appointment of the chairman or of any of the other conciliators has not been made within the period prescribed above for such appointment, it shall be made by the Secretary-General within sixty days following the expiry of that period. The appointment of the chairman may be made by the Secretary-General either from the list or from the membership of the International Law Commission. Any of the periods within which appointments must be made may be extended by agreement between the parties to the dispute.

Any vacancy shall be filled in the manner prescribed for the initial appointment.

3. The Conciliation Commission shall decide its own procedure. The Commission, with the consent of the parties to the dispute, may invite any party to the treaty to submit to it its views orally or in writing. Decisions and recommendations of the Commission shall be made by a majority vote of the five members.

4. The Commission may draw the attention of the parties to the dispute to any measures which might facilitate an amicable settlement.

5. The Commission shall hear the parties, examine the claims and objections, and make proposals to the parties with a view to reaching an amicable settlement of the dispute.

6. The Commission shall report within twelve months of its constitution. Its report shall be deposited with the Secretary-General and transmitted to the parties to the dispute. The report of the Commission, including any conclusions stated therein regarding the facts or questions of law, shall not be binding upon the parties and it shall have no other character than that of recommendations submitted for the consideration of the parties in order to facilitate an amicable settlement of the dispute.

7. The Secretary-General shall provide the Commission with such assistance and facilities as it may require. The expenses of the Commission shall be borne by the United Nations.

4. 대일평화조약

대일평화조약

(1951.9.8.)

　　연합국과 일본은 앞으로의 관계는 동등한 주권국가로서 그들의 공동 복지를 증진시키고, 국제 평화 및 안보를 유지하기 위해 우호적으로 협력하는 관계가 될 것이라고 결의하거니와, 그들 간에 전쟁 상태가 지속됨으로써 여전히 미해결 중인 여러 문제들을 해결할 평화조약을 체결하기를 바라는 까닭에 일본은 유엔에 가입하여, 어떤 상황하에서도 유엔헌장의 원칙들을 준수하고, 세계인권선언의 취지를 실현하기 위해 힘을 쓰고, 일본 내에서 유엔헌장 55조 및 56조에 규정된, 그리고 일본이 항복한 이후 이미 일본의 입법에 의해 시작된 안정과 복지에 관한 조건들을 조성하기 위해 노력하며, 공적 및 사적 무역 및 통상에서 국제적으로 인정된 공정한 관행들을 준수할 의향이 있으므로, 연합국들이 위에서 언급된 일본의 의향을 환영하므로, 연합국들과 일본은 현재 평화조약을 체결하기로 결정하며, 그에 따라 서명인 전권대사들을 임명했다. 그들은 자신들의 전권위임장을 제시하여, 그것이 적절하고 타당하다는 것이 확인된 후 다음 조항들에 동의했다.

제1장 평화

제1조

(a) 일본과 각 연합국들과의 전쟁 상태는 제23조에 규정된 바와 같이, 일본과 관련된 연합국 사이에서 현 조약이 시행되는 날부터 중지된다.

(b) 연합국들은 일본과 그 영해에 대한 일본 국민들의 완전한 주권을 인정한다.

제2장 영토

제2조

(a) 일본은 한국의 독립을 인정하고, 제주도, 거문도 및 울릉도를 비롯한 한국에 대한 모든 권리와 소유권 및 청구권을 포기한다.

(b) 일본은 타이완과 펑후제도에 대한 모든 권리와 소유권 및 청구권을 포기한다.

(c) 일본은 쿠릴 열도에 대한, 그리고 일본이 1905년 9월 5일의 포츠머스 조약에 의해 주권을 획득한 사할린의 일부와 그것에 인접한 도서에 대한 모든 권리와 소유권 및 청구권을 포기한다.

(d) 일본은 국제연맹의 위임통치제도와 관련된 모든 권리와 소유권 및 청구권을 포기하고, 신탁통치를 이전에 일본의 위임통치권하에 있었던 태평양 제도에 이르기까지 확대하는 1947년 4월 2일의 유엔안전보장이사회의 조치를 수용한다.

(e) 일본은 일본 국민의 활동으로부터 비롯된 건이건, 아니면 그 밖의 활동으로부터 비롯된 건이건 간에, 남극 지역의 어떤 부분과 관련된 어떤 권리나, 소유권 또는 이익에 대한 모든 권리를 포기한다.

(f) 일본은 남사군도와 서사군도에 대한 모든 권리와 소유권 및 청구권을 포기한다.

제3조

일본은 [남서제도와 대동제도를 비롯한] 북위 29도 남쪽의 남서제도와 (보닌제도, Rosario섬 및 화산열도를 비롯한) 소후칸 남쪽의 남방제도, 그리고 오키노토리 섬과 미나미토리 섬을 유일한 통치 당국인 미국의 신탁통치하에 두려는 미국이 유엔에 제시한 어떤 제안도 동의한다. 그러한 제안과 그에 대한 긍정적인 조치가 있을 때까지 미국은 그 영해를 포함한 그 섬들의 영토와 주민들에 대한 모든 행정, 입법, 사법권을 행사할 권리를 가지게 될 것이다.

제4조

(a) 이 조항의 (b)의 규정에 따라, 일본의 부동산 및 제2조에 언급된 지역의 일본 국민들의 부동산의 처분 문제와, 현재 그 지역들을 통치하고 있는 당국자들과 그곳의 (법인을 비롯한) 주민들에 대한 (채무를 비롯한) 그들의 청구권들, 그리고 그러한 당국자들과 주민들의 부동산의 처분과 일본과 그 국민들에 대한 그

러한 당국자들과 주민들의 채무를 비롯한 청구권들의 처분은 일본과 그 당국
자들 간에 특별한 협의의 대상이 된다. 그리고 일본에 있는, 그 당국이나 거류
민의 재산의 처분과, 일본과 일본국민을 상대로 하는 그 당국과 거류민의 청구
권(부채를 포함한)의 처분은 일본과 그 당국 간의 별도 협정의 주제가 될 것이
다. 제2조에서 언급된 지역에서의 어떤 연합국이나 그 국민의 재산은, 현재까
지 반환되지 않았다면, 현존하는 그 상태로 행정당국에 의해 반환될 것이다.

(b) 일본은 제2조와 제3조에 언급된 지역에 있는 일본과 일본국민 재산에 대해, 미
군정청 지침이나 이에 준해서 제정된 처분권의 적법성을 인정한다.

(c) 본 조약에 의해서 일본의 지배에서 벗어난 지역과 일본을 연결하는, 일본 소유
의 해저 케이블은 균등하게 분할될 것이다. 일본은 일본 측 터미널과 그에 접
하는 절반의 케이블을 갖고, 분리된 지역은 나머지 케이블과 터미널 시설을 갖
는다.

제3장 보장

제5조

(a) 일본은 유엔헌장 제2조에서 설명한 의무를 수락한다. 특별히 다음과 같은 의무
이다.

(ⅰ) 국제평화와 안전, 정의가 위협받지 않는 평화적인 방법으로 국제적 논쟁을
해결해야 할 의무

(ⅱ) 일본의 국제적인 관계에서, 어떤 나라의 영토보전이나 정치적인 독립을 해하
건, 어떤 식으로든 유엔의 목적에 상반되는 위협이나 군사력의 행사를 금하
는(자제하는) 의무

(ⅲ) 유엔이 헌장에 따라 하는 활동이라면 어떤 것이든 유엔을 지원하고, 유엔이
예방적이거나 제재하는 활동을 하는 어떤 나라도 지원하지 말아야 할 의무

(b) 연합국은, 그들과 일본과의 관계는 유엔헌장 제2조의 원칙에 의거해서 정해질
것임을 확인한다.

(c) 일본은 주권국가로서, 유엔헌장 제51조에 언급된 개별적 혹은 집단적 고유자위
권을 소유하며 자발적으로 집단안보 조약에 가입할 수 있음을 연합국 입장에서

인정한다.

제6조

(a) 본 조약이 시행되고 난 후 가능한 빠른 시일 내에, 그리고 어떤 경우라도 시행 후 90일 이전에, 연합국의 모든 점령군은 일본에서 철수할 것이다. 그러나 이 조항의 어떤 내용도, 1개 혹은 그 이상의 연합국을 일방으로 하고 일본을 다른 일방으로 해서 체결되었거나 체결될 상호 간, 혹은 다자간협정에 의해서 외국 군을 일본 영토 내에 주둔시키거나 유지하는 것을 막을 수는 없다.

(b) 일본군의 귀환과 관련한, 1945년 7월 26일 포츠담 선언 제9조의 조항은, 아직 (귀환이) 완료되지 않은 범위에서는, 실행될 것이다.

(c) 그 보상비가 아직 지급되지 않았으며, 점령군의 사용을 위해 제공되어, 본 조약 이 시행되는 시점까지 점령군이 소유하고 있는 일본의 모든 부동산은 상호 합 의에 의해 다른 약정이 만들어지지 않는 한, 90일 이내에 일본 정부에 반환된다.

제4장 정치적 및 경제적 조항들

제7조

(a) 각 연합국은 본 조약이 시행된 지 1년 안에 일본에게 전쟁 전에 체결된 일본과 의 양자 간 조약이나, 협약에 대해, 그것을 계속 유지 또는 부활시킬 의사가 있 는지를 통지한다. 그와 같이 통지된 어떤 조약이나 협약은 본 조약의 이행에 필요할 수 있는 것과 같은 그러한 변경 사항들을 준수하기만 한다면, 계속 유 지되거나, 부활된다. 그와 같이 통지된 조약 및 협약은 통지된 지 3개월 후에 계속 효력을 발생하거나, 재개되며, 국제연합 사무국에 등록된다. 일본에게 그 와 같이 통지되지 않은 모든 조약들과 협약들은 폐기된 것으로 간주된다.

(b) 이 조의 (a)항에 의해 실시되는 모든 통지는 어떤 조약이나 협약을 실행하거나, 재개하면서 통지하는 나라가 책임이 있는 국제관계를 위해 어떤 영토를 제외 시킬 수 있다. 일본에게 그러한 통지를 한 날로부터 3개월 뒤에는 그러한 예외 는 중단될 것이다.

제8조

(a) 일본은 연합국에 의한 또는 평화 회복과 관련한 다른 협정들뿐 아니라, 1939년 9월 1일에 시작된 전쟁 상태를 종료하기 위해 현재 또는 앞으로 연합국에 의해 체결되는 모든 조약들의 완전한 효력을 인정한다. 일본은 또한 종전의 국제연맹과 상설 국제사법재판소를 폐지하기 위해 행해진 협약들을 수용한다.

(b) 일본은 1919년 9월 10일의 생 제르메넹 라이 협약과 1936년 7월 20일의 몽트뢰 조약의 서명국 신분으로부터 유래될 수 있는, 그리고 1923년 7월 24일 로잔에서 터키와 체결한 평화조약 제16조에 의해 발생될 수 있는 모든 권리와 이익들을 포기한다.

(c) 일본은 1930년 1월 20일에 독일과 채권국들 간에 체결한 협정과, 1930년 5월 17일 자 신탁협정을 비롯한 그 부속 협정들인 1930년 1월 20일의 국제결재은행에 관한 조약 및 국제결재은행의 정관들에 의해 획득한 모든 권리와 소유권 및 이익들을 포기하는 동시에, 그러한 협정 등으로부터 비롯되는 모든 의무로부터 해방된다. 일본은 본 조약이 최초로 효력을 발생한 뒤 6개월 이내에 이 항과 관련된 권리와 소유권 및 이익들의 포기를 프랑스 외무성에 통지한다.

제9조

일본은 공해상의 어업의 규제나 제한, 그리고 어업의 보존 및 발전을 규정하는 양자 간 및 다자 간 협정을 체결하기를 바라는 연합국들과 즉각 협상을 시작한다.

제10조

일본은 1901년 9월 7일에 베이징에서 서명된 최종 의정서의 규정들로부터 발생되는 모든 이익과 특권을 비롯하여, 중국에 대한 모든 특별한 권리와 이익을 포기한다. 그리고 모든 조항들과 문안 그리고 보충 서류들은 이로써, 이른바 요령, 조항, 문구, 서류들을 폐기하기로 일본과 합의한다.

제11조

일본은 일본 안팎의 극동 및 기타국가 연합의 전범 재판소의 국제 군사재판 판결을 수용하고 이로써 일본 내 일본인에게 선고된 형량을 수행한다. 형량감경이나 가석방 같은 관용은 정부로부터 또는 사안별로 형량을 선고한 연합정부의 결정이 있을 경우 또는 일본심사결과가 있을 경우 이외에는 적용하지 않는다.

극동지역에 대한 국제 군사재판에서 선고받은 피고인 경우 재판소를 대표하는 정부 구성원이나 일본심사결과상 과반수의 결정이 있을 경우 이외에는 적용하지 않는다.

제12조

(a) 일본은 안정적이고 호혜적 관계를 바탕으로 한 거래와 해상무역을 위하여 연합국과 조약을 맺거나 협상결과를 이끌어 내기 위하여 신속한 협정에 임할 준비가 되어 있음을 선언한다.

(b) 관련 조약이나 협정상 합의사항 보류 시 현행 협정사항이 효력을 얻는 초년도부터 4년 기간 동안 일본은,

 (1) 연합군의 권력과 구성국가들, 생산물자와 선박들을 수용한다.

　(ⅰ) 최혜국 협정을 수용하여 관세율 적용과 부과, 제한사항 그리고 기타 물자 수출입과 연관해서는 관련규정을 따른다.

　(ⅱ) 해운, 항해 및 수입상품에 대한 내국민 대우와, 자연인, 법인 및 그들의 이익에 대한 내국민 대우, 다시 말해 그러한 대우는 세금의 부과 및 징수, 재판을 받는 것, 계약의 체결 및 이행, (유,무형) 재산권, 일본법에 따라 구성된 자치단체에의 참여 및 일반적으로 모든 종류의 사업활동 및 직업활동의 수행에 관한 모든 사항들을 포함한다.

 (2) 일본 공기업들의 대외적인 매매는 오로지 상업적 고려만을 기준으로 하고 있다는 것을 보장한다.

(c) 하지만, 어떤 문제에 대해 일본은 관련된 연합국이 같은 문제에 대해 일본에게 경우에 따라 내국민 대우나, 최혜국 대우를 주는 범위 내에서만, 그 연합국에게 내국민 대우나, 최혜국 대우를 주어야 한다.

앞에서 말한 상호주의는 연합국의 어떤 비수도권 지역의 생산품, 선박 및 자치단체, 그리고 그 지역에 거주하는 사람들의 경우에, 그리고 연방정부를 가지고 있는 어떤 연합국의 준, 지방의 자치단체와 그 주나 지방에 거주하는 사람들의 경우에, 그러한 지역이나, 주 또는 지방에서 일본에게 제공하는 대우를 참조하여 결정된다.

(d) 이 조를 적용함에 있어서, 차별적 조치는 그것을 적용하는 당사국의 통상조약

에서 통상적으로 규정하고 있는 예외에 근거를 둔 것이라면, 또는 그 당사국의 대외적 재정 상태나, (해운 및 항해에 관한 부분을 제외한) 국제수지를 보호해야 할 필요에 근거를 둔 것이라면, 또는 긴요한 안보상의 이익을 유지해야 할 필요성에 근거를 둔 것이라면, 그리고 그러한 조치가 주변상황과 조화를 이루면서, 자의적이거나, 비합리적으로 적용되지 않는다면, 경우에 따라서 내국민 대우나 최혜국 대우를 허용하는 것과 상충하는 것으로 간주되지는 않는다.

(e) 이 조에 의한 일본의 의무는 본 조약의 제14조에 의한 연합국의 어떤 권리 행사에 의해서도 영향을 받지 않는다. 아울러 이 조의 규정들은 본 조약의 제15조에 따라 일본이 감수해야 할 약속들을 제한하는 것으로 해석되어서는 안 된다.

제13조

(a) 일본은 국제 민간항공운송에 관한 양자 간, 또는 다자 간 협정을 체결하자는 어떤 연합국의 요구가 있을 때에는 즉시 해당 연합국들과 협상을 시작한다.

(b) 일본은 그러한 협정들이 체결될 때까지, 본 조약이 최초로 발효된 때부터 4년 간, 항공 교통권에 대해 그 효력이 발생하는 날에 어떤 해당 연합국이 행사하는 것에 못지않은 대우를 해당 연합국에 제공하는 한편, 항공업무의 운영 및 개발에 관한 완전한 기회균등을 제공한다.

(c) 일본은 국제민간항공조약 제93조에 따라 동 조약의 당사국이 될 때까지, 항공기의 국제 운항에 적용할 수 있는 동 조약의 규정들을 준수하는 동시에, 동 조약의 규정에 따라 동 조약의 부속서로 채택된 표준과 관행 및 절차들을 준수한다.

제5장 청구권과 재산

제14조

(a) 일본이 전쟁 중 일본에 의해 발생된 피해와 고통에 대해 연합국에 배상을 해야 한다는 것은 주지의 사실이다. 그럼에도 불구하고, 일본이 생존 가능한 경제를 유지하면서, 그러한 모든 피해와 고통에 대한 완전한 배상을 하는 동시에, 다른 의무들을 이행하기에는 일본의 자원이 현재 충분하지 않다는 것 또한 익히 알고 있는 사실이다.

따라서,

1. 일본은 즉각 현재의 영토가 일본군에 의해 점령당한, 그리고 일본에 의해 피해를 입은 연합국들에게 그들의 생산, 복구 및 다른 작업에 일본의 역무를 제공하는 등, 피해 복구 비용의 보상을 지원하기 위한 협상을 시작한다. 그러한 협상은 다른 연합국들에게 추가적인 부담을 부과하지 않아야 한다. 그리고 원자재의 제조가 필요하게 되는 경우, 일본에게 어떤 외환 부담이 돌아가지 않도록 원자재는 해당 연합국들이 공급한다.

2. (I), 아래 (II)호의 규정에 따라, 각 연합국은 본 조약의 최초의 효력 발생 시에 각 연합국의 관할하에 있는 다음의 모든 재산과 권리 및 이익을 압수하거나, 보유하건, 또는 처분할 권리를 가진다.

    (a) 일본 및 일본 국민,

    (b) 일본 또는 일본 국민의 대리자 또는 대행자,

    (c) 일본 또는 일본 국민이 소유하건, 지배하는 단체,

    이 (I)호에서 명시하는 재산, 권리 및 이익은 현재 동결되었거나, 귀속되었거나, 연합국 적산관리 당국이 소유하건, 관리하고 있는 것들을 포함하는데, 그것들은 앞의 (a)나, (b) 또는 (c)에 언급된 사람이나, 단체에 속하거나, 그들을 대신해서 보유했거나, 관리했던 것들인 동시에 그러한 당국의 관리하에 있던 것들이었다.

(II) 다음은 위의 (I)호에 명기된 권리로부터 제외된다.

    (i) 전쟁 중, 일본이 점령한 영토가 아닌, 어떤 연합국의 영토에 해당 정부의 허가를 얻어 거주한 일본의 자연인 재산. 다만, 전쟁 중에 제한 조치를 받고서, 본 조약이 최초로 효력을 발생하는 날에 그러한 제한 조치로부터 해제되지 않은 재산은 제외한다.

    (ii) 일본 정부 소유로 외교 및 영사 목적으로 사용한 모든 부동산과 가구 및 비품, 그리고 일본의 대사관 및 영사관 직원들이 소유한 것으로 통상적으로 대사관 및 영사관 업무를 수행하는 데 필요한 모든 개인용 가구와 용구 및 투자 목적이 아닌 다른 개인 재산

    (iii) 종교단체나, 민간 자선단체에 속하는 재산으로 종교적 또는 자선적 목적으로만 사용한 재산

    (iv) 관련 국가와 일본 간에 1945년 9월 2일 이후에 재개된 무역 및 금융 관계

에 의해 일본이 관할하게 된 재산과 권리 및 이익. 다만 관련 연합국의 법에 위반되는 거래로부터 발생한 것은 제외된다.

(v) 일본 또는 일본 국민의 채무, 일본에 소재하는 유형 재산에 관한 권리나, 소유권 또는 이익, 일본의 법률에 따라 조직된 기업에 관한 이익 또는 그것들에 대한 증서, 다만, 이 예외는, 일본의 통화로 표시된 일본 및 일본 국민의 채무에만 적용한다.

(Ⅲ) 앞에서 언급된 예외 (i)로부터 (v)까지의 재산은 그 보존 및 관리를 위한 합리적인 비용의 지불을 조건으로 반환된다. 그러한 재산이 청산되었다면, 그 재산을 반환하는 대신에 그 매각대금을 반환한다.

(Ⅳ) 앞에 나온 (Ⅰ)호에 규정된 일본 재산을 압류하고, 유치하고, 청산하거나, 그 외 어떠한 방법으로 처분할 권리는 해당 연합국의 법률에 따라 행사되며, 그 소유자는 그러한 법률에 의해 본인에게 주어질 권리만을 가진다.

(Ⅴ) 연합국은 일본의 상표권과 문학 및 예술 재산권을 각국의 일반적 사정이 허용하는 한, 일본에 유리하게 취급하는 것에 동의한다.

(b) 연합국은 본 조약에 특별한 규정이 있는 경우를 제외하고, 연합국의 모든 배상 청구권과 전쟁 수행과정에서 일본 및 그 국민이 자행한 어떤 행동으로부터 발생된 연합국 및 그 국민의 다른 청구권, 그리고 점령에 따른 직접적인 군사적 비용에 관한 연합국의 청구권을 포기한다.

제15조

(a) 본 조약이 일본과 해당 연합국 간에 효력이 발생된 지 9개월 이내에 신청이 있을 경우, 일본은 그 신청일로부터 6개월 이내에, 1941년 12월 7일부터 1945년 9월 2일까지 일본에 있던 각 연합국과 그 국민의 유형 및 무형 재산과, 종류의 여하를 불문한 모든 권리 또는 이익을 반환한다. 다만, 그 소유주가 강박이나, 사기를 당하지 않고 자유로이 처분한 것은 제외한다. 그러한 재산은 전쟁으로 말미암아 부과될 수 있는 모든 부담금 및 과금을 지불하지 않는 동시에, 그 반환을 위한 어떤 과금도 지불하지 않고서 반환된다. 소유자나 그 소유자를 대신하여, 또는 그 소유자의 정부가 소장기간 내에 반환을 신청하지 않는 재산은 일본 정부가 임의로 처분할 수 있다. 그러한 재산이 1941년 12월 7일에 일본 내에 존재하고 있었으나, 반환될 수 없거나, 전쟁의 결과로 손상이나 피해를 입

은 경우, 1951년 7월 13일에 일본 내각에서 승인된 연합국 재산보상법안이 정하는 조건보다 불리하지 않은 조건으로 보상된다.

(b) 전쟁 중에 침해된 공업 재산권에 대해서, 일본은 현재 모두 수정되었지만, 1949년 9월 1일 시행 각령 제309호, 1950년 1월 28일 시행 각령 제12호 및 1950년 2월 1일 시행 각령 제9호에 의해 지금까지 주어진 것보다 불리하지 않은 이익을 계속해서 연합국 및 그 국민에게 제공한다. 다만, 그 연합국의 국민들이 각령에 정해진 기한까지 그러한 이익을 제공해 주도록 신청한 경우에만 그러하다.

(c) (i) 1941년 12월 6일에 일본에 존재했던, 출판 여부를 불문하고, 연합국과 그 국민들의 작품들에 대해서, 문학과 예술의 지적재산권이 그 날짜 이후로 계속해서 유효했음을 인정하고, 전쟁의 발발로 인해서 일본 국내법이나 관련 연합국의 법률에 의해서 어떤 회의나 협정이 폐기 혹은 중지 되었거나 상관없이, 그 날짜에 일본이 한쪽 당사자였던 그런 회의나 협정의 시행으로, 그 날짜 이후로 일본에서 발생했거나, 전쟁이 없었다면 발생했을 권리를 승인한다.

(ii) 그 권리의 소유자 신청할 필요도 없이, 또 어떤 수수료의 지불이나 다른 어떤 형식에 구애됨이 없이, 1941년 12월 7일부터, 일본과 관련 연합국 간의 본 협정이 시행되는 날까지의 기간은 그런 권리의 정상적인 사용기간에서 제외될 것이다. 그리고 그 기간은, 추가 6개월의 기간을 더해서, 일본에서 번역판권을 얻기 위해서 일본어로 번역되어야 한다고 정해진 시간에서 제외될 것이다.

제16조

일본의 전쟁포로로서 부당하게 고통을 겪은 연합국 군인들을 배상하는 한 가지 방식으로, 일본은 전쟁기간 동안 중립국이었던 나라나, 연합국과 같이 참전했던 나라에 있는 연합국과 그 국민의 재산, 혹은 선택사항으로 그것과 동등한 가치를, 국제적십자 위원회에 이전해 줄 것이고, 국제적십자위원회는 그 재산을 청산해서 적절한 국재 기관에 협력기금으 분배하게 될 것이다. 공정하다고 판단될 수 있는 논리로, 과거 전쟁포로와 그 가족들의 권익을 위해서. (앞 문장의 일부분)본 협정의 제14조(a)2(Ⅱ)(ii)부터 (Ⅴ)까지에 규정된 범위의 재산은, 본 협정이 시행되는 첫날, 일본에 거주하지 않는 일본 국민들의 재산과 마찬가지로 이전대상에서 제외될 것이다. 이 항의 이전조항은 현재 일본 재정기관이 보유한 국제결재은행의 주식 19,770주에 대해서는 적용되지 않는다는 것도 동시에 양해한다.

제17조

(a) 어떤 연합국이든지 요청하면, 연합국 국민의 소유권과 관련된 사건에서, 일본 정부는 국제법에 따라서 일본 상벌위원회의 결정이나 명령을 재검토하거나 수정해야 하고, 결정이나 명령을 포함해서, 이런 사건들의 기록을 포함한 모든 문서의 사본을 제공해야 한다. 원상복구가 옳다는 재검토나 수정이 나온 사건에서는, 제15조의 조항이 관련 소유권에 적용되어야 할 것이다.

(b) 일본 정부는 필요한 조치를 취해서, 일본과 관련 연합국 간의 본 협정이 시행되는 첫날로부터 일 년 이내에 언제라도, 어떤 연합국 국민이든지 1941년 12월 7일과 시행되는 날 사이에 일본 법정으로부터 받은 어떤 판결에 대해서도, 일본 관계 당국에 재심을 신청할 수 있도록 해야 하며, 이것은 그 국민이 원고나 피고로서 적절한 제청을 할 수 있는 어떤 소추에서라도 적용되어야 한다. 일본 정부는 해당 국민이 그러한 어떤 재판에 의해 손해를 입었을 경우에는, 그 사람을 그 재판을 하기 전의 상태로 원상 복구시켜 주도록 하거나, 그 사람이 공정하고 정당한 구제를 받을 수 있도록 조치해야 한다.

제18조

(a) 전쟁상태의 개입은, (채권에 관한 것을 포함한)기존의 의무 및 계약으로부터 금전상의 채무를 상환할 의무, 그리고 전쟁상태 이전에 취득된 권리로서, 일본 정부나 그 국민들이 연합국의 한 나라의 정부나 그 국민들에게 또는 연합국의 한 나라의 정부나 그 국민들이 일본 정부나 그 국민들에게 주어야 하는 권리에 영향을 미치지 않는다는 것을 인정한다. 그와 마찬가지로 전쟁상태의 개입은 전쟁상태 이전에 발생한 것으로, 연합국의 한 나라의 정부가 일본 정부에 대해, 또는 일본 정부가 연합국의 한 나라의 정부에 대해 제개하건, 재제기할 수 있는 재산의 멸실이나, 손해 또는 개인적 상해나, 사망으로 인한 청구권을 검토할 의무에 영향을 미치는 것으로 간주되지 않는다. 이 항의 규정은 제41조에 의해 부여되는 권리를 침해하지 않는다.

(b) 일본은 일본의 전쟁 전의 대외채무에 관한 책임과, 뒤에 일본의 책임이라고 선

언된 단체들의 채무에 관한 책임을 질 것을 천명하면서, 빠른 시일 내에 그러한 채무의 지불 재개에 대해 채권자들과 협상을 시작하고, 전쟁 전의 다른 청구권들과 의무들에 대한 협상을 촉진하며, 그에 따라 상환을 용이하게 하겠다는 의향을 표명한다.

제19조

(a) 일본은 전쟁으로부터 발생했건, 전쟁상태의 존재로 말미암아 취해진 조치들로부터 발생한 연합국들과 그 국민들에 대한 일본 및 일본 국민들의 모든 청구권을 포기하는 한편, 본 조약이 발효되기 전에 일본 영토 내에서 연합국 군대나 당국의 존재, 직무수행 또는 행동들로부터 생긴 모든 청구권을 포기한다.

(b) 앞에서 언급한 포기에는 1939년 9월 1일부터 본 조약의 효력발생 시까지의 사이에 일본의 선박에 관해서 연합국이 취한 조치로부터 생긴 청구권은 물론 연합국의 수중에 있는 일본 전쟁포로와 민간인 피억류자에 관해서 생긴 모든 청구권 및 채권이 포함된다. 다만, 1945년 9월 2일 이후 어떤 연합국이 제정한 법률로 특별히 인정된 일본인의 청구권은 포함되지 않는다.

(c) 일본 정부는 또한 상호 포기를 조건으로 정부 간의 청구권 및 전쟁 중에 입은 멸실 또는 손해에 관한 청구권을 포함한 독일과 독일 국민에 대한 (채권을 포함한) 모든 청구권을 일본 정부와 일본 국민을 위해서 포기한다. 다만, (a)1939년 9월 1일 이전에 체결된 계약 및 취득된 권리에 관한 청구권과, (b)1945년 9월 2일 후에 일본과 독일 간의 무역 및 금융의 관계로부터 생긴 청구권은 제외한다. 그러한 포기는 본 조약 제16조 및 제20조에 따라 취해진 조치들에 저촉되지 않는다.

(d) 일본은 점령기간 동안, 점령 당국의 지시에 따라 또는 그 지시의 결과로 행해졌거나 당시의 일본법에 의해 인정된 모든 작위 또는 부작위 행위의 효력을 인정하며, 연합국 국민들에게 그러한 작위 또는 부작위 행위로부터 발생하는 민사 또는 형사 책임을 묻는 어떤 조치도 취하지 않는다.

제20조

일본은 1945년 베를린 회의의 협약의정서에 따라 일본 내의 독일 재산을 처분할 권리를 가지게 되는 제국이 그러한 재산의 처분을 결정하거나 결정할 수 있도록

보장하기 위한 필요한 모든 조치를 취한다. 그리고 그러한 재산이 최종적으로 처분될 때까지 그 보존 및 관리에 대한 책임을 진다.

제21조

중국은 본 조약 제25조의 규정에 관계없이, 제10조 및 제14조 (a)2의 이익을 받을 권리를 가지며, 한국은 본 조약의 제2조, 제4조, 제9조 및 제12조의 이익을 받을 권리를 가진다.

제6장 분쟁의 해결

제22조

본 조약의 어떤 당사국이 볼 때, 특별청구권재판소나 다른 합의된 방법으로 해결되지 않는 본 조약의 해석 또는 실행에 관한 분쟁이 발생한 경우, 그러한 분쟁은 어떤 분쟁 당사국의 요청에 의해 그러한 분쟁에 대한 결정을 얻기 위해 국제사법재판소로 회부된다. 일본과, 아직 국제사법재판소 규정상의 당사국이 아닌 연합국은 각각 본 조약을 비준할 때, 그리고 1946년 10월 15일의 국제연합안전보장이사회의 결의에 따라, 특별한 합의 없이, 이 조항에서 말하는 모든 분쟁에 대한 국제사법재판소의 전반적인 관할권을 수락하는 일반선언서를 동 재판소 서기에 기탁한다.

제7장 최종조항

제23조

(a) 본 조약은 일본을 포함하여 본 조약에 서명하는 나라에 의해 비준된다. 본 조약은 비준서가 일본에 의해, 그리고 호주, 캐나다, 실론, 프랑스, 인도네시아, 네덜란드, 뉴질랜드, 필리핀, 영국과 북아일랜드, 미국 중, 가장 중요한 점령국인 미국을 포함한 과반수에 의해 기탁되었을 때, 그것을 비준한 모든 나라들에 효력을 발한다.

(b) 일본이 비준서를 기탁한 후 9개월 이내에 본 조약이 발효되지 않는다면, 본 조약을 비준한 나라는 모두 일본이 비준서를 기탁한 후 3년 이내에 일본 정부 및 미국 정부에 그러한 취지를 통고함으로써 자국과 일본 사이에 본 조약을 발효시키게 할 수 있다.

제24조

모든 비준서는 미국 정부에 기탁해야 한다. 미국 정부는 제23조 (a)에 의거한 본 조약의 효력발생일과 제23조 (b)에 따라 행해지는 어떤 통고를 모든 서명국에 통지한다.

제25조

본 조약의 적용상, 연합국이란 일본과 전쟁하고 있던 나라들이나, 이전 제23조에 명명된 나라의 영토의 일부를 이루고 있었던 어떤 나라를 말한다. 다만, 각 경우 관련된 나라가 본 조약에 서명하여, 본 조약을 비준하는 것을 조건으로 한다. 본 조약은 제21조의 규정에 따라 여기에 정의된 연합국이 아닌 나라에 대해서는 어떠한 권리나, 소유권 또는 이익도 주지 않는다. 아울러 본 조약의 어떠한 규정에 의해 앞에서 정의된 연합국이 아닌 나라를 위해 일본의 어떠한 권리나, 소유권 또는 이익이 제한되건, 훼손되지 않는다.

제26조

일본은 1942년 1월 1일 국제연합선언문에 서명하건, 동의하는 어떤 국가와, 일본과 전쟁상태에 있는 어떤 국가, 또는 이전에 본 조약의 서명국이 아닌 제23조에 명명된 어떤 국가의 영토의 일부를 이루고 있던 어떤 나라와 본 조약에 규정된 것과 동일하거나, 실질적으로 동일한 조건으로 양자 간의 평화조약을 체결할 준비를 해야 한다. 다만, 이러한 일본의 의무는 본 조약이 최초로 발효된 지 3년 뒤에 소멸된다. 일본이 조약을 체결할 준비를 해야 한다. 다만, 이러한 의무는 본 조약이 최초로 발효된 지 3년 뒤에 소멸된다. 일본이 본 조약이 제공하는 것보다 더 많은 이익을 주는 어떤 국가와 평화적인 해결을 하건, 전쟁청구권을 처리할 경우, 그러한 이익은 본 조약의 당사국들에게도 적용되어야 한다.

제27조

본 조약은 미국 정부의 기록보관소에 저장된다. 미국 정부는 인증된 등본을 각 서명국에 교부한다.

이상으로 서명의 전권대표는 본 조약에 서명했다.

1951년 9월 8일, 샌프란시스코시에서 동일한 자격의 정문인 영어, 프랑스어 및 스페인어로, 그리고 일본어로 작성되었다.

TREATY OF PEACE WITH JAPAN

WHEREAS the Allied Powers and Japan are resolved that henceforth their relations shall be those of nations which, as sovereign equals, cooperate in friendly association to promote their common welfare and to maintain international peace and security, and are therefore desirous of concluding a Treaty of Peace which will settle questions still outstanding as a result of the existence of a state of war between them;

WHEREAS Japan for its part declares its intention to apply for membership in the United Nations and in all circumstances to conform to the principles of the Charter of the United Nations; to strive to realize the objectives of the Universal Declaration of Human Rights; to seek to create within Japan conditions of stability and well-being as defined in Articles 55 and 56 of the Charter of the United Nations and already initiated by post-surrender Japanese legislation; and in public and private trade and commerce to conform to internationally accepted fair practices;

WHEREAS the Allied Powers welcome the intentions of Japan set out in the foregoing paragraph;

THE ALLIED POWERS AND JAPAN have therefore determined to conclude the present Treaty of Peace, and have accordingly appointed the undersigned Plenipotentiaries, who, after presentation of their full powers, found in good and due form, have agreed on the following provisions:

CHAPTER I. PEACE

Article 1

(a) The state of war between Japan and each of the Allied Powers is terminated as from the date on which the present Treaty comes into force between Japan and the Allied Power concerned as provided for in Article 23.

(b) The Allied Powers recognize the full sovereignty of the Japanese people over Japan and its territorial waters.

CHAPTER II. TERRITORY

Article 2

(a) Japan recognizing the independence of Korea, renounces all right, title and claim to Korea, including the islands of Quelpart, Port Hamilton and Dagelet.

(b) Japan renounces all right, title and claim to Formosa and the Pescadores.

(c) Japan renounces all right, title and claim to the Kurile Islands, and to that portion of Sakhalin and the islands adjacent to it over which Japan acquired sovereignty as a consequence of the Treaty of Portsmouth of 5 September 1905.

(d) Japan renounces all right, title and claim in connection with the League of Nations Mandate System, and accepts the action of the United Nations Security Council of 2 April 1947, extending the trusteeship system to the Pacific Islands formerly under mandate to Japan.

(e) Japan renounces all claim to any right or title to or interest in connection with any part of the Antarctic area, whether deriving from the activities of Japanese nationals or otherwise.

(f) Japan renounces all right, title and claim to the Spratly Islands and to the Paracel Islands.

Article 3

Japan will concur in any proposal of the United States to the United Nations to place under its trusteeship system, with the United States as the sole administering authority, Nansei Shoto south of 29deg. north latitude (including the Ryukyu Islands and the Daito Islands), Nanpo Shoto south of Sofu Gan (including the Bonin Islands, Rosario Island and the Volcano Islands) and Parece Vela and Marcus Island. Pending the making of such a proposal and affirmative action thereon, the United States will have the right to exercise all and any powers of administration, legislation and jurisdiction over the territory and inhabitants of these islands, including their territorial waters.

Article 4

(a) Subject to the provisions of paragraph (b) of this Article, the disposition of property of Japan and of its nationals in the areas referred to in Article 2, and their claims, including debts, against the authorities presently administering such areas and the residents (including juridical persons) thereof, and the disposition in Japan of property of such authorities and residents, and of claims, including debts, of such authorities and residents against Japan and its nationals, shall be the subject of special arrangements between Japan and such authorities. The property of any of the Allied Powers or its nationals in the areas referred to in Article 2 shall, insofar as this has not already been done, be returned by the administering authority in the condition in which it now exists. (The term nationals whenever used in the present Treaty includes juridical persons.)

(b) Japan recognizes the validity of dispositions of property of Japan and Japanese nationals made by or pursuant to directives of the United States Military

Government in any of the areas referred to in Articles 2 and 3.

(c) Japanese owned submarine cables connection Japan with territory removed from Japanese control pursuant to the present Treaty shall be equally divided, Japan retaining the Japanese terminal and adjoining half of the cable, and the detached territory the remainder of the cable and connecting terminal facilities.

CHAPTER Ⅲ. SECURITY

Article 5

(a) Japan accepts the obligations set forth in Article 2 of the Charter of the United Nations, and in particular the obligations

(i) to settle its international disputes by peaceful means in such a manner that international peace and security, and justice, are not endangered;

(ii) to refrain in its international relations from the threat or use of force against the territorial integrity or political independence of any State or in any other manner inconsistent with the Purposes of the United Nations;

(iii) to give the United Nations every assistance in any action it takes in accordance with the Charter and to refrain from giving assistance to any State against which the United Nations may take preventive or enforcement action.

(b) The Allied Powers confirm that they will be guided by the principles of Article 2 of the Charter of the United Nations in their relations with Japan.

(c) The Allied Powers for their part recognize that Japan as a sovereign nation possesses the inherent right of individual or collective self-defense referred to in Article 51 of the Charter of the United Nations and that Japan may voluntarily enter into collective security arrangements.

Article 6

(a) All occupation forces of the Allied Powers shall be withdrawn from Japan as soon as possible after the coming into force of the present Treaty, and in any case not later than 90 days thereafter. Nothing in this provision shall, however, prevent the stationing or retention of foreign armed forces in Japanese territory under or in consequence of any bilateral or multilateral agreements which have been or may be made between one or more of the Allied Powers, on the one hand, and Japan on the other.

(b) The provisions of Article 9 of the Potsdam Proclamation of 26 July 1945, dealing with the return of Japanese military forces to their homes, to the extent not already completed, will be carried out.

(c) All Japanese property for which compensation has not already been paid, which was supplied for the use of the occupation forces and which remains in the possession of those forces at the time of the coming into force of the present Treaty, shall be returned to the Japanese Government within the same 90 days unless other arrangements are made by mutual agreement.

CHAPTER Ⅳ. POLITICAL AND ECONOMIC CLAUSES

Article 7

(a) Each of the Allied Powers, within one year after the present Treaty has come into force between it and Japan, will notify Japan which of its prewar bilateral treaties or conventions with Japan it wishes to continue in force or revive, and any treaties or conventions so notified shall continue in force or by revived subject only to such amendments as may be necessary to ensure conformity with the present Treaty. The treaties and conventions so notified shall be considered as having been continued in force or revived three months after the date of notification and shall be registered with the Secretariat of the United Nations. All such treaties and conventions as to which Japan is not so notified shall be regarded as abrogated.

(b) Any notification made under paragraph (a) of this Article may except from the operation or revival of a treaty or convention any territory for the international relations of which the notifying Power is responsible, until three months after the date on which notice is given to Japan that such exception shall cease to apply.

Article 8

(a) Japan will recognize the full force of all treaties now or hereafter concluded by the Allied Powers for terminating the state of war initiated on 1 September 1939, as well as any other arrangements by the Allied Powers for or in connection with the restoration of peace. Japan also accepts the arrangements made for terminating the former League of Nations and Permanent Court of International Justice.

(b) Japan renounces all such rights and interests as it may derive from being a signatory power of the Conventions of St. Germain-en-Laye of 10 September 1919, and the Straits Agreement of Montreux of 20 July 1936, and from Article 16 of the Treaty of Peace with Turkey signed at Lausanne on 24 July 1923.

(c) Japan renounces all rights, title and interests acquired under, and is discharged from all obligations resulting from, the Agreement between Germany and the Creditor Powers of 20 January 1930 and its Annexes, including the Trust Agreement, dated 17 May 1930, the Convention of 20 January 1930, respecting the Bank for International Settlements; and the Statutes of the Bank for International Settlements. Japan will notify to the Ministry of Foreign Affairs in Paris within six months of the first coming into force of the present Treaty its renunciation of the rights, title and interests referred to in this paragraph.

Article 9

Japan will enter promptly into negotiations with the Allied Powers so desiring for the conclusion of bilateral and multilateral agreements providing for the regulation or limitation of fishing and the conservation and development of fisheries on the high seas.

Article 10

Japan renounces all special rights and interests in China, including all benefits and privileges resulting from the provisions of the final Protocol signed at Peking on 7 September 1901, and all annexes, notes and documents supplementary thereto, and agrees to the abrogation in respect to Japan of the said protocol, annexes, notes and documents.

Article 11

Japan accepts the judgments of the International Military Tribunal for the Far East and of other Allied War Crimes Courts both within and outside Japan, and will carry out the sentences imposed thereby upon Japanese nationals imprisoned in Japan. The power to grant clemency, to reduce sentences and to parole with respect to such prisoners may not be exercised except on the decision of the Government or Governments which imposed the sentence in each instance, and on recommendation of Japan. In the case of persons sentenced by the International Military Tribunal for the Far East, such power may not be exercised except on the decision of a majority of the Governments represented on the Tribunal, and on the recommendation of Japan.

Article 12

(a) Japan declares its readiness promptly to enter into negotiations for the conclusion with each of the Allied Powers of treaties or agreements to place their trading, maritime and other commercial relations on a stable and friendly basis.

(b) Pending the conclusion of the relevant treaty or agreement, Japan will, during a period of four years from the first coming into force of the present Treaty

  (1) accord to each of the Allied Powers, its nationals, products and vessels

    (i) most-favoured-nation treatment with respect to customs duties, charges, restrictions and other regulations on or in connection with the importation and exportation of goods;

    (ii) national treatment with respect to shipping, navigation and imported goods, and with respect to natural and juridical persons and their interests - such treatment to include all matters pertaining to the levying and collection of taxes, access to the courts, the making and performance of contracts, rights to property (tangible and intangible), participating in juridical entities constituted under Japanese law, and generally the conduct of all kinds of business and professional activities;

  (2) ensure that external purchases and sales of Japanese state trading enterprises shall be based solely on commercial considerations.

(c) In respect to any matter, however, Japan shall be obliged to accord to an Allied Power national treatment, or most-favored-nation treatment, only to the extent that the Allied Power concerned accords Japan national treatment or most-favored-nation treatment, as the case may be, in respect of the same matter. The reciprocity envisaged in the foregoing sentence shall be determined, in the case of products, vessels and juridical entities of, and persons domiciled in, any non-metropolitan territory of an Allied Power, and in the case of juridical entities of, and persons domiciled in, any state or province of an Allied Power having a federal government, by reference to the treatment accorded to Japan in such territory, state or province.

(d) In the application of this Article, a discriminatory measure shall not be considered to derogate from the grant of national or most-favored-nation treatment, as the case may be, if such measure is based on an exception customarily provided for in the commercial treaties of the party applying it, or on the need to safeguard that party's external financial position or balance of payments (except in respect to shiping and navigation), or on the need to maintain its essential security interests, and provided such measure is proportionate to the circumstances and not applied in an arbitrary or unreasonable manner.

(e) Japan's obligations under this Article shall not be affected by the exercise of any Allied rights under Article 14 of the present Treaty; nor shall the provisions of this Article be understood as limiting the undertakings assumed by Japan by virtue of Article 15 of the Treaty.

Article 13

(a) Japan will enter into negotiations with any of the Allied Powers, promptly upon the request of such Power or Powers, for the conclusion of bilateral or multilateral agreements relating to international civil air transport.

(b) Pending the conclusion of such agreement or agreements, Japan will, during a period of four years from the first coming into force of the present Treaty, extend to such Power treatment not less favorable with respect to air-traffic rights and privileges than those exercised by any such Powers at the date of such coming into force, and will accord complete equality of opportunity in respect to the operation and development of air services.

(c) Pending its becoming a party to the Convention on International Civil Aviation in accordance with Article 93 thereof, Japan will give effect to the provisions of that Convention applicable to the international navigation of aircraft, and will give effect to the standards, practices and procedures adopted as annexes to the Convention in accordance with the terms of the Convention.

CHAPTER V. CLAIMS AND PROPERTY

Article 14

(a) It is recognized that Japan should pay reparations to the Allied Powers for the damage and suffering caused by it during the war. Nevertheless it is also recognized that the resources of Japan are not presently sufficient, if it is to maintain a viable economy, to make complete reparation for all such damage and suffering and at the same time meet its other obligations.

Therefore,

1. Japan will promptly enter into negotiations with Allied Powers so desiring, whose present territories were occupied by Japanese forces and damaged by Japan, with a view to assisting to compensate those countries for the cost of repairing the damage done, by making available the services of the Japanese

people in production, salvaging and other work for the Allied Powers in question. Such arrangements shall avoid the imposition of additional liabilities on other Allied Powers, and, where the manufacturing of raw materials is called for, they shall be supplied by the Allied Powers in question, so as not to throw any foreign exchange burden upon Japan.

2. (I) Subject to the provisions of subparagraph (II) below, each of the Allied Powers shall have the right to seize, retain, liquidate or otherwise dispose of all property, rights and interests of

(a) Japan and Japanese nationals,

(b) persons acting for or on behalf of Japan or Japanese nationals, and

(c) entities owned or controlled by Japan or Japanese nationals,

which on the first coming into force of the present Treaty were subject to its jurisdiction. The property, rights and interests specified in this subparagraph shall include those now blocked, vested or in the possession or under the control of enemy property authorities of Allied Powers, which belong to, or were held or managed on behalf of, any of the persons or entities mentioned in (a), (b) or (c) above at the time such assets came under the controls of such authorities.

(II) The following shall be excepted from the right specified in subparagraph (I) above:

(i) property of Japanese natural persons who during the war resided with the permission of the Government concerned in the territory of one of the Allied Powers, other than territory occupied by Japan, except property subjected to restrictions during the war and not released from such restrictions as of the date of the first coming into force of the present Treaty;

(ii) all real property, furniture and fixtures owned by the Government of Japan and used for diplomatic or consular purposes, and all personal furniture and furnishings and other private property not of an investment nature which was normally necessary for the carrying out of diplomatic and consular functions, owned by Japanese diplomatic and consular personnel;

(iii) property belonging to religious bodies or private charitable institutions and used exclusively for religious or charitable purposes;

(iv) property, rights and interests which have come within its jurisdiction in consequence of the resumption of trade and financial relations subsequent to 2 September 1945, between the country concerned and Japan, except such as have resulted from transactions contrary to the laws of the Allied Power concerned;

(v) obligations of Japan or Japanese nationals, any right, title or interest in tangible property located in Japan, interests in enterprises organized under the laws of Japan, or any paper evidence thereof; provided that this exception shall only apply to obligations of Japan and its nationals expressed in Japanese currency.

(Ⅲ) Property referred to in exceptions (i) through (v) above shall be returned subject to reasonable expenses for its preservation and administration. If any such property has been liquidated the proceeds shall be returned instead.

(Ⅳ) The right to seize, retain, liquidate or otherwise dispose of property as provided in subparagraph (I) above shall be exercised in accordance with the laws of the Allied Power concerned, and the owner shall have only such rights as may be given him by those laws.

(Ⅴ) The Allied Powers agree to deal with Japanese trademarks and literary and artistic property rights on a basis as favorable to Japan as circumstances ruling in each country will permit.

(b) Except as otherwise provided in the present Treaty, the Allied Powers waive all reparations claims of the Allied Powers, other claims of the Allied Powers and their nationals arising out of any actions taken by Japan and its nationals in the course of the prosecution of the war, and claims of the Allied Powers for direct military costs of occupation.

Article 15

(a) Upon application made within nine months of the coming into force of the present Treaty between Japan and the Allied Power concerned, Japan will, within six months of the date of such application, return the property, tangible and intangible, and all rights or interests of any kind in Japan of each Allied Power and its nationals which was within Japan at any time between 7 December 1941 and 2 September 1945, unless the owner has freely disposed thereof without duress or fraud. Such property shall be returned free of all encumbrances and charges to which it may have become subject because of the war, and without any charges for its return. Property whose return is not applied for by or on behalf of the owner or by his Government within the prescribed period may be disposed of by the Japanese Government as it may determine. In cases where such property was within Japan on 7 December 1941, and cannot be returned or has suffered injury or damage as a result of the war, compensation will be made on terms not less favorable than the terms provided in the draft Allied Powers Property Compensation Law approved by the Japanese Cabinet on 13 July 1951.

(b) With respect to industrial property rights impaired during the war, Japan will continue to accord to the Allied Powers and their nationals benefits no less than those heretofore accorded by Cabinet Orders No.309 effective 1 September 1949, No.12 effective 28 January 1950, and No.9 effective 1 February 1950, all as now amended, provided such nationals have applied for such benefits within the time limits prescribed therein.

(c) (i) Japan acknowledges that the literary and artistic property rights which existed in Japan on 6 December 1941, in respect to the published and unpublished works of the Allied Powers and their nationals have continued in force since that date, and recognizes those rights which have arisen, or but for the war would have arisen, in Japan since that date, by the operation of any conventions and agreements to which Japan was a party on that date, irrespective of whether or not such conventions or agreements were abrogated or suspended upon or since the outbreak of war by the domestic law of Japan or of the Allied Power concerned.

(ii) Without the need for application by the proprietor of the right and without the payment of any fee or compliance with any other formality, the period from 7 December 1941 until the coming into force of the present Treaty between Japan and the Allied Power concerned shall be excluded from the running of the normal term of such rights; and such period, with an additional period of six months, shall be excluded from the time within which a literary work must be translated into Japanese in order to obtain translating rights in Japan.

Article 16

As an expression of its desire to indemnify those members of the armed forces of the Allied Powers who suffered undue hardships while prisoners of war of Japan, Japan will transfer its assets and those of its nationals in countries which were neutral during the war, or which were at war with any of the Allied Powers, or, at its option, the equivalent of such assets, to the International Committee of the Red Cross which shall liquidate such assets and distribute the resultant fund to appropriate national agencies, for the benefit of former prisoners of war and their families on such basis as it may determine to be equitable. The categories of assets described in Article 14(a)2(II)(ii) through (v) of the present Treaty shall be excepted from transfer, as well as assets of Japanese natural persons not residents of Japan on the first coming into force of the Treaty. It is equally understood that the transfer provision of this Article has no application to the 19,770 shares in the Bank for International Settlements presently owned by Japanese financial institutions.

Article 17

(a) Upon the request of any of the Allied Powers, the Japanese Government shall review and revise in conformity with international law any decision or order of the Japanese Prize Courts in cases involving ownership rights of nationals of that Allied Power and shall supply copies of all documents comprising the records of these cases, including the decisions taken and orders issued. In any case in which such review or revision shows that restoration is due, the provisions of Article 15 shall apply to the property concerned.

(b) The Japanese Government shall take the necessary measures to enable nationals of any of the Allied Powers at any time within one year from the coming into force of the present Treaty between Japan and the Allied Power concerned to submit to the appropriate Japanese authorities for review any judgment given by a Japanese court between 7 December 1941 and such coming into force, in any proceedings in which any such national was unable to make adequate presentation of his case either as plaintiff or defendant. The Japanese Government shall provide that, where the national has suffered injury by reason of any such judgment, he shall be restored in the position in which he was before the judgment was given or shall be afforded such relief as may be just and equitable in the circumstances.

Article 18

(a) It is recognized that the intervention of the state of war has not affected the obligation to pay pecuniary debts arising out of obligations and contracts (including those in respect of bonds) which existed and rights which were acquired before the existence of a state of war, and which are due by the Government or nationals of Japan to the Government or nationals of one of the Allied Powers, or are due by the Government or nationals of one of the Allied Powers to the Government or nationals of Japan. The intervention of a state of war shall equally not be regarded as affecting the obligation to consider on their merits claims for loss or damage to property or for personal injury or death which arose before the existence of a state of war, and which may be presented or re-presented by the Government of one of the Allied Powers to the Government of Japan, or by the Government of Japan to any of the Governments of the Allied Powers. The provisions of this paragraph are without prejudice to the rights conferred by Article 14.

(b) Japan affirms its liability for the prewar external debt of the Japanese State and for debts of corporate bodies subsequently declared to be liabilities of the

Japanese State, and expresses its intention to enter into negotiations at an early date with its creditors with respect to the resumption of payments on those debts; to encourage negotiations in respect to other prewar claims and obligations; and to facilitate the transfer of sums accordingly.

Article 19

(a) Japan waives all claims of Japan and its nationals against the Allied Powers and their nationals arising out of the war or out of actions taken because of the existence of a state of war, and waives all claims arising from the presence, operations or actions of forces or authorities of any of the Allied Powers in Japanese territory prior to the coming into force of the present Treaty.

(b) The foregoing waiver includes any claims arising out of actions taken by any of the Allied Powers with respect to Japanese ships between 1 September 1939 and the coming into force of the present Treaty, as well as any claims and debts arising in respect to Japanese prisoners of war and civilian internees in the hands of the Allied Powers, but does not include Japanese claims specifically recognized in the laws of any Allied Power enacted since 2 September 1945.

(c) Subject to reciprocal renunciation, the Japanese Government also renounces all claims (including debts) against Germany and German nationals on behalf of the Japanese Government and Japanese nationals, including intergovernmental claims and claims for loss or damage sustained during the war, but excepting (a) claims in respect of contracts entered into and rights acquired before 1 September 1939, and (b) claims arising out of trade and financial relations between Japan and Germany after 2 September 1945. Such renunciation shall not prejudice actions taken in accordance with Articles 16 and 20 of the present Treaty.

(d) Japan recognizes the validity of all acts and omissions done during the period of occupation under or in consequence of directives of the occupation authorities or authorized by Japanese law at that time, and will take no action subjecting Allied nationals to civil or criminal liability arising out of such acts or omissions.

Article 20

Japan will take all necessary measures to ensure such disposition of German assets in Japan as has been or may be determined by those powers entitled under the Protocol of the proceedings of the Berlin Conference of 1945 to dispose of those assets, and pending the final disposition of such assets will be responsible for the conservation and administration thereof.

Article 21

Notwithstanding the provisions of Article 25 of the present Treaty, China shall be entitled to the benefits of Articles 10 and 14(a)2; and Korea to the benefits of Articles 2, 4, 9 and 12 of the present Treaty.

CHAPTER Ⅵ. SETTLEMENT OF DISPUTES

Article 22

If in the opinion of any Party to the present Treaty there has arisen a dispute concerning the interpretation or execution of the Treaty, which is not settled by reference to a special claims tribunal or by other agreed means, the dispute shall, at the request of any party thereto, be referred for decision to the International Court of Justice. Japan and those Allied Powers which are not already parties to the Statute of the International Court of Justice will deposit with the Registrar of the Court, at the time of their respective ratifications of the present Treaty, and in conformity with the resolution of the United Nations Security Council, dated 15 October 1946, a general declaration accepting the jurisdiction, without special agreement, of the Court generally in respect to all disputes of the character referred to in this Article.

CHAPTER Ⅶ. FINAL CLAUSES

Article 23

(a) The present Treaty shall be ratified by the States which sign it, including Japan, and will come into force for all the States which have then ratified it, when instruments of ratification have been deposited by Japan and by a majority, including the United States of America as the principal occupying Power, of the following States, namely Australia, Canada, Ceylon, France, Indonesia, the Kingdom of the Netherlands, New Zealand, Pakistan, the Republic of the Philippines, the United Kingdom of Great Britain and Northern Ireland, and the United States of America. The present Treaty shall come into force of each State which subsequently ratifies it, on the date of the deposit of its instrument of ratification.

(b) If the Treaty has not come into force within nine months after the date of the deposit of Japan's ratification, any State which has ratified it may bring the Treaty into force between itself and Japan by a notification to that effect given to the Governments of Japan and the United States of America not later than three years after the date of deposit of Japan's ratification.

Article 24

All instruments of ratification shall be deposited with the Government of the United States of America which will notify all the signatory States of each such deposit, of the date of the coming into force of the Treaty under paragraph (a) of Article 23, and of any notifications made under paragraph (b) of Article 23.

Article 25

For the purposes of the present Treaty the Allied Powers shall be the States at war with Japan, or any State which previously formed a part of the territory of a State named in Article 23, provided that in each case the State concerned has signed and ratified the Treaty. Subject to the provisions of Article 21, the present Treaty shall not confer any rights, titles or benefits on any State which is not an Allied Power as herein defined; nor shall any right, title or interest of Japan be deemed to be diminished or prejudiced by any provision of the Treaty in favour of a State which is not an Allied Power as so defined.

Article 26

Japan will be prepared to conclude with any State which signed or adhered to the United Nations Declaration of 1 January 1942, and which is at war with Japan, or with any State which previously formed a part of the territory of a State named in Article 23, which is not a signatory of the present Treaty, a bilateral Treaty of Peace on the same or substantially the same terms as are provided for in the present Treaty, but this obligation on the part of Japan will expire three years after the first coming into force of the present Treaty. Should Japan make a peace settlement or war claims settlement with any State granting that State greater advantages than those provided by the present Treaty, those same advantages shall be extended to the parties to the present Treaty.

Article 27

The present Treaty shall be deposited in the archives of the Government of the United States of America which shall furnish each signatory State with a certified copy thereof.

IN FAITH WHEREOF the undersigned Plenipotentiaries have signed the present Treaty.

DONE at the city of San Francisco this eighth day of September 1951, in the English, French, and Spanish languages, all being equally authentic, and in the Japanese language.

For Argentina: Hipólito J. PAZ

For Australia: Percy C. SPENDER

For Belgium: Paul VAN ZEELAND SILVERCRUYS

For Bolivia: Luis GUACHALLA

For Brazil: Carlos MARTINS

       A. DE MELLO-FRANCO

For Cambodia: PHLENG

For Canada: Lester B. PEARSON

       R. W. MAYHEW

For Ceylon: J. R. JAYEWARDENE

       G. C. S. COREA

       R. G. SENANAYAKE

For Chile: F. NIETO DEL RÍO

For Colombia: Cipríano RESTREPO JARAMILLO

       Sebastián OSPINA

For Costa Rica: J. Rafael OREAMUNO

       V. VARGAS

       Luis DOBLES SÁNCHEZ

For Cuba: O. GANS

       L. MACHADO

       Joaquín MEYER

For the Dominican Republic: V. ORDÓÑEZ

       Luis F. THOMEN

For Ecuador: A. QUEVEDO

       R. G. VALENZUELA

For Egypt: Kamil A. RAHIM

For El Salvador: Héctor DAVID CASTRO

       Luis RIVAS PALACIOS

For Ethiopia: Men YAYEJIJRAD

For France: SCHUMANN

       H. BONNET

Paul-Émile NAGGIAR

For Greece: A. G. POLITIS

For Guatemala: E. CASTILLO A.

A. M. ORELLANA

J. MENDOZA

For Haiti: Jacques N. LÉGER

Gust. LARAQUE

For Honduras: J. E. VALENZUELA

Roberto GÁLVEZ B.

Raúl ALVARADO T.

For Indonesia: Ahmad SUBARDJO

For Iran: A. G. ARDALAN

For Iraq: A. I. BAKR

For Laos: SAVANG

For Lebanon: Charles MALIK

For Liberia: Gabriel L. DENNIS

James ANDERSON

Raymond HORACE

J. Rudolf GRIMES

For the Grand Duchy of Luxembourg: Hugues LE GALLAIS

For Mexico: Rafael DE LA COLINA

Gustavo DÍAZ ORDAZ

A. P. GASGA

For the Netherlands: D. U. STIKKER

J. H. VAN ROIJEN

For New Zealand: C. BERENDSEN

For Nicaragua: G. SEVILLA SACASA

Gustavo MANZANARES

For Norway: Wilhelm Munthe MORGENSTERNE

For Pakistan: ZAFRULLAH KHAN

For Panama: Ignacio MOLINO

          José A. REMON

          Alfredo ALEMÁN

          J. CORDOVEZ

For Peru: Luis Oscar BOETTNER

For the Republic of the Philippines: Carlos P. RÓMULO

                                J. M. ELIZALDE

                                Vicente FRANCISCO

                                Diosdado MACAPAGAL

                                Emiliano T. TIRONA

                                V. G. SINCO

For Saudi Arabia: Asad AL-FAQIH

For Syria: F. EL-KHOURI

For Turkey: Feridun C. ERKIN

For the Union of South Africa: G. P. JOOSTE

For the United Kingdom of Great Britain and Northern Ireland:

          Herbert MORRISON

          Kenneth YOUNGER

          Oliver FRANKS

For the United States of America: Dean ACHESON

                              John Foster DULLES

                              Alexander WILEY

                              John J. SPARKMAN

For Uruguay: José A. MORA

For Venezuela: Antonio M. ARAUJO

          R. GALLEGOS M.

For Viet-Nam: T. V. HUU

          T. VINH

          D. THANH

          BUU KINH

For Japan: Shigeru YOSHIDA

Hayato IKEDA

Gizo TOMABECHI

Niro HOSHIJIMA

Muneyoshi TOKUGAWA

Hisato ICHIMADA

5. 국제연합헌장(분쟁 해결에 관한 규정)

유엔헌장 제33조

제33조

1. 어떠한 분쟁도 그의 계속이 국제평화와 안전의 유지를 위태롭게 할 우려가 있는 것일 경우, 그 분쟁의 당사자는 우선 교섭, 심사, 중개, 조정, 중재재판, 사법적 해결, 지역적 기관 또는 지역적 약정의 이용 또는 당사자가 선택하는 다른 평화적 수단에 의한 해결을 구한다.

Pacific settlement of disputes

Article 33

The parties to any dispute, the continuance of which is likely to endanger the maintenance of international peace and security, shall, first of all, seek a solution by negotiation, enquiry, mediation, conciliation, arbitration, judicial settlement, resort to regional agencies or arrangements, or other peaceful means of their own choice.

| 찾아보기 |

김명기(Myung-Ki Kim)

現 독도조사연구학회 명예회장
　명지대학교 명예교수
　대한적십자사 인도법 자문위원
　상사중재위원

배재고등학교 졸업
서울대학교 법과대학 졸업
육군보병학교졸업(갑종간부 제149기)
단국대학교 대학원 졸업(법학박사)
영국 옥스퍼드대학교 연구교수
미국 캘리포니아대학교 객원교수
중국 길림대학교 객원교수
대한국제법학회 회장
세계국제법협회 한국본부 회장
화랑교수회 회장
행정고시・외무고시・사법시험위원
외무부・국방부・통일원 정책 자문위원
주월한국군사령부 대외정책관
명지대학교 법정대학장・대학원장
육군사관학교 교수(육군대령)
강원대학교 교수
천안대학교 석좌교수

황조근정훈장
월남시민훈장
인도장
현민국제법학술상
동산국제법학술상
국제법학회공로상
명지학술대상

한일합방조약의
부존재에 관한
연구

초판인쇄 2021년 5월 25일
초판발행 2021년 5월 25일

지은이 김명기
펴낸이 채종준
펴낸곳 한국학술정보㈜
주소 경기도 파주시 회동길 230(문발동)
전화 031) 908-3181(대표)
팩스 031) 908-3189
홈페이지 http://ebook.kstudy.com
전자우편 출판사업부 publish@kstudy.com
등록 제일산-115호(2000. 6. 19)

ISBN 979-11-6603-425-1 93910